DESCRIPTION
DE
L'ÉGYPTE

RECUEIL
DES OBSERVATIONS ET DES RECHERCHES
QUI ONT ÉTÉ FAITES EN ÉGYPTE

PENDANT L'EXPÉDITION DE L'ARMÉE FRANÇAISE.

SECONDE ÉDITION
DÉDIÉE AU ROI
PUBLIÉE PAR C. L. F. PANCKOUCKE

TOME PREMIER.
ANTIQUITÉS — DESCRIPTIONS.

IMPRIMERIE
DE C. L. F. PANCKOUCKE
M. D. CCC. XXI.

DESCRIPTION

DE

L'ÉGYPTE.

DESCRIPTION

DE

L'ÉGYPTE

OU

RECUEIL

DES OBSERVATIONS ET DES RECHERCHES

QUI ONT ÉTÉ FAITES EN ÉGYPTE

PENDANT L'EXPÉDITION DE L'ARMÉE FRANÇAISE.

SECONDE ÉDITION
DÉDIÉE AU ROI
PUBLIÉE PAR C. L. F. PANCKOUCKE.

TOME PREMIER

ANTIQUITÉS—DESCRIPTIONS.

PARIS
IMPRIMERIE DE C. L. F. PANCKOUCKE
M. D. CCC. XXI.

DESCRIPTION

DE

L'ÉGYPTE

SECONDE ÉDITION

DÉDIÉE

A S. M. LOUIS XVIII.

L'ÉGYPTE a été l'objet de plusieurs descriptions et d'un grand nombre d'ouvrages; mais l'on n'avait pu, jusqu'à ces derniers temps, se procurer une connaissance exacte et complète de cette contrée. Il fallait un événement extraordinaire, une circonstance aussi favorable que la présence d'une armée victorieuse, pour donner les moyens d'étudier l'Égypte avec le soin qu'elle mérite. Ce pays, que visitèrent les plus illustres philosophes de l'antiquité, fut la source où les Grecs puisèrent les principes des lois, des arts et des sciences. Sous les Grecs, et même sous les Romains, il ne fut pas permis aux étrangers de pénétrer dans l'intérieur des temples. Abandonnés successivement par l'effet des révolutions politiques et religieuses, ces monumens n'en étaient pas devenus plus accessibles aux voyageurs européens, depuis l'établissement de la religion mahométane.

Décrire, dessiner les anciens édifices dont l'Égypte est pour ainsi dire couverte; observer et réunir toutes les productions naturelles; former des cartes exactes et détaillées du pays; recueillir des fragmens antiques; étudier le sol, le climat et la géographie physique; enfin, rassembler tous les résultats qui intéressent l'histoire de la société, celle des sciences et celle des arts : tel fut le but de cette entreprise qui exigeait le concours d'un grand nombre d'observateurs, tous animés des mêmes vues. L'ouvrage dont on publie aujourd'hui la seconde édition est le fruit commun de leurs travaux.

Après avoir couru tous les dangers de cette expédition mémorable pendant près de quatre années, des savans, des géomètres, des astronomes, des ingénieurs, des naturalistes, des orientalistes, des hommes de lettres, des architectes, des peintres, *MM. Berthollet, Monge, Conté, Costaz, Delile, Desgenettes, Devilliers, Fourier, Girard, Jollois,*

Lancret, Jomard[1], *Andréossy, Balzac, Belleteste, Bertre, Boudet, Caristie, Castex, Cécile, de Chabrol, Corabœuf, de Corancez, Cordier, Coutelle, Delaporte, Descotils, Dubois-Aymé, Duchanoy, Dutertre, Favier, Faye, Fèvre, Gratien-Lepère, Geoffroy, Jacotin, Jaubert, Larrey, Lecesne, Legentil, Lenoir, Lepère aîné, Lepère architecte, Malus, Marcel, Martin, Norry, Nouet, Protain, Raffeneau, Raige, Redouté, de Rozière, Rouyer, Saint-Genis, Samuel Bernard, Savigny, Viard, Villoteau, Vincent,* de retour dans leur patrie, ont employé dix-sept années à rédiger les matériaux qui avaient été recueillis; nous regrettons de ne pouvoir nommer ici tous ceux qui ont succombé victimes de leur dévouement, de la guerre ou du climat.

La France avait réuni tous ses efforts pour la conquête de cette contrée; tous les efforts des arts ont été employés pour sa description. Un grand nombre de dessinateurs, de peintres, des imprimeurs habiles, des mécaniciens, et près de quatre cents graveurs, furent occupés avec une constance admirable à l'exécution de ce monument, qui réunit les souvenirs de l'Égypte antique à la gloire de la France moderne. Cet ouvrage, consacré à la description de tant de monumens gigantesques, est lui-même un œuvre colossal dans la littérature, dans les sciences et dans les arts. On sortit des bornes ordinaires des collections gravées. Il fallut, pour le papier des estampes, un format inusité, et jusqu'à un nom nouveau. Les papeteries de l'Europe n'avaient produit jusque là rien d'aussi étendu, ni d'aussi beau. On créa des moyens précieux pour améliorer la gravure et pour en accélérer les progrès; l'impression s'enrichit de procédés perfectionnés.

---

[1] Tous membres de la commission exécutive, dont M. Berthollet est président et M. Jollois secrétaire; M. Jomard, commissaire du gouvernement, a dirigé et coordonné les travaux depuis la mort de M. Lancret. Dix des auteurs sont morts depuis leur retour.

Enfin, après des soins assidus et des travaux en tous genres, qui ont occupé ou entretenu en France plus de deux mille personnes chaque année, et avancé plusieurs arts importans ; après avoir suivi avec persévérance un plan invariable, la commission d'Égypte a achevé cet ouvrage, qui, dans les Annales des sciences, ne peut trouver aucun parallèle.

On aurait pu l'intituler *Encyclopédie de l'Égypte*, puisqu'il en fait connaître et l'histoire, et les monumens, et les productions ; aucun pays ne possède une description aussi complète dans toutes ses parties, et il n'est pas à espérer qu'il se présente jamais un concours de circonstances, une volonté capable de produire une pareille suite de travaux et d'élever un semblable monument. La France mériterait sans doute d'être l'objet d'une description faite sur le même plan.

Ce recueil excitait l'admiration de toute l'Europe, mais c'était plutôt par les rapports qui en étaient faits que d'après la connaissance même de l'ouvrage ; semblable aux divinités de l'Égypte, il restait renfermé dans le sanctuaire des arts. Il était digne de la nation qui avait produit les guerriers, les savans, les artistes à qui l'on en était redevable, du gouvernement qui avait ordonné son achèvement ; et il demeurait presque inconnu aux Français. Les peintres, les architectes, les savans, les gens de lettres, désiraient jouir de cet ouvrage, auquel presque aucune fortune particulière ne pouvait atteindre ; le commerce le réclamait ; il aurait dû depuis long-temps porter chez l'étranger les titres de toutes sortes de gloire acquise par les Français.

En faisant abstraction des sommes immenses employées à la création de ce recueil, en supputant seulement les frais nouveaux de réimpression des neuf cents planches et du texte qui le composent, en publiant par livraisons et en donnant ainsi des facilités convenables à beaucoup de fortunes, on devait être assuré de pouvoir répandre l'ouvrage dans toute l'Europe.

Tels furent les motifs exposés par M^r. C. L. F. Panckoucke à Son Excellence le ministre de l'intérieur, comte Siméon : nous joignons ici sa réponse, et l'Ordonnance du Roi qui autorise la publication de cette seconde édition.

Monsieur,

J'ai soumis au Roi vos propositions relatives à la réimpression du grand ouvrage sur l'Égypte. Mon rapport était favorable, et Sa Majesté a bien voulu l'approuver. Je vous envoie une copie de l'Ordonnance rendue à ce sujet. C'est à vous à prendre en ce qui vous concerne toutes les mesures d'exécution. L'entreprise est honorable, et je ne doute pas que vous ne la conduisiez de manière à justifier la confiance dont vous êtes l'objet.

Signé SIMÉON.

ORDONNANCE DU ROI.

LOUIS, par la grâce de Dieu, roi de France et de Navarre, à tous ceux qui ces présentes verront, SALUT.

Sur le Rapport de notre ministre secrétaire-d'État au département de l'intérieur,

Notre conseil-d'État entendu,

Nous avons ordonné et ordonnons ce qui suit :

ART. Ier. La soumission faite par M^r. C. L. F. Panckoucke, pour la réimpression de la Description de l'Égypte, sera acceptée par notre ministre de l'intérieur, et restera ci-annexée.

ART. II. Sur la moitié qui reviendra au gouvernement des produits de l'opération, une portion (à déterminer par le ministre de l'intérieur) sera distribuée aux coopérateurs de la grande édition faite aux frais du trésor. Le reste sera affecté à l'encouragement général des sciences et des beaux-arts, et particulièrement de la gravure.

ART. III. Notre ministre secrétaire-d'État de l'intérieur est chargé de l'exécution de la présente ordonnance.

Donné en notre château des Tuileries, le 23 juin de l'an de grâce mil huit cent vingt, et de notre règne le vingt-sixième.

Signé LOUIS.

PRÉFACE HISTORIQUE

Par M. FOURIER.

L'Égypte, placée entre l'Afrique et l'Asie, et communiquant facilement avec l'Europe, occupe le centre de l'ancien continent. Cette contrée ne présente que de grands souvenirs; elle est la patrie des arts et en conserve des monumens innombrables; ses principaux temples, et les palais que ses rois ont habités, subsistent encore, quoique les moins anciens de ces édifices aient été construits avant la guerre de Troie. Homère, Lycurgue, Solon, Pythagore et Platon, se rendirent en Égypte pour y étudier les sciences, la religion et les lois. Alexandre y fonda une ville opulente, qui jouit long-temps de l'empire du commerce, et qui vit Pompée, César, Marc-Antoine et Auguste, décider entre eux du sort de Rome et de celui du monde entier. Le propre de ce pays est d'appeler l'attention des princes illustres, qui règlent les destinées des nations.

Il ne s'est formé, dans l'Occident ou dans l'Asie, aucune puissance considérable qui n'ait porté ses vues sur l'Égypte, et ne l'ait regardée, en quelque sorte, comme son apanage naturel. Tous les grands événemens qui ont influé sur les mœurs, le commerce et la politique des empires, ont ramené la guerre sur les bords du Nil. On peut remarquer que les Perses, les Macédoniens, les Romains, les Arabes et les Ottomans, s'établirent dans cette province, aussitôt après qu'ils se furent élevés au-dessus des peuples contemporains.

La religion avait autrefois inspiré à nos rois

le désir de s'emparer de l'Égypte. Plusieurs princes croisés, et le pape Innocent III, dont les talens politiques ont gouverné l'Europe, s'étaient efforcés d'exécuter ce projet. Un des ministres qui connurent le mieux les divers intérêts des États chrétiens, le cardinal Ximenès, l'avait renouvelé. Ferdinand le Catholique, Emmanuel et Henri VII, qui ont régné avec tant de sagesse et d'éclat, s'étaient alliés dans le même dessein. Le célèbre Leibnitz, né pour toutes les grandes vues, s'était long-temps occupé de cet objet, et il avait adressé à Louis XIV un ouvrage étendu, qui est resté inédit, dans lequel il exposait les avantages attachés à cette conquête.

Bossuet écrivait dans le même temps sur l'histoire universelle; et, après avoir rappelé les premières institutions et la splendeur de l'Égypte, il ajoutait ces expressions remarquables : « Maintenant que le nom du Roi pénètre aux parties du monde les plus inconnues, et que ce prince étend aussi loin les recherches qu'il fait faire des plus beaux ouvrages de la nature et de l'art, ne serait-ce pas un digne objet de cette noble curiosité, de découvrir les beautés que la Thébaïde renferme dans ses déserts, et d'enrichir notre architecture des inventions de l'Égypte ? » Le vœu de cet homme illustre a été rempli, pendant la durée d'une guerre mémorable, dont l'Égypte est devenue tout-à-coup le théâtre.

On se rappelle l'impression que fit, dans toute l'Europe, l'étonnante nouvelle de l'expédition des Français en Orient. Ce grand projet, médité dans le silence, fut préparé avec tant d'activité et de secret, que la vigilance inquiète de nos ennemis fut trompée ; ils apprirent, presque dans le même temps, qu'il avait été conçu, entrepris et exécuté. Il était amené par la nécessité de garantir notre commerce des atteintes injurieuses que les beys ne cessaient de lui porter; et l'on avait l'espoir de

PRÉFACE HISTORIQUE.

se concilier avec la cour ottomane, en lui offrant, dans le résultat même de cette expédition, un accroissement de revenus et d'autorité. Quelques difficultés que présentât cette négociation, on pouvait espérer une heureuse issue, parce que le succès eût été très-favorable à l'intérêt commun des deux nations alliées. En effet, l'établissement et le concours d'une puissance européenne changeraient presque subitement l'état de l'Égypte.

Cette contrée, qui a transmis ses connaissances à tant de nations, est aujourd'hui plongée dans la barbarie : plus elle est favorisée par sa situation géographique et par l'extrême fertilité du territoire, plus les bienfaits des lois et ceux des arts lui sont nécessaires. Défendue autrefois par des milices nombreuses, formées de ses propres guerriers, elle était alors redoutable aux États voisins; mais elle a perdu depuis long-temps, avec ses institutions, son indépendance, ses lumières, et même jusqu'au souvenir de sa première grandeur. Elle n'a cessé, depuis cette époque, d'être soumise à une domination étrangère. Toutes les révolutions qui ont agité l'Europe et l'Asie lui ont donné de nouveaux maîtres, et ont amené ses peuples au dernier degré de l'abjection et du malheur.

Elle obéissait, sous ses premiers rois, à des maximes invariables ; une sagesse persévérante veillait au maintien des lois, des coutumes et des mœurs ; tout inspirait le soin de l'avenir, et portait à entreprendre des ouvrages immortels. Elle gémit aujourd'hui sous l'autorité la plus arbitraire et la plus imprévoyante qui ait encore existé sur la terre ; comme si ce pays était destiné à connaître les états les plus contraires de la société humaine ! Elle a civilisé l'ancienne Colchide, si l'histoire des temps reculés ne nous induit point en erreur, et ce même climat lui envoie aujourd'hui des princes farouches, qui oublient leur famille et leur patrie, repoussent leur postérité, et vivent au milieu d'esclaves ingrats et rebelles, qu'ils ne peuvent contenir. Dépourvus de prudence et de lumières, ils ne savent point affermir leur pouvoir, et se hâtent d'en jouir. Ils oppriment toute industrie, abandonnent ou détruisent les canaux et les monumens publics; les sables envahissent les terres propres à la culture; les habitations sont menacées par les brigands des déserts. L'homme est condamné, dans les campagnes, à un travail ingrat, dont les fruits ne doivent point lui appartenir : partout il est en proie à l'injustice, à l'opprobre, à la famine, aux maladies contagieuses.

Le sort de ce peuple serait plus tolérable si l'autorité de ses chefs devenait fixe et héréditaire : mais la politique ottomane prévient ce changement; elle suscite entre ces étrangers des inimitiés et des trahisons qui les affaiblissent, les isolent, et leur ôtent les moyens de persister dans une indépendance absolue. Elle oppose en même temps l'audace de cette milice aux tentatives ambitieuses des pâchâs. Au milieu de ces révolutions, l'autorité du souverain est toujours méconnue, ou ne s'exerce que pour diviser les usurpateurs de l'Égypte; elle ne peut ni assurer l'envoi des tributs, ni protéger les peuples, ni garantir l'exécution des traités faits avec les puissances alliées. Ce sont ces dernières circonstances qui déterminèrent l'expédition mémorable des Français : mais celui qui la dirigea ne bornait point ses vues à punir les oppresseurs de notre commerce; il donna au projet de cette conquête une élévation et une grandeur nouvelles, et lui imprima le caractère de son propre génie. Il apprécia l'influence que cet événement devait avoir sur les relations de l'Europe avec l'Orient et l'intérieur de l'Afrique, sur la navigation de la Méditerranée et le sort de l'Asie. Il s'était proposé d'abolir la tyrannie des Mamlouks, d'étendre les irrigations et la culture, d'ouvrir une communication constante entre la Méditerranée et le golfe Arabique, de former des établissemens de commerce, d'offrir à l'Orient l'utile exemple de l'industrie européenne, enfin de rendre la condition des habitans plus douce, et de leur procurer tous les avantages d'une civilisation perfectionnée.

On ne pouvait atteindre à ce but sans l'application continuelle des sciences et des arts : c'est dans ce dessein que le chef de l'expédition française résolut de fonder en Égypte une institution destinée au progrès de toutes les connaissances utiles. Il désigna, dans la capitale de la France, ceux qui devaient concourir à ses vues, et consolida par les témoignages d'une bienveillance protectrice cette alliance inaccoutumée de la littérature et des armes. Il confia le soin de former ce nouvel établissement à deux membres illustres de l'ancienne académie des sciences, qui avaient, depuis long-temps, honoré et servi leur patrie par des découvertes éclatantes, et dont les travaux et le génie ont beaucoup contribué à donner à la nation française une prééminence utile et glorieuse dans les sciences géométriques et physiques.

L'académie du Kaire se proposait, comme celles de l'Europe, de cultiver les sciences et les arts, de les perfectionner et d'en rechercher toutes les applications utiles. On devait s'attacher principalement à distinguer les avantages propres à l'Égypte, et les moyens de les obtenir; il était donc nécessaire d'observer, avec beaucoup de soin, le pays qui allait être soumis à une administration nouvelle : tels furent les motifs qui portèrent à entreprendre les recherches dont on publie aujourd'hui les résultats.

L'intérêt des beaux-arts et de la littérature exigeait encore une description fidèle et complète des monumens qui ornent, depuis tant de siècles, les rivages du Nil, et font de ce

PRÉFACE HISTORIQUE. xj

pays le plus riche musée de l'univers. On a mesuré toutes les parties de ces édifices avec une précision rigoureuse, et on a joint aux plans d'architecture les plans topographiques des lieux où les villes anciennes étaient situées ; on a représenté, dans des dessins particuliers, les sculptures religieuses, astronomiques ou historiques, qui décorent ces monumens. Indépendamment des mémoires et des dessins propres à faire connaître l'ancien état de l'Égypte, on a rassemblé ceux qui doivent offrir le tableau de son état actuel. On a levé un grand nombre de cartes géographiques, qui représentent, d'une manière exacte et détaillée, la situation des côtes et des ports, celle des villes actuelles, des villes anciennes, des villages, des hameaux, ou des autres points remarquables, et le cours du Nil, depuis la cataracte de Syène jusqu'à la Méditerranée. Ce travail est fondé sur des observations astronomiques. Enfin, on s'est appliqué à l'examen de toutes les productions naturelles, ou du moins à celui des faits les plus importans ou les moins connus de la zoologie, de la botanique et de la minéralogie.

Les résultats de ces différentes recherches sur l'histoire naturelle et la géographie de l'Égypte, sur ses antiquités et son état moderne, ont été réunis dans un seul ouvrage. Cette collection, dont la munificence du gouvernement français va faire jouir l'Europe, a donc pour objet de donner une connaissance exacte et approfondie de l'Égypte; elle présente les vrais élémens de l'étude physique, littéraire et politique d'une des contrées les plus remarquables du globe.

L'Égypte a joui, pendant une longue suite de siècles, d'un gouvernement éclairé et puissant : les lois, les coutumes publiques, les habitudes domestiques, concouraient à un même but; elles étaient fondées sur la connaissance des mœurs de l'homme, et sur les principes éternels d'ordre et de justice, qui sont gravés dans tous les cœurs.

La religion, unie à l'étude des phénomènes naturels, était en même temps intellectuelle et physique; révélant à quelques esprits sages les principes abstraits de la morale, elle les offrait à tous sous des formes sensibles : elle réglait les actions et les pensées, contenait sévèrement les peuples, et prêtait aux institutions civiles l'appui d'une autorité immuable.

Le gouvernement était monarchique, et fondé sur des lois anciennes et révérées; on avait converti en usages irrévocables les exemples donnés par les princes les plus sages.

Les Égyptiens honoraient surtout la reconnaissance, comme la source des vertus publiques et privées, et comme le plus juste et le plus utile de tous les penchans naturels; ils s'efforçaient de perpétuer le souvenir des ancêtres par des monumens magnifiques et impérissables; l'esprit de famille était porté au plus haut degré, et rendait, pour ainsi dire, toutes les générations contemporaines.

On prévenait l'oisiveté par des cérémonies et des fêtes, et par d'immenses travaux consacrés aux ouvrages publics; l'agriculture était florissante, et des arts perfectionnés favorisaient les efforts de l'industrie.

Une population nombreuse observait religieusement des préceptes d'hygiène publique, qu'une longue expérience avait enseignés.

Le génie des beaux-arts avait pris un grand essor : mais il était asservi à des règles invariables; l'architecture avait un caractère grave et sublime; la poésie, l'histoire, la musique, la sculpture, l'astronomie, imprimaient la crainte des dieux, inspiraient la piété et l'admiration. On conservait dans les temples les statues des rois et des grands, les annales publiques, les observations du ciel; on gravait sur ces édifices le spectacle successif des révolutions des astres. Ces sculptures subsistent encore aujourd'hui, et serviront à fixer, dans l'histoire de l'Égypte, des époques ignorées jusqu'ici.

Dans ce même temps, l'Asie était habitée par des nations puissantes dont l'ancienne gloire est oubliée. La raison humaine s'était élevée jusqu'au dogme de l'unité de Dieu et aux principes d'une morale sublime. Des prêtres, formés à l'école des Égyptiens, observaient le ciel de la Chaldée; les vérités fondamentales de la géométrie et de l'astronomie étaient découvertes; on avait entrevu le véritable système de l'univers; on traçait des cartes géographiques; on avait entrepris de mesurer l'étendue du globe. Des villes opulentes étaient embellies par le génie des arts physiques, qui s'exerçait sur les métaux, les couleurs et toutes les substances naturelles. Il existait des relations entre les divers peuples de l'Orient, et surtout entre ceux de l'Inde, de la Perse et de l'Égypte. Ces communications avaient pour objet la religion, les sciences, le gouvernement et le commerce.

L'Europe, aujourd'hui si polie, manquait alors de lois et de mœurs constantes; mais la lumière des arts commença à se répandre dans l'Occident. Les villes étrusques furent fondées; des colonies d'Égypte et de Phénicie donnèrent à la Grèce des institutions nouvelles; l'architecture et la sculpture reçurent leurs principes et leurs modèles de Thèbes et de Memphis, et firent ensuite des progrès admirables. La religion se forma des élémens mystérieux et déjà confus de la théologie égyptienne; et après que l'imagination des historiens et des poëtes eut embelli ces énigmes sacrées, on ne put y découvrir aucun sens intelligible. La poésie, première institutrice des hommes, célébra dans la Grèce les vertus, les héros et les dieux. Le génie d'Homère illustra l'Ionie et brilla d'un éclat immortel; il instruisit les princes et les peuples.

PRÉFACE HISTORIQUE.

L'époque était arrivée où l'Égypte ne devait plus résister aux nations rivales, dont la puissance s'était rapidement accrue; elle souffrit l'introduction des coutumes étrangères, et renonça aux maximes fondamentales de la monarchie. Depuis long-temps des erreurs superstitieuses avaient altéré la religion et les sciences. Les Perses, plus nombreux et plus aguerris, exercés par de grandes révolutions militaires, se rendirent maîtres de ce pays, environ six siècles avant l'ère chrétienne; les villes capitales furent dépouillées et livrées aux flammes; les familles des rois furent réduites en captivité. On détruisit ou l'on dispersa les annales et les monumens de la littérature. Les Égyptiens tentèrent vainement de s'affranchir d'une domination odieuse; et ces longs efforts mirent le comble à leurs malheurs.

Dans ce même temps, Rome jetait les fondemens de sa grandeur, et se préparait à la conquête du monde ; elle avait emprunté sa religion et ses mœurs des Étrusques et des Grecs. Ces derniers défendaient glorieusement leur indépendance contre des armées innombrables. Ils avaient alors des communications fréquentes avec l'Égypte, et plusieurs de leurs philosophes visitèrent ce pays : mais ils n'y puisèrent qu'une instruction imparfaite, parce que la religion, les lois et les sciences étaient presque entièrement anéanties.

Depuis cette dernière invasion, l'Égypte a toujours subi un joug étranger. Elle a obéi successivement aux rois de Perse, aux Ptolémées, aux premiers successeurs d'Auguste, aux empereurs de Byzance, aux premiers califes, aux califes du Kaire, aux sultans mamlouks et aux princes ottomans. L'histoire de l'Égypte, depuis la conquête des Perses jusqu'à l'expédition des Français, se trouve ainsi divisée en huit intervalles, dont chacun est d'environ trois siècles.

PRÉFACE HISTORIQUE.

Après que la Grèce libre eut repoussé les efforts des Perses, Alexandre conduisit quelques soldats aguerris à la conquête de l'Asie. Non moins remarquable par ses vues politiques que par les succès de ses armes, il entreprit de donner des intérêts communs aux nations les plus éloignées, et de fonder des villes jusqu'aux extrémités du monde. Il découvrit, pour ainsi dire, l'Océan indien, reconnut l'importance de la navigation et du commerce, et choisit Alexandrie pour le centre des communications qu'il voulait établir entre les peuples.

Après la mort de ce grand homme, l'Egypte demeura soumise aux Macédoniens. Elle reçut dans ses ports les plus riches productions de l'Arabie et de l'Inde, étendit ses relations avec l'Afrique, et entretint, par un commerce immense, l'opulence fastueuse de ses rois. Les muses grecques vinrent embellir la nouvelle capitale, et les arts se montrèrent dans leur ancienne patrie : mais ce fut en quelque sorte une science nouvelle ; car il ne restait plus qu'un souvenir obscur de la doctrine de l'Égypte. On avait conservé les cérémonies, les sacrifices, et l'usage imparfait de la langue sacrée : mais l'ignorance et des superstitions grossières avaient altéré le sens de la philosophie égyptienne ; à peine en découvrait-on quelques vestiges, oubliés dans le secret des temples. La série des monumens de l'histoire et des sciences était pour jamais interrompue.

L'Egypte ne pouvait échapper aux vues ambitieuses de Rome, et les derniers Lagides subirent le sort commun de tant de rois. Ce pays fut administré avec sagesse ; l'agriculture, la navigation et l'industrie y firent d'heureux progrès. La fertilité du territoire, le commerce de l'Inde, les restes d'une ancienne magnificence, les relations avec l'Arabie et l'Éthiopie, tout contribuait à l'importance de cette nouvelle province ; et Alexandrie fut long-temps regardée comme une seconde capitale de l'empire.

L'architecture était, de tous les arts de la Grèce, celui qui convenait le mieux aux maîtres du monde ; les Romains l'avaient cultivée dans des vues d'utilité publique, et aussi pour immortaliser leurs triomphes, et multiplier, aux yeux des nations, les témoignages durables de la puissance qui les avait soumises. Le spectacle de l'Égypte éleva leurs idées, et les porta à entreprendre des édifices plus vastes. Inspirés par ces antiques modèles, ils réunirent la noblesse et l'étendue des plans à l'élégance qui distinguait les ouvrages grecs.

L'abolition du paganisme eut en Égypte une influence considérable ; on prohiba les sacrifices ; les temples furent abandonnés ou détruits. Le mélange des fables étrangères avait presque effacé le souvenir de la doctrine sacrée ; il en restait encore quelques traces, que l'autorité des empereurs s'efforça d'anéantir, avec tous les élémens de l'ancienne religion. Depuis que ce pays était devenu une province romaine, il avait perdu une quantité prodigieuse de monumens de sculpture; on avait transporté en Europe des statues, des pierres gravées, et des monolithes précieux, qui avaient appartenu aux villes de Thèbes, de Memphis et d'Alexandrie. Rome et Constantinople virent élever les obélisques que les Pharaons avaient autrefois consacrés aux dieux; ouvrages singuliers et inimitables, vraiment dignes d'orner les capitales du monde.

L'Égypte, que les empereurs grecs ne surent ni gouverner ni défendre, passa ensuite sous le joug des Musulmans. Déjà la domination romaine avait succombé de toutes parts. Les causes morales qui devaient précipiter cet empire étaient alors développées, et quelques tribus d'Arabes, à demi civilisées, parvinrent à s'emparer des plus belles provinces de l'Orient.

Les conquêtes rapides des premiers Musulmans ne doivent point être comparées aux entreprises militaires et politiques de Rome. Elles diffèrent aussi des invasions tumultueuses des nations septentrionales. Les Romains ne triomphèrent pas seulement par la puissance des armes; ils durent une grande partie de leurs succès à des maximes de gouvernement qu'ils suivaient avec une admirable constance. Non contens de soumettre les peuples, ils leur donnaient une police commune, et leur faisaient en quelque sorte oublier leur origine, par le changement progressif de la religion, des coutumes, de la langue et des lois. Les barbares qui ravagèrent l'Europe, abandonnant leur patrie glacée pour des climats plus doux et des villes opulentes, se succédèrent sans ordre et sans autre dessein que de dépouiller les vaincus. Comme ils n'avaient point encore d'institutions régulières, ils ne conservèrent que quelques-uns de leurs usages, et finirent par adopter le culte, les mœurs et les arts, qu'ils avaient trouvés établis dans leur nouveau séjour. Les Arabes, au contraire, avaient des habitudes et des opinions plus fixes, restes confus et superstitieux de l'ancienne doctrine de l'Orient. Persuadés qu'ils connaissaient tout ce qui est vrai et utile, ils repoussèrent d'abord les usages et les arts des peuples conquis. Mahomet n'avait eu ni le dessein de fonder un empire, ni les vues politiques que plusieurs écrivains lui ont attribuées. N'ayant point prévu les conquêtes prodigieuses de ses successeurs, il ne leur avait laissé aucune forme ni aucun principe de gouvernement. L'objet de ses efforts était de commander à sa tribu, et de l'élever au-dessus des tribus rivales. Enhardi par ses premiers succès, il entreprit d'enrichir les siens du pillage des villes voisines. Il ne connaissait point les nations policées, et les regardait comme livrées au polythéisme et à l'idolâtrie. Il rallia ses compatriotes en leur rappelant des dogmes anciennement révérés, et passa ensuite de l'enthousiasme à l'imposture. Son livre, qui contient quelques préceptes utiles, et un bien plus grand nombre de pensées inintelligibles, dépourvues de sens et de liaison, servit toutefois de règle à ses partisans, et leur donna un nom, un but et un intérêt communs.

La domination romaine n'étant plus soutenue par la vigueur et la sagesse des conseils, par les vertus des soldats, la constance des usages, de la politique et de la religion, toutes les provinces purent être facilement envahies par des hordes presque sauvages, qui, peu de siècles auparavant, auraient été exterminées vers les limites de l'empire. Les Arabes, que l'on pourrait appeler les Scythes du midi, vinrent aussi concourir à cet immense partage. Ces hommes ignorans, mais aguerris, exercés aux fatigues, pauvres, et avides de pillage, firent alors ce qu'eussent fait à leur place, et plus rapidement encore, les Goths, les Lombards et les Gépides. Il ne leur fut pas moins facile de pénétrer dans les autres pays d'Asie : car la Perse, ébranlée par ses propres dissensions et les guerres étrangères, ne pouvait se défendre contre les plus faibles ennemis. Ce même livre sacré, qui avait été la première cause de leur union et de leurs succès, arrêta par la suite l'essor de leur génie. Si les Arabes avaient eu, comme les peuples de l'Occident, l'inestimable avantage de recevoir une religion favorable aux arts et aux connaissances utiles, ils auraient cultivé et perfectionné toutes les branches de la philosophie. Ce peuple se montra d'abord ingénieux et poli; il fit des progrès remarquables dans la poésie, l'architecture, la médecine, la géométrie, la physique et l'astronomie; il conserva et nous transmit un grand nombre de ces ouvrages immortels, qui devaient rappeler les lumières en Europe. Mais la religion musulmane ne souffrait point ce développement de l'esprit; il fallait que les Arabes renonçassent à leur culte, ou qu'ils retournassent à l'ignorance de leurs ancêtres. Ils méconnurent surtout l'art de gouverner, et tout ce qui sert à fonder et à perpétuer les empires. Les barbares qui s'unirent à eux et usurpèrent leur autorité, ne purent embrasser l'islamisme sans mépriser aussi les arts, les sciences, l'industrie et toutes les inventions de l'Occident.

L'Égypte chrétienne, et long-temps agitée par des dissensions religieuses, s'était offerte d'elle-même au joug des premiers califes; elle partagea le sort des États musulmans. Les Cophtes, qui avaient appelé le vainqueur, furent délivrés des Grecs; ils tombèrent ensuite dans l'avilissement et se réduisirent à un petit nombre. C'est au commencement de cette révolution que le zèle des mahométans détruisit le peu de richesses littéraires qui restaient encore à Alexandrie. Les livres que les Ptolémées avaient rassemblés dans cette ville, et ceux des rois de Pergame, avaient péri, en grande partie, pendant les expéditions de César et de ses successeurs. Les violences de toute espèce, qui s'étaient renouvelées dans le cours de six siècles, au milieu des guerres continuelles ou des troubles amenés par les controverses théologiques, avaient anéanti ces vastes dépôts des connaissances et des erreurs de l'antiquité.

L'Égypte ressentit l'effet des causes qui divisèrent, dès son origine, l'empire des Arabes, et ne tarda point à devenir un État indépendant. Les califes appelés *Fathimites* établirent leur résidence dans la ville du Kaire, qu'ils avaient bâtie et ornée de quelques édifices publics : leur autorité fut abolie par le célèbre Saladin, dont les exploits alarmèrent l'Europe, et qui régna long-temps en Égypte et en Syrie. Cette révolution occasiona des séditions et des vengeances, et fut suivie de changemens considérables dans les usages religieux et le gouvernement. L'établissement des sultans mamlouks mit fin à cette dynastie. Les califes et les princes qui leur succédèrent confiaient depuis long-temps la défense de leurs États et la garde de leur personne à des soldats étrangers, originaires de l'occident de l'Asie. Les chefs de ces milices, imprudemment élevés aux premiers emplois, usurpèrent, sous différens noms, l'autorité de leurs maîtres, et se rendirent indépendans. Les événemens de ce genre sont un des traits distinctifs de l'histoire des peuples asiatiques. La rébellion qui fit périr le dernier successeur de Saladin fut plus connue en Europe, parce qu'elle eut pour témoins les princes croisés; mais il y avait plus de quatre siècles qu'il se passait en Égypte des révolutions semblables.

Après l'extinction des Ayoubites, cette belle contrée demeura soumise à des esclaves militaires, nés entre la mer Caspienne et la mer Noire. Le gouvernement des souverains mamlouks ne fut, pour ainsi dire, ni héréditaire, ni électif. La naissance donna quelquefois le premier rang : mais le meurtrier du prince était presque toujours son successeur. Il y eut autant de révolutions que de règnes. Plusieurs se disputaient le pouvoir, et se l'attribuaient en même temps, dans la Syrie, au Kaire ou dans le Saïd. Quelques chefs de cette anarchie ont gouverné avec éclat. Conquérans de la Syrie, ils humilièrent l'orgueil des Mogols, repoussèrent les Européens, et portèrent leurs armes victorieuses dans l'Yémen, l'île de Chypre, l'Arménie; mais on ne remarque, dans tous ces événemens, que des traits d'audace, de vengeance, de fourberie, d'ignorance et d'ambition fougueuse. On ne peut disconvenir cependant que la religion musulmane ne tempérât les malheurs de ces temps; elle fit naître, dans ces ames violentes, quelques sentimens humains, et inspira aux princes et aux sujets des actions louables.

De toutes les causes qui troublèrent la Palestine et l'Égypte, aucune n'eut plus d'influence que les entreprises des Européens contre ces provinces. Ces expéditions fameuses, qui agitèrent durant deux siècles toutes les nations de l'Occident, n'eurent aucun des résultats que l'on avait désirés, et elles occasionèrent de longs désordres : mais en même temps elles excitèrent le génie du commerce, agrandirent les vues, multiplièrent les procédés de l'industrie et de la navigation. Elles amenèrent dans plusieurs États la chute du gouvernement féodal, en favorisant le pouvoir du monarque et la liberté civile; et elles élevèrent l'autorité politique de Rome jusqu'à un degré où elle ne put se soutenir.

Cent mille croisés s'emparèrent inutilement de Damiette : s'étant mis en marche dans une saison peu favorable, ils furent arrêtés par les Musulmans entre les canaux dérivés du Nil; réduits à capituler, ils abandonnèrent leur conquête. Trente ans après, les mêmes fautes amenèrent les mêmes résultats et de plus grands malheurs. Louis ix, l'honneur de son siècle, qui exerça sur ses sujets, et même sur ses ennemis, l'autorité naturelle que donnent de grandes vertus, conduisit soixante mille guerriers sur les bords du Nil. Il avait traversé la Méditerranée avec dix-huit cents bâtimens, et commandait à l'élite de la France. Maître de Damiette, il s'avança long-temps après dans l'intérieur du Delta. Les Mamlouks l'assiégèrent dans son camp, où se développèrent des maladies fu-

PRÉFACE HISTORIQUE.

nestes, et ils interceptèrent ses communications avec les côtes. Le Roi, ayant perdu tout espoir, ordonna la retraite, et ne put l'effectuer. Le reste des Français allait périr les armes à la main, lorsqu'au milieu du carnage un héraut annonça, soit de lui-même, soit qu'il en eût reçu l'ordre, qu'on ne pouvait plus sauver la vie du Roi qu'en se rendant prisonnier. Ce prince, qui ne voulut point quitter l'arrière-garde, tomba lui-même au pouvoir de l'ennemi; et l'on sait par quelle grandeur d'ame il honora sa captivité. Il racheta ensuite les siens, donna Damiette pour sa rançon, et s'embarqua pour Ptolémaïs.

A cette époque, les nations européennes égalaient à peine celles de l'Asie; elles n'avaient point acquis cette supériorité de puissance aujourd'hui si marquée, et qui résulte du progrès de tous les arts. Les usages de la guerre étaient presque les mêmes, et également imparfaits de part et d'autre. Des peuples qui ont reçu de la nature un courage indomptable, et qui avaient alors l'avantage d'une meilleure discipline, devaient donc se défendre avec succès sur leur propre territoire. Ils détruisirent des armées innombrables; mais confuses, que l'Occident renouvelait sans cesse en perdant plusieurs millions de ses habitans. L'état respectif des nations est entièrement changé depuis le seizième siècle. Les unes ont perfectionné le gouvernement civil, la tactique, l'emploi de l'artillerie, la composition, l'entretien et la conduite des armées : les Orientaux, au contraire, ont négligé toutes les inventions qui concourent au succès de la guerre, ou n'y ont fait que des progrès très-bornés. Tel est l'ascendant des lumières et l'influence des usages militaires et des arts, que ces mêmes contrées dont les peuples repoussèrent pendant deux cents ans les efforts de toute l'Europe, ne pourraient plus aujourd'hui être défendues par leurs maîtres actuels contre une seule de nos armées; en sorte que la possession n'en est garantie que par les traités, et par des oppositions réciproques entre les grands États de l'Occident.

L'Égypte cessa, au commencement du seizième siècle, d'être gouvernée par des princes indépendans, et fut conquise par les Ottomans, soixante-quatre ans après la prise de Constantinople. Sélim 1er, père du célèbre Soliman II, avait été porté à l'empire par la faveur des janissaires. La rébellion lui avait donné le trône; il s'y maintint par un parricide, et fit ensuite périr ses frères, avant d'exécuter ses vastes projets sur l'Asie. Il ne tarda point à menacer la Perse, l'Égypte et la Syrie, et conquit rapidement ces deux dernières provinces sur les sultans mamlouks, qui ne jouissaient que d'une autorité incertaine, et pouvaient à peine se défendre contre les trahisons de leurs lieutenans. Sélim leur livra deux batailles, l'une à Alep, où le sultan

Cansou el-Gauri perdit la vie, et l'autre à son successeur Touman-bey, à peu de distance du Kaire. Les troupes ottomanes étaient beaucoup plus nombreuses, et les Mamlouks n'avaient point encore adopté l'usage de la mousqueterie. Leur dernier sultan fut livré au vainqueur, et pendu sous l'une des portes de la ville. On rassembla un très-grand nombre de Mamlouks qui furent massacrés, ou jetés dans le fleuve. Alexandrie ne tarda point à se soumettre. Les peuples voisins furent remplis d'épouvante. Le chérif de la Mecque vint offrir des présens à Sélim, qui, voulant joindre l'autorité sacrée à la puissance des armes, se fit reconnaître pour protecteur et chef héréditaire de l'islamisme. Ismaël sofi envoya au Kaire une ambassade solennelle, pour obtenir la paix.

La mort de Sélim interrompit le cours de ses victoires. Soliman son fils, qui, par ses armes et sa politique, a tant contribué à l'accroissement de la puissance ottomane, consacra plusieurs années au gouvernement intérieur de ses États. On composa par ses ordres le réglement particulier de l'Égypte, qui sert encore à l'administration territoriale de ce pays. On a quelquefois attribué cet établissement à Sélim, qui n'y eut, pour ainsi dire, aucune part. Ce dernier avait donné peu de temps à la guerre d'Égypte. De retour à Constantinople, il ne s'y occupa que de ses préparatifs contre la Perse et le midi de l'Europe. Il méditait la destruction de Bagdad, et ne s'arrêta point à régler les prétendues constitutions et le myry de l'Égypte. On a publié un acte qui contient ses capitulations avec les Mamlouks : mais cette pièce est dépourvue d'authenticité. Ce qu'il y a de remarquable dans sa conduite politique, est sa négociation avec la Mecque, et le soin qu'il prit d'amener à Constantinople le successeur des Abassides.

Sélim, qui reçut le nom mérité de féroce,

qui envoyait ses vizirs à la mort, parce qu'ils ne prévoyaient pas vers quelle partie du monde il tournerait ses armes, qui, dans tout le cours de son règne, fit périr indistinctement ses amis et ses ennemis, et fut l'assassin de son père, de ses frères et de huit de ses neveux, joignait la superstition à la cruauté. Aucun empereur ottoman n'a porté aussi loin la haine des religions étrangères. Il avait entrepris d'obliger ses sujets chrétiens à embrasser l'islamisme : mais l'empire des usages ramena bientôt à la tolérance des autres cultes; maxime fondamentale des États musulmans, sans laquelle ils ne se seraient point formés. Il donna à l'Égypte, comme aux autres provinces qu'il avait conquises, un gouverneur et des garnisons turques. Les milices se montrèrent insubordonnées, exigèrent des augmentations de solde, et massacrèrent leurs chefs. Les pâchâs entreprirent de se rendre indépendans. Les Mamlouks, quoique restés en petit nombre, tiraient un grand avantage du souvenir de leur autorité, de leurs intelligences avec les Arabes, et de l'emploi des ressources locales. Voilà l'origine de l'état anarchique qui se forma après la conquête. Il a duré jusqu'à ce que l'audace guerrière des beys eut triomphé des janissaires, énervés par la mollesse du climat et la garde oisive des forteresses.

Dans le temps que l'Égypte et la Syrie recevaient de nouveaux maîtres, l'état politique et le commerce des nations subissaient des changemens immenses et inattendus. Aucune époque de l'histoire n'est plus féconde en grands événemens. La puissance ottomane répandait la terreur dans l'Europe et dans l'Asie. Plusieurs États chrétiens cessaient de reconnaître l'autorité du pontife de Rome. L'islamisme éprouvait une révolution semblable; et une secte récente, favorisée par les sofis, divisait les pays mahométans. La France appelait les beaux-arts qui illustraient l'Italie. Les noms de François 1er, de Soliman, de Charles-Quint, remplissaient le monde entier. L'Europe, exerçant enfin son propre génie, perfectionnait ses institutions civiles, et rendait ses monarchies puissantes par l'établissement fixe des armées. L'art de l'imprimerie, les connaissances nautiques, les usages militaires, faisaient des progrès extraordinaires. Les entreprises exécutées par Colomb et Vasco de Gama tenaient tous les esprits en suspens. Les Portugais et les Espagnols, sortis de leurs ports en suivant des routes contraires, étaient surpris de se rencontrer à la même extrémité de l'Asie. Le désir de s'emparer du commerce de l'Orient avait excité ces découvertes; et en effet, les riches productions des Indes suivirent une voie jusqu'alors inconnue. L'Égypte, où elles se rassemblaient depuis tant de siècles, et qui les transmettait à divers pays d'Europe et d'Afrique, perdit les avantages qu'elle tenait du fondateur d'Alexandrie. Les conquêtes des Portugais nuisirent surtout aux Vénitiens, qu'une ligue formidable n'avait point anéantis, et qui se trouvaient à toutes les issues du commerce des Indes; ils virent leur grandeur décroître et s'évanouir sans retour. Enfin, les relations qui unissaient une multitude de villes et d'états furent bientôt interrompues.

En même temps le génie inquiet et ambitieux des Européens établissait des rapports nouveaux entre les parties du monde les plus éloignées. Impatiens d'employer les nouveaux instrumens de leur puissance, ils se servaient de la boussole pour se diriger sur des terres inconnues, et des armes à feu pour en subjuguer les peuples. Ils trouvaient, dans les mines de l'Amérique, les métaux précieux qui étaient nécessaires pour multiplier les échanges de l'Orient, et disposaient des habitans de l'Afrique pour la culture des possessions nouvelles.

Les Vénitiens unis aux Mamlouks, et ensuite les princes ottomans, firent d'inutiles efforts pour détruire, dans les mers orientales, les établissemens des Portugais. Les premiers proposèrent de transporter des bois de la Dalmatie sur les bords du Nil, et de là à Suez, pour la construction d'une flotte. On obtint d'abord quelques avantages de l'emploi de ces forces ; mais les expéditions du sultan el-Gauri, celles de Sélim et de Soliman, ne purent arrêter les progrès des conquérans de l'Inde. Si l'on ajoute foi aux relations de quelques voyageurs, l'Égypte fut menacée, à cette époque, d'une révolution encore plus funeste, et qui n'eût été suivie d'aucune autre. Ils assurent que les princes d'Abyssinie, alliés de la cour de Lisbonne, entreprirent de détourner le cours du Nil vers la mer Rouge, afin de rendre pour jamais stériles les contrées que ce fleuve couvre de ses inondations annuelles. Il était inutile que le vainqueur de Goa, de Malaca, d'Ormuz, recourût à ce chimérique projet : il servit mieux les intérêts de son pays en détruisant toutes les flottes ennemies. Sous Albuquerque et ses successeurs, les vaisseaux du roi Emmanuel pénétrèrent dans la mer Rouge et jusqu'à l'extrémité du golfe, afin qu'il n'y eût aucun point des immenses rivages de l'Océan asiatique qui ne connût la domination portugaise.

Cette puissance excessive devait être de peu de durée; mais elle eut une influence remarquable sur les destins de l'Occident. En effet, les Ottomans, devenus maîtres de l'Égypte, auraient disposé des richesses de l'Inde; ce commerce leur eût donné une marine formidable et toutes les ressources qu'exige l'entretien des armées nombreuses. Ils étaient alors gouvernés par des princes ambitieux, guerriers et politiques, à qui l'Europe divisée n'opposait qu'une résistance incertaine. Si la découverte de Gama ne les eût privés de cet accroissement de force, il est vraisemblable qu'ils auraient envahi une grande partie des

États chrétiens, et que ces contrées, si florissantes et si polies, gémiraient aujourd'hui sous une autorité étrangère, ennemie des connaissances utiles et des beaux-arts.

Le commencement du seizième siècle marque donc une époque fatale dans l'histoire de l'Égypte. Conquis et dépouillé, séparé de la Syrie, ce pays ne forma plus un État indépendant; il fut livré à l'avarice ambitieuse des pâchâs, et tomba ensuite dans la plus déplorable anarchie. Un conseil supérieur, formé des principaux chefs des milices, et dirigé par le vice-roi, participait aux soins du gouvernement. L'administration et la police des provinces étaient confiées à plusieurs beys mamlouks subordonnés au conseil, et qui ne devaient exercer qu'une autorité limitée. La rébellion de plusieurs pâchâs porta la cour de Constantinople à favoriser l'influence des chefs des milices. Ces derniers composaient leurs maisons d'esclaves étrangers, que l'on formait dès leur première jeunesse aux exercices des armes, et qui parvenaient souvent aux charges les plus importantes. Vers le milieu du dernier siècle, Ibrahim et Rodouân, chefs des janissaires et des azabs, portèrent un grand nombre de leurs Mamlouks aux premiers emplois; et ayant uni leurs intérêts, ils se rendirent maîtres du gouvernement. Ils ne laissèrent au pâchâ que la dignité apparente de sa place, et lui ravirent en effet l'exercice du pouvoir.

Aly-bey, sorti de la maison d'Ibrahim, affecta l'autorité souveraine, sous le titre de gouverneur de la capitale. Après avoir fait mettre à mort ses ennemis et ses rivaux, et affermi sa puissance dans le Saïd, il fit occuper la ville de la Mecque, et y rétablit l'ancien chérif Abd-allah, de qui il voulait par la suite recevoir le titre de sultan d'Égypte. Il se proposait aussi de former, dans le port de cette ville, un établissement fixe pour le commerce des Indes. La guerre que la Porte avait à soutenir contre la Russie, et la rébellion du cheykh Dâher, qui avait un parti nombreux en Palestine, favorisèrent les projets d'Aly-bey. Il envoya des troupes dans la Syrie; et ses lieutenans, réunis au cheykh, mirent en fuite les pâchâs des provinces voisines. Les conseils d'Ismaël-bey et les insinuations de la Porte détachèrent bientôt du parti d'Aly, son affranchi Mohammed-bey, qui commandait l'armée de Syrie. Ce dernier abandonna sa conquête, et retourna au Kaire. Exilé quelque temps après par son maître, il parvint à se former un parti puissant; alors il quitta le Saïd pour s'établir dans la capitale. Aly-bey se retira auprès de Dâher son allié : il avait sollicité des secours de la Russie; mais il perdit sa puissance avant que la négociation fût terminée. Trompé par des rapports infidèles, il s'empressa de revenir en Égypte, et fut blessé dans un combat qu'il soutint, à Sâlehyeh, contre ses anciens esclaves; il mourut au Kaire des suites de sa blessure.

Mohammed-bey se montra plus soumis aux ordres de la Porte; il acquitta les tributs, et, ayant reçu le titre de pâchâ du Kaire, il marcha en Syrie contre l'Arabe Dâher, parvint à s'emparer de Jaffa, et conduisit à Acre ses troupes victorieuses : il y mourut presque subitement d'une maladie contagieuse. Deux de ses Mamlouks, Ibrahim et Mourad, succédèrent à son autorité, et imitèrent la conduite d'Aly-bey. On suscita contre eux Ismaël, qui avait trahi ce dernier. Il forma une faction assez puissante pour obliger ses rivaux de quitter la capitale. Réfugiés dans le Saïd, ils parvinrent à se concilier plusieurs beys du parti vainqueur, et ne tardèrent point à déposséder Ismaël. Ils commirent alors des vexations multipliées qui les rendaient de plus en plus odieux; et ils éludaient, par tous les moyens possibles, l'autorité du grand-seigneur.

Hassan, capitan pâchâ, fut chargé par sa cour de punir leur rébellion; il arriva au Kaire avec des forces peu considérables, éloigna Ibrahim et Mourad, envoya à Constantinople une partie des dépouilles de leurs partisans et des produits de ses concussions. Rappelé par la guerre avec la Russie, il termina son expédition en concédant aux deux beys une grande partie du Saïd, et laissa le gouvernement de l'Égypte à Ismaël-bey. Ce dernier mourut de la peste en 1791. La contagion enleva, dans le printemps de cette année, le tiers de la population du Kaire : la moitié des Mamlouks attachés à Ismaël succomba; et il mourut dans cette ville plus de soixante mille habitans depuis le 9 avril jusqu'au 26.

Ibrahim et Mourad, divisés par des rivalités anciennes, mais retenus par le sentiment de l'intérêt commun, rétablirent leur pouvoir dans la capitale. Ils se livrèrent ensuite à des violences effrénées, méprisant les ordres de leur souverain, imposant de nouveaux droits, sans discernement et sans mesure, sur le commerce, l'agriculture et l'industrie, et enlevant les grains nécessaires à la subsistance des habitans, dont un grand nombre expirait sans secours.

Les négocians étrangers ne furent point garantis de cette oppression; les Français, surtout, essuyèrent des vexations et des outrages qui demeurèrent long-temps impunis. Les beys parurent croire que l'état politique où la France se trouvait alors, justifiait ces injures, et se persuadèrent que son nouveau gouvernement n'en pourrait obtenir aucune satisfaction. En effet, les représentations adressées à ce sujet à la cour de Constantinople furent inutiles; cette puissance ne fit aucun effort pour punir les usurpateurs de l'Égypte, ou réprimer leur conduite violente envers ses alliés. Les extorsions et les insultes se renouvelèrent et entraînèrent la ruine de nos maisons de commerce. On ne pouvait point les abandonner sans livrer à des nations rivales des avantages que l'on devait aux plus anciens traités, et sans donner un exemple de faiblesse qui serait devenu fatal à tous les établissemens français. Il fallait donc consentir à cette exclusion du commerce du Levant, et tolérer des outrages publics, ou trouver la sécurité dans l'exercice de ses propres forces.

Ces circonstances ont appelé les Français en Égypte, et ce pays est devenu le théâtre d'un des plus grands événemens de l'histoire moderne. Aux motifs que l'on vient de rappeler, se joignaient la considération des avantages que promettait un établissement fixe dans le Levant, et l'espoir de s'accorder avec la Porte ottomane, en l'éclairant sur ses vrais intérêts, et en lui offrant toutes les garanties qu'elle pourrait demander.

En effet, le concours des arts de l'Europe et l'influence d'un gouvernement régulier chan-

PRÉFACE HISTORIQUE.

geraient bientôt la situation de l'Égypte. L'agriculture, secondée par une administration prévoyante, y ferait en peu de temps des progrès considérables. On sait que la fécondité du sol est entretenue par les inondations annuelles. Les travaux agricoles consistent principalement dans les irrigations; mais aujourd'hui la répartition des eaux est irrégulière et imparfaite. Les canaux qui les apportent sont tracés sans réflexion et sans art; elles arrivent dans certains lieux avec une abondance superflue, tandis que d'autres terrains demeurent exposés à une longue stérilité. Ailleurs, on diminue, par des dérivations imprudentes, la résistance qui contient les eaux de la mer vers les embouchures du fleuve; et l'effet de ces travaux est de changer tout-à-coup en une plage inutile des terres précieuses, qui avaient offert jusque-là les plus riches productions. On ne parvient à élever les eaux qu'à l'aide de quelques machines grossières, dont l'effet est très-médiocre, et qu'en assujettissant les animaux, ou plutôt l'homme lui-même, à des fatigues excessives. Au milieu des troubles politiques, les différens cantons n'étant pas soumis à une police commune, il arrive souvent que l'on dispose des eaux sans discernement et sans droit ; on en détourne le cours, on obstrue les canaux, on ouvre les digues. Ainsi les habitans ne savent point user des libéralités de la nature, et emploient toute leur industrie pour se les ravir mutuellement. On obvierait à ces désordres par une distribution plus régulière des eaux ; ce qui augmenterait à-la-fois l'étendue et la fertilité des terres cultivables. Il serait facile d'arroser les lieux plus élevés, en faisant, du travail des animaux, une meilleure application, ou même sans employer ce travail ; on y parviendrait en dérivant les eaux supérieures, ou en empruntant les forces mécaniques qui résultent des vents, ou du courant même du fleuve.

Indépendamment du blé, du riz, des autres plantes céréales, et des fruits de toute espèce, que l'Égypte produit en abondance, on retirerait des avantages encore plus grands de la culture de la canne à sucre, de celle du lin et de l'indigo. Ce pays fournirait à l'Europe le natron, qui s'y forme à la surface, des matières propres aux plus belles teintures, des substances médicinales et aromatiques d'un grand prix, les cafés et les parfums de l'Arabie, la poudre d'or, l'ivoire; et tous les autres objets du commerce de l'Afrique. Les plantes vraiment indigènes sont en petit nombre; mais cette terre féconde, dont la douce température varie par degrés depuis la mer jusqu'aux limites de la Nubie, peut être considérée comme un vaste jardin, propre à recevoir et à conserver les plus riches productions de l'univers.

Tels sont les avantages naturels de l'Égypte, qu'ils n'ont pu être entièrement anéantis par la longue influence d'une administration vicieuse. On y jouit encore aujourd'hui des richesses de l'agriculture, de celles de l'industrie et du commerce. Le Kaire est, à plusieurs égards, une ville opulente; elle compte plus de deux cent cinquante mille habitans, et entretient des relations multipliées avec l'Arabie et tout l'intérieur de l'Afrique, avec la Turquie, la Perse, l'Inde, et les principaux pays d'Europe. Les découvertes des Portugais ont détourné le commerce d'Alexandrie; cependant les communications avec les Indes ont continué de subsister, soit par la navigation des mers orientales, soit par la voie de terre. Ainsi l'Égypte a conservé tous les élémens de son ancienne grandeur; et ces germes précieux d'une prospérité nouvelle se développeraient rapidement, s'ils étaient fécondés par le génie de l'Europe et les bienfaits d'un gouvernement sage et puissant.

Quant aux propriétés du climat, on ne

pourrait les faire bien connaître que par une exposition détaillée, qui ne convient point à l'objet de ce discours : on se bornera à dire que la salubrité de ce pays ne peut être révoquée en doute. Ce résultat est confirmé par toute l'histoire de l'Égypte, par l'expérience décisive de l'armée française, et par l'état actuel de la population, qui comprend environ deux millions trois cent mille individus, répandus sur une superficie de dix-huit cents lieues carrées.

De toutes les entreprises auxquelles l'occupation de l'Égypte peut donner lieu, l'une des plus importantes consiste à joindre, par un canal de navigation, le golfe arabique à la Méditerranée; question depuis long-temps célèbre, qui, aujourd'hui, peut être pleinement résolue. Quel que soit, en effet, le niveau respectif des deux mers, et quelque jugement que l'on doive porter des ouvrages qui ont été exécutés autrefois dans ce même dessein, il serait facile aux ingénieurs européens d'établir et de conserver cette communication; elle rapprocherait, pour ainsi dire, les contrées orientales de celles que baigne la Méditerranée : sans changer entièrement les voies actuelles du commerce, elle influerait sur les relations de l'Europe avec l'Inde, l'Arabie et l'Afrique; et l'on en peut comparer les résultats aux changemens politiques qui eurent lieu, dans un sens opposé, après les expéditions maritimes des Portugais.

L'Égypte, où se réunissent comme d'elles-mêmes les richesses de l'agriculture et celles du commerce, a d'autres avantages que n'offrirait point une colonie lointaine. Elle n'est séparée de la France que par une mer peu étendue, dont la navigation semble être l'apanage de cette puissance et de ses alliés naturels. Elle entre dans le système de la défense commune des îles voisines de l'Italie, et de celles de la Mer Adriatique et de l'Archipel.

Elle n'est point exposée à une invasion imprévue, et ne peut être attaquée que par des forces considérables; en sorte qu'une puissance européenne qui, étroitement unie avec la Porte, occuperait depuis long-temps l'Égypte et aurait fortifié cet établissement, serait assurée de le conserver. Ce pays offre de plus aux Français l'avantage très-remarquable d'une situation intermédiaire : placés aux portes de l'Asie, ils peuvent de là menacer continuellement les riches possessions d'un État ennemi, et porter le trouble ou la guerre jusqu'aux sources mêmes de son opulence.

Les relations qui s'établiraient bientôt entre l'Égypte et les établissemens situés dans l'Arabie, la Perse, l'Indostan et l'Afrique, procureraient les échanges les plus profitables à la France et aux peuples qui naviguent dans la Méditerranée. On imiterait en cela l'heureuse industrie à laquelle les Vénitiens dûrent leurs richesses, qui leur donna long-temps des forces maritimes supérieures à celles de presque toutes les puissances méridionales, et cessa bientôt lorsque les destinées de l'Égypte furent changées.

En effet, le commerce de l'Inde avec les autres États a presque toujours eu lieu par l'échange des métaux précieux. Ces rapports subsistent depuis un temps immémorial; et toutes les nations opulentes ont payé ce tribut, en donnant, pour prix des productions de l'Orient, une quantité considérable d'or, et surtout d'argent, qui s'y accumule sans retour. Mais les Vénitiens paraissent avoir entretenu avec ces contrées des relations d'une autre nature. L'Égypte, devenue pour eux le principal dépôt des richesses du monde entier, recevait, outre les bois et les métaux utiles, les objets de leurs propres manufactures; ils en retiraient les marchandises précieuses de l'Inde, de l'Arabie, de la Syrie et de la Perse, et les distribuaient dans toute l'Europe.

Ainsi l'Égypte n'est pas seulement utile par ce qu'elle possède, elle l'est encore par ce qui lui manque. On serait assuré de placer dans cet établissement des étoffes précieuses, des draps légers, des vins, et des produits d'une industrie variée. On y transporterait le fer, le plomb, et surtout les bois destinés à la construction des édifices et à celle des navires. C'est en partie au moyen de ces échanges que l'on acquerrait les marchandises les plus estimées de l'Inde, et on se les procurerait aussi par des communications immédiates. Indépendamment des ports qui seraient ouverts ou rétablis sur les deux côtes de la mer Rouge, on verrait se former, dans les autres points de cette voie du commerce des Indes, des établissemens qui rendraient la navigation plus agréable et plus sûre, et se prêteraient un appui mutuel.

Nous pourrions aussi nous élever à des considérations plus générales, et prévoir l'influence qu'une colonie française, aussi favorablement située, exercerait sur l'état des contrées voisines. L'Arabie et la Syrie participeraient aux premiers avantages; le commerce y jouirait d'abord d'une sécurité jusqu'ici inconnue; l'industrie et l'agriculture y prendraient un nouvel essor. On pourrait contracter des alliances utiles et durables avec la Perse et les autres monarchies de l'Asie. On pénétrerait de toutes parts dans le vaste continent de l'Afrique; on y découvrirait les fleuves intérieurs, les montagnes et les mines de fer et d'or qu'elles renferment en abondance. Enfin, on pourrait espérer que le gouvernement de l'Égypte ferait régner l'ordre et la paix sur les côtes septentrionales de l'Afrique, en soumettant les habitans à une police plus humaine et plus sage. Alors la Méditerranée, devenue une mer française, serait pour jamais mise à l'abri des incursions des pirates.

On voit par-là combien la fondation de cette nouvelle colonie, à l'extrémité d'une mer étroite et voisine, et dans une des plus belles contrées de la terre, diffère de ces entreprises lointaines qui obligent de créer des établissemens dispendieux, exposés à toutes les incertitudes de la guerre, et que, même pendant la paix, on ne peut conserver sans multiplier les victimes de l'insalubrité du climat. On n'aurait point à y transporter, comme esclaves, des cultivateurs étrangers; et, loin d'exercer aucune violence contre les indigènes, on leur rendrait tout ce qu'un gouvernement imprudent et tyrannique leur a enlevé.

Le projet que nous exposons méritait donc, en effet, les méditations d'un homme d'État : il n'a rien que d'utile et de glorieux; il est favorable à nos alliés; il assure aux peuples voisins une condition meilleure; il ouvre l'Asie aux plus vastes desseins, et, ce qui est d'un prix inestimable, il unit les avantages politiques de notre patrie aux vrais intérêts des autres nations.

L'état de l'Europe n'a point permis que l'Égypte reçût les dons qui lui étaient offerts : mais le souvenir de l'expédition française ne sera point sans fruit. Le gouvernement de Constantinople connaîtra tous les avantages qu'il pourrait retirer, en donnant à cette province une meilleure administration. Il jugera facilement quelles étaient les vues de celle des puissances européennes qui s'est attachée à rétablir le pouvoir des Mamlouks. Il ne pouvait y avoir de moyen plus assuré de priver l'Égypte des avantages qui lui sont propres, que de la livrer à ses premiers oppresseurs, également ennemis du bien public et de l'autorité légitime. Enfin, la cour ottomane puisera des conseils utiles dans la collection que l'on publie aujourd'hui. Elle pourra recourir aux arts de l'Occident, obtenir d'elle-même une grande partie des résultats que lui assurait le concours de nos armes, et réaliser ainsi les vœux que la France avait formés.

Si l'on s'attache maintenant à distinguer les moyens qui pouvaient le plus contribuer au succès de ces vues, on reconnaîtra combien il était important de favoriser les progrès des arts et des sciences. Il ne peut y avoir, en effet, aucune circonstance où il soit aussi nécessaire d'en faire l'application. Il fallait étendre et enrichir le domaine de l'agriculture, étudier le cours du fleuve et assujettir les irrigations à un plan général, faire communiquer les deux mers, assurer la navigation du golfe arabique, établir des arsenaux et des ports. On avait à observer un climat presque inconnu, à porter dans les contrées voisines les recherches de l'histoire naturelle et de la géographie, à diriger le commerce, à perfectionner les tissus et les teintures, l'exploitation du natron, la fabrication du sucre, celle du sel ammoniac et de l'indigo; en un mot, à créer une industrie nouvelle, et à la seconder de toutes les découvertes de l'Europe.

Aussi le projet de ramener sur les rivages du Nil les sciences, si long-temps exilées, excita une reconnaissance universelle. Cette pensée rappelait l'ancienne gloire de Thèbes et de Memphis, et le séjour des muses grecques dans la capitale des successeurs d'Alexandre; elle faisait mieux connaître l'utilité et l'étendue de l'entreprise que l'on allait former. Loin d'admettre dans les sciences une distinction qui ne s'accordait point avec l'élévation de ses vues, celui qui les associait à son triomphe les considéra toutes comme ne formant qu'une même famille. Il voulut que l'on cultivât, en même temps, les diverses branches de la littérature et de la philosophie. On appela les sciences de calcul, qui fournissent des principes exacts aux usages les plus importans; les sciences physiques, et celles qui ont pour objet l'étude et la description de la nature; les arts dont l'utilité est immédiate et sensible, et les arts non moins précieux qui concourent à l'éclat du gouvernement, et procurent les plus nobles jouissances de l'esprit. Par l'effet de cette sage disposition, l'Égypte pouvait devenir en peu de temps, non-seulement une colonie, mais en quelque sorte une province française, et offrir à ses nouveaux habitans l'image de leur propre patrie. Ce furent ces considérations qui inspirèrent le dessein d'établir un corps littéraire dans la capitale du pays que nos armes allaient soumettre. On vient de rappeler les diverses époques de l'histoire de l'Égypte, les faits qui ont précédé l'expédition française, les motifs et les vues d'après lesquels on l'a entreprise et dirigée; il faut maintenant offrir à l'attention du lecteur les principales circonstances de ce grand événement.

Les Français qui devaient concourir à cette

expédition avaient été rassemblés sur divers points des côtes de la Méditerranée : ils ignoraient le but vers lequel ils allaient être dirigés, et formaient à ce sujet les conjectures les plus opposées. L'ardeur guerrière, le feu de la jeunesse, l'incertitude, agitaient les cœurs; la présence du vainqueur de l'Italie inspirait une confiance unanime. Son nom seul fixait toutes les espérances.

La flotte française, sortie de la rade de Toulon, et réunie aux divisions formées dans les ports de l'Italie, s'arrêta bientôt à la vue de Malte, dont le gouvernement s'était déclaré depuis long-temps en état d'hostilité. Cette île, vivement attaquée, n'opposa qu'une résistance inutile; elle fut promptement soumise, et reçut une garnison française. Huit jours s'étaient à peine écoulés depuis que nos vaisseaux avaient paru devant Malte, et déjà cette flotte immense s'avançait rapidement vers l'Égypte. Lorsqu'on atteignit la côte d'Alexan-

PRÉFACE HISTORIQUE.

drie, la mer, violemment agitée, rendait l'accès difficile et dangereux; mais le moindre retard pouvait devenir funeste : le débarquement fut effectué aussitôt. Un corps de troupes françaises marchait sur Alexandrie, avant la fin de la nuit, et le général en chef était à la tête des colonnes. Les habitans entreprirent une défense vive et opiniâtre : on ne put alors les convaincre que cette guerre était seulement dirigée contre les Mamlouks, et non contre les sujets fidèles de la Porte. Mais aucun obstacle ne pouvait arrêter l'ardeur de nos troupes : elles pénètrent dans la ville, elles s'en emparent, et déjà le vainqueur exerce une autorité tutélaire. Il offre aux habitans la paix et la sécurité, et reçoit avec bienveillance les envoyés des tribus d'Arabes scénites, qui habitent les déserts voisins.

Cependant une flotte ennemie parcourait les divers parages de la Méditerranée. Elle se montre vers le port de Toulon, après que nous l'avions quitté; à Malte, après notre départ; à Alexandrie, avant notre arrivée. Elle s'éloigne, parcourt le fond du golfe, et, dans le même temps, l'armée française s'avançait dans le désert vers la capitale.

Les faits militaires dont ce pays devint alors le théâtre, attirèrent l'attention du monde entier; la nouvelle s'en répandit aussitôt dans l'Orient et dans l'Afrique : tous les esprits en Europe furent tenus en suspens, et l'on attendait l'issue de cette grande entreprise. Les traits multipliés de courage et de patience qui signalèrent ces campagnes, les dangers auxquels l'armée était sans cesse exposée, les fatigues inexprimables qu'elle endura, les talens supérieurs et le dévouement des généraux, excitèrent en France l'admiration et la reconnaissance publiques. Il n'y eut personne qui ne fût frappé de la nouveauté des circonstances, toutes étrangères à nos climats, de ce concours inaccoutumé d'exploits de guerre et

PRÉFACE HISTORIQUE. lxix

de découvertes savantes, et surtout de tant de dispositions militaires, civiles et politiques, qu'exigeaient du général en chef le soin de conquérir et celui de gouverner.

L'objet de ce discours permet seulement d'indiquer l'ordre de ces événemens; c'est à l'histoire qu'il appartient de les rapporter, et déjà ils ont été dignement exposés dans les relations des campagnes d'Égypte et de Syrie. L'illustre auteur de ces mémoires, dépositaire immédiat des pensées et des vues du général en chef, dirigeait tous les mouvemens, prévoyait tous les obstacles, et participait glorieusement à tous les succès. Ainsi les monumens de la valeur française, qu'il transmet lui-même à la postérité, acquièrent à-la-fois plus d'authenticité et d'éclat.

Alexandrie était à peine soumise, que notre armée pénétrait déjà dans l'intérieur de l'Égypte. Rosette était en notre pouvoir, et nos bâtimens armés remontaient le fleuve.

L'histoire de cette campagne offre une suite de marches rapides, de combats et de succès. Ni l'ardeur du désert, ni le manque absolu d'eau et d'approvisionnemens dans une contrée aride et inconnue, ne peuvent ralentir l'impétuosité des troupes. Les Arabes sont dispersés; les Mamlouks perdent deux batailles rangées; la terreur et le désespoir succèdent à la plus aveugle confiance; ils abandonnent le Kaire, et dix jours ont décidé du sort de l'Égypte. Mourad et Ibrahim se séparent : ils ont perdu leur autorité, mais leurs inimitiés subsistent encore. L'un, plus belliqueux, cherche un asile dans le Saïd; le second s'éloigne à la hâte vers le désert de Syrie, et le dernier acte de sa puissance est le pillage d'une caravane. Les Français sont à sa poursuite. Le général en chef lui-même, avec quelques hommes de son avant-garde, parvient à atteindre les Mamlouks du bey fugitif; il les attaque, les disperse, et les oblige de précipiter leur retraite loin des limites de sa conquête. On apprit alors que notre escadre, qui avait reçu l'ordre de pénétrer dans le port d'Alexandrie, ou de se retirer à Corfou, et qui en avait trop différé l'exécution, venait d'être attaquée et presque entièrement détruite dans la baie d'Aboukir. Ce revers inattendu, loin d'abattre le courage des Français, leur inspira une résolution plus unanime et plus constante.

Pendant que le vainqueur porte ses vues sur le gouvernement civil de l'Égypte, l'esprit de rébellion éclate dans la capitale; il arme une population nombreuse, et plusieurs Français, surpris dans leurs habitations ou dans les places publiques, expirent sous le fer des séditieux. Mais la puissance des armes rétablit l'ordre : quelques chefs sont sévèrement punis; on pardonne à la multitude suppliante. L'Égypte ignorait encore quels étaient ses nouveaux maîtres; elle éprouve, dans cette occasion, la supériorité de leurs forces et l'effet inespéré de leur clémence. Ce trouble momentané fit place à une sécurité durable.

La côte septentrionale, les provinces intérieures, Suez et le Delta, étaient occupés par nos troupes. Un art ingénieux créa presque subitement des ouvrages destinés à la défense militaire du pays. Ces constructions, appropriées à l'espèce de guerre que l'on avait à soutenir, avaient pour objet de résister aux premières entreprises de l'ennemi, et de conserver tous les approvisionnemens qu'exigent les mouvemens d'une armée.

L'Égypte, délivrée de ses oppresseurs, commence enfin à jouir des bienfaits des lois; elles y exercent un empire inaccoutumé, sous la protection des armes françaises; et les premiers des habitans sont appelés aux dignités civiles. Les sciences, après un long exil, revoient leur patrie, et se préparent à l'embellir. La géographie étend ses recherches sur les ports, les lacs et les côtes; elle fixe la position

PRÉFACE HISTORIQUE. lxxiij

de tous les lieux remarquables, et fonde ses mesures sur l'observation du ciel. La physique étudie les propriétés du climat, le cours du fleuve, le système des irrigations, la nature du sol, celle des animaux, des minéraux et des plantes. Les beaux-arts retrouvent leurs antiques modèles, et se préparent à transmettre fidèlement à l'Europe ces vestiges immortels du génie de l'Égypte. Un chef illustre répand sur tous ces objets l'éclat de sa gloire personnelle; il encourage par sa présence toutes les découvertes, ou plutôt il les suggère; et son esprit vaste s'applique en même temps, avec une incroyable facilité, à la guerre, à la politique, aux lois et aux sciences.

On entreprit alors, sous ses auspices, les recherches dont on publie aujourd'hui les résultats. Elles furent toutes secondées, et souvent même dirigées par les généraux, les ingénieurs et les officiers français. Plusieurs d'entre eux consacraient aux progrès des sciences tout le loisir que pouvaient leur laisser les opérations militaires, et ont déjà publié des mémoires très-importans, sur la géographie physique du Delta, la condition politique des divers habitans, le cours du Nil, la nature du sol, la description des antiquités. On profita de toutes les facilités qui pouvaient s'offrir, pour parcourir et observer le pays que nos armées occupaient. Il ne se faisait aucune reconnaissance militaire, qu'un ou plusieurs membres des commissions savantes ne s'empressassent d'y concourir, afin de tenter quelques découvertes utiles. Les Arabes intimidés fuyaient de toutes parts, abandonnant le théâtre ordinaire de leurs dévastations : ils cédaient à l'invincible audace d'un des plus illustres chefs de l'armée d'Orient, destiné à concourir si glorieusement aux victoires de Syrie et d'Aboukir, et dont la main protectrice et toujours présente faisait jouir la partie occidentale de l'Égypte d'une sécurité inaccoutumée. L'ins-

PRÉFACE HISTORIQUE. lxxv

pection des côtes ou des déserts voisins, les expéditions éloignées, les marches des détachemens, les négociations ou les combats avec les tribus errantes, les opérations administratives, tout devint l'occasion ou le but d'une nouvelle recherche.

On avait apporté d'Europe tous les instrumens nécessaires à l'imprimerie; ils étaient réunis au Kaire, dans un établissement considérable, que dirigeait un zèle actif et éclairé. Cet art, presque entièrement inconnu aux Orientaux, excitait toute l'attention des Égyptiens; il servait à multiplier les communications, soit entre les Français eux-mêmes, soit entre les habitans, et favorisait à-la-fois le succès de l'expédition et le progrès des sciences.

On établit l'ordre le plus exact dans toutes les parties du gouvernement intérieur. Non-seulement les habitans ne furent point exposés aux outrages qui signalent dans l'Orient les succès militaires, mais on respecta leurs usages religieux et civils; les moindres offenses furent punies avec une sévérité éclatante. Des contributions modérées et équitablement réparties entre les habitans, remplacèrent les exactions et les violences de leurs anciens maîtres. La religion et les lois furent honorées par le vainqueur, et leurs ministres furent prévenus par ses bienfaits. Le droit de propriété, si long-temps méconnu ou violé, ne reçut plus d'atteinte. La justice et l'ordre régnèrent dans les villes, et garantirent les transactions commerciales. Le gouvernement ouvrit toutes les sources de la prospérité agricole; les canaux destinés à recevoir les eaux du fleuve, les digues qui en suspendent le cours, furent entretenus avec soin. On ouvrit des communications nouvelles; on confia à des talens supérieurs la direction de ces grands ouvrages, dont les dépenses étaient fidèlement acquittées. Les armes françaises, redoutables aux seuls ennemis de l'Égypte, répandirent l'épouvante parmi les brigands des déserts ; la justice et la force contractèrent une alliance durable.

Chacune des révolutions précédentes avait été, pour ce pays, le signal d'un nouveau genre d'oppression. Les peuples, accoutumés à ne voir, dans l'autorité du prince, que le droit de dépouiller et de nuire, ne pouvaient concevoir que la victoire fût suivie du bonheur public, et qu'elle eût un objet aussi noble. Les cœurs s'ouvrirent enfin à la reconnaissance. Des sentimens qu'aucun de leurs princes n'avait inspirés, les attachèrent au nouveau gouvernement. Le nom français règne encore dans ces contrées : aucun événement n'en effacera le souvenir.

Le général en chef portait depuis long-temps ses vues sur la communication des deux mers. Il se rendit au port de Suez, vers le fond du golfe arabique, et, s'avançant au nord, il découvrit et fit remarquer à ceux qui l'accompagnaient, les vestiges du canal entrepris par les anciens rois, dans le dessein de joindre le Nil à la mer Rouge. Il en suivit long-temps les traces ; et peu de jours après, s'étant rapproché des terres que les eaux rendent fertiles, il reconnut aussi l'extrémité opposée du canal, à l'est de l'ancienne Bubaste. Il ordonna aussitôt toutes les mesures nécessaires pour préparer l'exécution du grand ouvrage qu'il méditait ; il en donna le soin à des personnes dont il appréciait le mérite supérieur et le zèle, et qui joignaient aux connaissances théoriques toutes les lumières de l'expérience.

Ce même voyage, quoique de peu de durée, avait encore un autre objet. On ordonna la reconnaissance exacte du port, des côtes et de la navigation du golfe ; on pourvut à la défense de Suez ; on modéra les droits excessifs imposés sur le commerce ; on rendit l'exportation plus facile et plus sûre ; on établit des relations utiles avec les Arabes des tribus voisines.

La partie méridionale de l'Égypte ne tarda point à être affranchie de la domination des Mamlouks. Mourad s'y était réfugié : il rallie les beys que sa vengeance avait poursuivis, et qu'un malheur commun réunit maintenant à sa fortune; il appelle à son secours, du rivage opposé de la mer Rouge, des légions d'habitans de la Mecque et d'Yambo. Le souvenir de son autorité lui soumet encore les peuples des campagnes et les Arabes des déserts voisins. Il les rassemble, forme des approvisionnemens, et lève partout des contributions de guerre : mais, soit qu'il attaque lui-même, ou que les Français le préviennent, il est vaincu et mis en fuite. Il s'éloigne rapidement, conservant toujours une partie de ses forces ; et, comme les déserts montueux n'ont point de routes qui lui soient inconnues, il reparaît aussitôt à la tête de nouvelles troupes. Les officiers généraux chargés de cette difficile conquête surmontent tous les obstacles avec un talent extraordinaire; ils prennent, en quelque sorte, les habitudes et la manière de vivre de leurs ennemis; ils les surpassent bientôt par l'audace, l'activité, et même par la connaissance topographique du théâtre de la guerre. Enfin, les Mamlouks sont exilés du Saïd. Les uns sont repoussés trois fois au-delà des cataractes de Syène; d'autres se retirent dans les Oasis, que des espaces arides séparent de la vallée du Nil. Les Arabes sont détruits ou dispersés; la justice et l'indulgence dissipent les alarmes des peuples, et achèvent l'ouvrage de la victoire.

Le général à qui l'on avait confié, dès le commencement de l'expédition, le soin d'occuper le Saïd et d'y anéantir l'autorité des Mamlouks, tempéra les malheurs de la guerre par des traits multipliés de sagesse et de grandeur d'ame. Il vivait pour l'espérance et l'honneur de la patrie; il devait bientôt accourir dans les plaines de l'Italie, et participer, par

PRÉFACE HISTORIQUE.

ses talens, son courage, et le sacrifice même de sa vie, à un événement immortel qui eut tant d'influence sur la situation de l'Europe. En terminant avec gloire, sur le champ de bataille, une carrière déjà illustre, il trouva, dans le triomphe de nos armes, la récompense de ses généreux efforts, et mêla ses derniers soupirs aux accens de la victoire. Il avait inspiré à l'armée d'Orient et aux habitans de l'Égypte un sentiment unanime d'attachement et d'admiration; et sa mémoire ne fut pas moins honorée par les regrets touchans des peuples qu'il avait gouvernés, que par la douleur et les hommages des Français.

Ce sont les événemens de cette campagne qui nous ouvrirent le sanctuaire de l'Égypte. On découvrit alors le temple magnifique de l'ancienne Tentyris, les vestiges de Thèbes digne d'être chantée par Homère, et les demeures vraiment royales des Pharaons. On pénétra au-delà d'Éléphantine, dans cette île sacrée, qui semble être elle-même un seul monument élevé par les Égyptiens à la gloire des dieux et des beaux-arts. Les soldats français que la guerre avait appelés sur les rivages du Nil, furent frappés d'admiration à la vue de ces ouvrages immortels, et s'arrêtèrent comme saisis d'étonnement et de respect. Ces circonstances, que l'histoire des arts ne laissera point dans l'oubli, ont eu pour témoin un homme de goût, digne de les apprécier. Ses ouvrages, qui ont donné pour la première fois à l'Europe une juste idée des monumens de l'Égypte, exciteront dans tous les temps un vif intérêt : ils ont un charme qui leur est propre, et surpassent tout ce qu'on pouvait attendre des efforts et du talent d'un seul homme.

L'application des théories mécaniques et chimiques avait fait au Kaire des progrès remarquables. On avait rassemblé, dans l'enceinte même des grands édifices destinés aux sciences, tous les élémens qui pouvaient favoriser le développement de l'industrie. Cet établissement était dirigé par un chef respectable, que les sciences et la patrie ont perdu il y a quelques années : il joignait au zèle le plus désintéressé un talent ingénieux et fécond, qui lui suggérait des ressources inattendues. Il avait déjà enrichi la France de plusieurs inventions, et donna bientôt à l'Égypte quelques-uns des arts les plus importans de l'Europe. On construisit des machines hydrauliques; on fabriqua des aciers, des armes, des draps, des instrumens de mathématiques et d'optique : enfin, ces grands ateliers fournirent, pendant le cours de l'expédition, une multitude d'objets propres à contribuer au succès de la guerre et aux jouissances de la paix. Les indigènes ne tardèrent point à participer aux avantages qui résultaient de ces travaux; on observa leurs manufactures; on perfectionna les procédés dont ils faisaient usage. Ils considéraient attentivement les productions de l'industrie française, et s'exerçaient à les imiter. Reconnaissant dans le vainqueur tous les genres de supériorité, ils se soumettaient avec plus de confiance à l'influence protectrice du nouveau gouvernement. La fabrication de la poudre fut l'objet d'une administration particulière : celui à qui elle fut confiée justifia, par des services très-importans, toutes les espérances que ses lumières et sa longue expérience avaient fait concevoir. L'Institut du Kaire dirigeait toutes les recherches : ceux qui le composaient avaient constamment en vue les avantages de l'armée et les intérêts des arts et des sciences; ils étaient encouragés dans leurs travaux par l'amitié attentive et le concours d'un officier général du caractère le plus noble et le plus élevé, qu'une mort glorieuse, et qui a excité de si justes regrets, attendait dans les champs de la Syrie. Modèle presque inimitable de désintéressement, de constance et de vertu, et né pour toutes les affections généreuses, il oubliait sans effort ses peines personnelles, et ressentait vivement celles des autres. Personne n'a fait des vœux plus sincères pour le bonheur de son pays et les progrès de la raison et des arts. Il a contribué au succès de toutes les recherches littéraires que l'on entreprit alors; et la fidélité de l'histoire veut que son souvenir soit attaché aux découvertes qui en ont été le fruit.

Parmi les objets dignes de l'attention de l'Europe savante, un des principaux consistait à déterminer exactement les situations géographiques : on a donné à ce grand travail des soins assidus, et on y a employé des moyens qui en garantissent la précision. Il est fondé en partie sur des observations astronomiques, qui fixent les positions des villes et des lieux les plus remarquables. Ces opérations, dont on est redevable à des talens éprouvés et au zèle le plus recommandable, ont été entreprises au milieu du tumulte de la guerre, et dans des provinces éloignées, dont la soumission était récente et incertaine. On a été plusieurs fois obligé de substituer des armes aux instrumens géométriques, et, en quelque sorte, de disputer ou de conquérir le terrain que l'on avait à mesurer.

L'Égypte avait été affranchie du pouvoir qui l'opprimait; les outrages faits à la nation française étaient vengés, et l'on était fondé à espérer que ces événemens n'allumeraient point la guerre avec l'empire ottoman. En effet, cette belle province était depuis long-temps la proie de quelques esclaves qui affectaient l'indépendance, et offensaient par de continuels mépris la majesté du souverain, celle des lois et de la religion. Le pâchâ, à qui ils devaient obéir, était leur captif et l'inutile témoin de leurs violences toujours impunies; le pouvoir, qu'ils se disputaient, devenait la récompense ordinaire de l'ingratitude et du crime. Si l'un d'eux fût parvenu à détruire, par le poison ou le fer, tous ses bienfaiteurs et ses rivaux, ce succès eût été le signal d'une rébellion manifeste contre la Porte. Les plus soumis différaient d'acquitter le faible tribut qu'elle exigeait, les autres le refusaient ouvertement. Ils épuisaient par leurs exactions le commerce intérieur, celui de l'Europe, de l'Arabie et de l'Afrique, l'agriculture et tous les arts utiles, et ils exerçaient sur les peuples une autorité odieuse et effrénée.

Les armes françaises avaient délivré l'Égypte plutôt qu'elles ne l'avaient conquise. Cette terre malheureuse, et jusque-là inutilement féconde, allait passer rapidement à un état prospère. L'issue de cette révolution, qu'une seule puissance de l'Europe pouvait redouter, n'était point opposée aux intérêts de l'empire ottoman : elle aurait, au contraire, augmenté ses revenus, et affermi son autorité dans deux provinces importantes. La cour de Constantinople devait préférer le plus ancien de ses alliés à des sujets rebelles. Loin de perdre l'Égypte et la Syrie, elle les recouvrait en quelque sorte. Elle voyait se former, sous la protection d'une armée puissante et secondée de tous les arts de l'Occident, un établissement qui promettait aux deux nations des avantages immenses, et pouvait soutenir, dans l'Asie et dans l'Afrique, l'éclat du nom ottoman. Mais ces motifs ne furent point appréciés : les officiers de l'empire capables de les discerner furent déposés et exilés. La victoire navale d'Aboukir, dont une politique habile exagéra les avantages, fixa l'opinion encore incertaine de ce gouvernement; il se livra aux suggestions des ennemis de la France, qui lui inspiraient leurs propres alarmes; et il fut bientôt entraîné dans une guerre et dans une alliance contraires à ses vrais intérêts.

PRÉFACE HISTORIQUE. lxxxix

Le chef de l'expédition française avait fait les plus grands efforts pour prévenir cette rupture. Il dirigeait ses armes contre les seuls ennemis de la Porte, faisait respecter le nom du grand-seigneur comme celui du souverain légitime, et maintenait soigneusement les usages religieux et politiques. Son armée agissait en Égypte comme auxiliaire de la Porte : jamais cette province n'avait été mieux gouvernée, ni plus favorisée dans l'exercice de son culte; elle n'avait jamais obéi à des chefs plus disposés à reconnaître l'autorité de Constantinople. Mais sa prévoyance luttait seule contre tous les obstacles, et ne fut secondée en France que par le projet d'une négociation insuffisante et tardive. Il jugea, dans cette conjoncture, qu'on aurait bientôt à défendre l'Égypte contre des forces considérables, et conçut un projet d'une hardiesse extraordinaire, celui de prévenir cette attaque, et de porter la guerre dans le cœur même de la Syrie.

Ce pays était en partie sous la domination d'un homme que ses cruautés et ses perfidies avaient rendu célèbre dans tout l'Orient. Ahmed Gezzar avait été long-temps esclave au Kaire, où on l'avait puni pour des vols domestiques; il s'était signalé, même parmi les Mamlouks, par une fourberie et une férocité extraordinaires, et avait trahi successivement Aly-bey, les Druses, les Arabes, et la cour de Constantinople : il était alors gouverneur de Séide, et résidait à Acre, l'ancienne Ptolémaïs. Il parut embrasser la cause des beys d'Égypte, et, dissimulant des projets plus ambitieux, s'offrit pour diriger l'expédition qui se formait contre l'armée française. Tandis que ces préparatifs troublaient toute l'Asie mineure et la Syrie, ce pâchâ fit occuper d'avance les places frontières par son avant-garde : il était bien éloigné de prévoir qu'il aurait à soutenir lui-même, une guerre défensive.

Tout annonçait que l'Égypte serait attaquée par mer, aussitôt que la saison aurait rendu les débarquemens possibles ; on devait faire marcher en même temps les troupes réunies dans la Syrie, et celles que les beys auraient pu conserver dans le Saïd. Le général en chef, qui avait pénétré les desseins des alliés, jugeant qu'il devait s'écouler encore quelques mois avant qu'on pût entreprendre aucun débarquement, résolut de se porter rapidement, avec douze mille hommes, dans la Syrie, de dissiper les forces qu'on y rassemblait, et de revenir aussitôt pour s'opposer à l'expédition dont les côtes étaient menacées. Un tel projet ne pouvait être exécuté que par une armée intrépide, exercée à toutes les vertus militaires ; et en effet, l'histoire détaillée de cette campagne offrirait des traits inouis de la valeur française. Il fallait pénétrer, sous un ciel ardent, au-delà d'un désert immense et inconnu, et envahir subitement une contrée étrangère, défendue par des forces supérieures. Une flotte anglaise occupait la mer; les habitans des villes et les Arabes errans étaient armés contre nous. Cette terre ennemie n'avait rien qui ne nous fût contraire, et nos soldats ne pouvaient y faire un pas sans rencontrer un nouvel obstacle : mais une confiance inaltérable les élevait au-dessus de tous les périls; ils s'avancèrent rapidement dans le vaste désert qui les séparait de la Syrie. Le fort d'el-Arych avait capitulé; la ville de Gaza se soumit; on s'empara de vive force de l'ancienne Joppé; on s'établit dans le port de Caïffa : on trouva dans ces places, et sur divers autres points, des munitions et des équipages de guerre, des magasins considérables, et des approvisionnemens de toute espèce.

Les premières divisions de l'armée ennemie, secondées par les Mamlouks et les Arabes, s'étaient déjà avancées dans cette partie de la Syrie : surprises dans leur camp et continuellement repoussées, elles abandonnèrent, avec les places, toute l'artillerie et les effets de guerre que nécessitait l'expédition projetée contre l'Égypte. Enfin, les commandans des troupes turques, qui avaient une cavalerie très-nombreuse, entreprirent de réunir toutes leurs forces à celles de leurs auxiliaires, et de les porter contre les Français, pendant qu'ils assiégeaient la ville d'Acre, où Ahmed Gezzar s'était retiré. Mais le général en chef les prévint encore, et jugea bientôt nécessaire de leur livrer une bataille décisive, afin de les repousser vers Damas. Attaqués dans le même instant sur les points les plus éloignés, ils ne purent résister à ces mouvemens impétueux et inattendus : ils se virent tout-à-coup séparés de leur camp, privés de leurs magasins, et comme investis de toutes parts. Plusieurs milliers d'entre eux succombèrent à Esdrelon, ou dans les actions précédentes ; les autres trouvèrent à peine leur salut dans une retraite tumultueuse et précipitée. Les Français s'étaient emparés d'avance des lieux qui auraient pu servir de refuge à l'ennemi; ils suppléaient au petit nombre par la célérité incroyable des marches, et il semblait qu'il n'y eût aucun point du théâtre de la guerre où ils ne fussent tous rassemblés. L'issue victorieuse de ces combats anéantit les dernières espérances des Ottomans, et remplit de terreur les peuples qu'ils s'étaient alliés. Les débris de cette armée repassèrent confusément le Jourdain, et portèrent l'épouvante jusque dans les provinces les plus reculées.

Dans le même temps qu'une partie de nos troupes combattait glorieusement dans la Palestine, celles qui étaient restées en Égypte occupaient toute l'étendue de ce pays, depuis Syène jusqu'à la mer. Les Anglais firent une tentative inutile contre Suez; on repoussa les Arabes de la Mecque; on acheva la conquête du Saïd; on réprima des mouvemens séditieux qui avaient éclaté dans les provinces septentrionales; une prévoyance ingénieuse et active veillait à la défense d'Alexandrie et des côtes.

Cependant le pâchâ d'Acre s'était retranché dans son dernier asile : secondé du côté de la mer contre les Français, qui manquaient de munitions et d'artillerie de siége, il parvint à prolonger sa défense au-delà du terme où notre armée pouvait rester dans la Syrie. Le véritable objet de cette guerre était rempli; on avait déconcerté les projets de l'ennemi, saisi ses magasins et ses équipages de campagne, détruit les fortifications des places, anéanti une armée nombreuse qui se préparait à l'invasion de l'Égypte; les troupes de débarquement, destinées à l'attaque d'Alexandrie, avaient été détournées de leur but, et employées à soutenir un siége meurtrier. La prise d'Acre aurait assuré la punition d'un

Mamlouk sanguinaire, qui, par sa vie entière, méritait le dernier supplice, et dont l'alliance n'a dû inspirer que de l'horreur : mais ce siége exigeait plus de temps; et le succès n'aurait offert que des avantages médiocres, qui ne compensaient point les dangers d'un plus long séjour. Des maladies contagieuses répandaient alors un effroi universel, et faisaient dans toute la Syrie des progrès rapides et de plus en plus funestes. Enfin, la saison était arrivée où l'Égypte elle-même devait être attaquée du côté de la mer. A la vérité, cette expédition ne pouvait plus être soutenue par le concours de l'armée ottomane de Syrie, qui venait d'être dissipée; mais il restait à l'ennemi des forces considérables.

Ces circonstances nécessitaient le retour de nos troupes : le général en chef les prévint que la défense des côtes de l'Égypte allait bientôt exiger d'elles de nouveaux efforts. Elles traversèrent une seconde fois le désert qui sépare l'Égypte de la Syrie : mais, avant de s'éloigner de cette dernière province, on punit rigoureusement la défection des tribus qui avaient trahi leurs engagemens envers les Français; on détruisit les munitions de guerre, et toutes les ressources qui auraient pu favoriser par la suite une expédition ennemie.

La capitale de l'Égypte reçut bientôt cette armée qui avait affronté tant de périls et donné l'exemple de toutes les vertus. Les grands de cette ville se rendirent à sa rencontre : ils étaient suivis d'une multitude immense, qui célébrait le retour de nos troupes par des acclamations et des jeux. Les Français jouissaient enfin du bonheur de revoir leurs compagnons d'armes; et le spectacle touchant qu'offrit cette réunion ne s'effacera jamais de leur souvenir : ils s'entretenaient des dangers qu'ils avaient courus, de leurs vœux, de leurs espérances; il semblait que l'Égypte fût pour eux une nouvelle patrie, et qu'ils ne composassent tous qu'une seule famille.

Peu de temps après, le général en chef reconnut, à divers mouvemens qui avaient lieu dans l'intérieur, que le projet d'invasion allait éclater. En effet, les Mamlouks descendirent sur les deux rives du Nil, et les Arabes de l'occident se rassemblèrent pour se joindre à Mourad, vers la vallée des lacs de Natron, en même temps qu'une flotte se montrait dans la baie d'Aboukir. Ces dispositions combinées avaient été prévues, et l'ennemi fut attaqué dans le même temps partout où il se présenta. Une colonne mobile dispersa les Arabes. Les Mamlouks du parti d'Ibrahim, surpris dans leur camp, s'enfuirent précipitamment dans le désert, abandonnant leurs bagages. Mourad, plus circonspect, s'empressa de regagner la haute Égypte. Le général en chef lui-même était à sa poursuite, lorsqu'il fut informé de l'apparition de la flotte ennemie. Il se dirigea aussitôt vers Alexandrie; et pendant cette marche, il expédia les ordres les plus prompts aux divers corps de l'armée, qui se mirent tous en mouvement à-la-fois : il fit observer et contenir les Mamlouks et les Arabes, et se tint à portée de secourir Alexandrie ou Rosette.

Des troupes ottomanes étaient descendues sur la presqu'île d'Aboukir et s'y étaient établies, après avoir enlevé la redoute et obtenu la reddition du fort : le général en chef se décida aussitôt à les attaquer dans leurs retranchemens. Il n'y eut aucune de ses dispositions qui ne fût couronnée d'un prompt succès; les lignes ennemies ne purent résister aux efforts impétueux et renouvelés des Français. Les Ottomans, animés par le désespoir, se défendaient à l'arme blanche, et presque tous refusaient de se rendre prisonniers : mais, enveloppés de toutes parts, ils succombent; ou, se précipitant dans la mer, ils s'efforcent en vain de rejoindre les vaisseaux qui les ont amenés. Un grand nombre d'entre eux périt sur le champ de bataille; la plupart trouvent la mort dans les flots, sous le feu de notre artillerie. On s'empare des canons, des tentes, et des munitions de guerre ; le pâchâ qui commandait cette expédition tombe lui-même en notre pouvoir. Le fils de cet infortuné général s'enferme dans le fort avec le reste de ses troupes, et entreprend la défense la plus opiniâtre. Enfin, les derniers soldats de cette armée, voyant leur asile détruit par les batteries françaises, et expirant de faim, de soif et de fatigue, jetèrent leurs armes et implorèrent le vainqueur. Le fort n'était plus qu'un amas de ruines, couvert de mourans et de blessés, et des corps de ceux qui avaient péri pendant le siége.

Pendant que ces actions mémorables se passaient en Syrie et en Égypte, et que l'armée d'Orient défendait avec constance la terre célèbre qu'elle avait conquise, la France était livrée aux dissensions civiles, et nos frontières étaient menacées. Ces temps funestes sont déjà loin de nous : le sentiment de la concorde publique défend aujourd'hui de les rappeler. Le général en chef était informé de la vraie situation de l'Europe et des désastres de la France. La connaissance de ces événemens lui avait inspiré le désir de reparaître au milieu de nos armées. Il résolut, après les succès d'Aboukir, d'accomplir ce dessein, dont les suites ont été si fatales à nos ennemis. L'Égypte était pacifiée, et ne pouvait de long-temps être exposée à de nouvelles attaques. Les Mamlouks fuyaient jusque dans la Palestine ou dans la Nubie; les Arabes recherchaient notre alliance; le grand vizir faisait d'inutiles efforts pour rassembler ses troupes au-delà de Damas, et l'expédition des Français dans la Syrie avait anéanti toutes les ressources qu'exigent l'entretien et la marche d'une armée. Les côtes, depuis Alexandrie jusqu'à Damiette, étaient mises en état de défense; les forts étaient pourvus de vivres et de munitions de guerre; la ville du Kaire jouissait depuis long-temps des bienfaits d'une administration protectrice, et se montrait reconnaissante. Le général en chef consacra tous les instans qui précédèrent son départ, à perfectionner les établissemens militaires et le gouvernement civil, s'efforçant de rendre sa présence moins nécessaire. Cependant il apprit que les vaisseaux ennemis avaient été obligés d'abandonner la croisière. Il partit alors pour Alexandrie, et bientôt après il quitta le rivage de l'Égypte. Le salut de la France, le devoir, le rappellent; il s'éloigne, il se confie à cet élément qui avait servi ses premiers desseins. Sa fortune le dérobe aux flottes ennemies, et la mer, une seconde fois fidèle, rend à la patrie celui qu'elle pouvait opposer à ses plus redoutables ennemis.

Pendant toute la guerre d'Égypte et de Syrie, le général en chef n'avait point cessé de veiller aux intérêts des sciences. Ce grand objet était toujours présent à sa pensée, avant ou après la victoire, soit qu'il dirigeât les opérations militaires, soit qu'il méditât de nouvelles dispositions administratives ou politiques. Du milieu des camps, il confiait au génie des beaux-arts la mémoire des combats qui venaient d'illustrer la Palestine, le Fayoum et la Thébaïde. Les derniers jours qui précédèrent son départ, il s'occupait encore de favoriser les succès des recherches savantes, en donnant à l'académie qu'il avait formée les moyens de parcourir les provinces méridionales de l'Égypte, et d'en observer les merveilles avec sécurité. Ce voyage, qui allait procurer aux arts et à la littérature tant de résultats nouveaux, devint l'objet immédiat de ses soins et de sa bienveillance. Il en ordonna lui-même le plan, et en régla toutes les circonstances avec la prévoyance la plus attentive.

On était dans la saison où les vents étésiens favorisent la navigation du fleuve; il est facile alors de remonter en peu de temps jusqu'à l'île d'Éléphantine : on résolut de se porter successivement dans tous les lieux où les monumens sont situés, afin de reconnaître d'abord les objets que l'on aurait à décrire, et d'établir, au moyen de cette première énumération, un ordre plus exact dans les recherches. Après avoir atteint la limite qui sépare l'Égypte de la Nubie, au-dessus de la première cataracte, on suivit une seconde fois le cours du Nil depuis Syène jusqu'au Kaire, et chaque monument fut encore soumis à l'examen le plus attentif. Les bâtimens avaient à peine touché le rivage, que l'on parcourait de toutes parts les enceintes où l'on pouvait découvrir quelques vestiges des anciens monumens. On levait les plans topographiques; on dessinait les divers aspects du paysage et plusieurs vues pittoresques du même édifice;

on mesurait les dimensions de l'architecture et les détails innombrables des ornemens; on imitait fidèlement les tableaux peints ou sculptés, et les caractères hiéroglyphiques dont ils sont couverts. En même temps, on remarquait l'état actuel des ruines, les procédés de la construction, et la nature des substances dont les monumens sont formés. On transcrivait les inscriptions familières, historiques ou votives, qui rappellent tant de noms illustres. D'autres mesuraient la vitesse du fleuve, la quantité de l'exhaussement du sol, ou déterminaient les situations géographiques par l'observation du ciel. On s'appliquait aussi à l'examen physique de la contrée, et l'on formait des collections précieuses destinées à l'étude des animaux, des minéraux et des plantes. On réunissait tous les élémens propres à faire connaître les richesses agricoles, l'industrie, les mœurs et la condition politique des habitans.

Il était nécessaire de joindre à l'étude des propriétés physiques du climat celle de l'influence qu'il exerce sur la vie et la santé de l'homme; on fut, par la suite, redevable de ces recherches aux personnes qui s'adonnaient par profession aux diverses branches de l'art de guérir. Le médecin en chef de l'armée d'Orient en avait tracé le plan; il les a recueillies et publiées. On doit au chirurgien en chef de cette armée un ouvrage du même genre, qui contient un grand nombre d'observations. Indépendamment des titres littéraires que leur donne la publication de ces mémoires, ils ont acquis, ainsi que leurs collègues, d'autres droits à la reconnaissance publique; l'histoire de ces campagnes rappellera tous les services qu'ils ont rendus, et les ressources ingénieuses et hardies que leur talent leur suggérait, soit qu'ils apportassent la consolation et l'espoir sur le champ de bataille, au milieu des plus terribles effets de la guerre, ou qu'ils opposassent le calme de l'esprit au ravage de la contagion et à la terreur fatale dont elle frappe la multitude.

Avant que l'on entreprît le voyage qu'on vient de rappeler, plusieurs personnes, zélées pour les progrès des sciences, s'étaient déjà rendues dans le Saïd ou le Fayoum; et durant le long séjour qu'elles y avaient fait, elles s'étaient appliquées à la description exacte des monumens, et à des recherches importantes sur le cours du fleuve, la nature physique du sol, l'agriculture, le commerce, la géographie ancienne. Elles s'empressèrent de réunir à la collection commune tous les résultats qu'elles avaient déjà obtenus.

Les différentes parties de ce grand travail étaient exécutées à-la-fois; chacun se livrait particulièrement à l'objet habituel de ses études, et communiquait à tous les autres ses réflexions et ses vues. Cet heureux concours, dont il n'y a aucun autre exemple dans l'histoire des voyages littéraires, facilitait toutes les découvertes, et les rend, pour ainsi dire, authentiques. L'intérêt des beaux-arts conciliait aisément les esprits, en laissant subsister la diversité des opinions; l'estime mutuelle était un gage encore plus sûr de la concorde et de l'unité des vues. Plusieurs des voyageurs étaient d'ailleurs unis par une ancienne amitié, sentiment plein de charmes, qui embellit encore l'étude des arts, rend les peines plus légères et les plaisirs plus doux, et prend une force nouvelle dans les dangers communs et l'éloignement de la patrie.

Aucune contrée n'a été soumise à des recherches aussi étendues et aussi variées, et aucune ne méritait davantage d'en être l'objet. La connaissance de l'Égypte intéresse, en effet, toutes les nations policées, soit parce que ce pays fut le berceau des arts et des institutions civiles, soit parce qu'il peut devenir encore le centre des relations politiques et du commerce des empires. Le peuple qui l'habitait y a laissé des vestiges admirables de sa grandeur et de sa puissance, et jamais l'art n'a fait un aussi grand effort pour s'élever jusqu'au caractère immuable des ouvrages de la nature.

Cependant les alliés avaient tenté infructueusement de s'emparer du port de Cosseir; peu de temps après, la faible garnison de Damiette, suppléant au petit nombre par l'audace et par la rapidité des mouvemens, détruisit un corps de quatre mille janissaires, qui venait de débarquer et commençait à s'établir sur la côte. Mais les Français chargés de la défense de l'Égypte ignoraient les événemens politiques qui avaient rendu la sécurité à leur patrie, et détruit pour jamais l'espoir ambitieux des puissances ennemies; ils ne connaissaient que ses malheurs : elle était l'objet de leur inquiétude et de leurs regrets. On renouvela d'abord les négociations qui avaient eu pour but de se concilier avec la Porte ottomane; elles prirent ensuite une direction différente et inopinée : c'est alors que fut préparée et rapidement conclue la convention militaire d'el-Arych. Il fut stipulé que les troupes françaises, consentant à remettre l'Égypte au pouvoir de la Porte, se rendraient dans leurs ports sur les vaisseaux des puissances alliées.

On commença bientôt à remplir les engagemens réciproques : les troupes nombreuses et indisciplinées du vizir et des beys pénétrèrent librement en Égypte, et s'avancèrent jusqu'aux portes de la capitale. Tout annonçait que ce beau pays allait passer de nouveau sous le joug de ses anciens maîtres : mais deux causes différentes concoururent à changer subitement la disposition des esprits. La première fut l'annonce de la révolution qui s'était opérée dans le gouvernement civil de la France.

L'armée se livrait aux nouveaux sentimens
que cet événement lui inspirait, lorsqu'on
refusa de remplir les conditions qu'elle avait
acceptées. Celle des puissances alliées qui avait
le plus participé à cette convention, et au
nom de qui on l'avait proposée, obtenue, et
stipulée, mit à l'exécution un obstacle im-
prévu, en adressant aux troupes françaises la
proposition injurieuse de demeurer prison-
nières en Égypte : elle cherchait dans la vio-
lation de ses promesses un avantage qu'elle
n'aurait pu attendre de ses armes. Les troupes
ottomanes avaient été mises en possession du
Saïd et de toutes les places, depuis les ports
de la mer Rouge jusqu'à Damiette. On avait
retiré l'artillerie de la citadelle du Kaire; cette
capitale devait être livrée deux jours après;
déjà les approvisionnemens et les munitions
étaient transportés à Alexandrie. Cette armée,
qui, peu de jours auparavant, disposait de
plusieurs provinces riches et fertiles, était

alors privée des moyens de soutenir la guerre : elle ne possédait plus en Égypte que le terrain où elle était rangée en bataille. Mais une circonstance aussi extraordinaire avait élevé son courage; elle n'avait qu'un but et qu'un intérêt, et celui qui la commandait avait fait passer dans tous les cœurs l'indignation généreuse dont il était animé. Toute l'Europe a connu les suites mémorables des combats qui suivirent cette rupture; la victoire, plus fidèle que les traités, vint couvrir de son égide ceux à qui on ne laissait plus que le désert pour refuge. L'armée ottomane, attaquée par les Français près des ruines d'Héliopolis, fut dispersée et anéantie. Le principal ministre de la Porte traversa presque seul, dans sa fuite précipitée, ces mêmes pays où il avait pénétré avec des forces considérables; il perdit trois camps, son artillerie, ses approvisionnemens de guerre. On reprit les forts qui lui avaient été remis; on réprima les révoltes qu'il avait excitées en même temps dans toutes les villes : ses troupes furent expulsées du Saïd et de Damiette.

La capitale elle-même avait été surprise par les Mamlouks et les janissaires; elle devint tout-à-coup un camp immense, livré aux horreurs de la guerre et de la sédition. Après avoir vu une partie de ses édifices incendiés ou détruits, obéissant à des chefs divisés d'intérêts, intimidée par l'exemple d'une ville voisine, qui avait été sévèrement punie, elle se soumit et implora le vainqueur. Les troupes qui s'y étaient rassemblées, et qui, peu de temps auparavant, s'avançaient contre nous pendant que la mer nous était fermée, violant ainsi le traité le plus authentique, sollicitèrent une capitulation; et, l'ayant obtenue, elles traversèrent nos camps avec sécurité.

Les Français goûtaient les premiers fruits de la victoire, ils s'affermissaient dans les résolutions constantes qu'exigeaient d'eux les vrais intérêts de leur patrie, lorsqu'un événement déplorable les plongea tout-à-coup dans la consternation. Les agas des janissaires, qui étaient réfugiés dans la Syrie, conspirèrent contre la vie du général français, et persuadèrent à un habitant d'Alep que la religion lui commandait de se dévouer à ce grand crime. Cet insensé, que sa jeunesse rendait plus facile à séduire, arriva secrètement au Kaire; et après avoir passé trente jours en prières dans les mosquées, il accomplit son funeste dessein. Kléber était sans armes et éloigné de ses gardes; il fut frappé tout-à-coup de plusieurs coups de poignard, et il expira quelques instans après. Aussitôt que cette nouvelle fatale fut répandue dans les provinces de l'Égypte, l'armée d'Orient fit éclater des regrets unanimes; elle arrosa de ses pleurs le tombeau d'un chef illustre qui venait d'opposer la victoire aux injures des négociations, qui succombait au milieu de ses trophées, et que la patrie comptait depuis long-temps parmi ses plus généreux défenseurs. Les généraux français s'étaient réunis dès les premiers instans qui suivirent sa mort. Celui que les lois militaires appelaient au commandement de l'armée, donna sur-le-champ les ordres que la gravité des circonstances exigeait, les troupes se montrèrent fréquemment au peuple, l'artillerie se fit entendre, et les pavillons français furent placés aux minarets des mosquées. Ces précautions étaient d'autant plus nécessaires, que, dans les révolutions fréquentes qui troublent l'Orient, la mort violente du chef est presque toujours suivie de l'anéantissement de son parti et de la dispersion de ses soldats. L'assassin Soliman avait été arrêté; aucun des Égyptiens n'avait participé à son crime : on découvrit trois complices à qui il avait confié son dessein, et qui étaient, comme lui, Syriens d'origine; ils furent tous condamnés aux peines qui devaient leur être infligées, suivant les lois musulmanes. Pendant la longue durée de son supplice, Soliman récitait quelques versets du Koran, et reprochait aux Musulmans de ne l'avoir point secouru.

Les habitans de la capitale concoururent à la solennité des obsèques du chef de l'armée française; ils virent bientôt son successeur exécuter les projets utiles qui avaient été conçus immédiatement après la conquête. Profitant des avantages qu'avaient procurés nos derniers succès, le général en chef s'attacha à consolider l'empire des lois, à perfectionner l'administration des impôts, à favoriser les progrès de l'agriculture, de l'industrie et du commerce; il se consacrait en même temps aux intérêts immédiats de son armée, qui recevait de lui l'exemple du dévouement et de la persévérance. Les cultivateurs, que l'avarice imprudente de leurs anciens maîtres condamnait à l'abjection et à la servitude, jouirent avec une entière sécurité du fruit de leurs travaux. On forma de nouvelles alliances avec les Arabes, et l'on concéda à quelques tribus des terrains inhabités, que les dissensions civiles avaient enlevés à la culture ; on fonda sur des mesures précises le système général des irrigations, et l'on s'efforça de prévenir tous les inconvéniens attachés à la disposition confuse ou à l'usurpation des eaux ; on accorda des récompenses publiques aux habitans des campagnes qui multipliaient les arbres utiles ; on réunit dans un vaste établissement les plantes et les arbustes étrangers dont il convenait de propager la culture ; les arts de l'Europe commençaient à faire des progrès en Égypte, et l'industrie s'animait de toutes parts.

En établissant un ordre nouveau dans les finances, on en avait confié la direction générale à un administrateur sage et intègre, qui s'était concilié depuis long-temps l'estime de l'armée et l'affection des habitans; il avait examiné avec beaucoup de soin les différentes sources des revenus publics, et connaissait tous les avantages qu'un gouvernement juste et éclairé doit attendre de la possession de l'Égypte. Il en a formé le tableau, pour servir d'introduction au compte général qu'il a rendu de l'administration des finances pendant la durée de l'expédition. On a extrait de cet ouvrage, dont la publication est différée, les mémoires qui sont insérés dans cette collection; ils contiennent un grand nombre de résultats qu'on n'aurait point obtenus sans des circonstances aussi favorables, et que l'on doit regarder comme des élémens précieux de l'histoire moderne de l'Égypte.

Des réglemens équitables ranimèrent le commerce extérieur, que le gouvernement des Mamlouks avait presque anéanti. Telle fut l'influence de ces dispositions, que, malgré les obstacles nombreux qui résultaient de l'état de guerre, on put conserver ou rétablir des relations utiles avec l'Archipel, les côtes d'Arabie et les pays intérieurs de l'Afrique. De nouveaux ouvrages publics concouraient à l'embellissement ou à la salubrité de la capitale et d'Alexandrie. Les indigènes cessèrent peu à peu de se croire étrangers à la nation française; la confiance mutuelle faisait chaque jour des progrès sensibles. Cette heureuse disposition des esprits, dont l'histoire doit garder le souvenir, a été connue de tous ceux qui ont entretenu des relations familières avec les habitans de l'Égypte; elle a été particulièrement observée par l'auteur même de ce discours, qui participait au gouvernement civil en dirigeant l'administration de la justice.

Le temps seul pouvait éprouver et affermir ces nouvelles institutions; la guerre les renversa tout-à-coup, et n'en laissa subsister aucune trace. Le succès de l'expédition d'Égypte, qui promettait aux nations européennes des communications importantes, avait répandu en Angleterre l'inquiétude et l'effroi. Cette puissance se détermina à des efforts extraordinaires; et la cour ottomane, cédant à des motifs superstitieux, partagea les vues de ses nouveaux alliés. On résolut de faire attaquer les côtes de la Méditerranée par une armée anglaise, et de soutenir cette expédition par un corps de janissaires et d'Albanais, que le capitan pâchâ devait commander. On appela aussi une partie des troupes anglaises de l'Inde et du cap de Bonne-Espérance, qui reçurent l'ordre de pénétrer dans le golfe arabique, et de descendre en Égypte par les ports de Suez et de Cosseir. Enfin, le vizir devait s'avancer sur la capitale, à la tête de l'armée ottomane de Syrie. Toutes les parties de ce plan d'invasion furent concertées avec beaucoup de soin, et exécutées dans le même temps; on apporta, dans les mouvemens des troupes, autant de précision que purent le permettre l'extrême distance des lieux et l'invincible opiniâtreté des Musulmans. Ibrahim et ses Mamlouks marchaient avec le vizir; les tribus arabes, soulevées par les exhortations du nouveau prophète Muley Mohammed, n'attendaient que le signal pour se rassembler; enfin, le parti de Mourad, maître du Saïd, était secrètement uni avec les Anglais.

Les combats précédens avaient affaibli l'armée française, dont un tiers ne pouvait plus être employé dans une guerre de campagne. Ces généreux soldats, qu'une valeur plus impétueuse avait exposés aux premiers périls, étaient couverts de blessures graves et multipliées, qui les excluaient de tout service actif. Nos troupes occupaient un vaste pays, dont chaque point semblait exiger leur présence : elles gardaient la frontière de Syrie menacée par le vizir, les villes du Kaire, de Gyzeh, de Boulâq, le port de Suez, et une partie de la haute Égypte; elles étaient employées dans l'intérieur des provinces pour protéger la rentrée des contributions, assurer la navigation du fleuve, repousser les Mamlouks, et contenir les tribus arabes. La convention que plusieurs motifs avaient porté à conclure avec Mourad n'inspirait aucune confiance. Son alliance avec les Français avait augmenté son influence et ses ressources : mais il n'en pouvait user avec beaucoup d'avantage qu'en se déclarant contre eux. On devait redouter extrêmement sa trahison, et n'espérer qu'un faible secours de sa fidélité. Telle était la situation des Français en Égypte, lorsque les vaisseaux ennemis se montrèrent devant Alexandrie.

L'armée anglaise parvint à effectuer sa descente sur la plage d'Aboukir; elle s'avança ensuite dans la presqu'île, et prit une position très-favorable, entre la mer et l'extrémité du lac Madyeh. Attaquée par une partie des troupes françaises, elle se défendit avec succès sur un terrain étroit, fortifié par une ligne de redoutes, et garanti par des chaloupes canonnières du côté de la mer et sur le lac. Le général qui commandait l'expédition anglaise fut blessé dans cette action; il mourut, peu de jours après, des suites de sa blessure, et laisse une mémoire justement honorée. Les alliés, ayant reçu un renfort considérable, se déterminèrent à occuper Rosette, et commencèrent ensuite à s'avancer sur l'une et l'autre rive du Nil, pendant que leur flottille remontait ce fleuve. Le fort de Rahmânyeh capitula; les Ottomans prirent possession de Damiette, et la capitale ne tarda point à être investie.

Le vizir avait alors réuni son armée à celle des Anglais et du capitan pâchâ; il recevait chaque jour de nouvelles forces de l'intérieur de l'Égypte et de la Syrie : ses intelligences avec les Arabes, les Mamlouks, les anciennes milices, et les habitans des campagnes, étaient favorisées par les premiers succès de l'armée d'expédition, et éclataient de toutes parts. Les troupes de l'Inde étaient arrivées; les villes du Kaire et d'Alexandrie étaient en proie à des épidémies funestes; les Mamlouks d'Ibrahim, ceux de Mourad, et la cavalerie très-nombreuse des tribus arabes, étaient réunis aux Ottomans. Telles étaient la position et les forces des alliés, lorsqu'on renouvela, pour la reddition du Kaire et ensuite pour celle d'Alexandrie, des capitulations peu différentes du traité d'el-Arych. Il n'y eut aucune action dans laquelle nos troupes ne se trouvassent en nombre très-inférieur; car l'incertitude où l'on était sur les desseins de l'ennemi avait déterminé le général en chef à répartir sur divers points les forces qu'il pouvait lui opposer. Il faut ajouter que l'on ne cessa point, dans le cours de cette guerre, d'offrir aux Français leur retour dans leur patrie, à ces mêmes conditions qu'ils avaient acceptées long-temps auparavant, et qu'on avait refusé de remplir.

Le général Menou, informé de l'ouverture des négociations en Europe, et des tentatives réitérées que faisait notre flotte pour lui apporter des secours, s'était efforcé de prolonger la défense d'Alexandrie, et s'était soutenu dans cette place jusqu'à la plus extrême nécessité. Sur la fin du siége, la moitié des Français languissait dans les hôpitaux ; ceux même que les maux épidémiques n'avaient pas encore atteints, étaient exténués par des travaux excessifs, par l'usage des eaux saumâtres, l'effet prolongé des alimens nuisibles, ou le défaut de nourriture. Animés par les exemples des chefs, ils supportaient avec persévérance la rigueur de leur situation : mais il ne leur restait que le courage ; on les voyait abattus et épuisés, pouvant à peine soutenir le poids de leurs armes, et ils ne reprenaient leurs forces qu'aussitôt que le devoir les appelait au combat. Ils étaient destinés à honorer par leurs derniers efforts le terme de cette expédition mémorable.

Dans le même temps que notre armée se préparait à quitter les ports de l'Égypte, et que l'on ignorait en Europe les dernières opérations des alliés, on signait à Paris et à Londres les articles des traités qui rendaient ce pays à la Porte. La lumière des arts y avait brillé quelques instans; mais il devait encore devenir la proie de la barbarie dont les armes françaises l'avaient délivré. Il est abandonné aujourd'hui aux concussions des vice-rois, au brigandage des Arabes ou des milices indisciplinées, et aux violences de quelques beys qui ont survécu. Ces étrangers, quoique réduits à un petit nombre, ont recouvré une partie de leur autorité : les esclaves de Mourad et d'Ibrahim ont succédé à leurs maîtres. Ce gouvernement bizarre a du moins été interrompu pendant trois années par le séjour des Français. Ils ont vaincu et exilé les Mamlouks, réprimé les Arabes, anéanti trois armées ottomanes, en Palestine, à Aboukir, et aux portes de la capitale; et, ce qui n'est pas moins digne de mémoire, ils n'ont exercé qu'une autorité protectrice dans la contrée qu'ils avaient soumise, et chacun d'eux semblait s'élever jusqu'aux grandes vues qui avaient fait entreprendre cette conquête. Ils ont affronté, pendant plusieurs années, des dangers sans cesse renaissans, et enduré avec constance, sous un ciel ardent et étranger, des fatigues inexprimables : ils étaient soutenus dans cette pénible carrière par le désir de se consacrer à la gloire et aux intérêts de leur patrie; sentiment noble et utile, qui élève l'homme au-dessus de lui-même, qui inspire les résolutions généreuses, et en est à-la-fois le motif et la récompense. Leur retour eut lieu dans les circonstances les plus favorables : ils trouvèrent l'Europe pacifiée; la France, vengée et triomphante, se reposait, sous des lois plus douces, des longues agitations causées par la guerre extérieure.

Le corps littéraire qui s'était formé dans la capitale de l'Égypte, sous la protection des armes françaises, avait reçu les mêmes réglemens que les académies de l'Europe : il avait pour but de cultiver et de perfectionner toutes les connaissances théoriques, et d'en multiplier les applications. Le concours des sciences et des arts aurait consolidé et embelli les établissemens des Français, en même temps qu'il aurait influé sur la condition civile des indigènes; mais on ne pouvait atteindre à ce but si désirable sans avoir acquis une connaissance approfondie de l'Égypte. La description physique et historique de cette contrée n'était, à la vérité, qu'une partie du plan général que l'on avait formé pour l'étude et les progrès des sciences; mais elle en était un élément nécessaire, et un de ceux qu'il importait le plus de transmettre à l'Europe. Tel est l'objet de la collection que l'on publie aujourd'hui ; elle renferme les résultats des principales recherches qui furent entreprises pendant la durée de l'expédition française, et qui peuvent servir à la connaissance de l'Égypte. Cet ouvrage est composé du texte et du recueil des planches. Le texte contient les mémoires et les descriptions ; l'atlas contient, 1°. les dessins des antiquités ; 2°. les dessins relatifs à l'Égypte moderne ; 3°. les planches de zoologie, de botanique et de minéralogie ; 4°. les cartes géographiques. La suite des planches représente donc les objets existans, susceptibles d'être observés et décrits avec exactitude, et qui, pour cette raison, doivent être considérés comme autant d'élémens positifs de l'étude de l'Égypte. Dans les mémoires et les descriptions, on a eu pour but de rendre plus complète l'exposition de ces objets, d'indiquer avec précision tout ce que l'art du dessin n'aurait pu faire connaître, de comparer les faits, de rapprocher les résultats, et d'examiner les conséquences qu'ils peuvent offrir.

La carte géographique est composée de cinquante cartes particulières, qui offrent tous les détails que l'on peut désirer; il n'y a aucune des régions de l'Europe que l'on ait décrite d'une manière plus complète. Ce grand travail, fondé en partie sur des observations astronomiques, comprend tout le pays qui est situé entre la cataracte de Syène et la mer, et depuis les dernières constructions à l'occident d'Alexandrie, jusqu'aux ruines de l'ancienne Tyr. On y a joint les plans particuliers des villes et des ports; des cartes et des mémoires relatifs à la géographie ancienne; l'énumération des noms arabes de tous les lieux habités; des remarques sur la population, la culture, l'étendue des terres fertiles, la navi-

PRÉFACE HISTORIQUE.   cxxxj

gation, l'industrie, sur les édifices publics, et sur les vestiges des anciennes villes.

On a observé avec beaucoup de soin l'état géologique de la vallée du Nil et les rochers qui lui servent de limites. Les recherches minéralogiques ont été étendues à des contrées désertes et montueuses, éloignées du fleuve; elles comprennent aussi l'examen des carrières que les anciens Égyptiens ont exploitées, et l'indication exacte des substances qui ont servi à la construction des monumens. On a entrepris des voyages multipliés pour recueillir, dans les déserts voisins de l'Égypte, dans le Saïd, dans l'intérieur du Delta, sur les bords du Nil et des canaux, les plantes propres à l'Égypte, et celles que l'industrie a naturalisées; ce même travail avait aussi pour but d'augmenter par la suite les richesses agricoles du territoire, et de procurer des matières nouvelles au commerce et à l'industrie. On a donné à l'étude des animaux les soins

i.

les plus assidus, en s'appliquant à vérifier les résultats déjà connus, à rectifier les descriptions imparfaites, et à suppléer aux observations que les naturalistes n'avaient point faites dans les voyages précédens. L'examen des substances naturelles de l'Égypte offrait d'autant plus d'intérêt, qu'il a long-temps occupé les premiers législateurs de ce pays; et les connaissances qui en résultent répandent quelquefois une lumière inattendue sur des points obscurs de leur ancienne doctrine. Les planches qui représentent ces objets sont très-remarquables par la fidélité de l'imitation; elles ont un caractère de vérité et de précision qui témoigne à-la-fois les soins de l'artiste et les nouveaux progrès de cette branche de l'art du dessin : on n'avait point encore fait de plus heureux efforts pour suppléer à la présence de la nature.

A l'égard des monumens qui ont immortalisé l'Égypte, on n'en avait eu qu'une connaissance défectueuse avant l'expédition française, ou plutôt ils étaient entièrement ignorés : cet ouvrage en offrira la description exacte. On a reconnu la position géographique de chaque monument, et elle est indiquée dans les cartes; on a levé ensuite des plans topographiques particuliers, qui font connaître la disposition respective des édifices d'une même ville, ou leur situation par rapport au Nil ou aux montagnes voisines. On a multiplié les vues pittoresques de ces ruines magnifiques. Les artistes à qui on les doit étaient trop frappés de la beauté du sujet et de la grandeur qui lui est propre, pour ne pas exclure toute composition arbitraire; ils ne se sont donc attachés qu'à la vérité de l'imitation, afin de transmettre fidèlement l'impression que leur a causée le spectacle de l'Égypte : jamais les ouvrages des hommes n'avaient offert au génie du dessin un objet plus sublime.

On a mesuré plusieurs fois, et avec le soin

le plus attentif, les dimensions des édifices et celles des parties principales ou accessoires dont ils sont composés; tous ces monumens sont représentés par des plans, des élévations, des coupes prises dans divers sens, et des vues perspectives. Les dessins et les mémoires qui contiennent les résultats de ces mesures, ne laissent rien à désirer pour l'étude de l'architecture égyptienne, et l'on pourrait les employer pour construire des édifices entièrement semblables à ceux que l'on y a décrits. Remarquons ici que ce travail ne se borne point à quelques ruines isolées, qui ont échappé à l'action du temps, mais qu'il comprend les monumens principaux d'une nation éclairée, à laquelle la plupart des autres doivent leurs institutions. En effet, on n'observe point, dans l'Égypte méridionale, ces causes multipliées qui, dans les autres climats, tendent continuellement à détruire les édifices et en effacent le plus souvent jusqu'aux derniers vestiges; et ces mêmes ouvrages se défendent aussi par leur propre masse contre les efforts des hommes : on a donc pu former aujourd'hui le tableau de l'architecture des Égyptiens, avec la certitude d'y avoir compris leurs plus beaux édifices. Il est manifeste que ceux qui existent encore à Thèbes, à Apollinopolis, à Abydus, à Latopolis, sont les palais que les rois ont habités, ou les temples les plus remarquables, et que ce sont ces mêmes monumens qui avaient été décrits par Hécatée, Diodore et Strabon ; il ne peut y avoir rien de plus important pour l'histoire des arts, que la connaissance des grands modèles qui ont excité l'admiration des Grecs et développé leur génie.

On s'est appliqué à l'imitation exacte des sculptures innombrables qui décorent ces édifices. Les dessins des bas-reliefs représentent les objets les plus variés, et éclairent d'un nouveau jour la science de l'antiquité : ils se rapportent aux usages de la guerre, aux cérémonies religieuses, aux faits astronomiques, au gouvernement, aux coutumes publiques, aux mœurs domestiques, à l'agriculture, à la navigation, et à tous les arts civils. On s'est attaché, dans un grand nombre de ces dessins, à transcrire exactement les caractères hiéroglyphiques ; et l'on a conservé non-seulement les formes individuelles, mais encore l'ordre et la disposition respective de ces signes. On a recueilli les inscriptions anciennes qui intéressent la littérature et l'histoire. On a imité avec soin les couleurs qui ornent encore plusieurs monumens, et qui semblent n'avoir rien perdu de leur premier éclat.

Aux plans topographiques, aux vues pittoresques, aux planches d'architecture, aux dessins des bas-reliefs, on a joint une description étendue, et l'on y a rassemblé toutes les observations utiles que le dessin ne pouvait transmettre. Ces descriptions contiennent les résultats d'un examen prolongé et en quelque sorte authentique, auquel plusieurs témoins ont toujours coopéré; elles ont pour but de faire bien connaître l'état actuel des monumens et les dégradations que le temps a causées, l'espèce des matières que l'on a employées, et plusieurs circonstances dignes d'attention : on y trouve des remarques variées sur l'architecture, sur les procédés de la construction, les couleurs, les formes et l'usage des objets représentés ; sur la nature du sol, les changemens qui résultent des inondations périodiques, et sur diverses questions qui n'étaient point assez étendues pour être traitées dans des mémoires séparés.

On a décrit avec le même soin les sépultures magnifiques des anciens rois de Thèbes, les grottes funéraires où la piété domestique s'efforçait de perpétuer le souvenir et les dépouilles mortelles des ancêtres, et les autres hypogées qui semblent avoir été destinés à des cérémonies ou à des études mystérieuses.

Les fameuses pyramides de Memphis offrent moins d'intérêt sous le rapport des beaux-arts ; mais d'autres motifs devaient porter à soumettre aux recherches les plus attentives ces vastes monumens, qui avaient donné lieu à tant d'observations incertaines. On a déterminé avec précision leur situation géographique, la direction des côtés par rapport à la ligne méridienne, les dimensions extérieures, celles de toutes les pièces où l'on a pu pénétrer ; enfin, on a décrit tous les ouvrages accessoires.

Les obélisques, les sphinx, les statues colossales, les sarcophages, et divers autres monolithes, sont représentés dans des dessins particuliers. Ces ornemens précieux des édifices et des lieux sacrés n'auraient pu être transportés en Europe sans des efforts considérables, que les circonstances n'ont point permis ; mais il y en a une multitude d'autres d'une moindre dimension, que des particuliers ont réunis et conservés, ou qui sont aujourd'hui déposés dans les musées publics. On a rapporté de l'Égypte des pierres gravées, des statues entières ou tronquées, des bronzes, des fragmens d'émaux ou de porcelaine, des pierres taillées et polies qui portent des inscriptions, et d'autres objets d'arts relatifs à l'ancienne religion, aux sciences et aux usages de ce pays. On a examiné avec attention une quantité prodigieuse de momies d'hommes, de quadrupèdes, de reptiles et d'oiseaux; on en a conservé plusieurs. On a trouvé, dans les caisses ou dans les vases qui renferment ces corps desséchés, des étoffes d'un tissu précieux, des dorures, des colliers, des amulettes, des anneaux, et une multitude de fragmens remarquables. On a retiré de ces caisses plusieurs volumes de papyrus, couverts de signes hiéroglyphiques ou de caractères alphabétiques. Ces monumens ont été découverts, au milieu des ruines des anciennes villes, dans les fouilles multipliées que nécessitait l'examen des édifices, ou dans les sépultures publiques ou royales, et quelquefois aussi dans les habitations actuelles; ils ont été recueillis pendant la durée de l'expédition française, et l'on a jugé nécessaire d'en insérer les dessins dans la collection générale.

Les planches relatives à l'Égypte moderne représentent, 1°. les mosquées, les palais, les portes des villes, les places, les tribunaux, les aqueducs, les sépultures, les enceintes et hôtels destinés au commerce, les inscriptions et médailles; 2°. les jardins, les bains, les écoles, les instrumens des arts, les armes, les tombeaux de famille, les maisons des particuliers, les édifices destinés aux fabriques, les machines, les ateliers, les instrumens des diverses professions; 3°. les cérémonies annuelles, les caravanes, les réunions publiques, les assemblées et fêtes domestiques, les exercices militaires, les usages relatifs aux obsèques, au mariage, à l'achat des esclaves, à l'affranchissement, à la naissance ; 4°. enfin, les individus remarquables dans les diverses classes d'habitans ou dans les races étrangères, et les vêtemens et les armes qui les distinguent.

Dans les mémoires qui font partie de la collection, on s'est proposé de compléter la description de l'Égypte, et d'en approfondir l'étude par la comparaison et la discussion des faits. Sous ce second point de vue, on ne devait point entreprendre un travail assujetti à des limites déterminées. On ne peut point, en effet, borner les recherches sur l'Égypte ; aucun sujet de littérature n'est plus fécond et plus vaste, et ce serait en méconnaître l'étendue, que de vouloir l'épuiser : on a seulement établi un ordre tel, que les questions principales fussent traitées. Ainsi les auteurs des mémoires ont porté leurs recherches, 1°. sur les institutions, les mœurs, la littérature, les sciences, les arts, le système des mesures et l'industrie des anciens Égyptiens; 2°. sur la géographie ancienne et moderne, l'histoire de l'Égypte, le gouvernement actuel de ce pays, la religion, les mœurs, les usages publics ou particuliers, l'état des arts, de la littérature et des sciences, l'agriculture, l'industrie, les revenus publics, la navigation et le commerce; 3°. sur la nature et l'état physique du sol, de l'air et des eaux, sur la zoologie, la botanique, la minéralogie et la géologie de l'Égypte. Chacun de ces écrits est un ouvrage séparé; et dans la partie de cette collection qui renferme les mémoires, on a observé les mêmes règles que dans les collections académiques. Un écrivain justement célèbre, en publiant les résultats de ses voyages en Égypte et en Syrie, avait déjà enrichi la littérature française d'une description éloquente et exacte des mœurs et du gouvernement de ces contrées. On sait que la vérité de ses observations est confirmée par les recherches qui ont été entreprises pendant le cours de l'expédition.

Les recherches sur les monumens astronomiques qui ont été découverts dans la Thébaïde, appartiennent à la première partie de cet ouvrage, et la publication n'en est que différée. Dans les dissertations nombreuses et prématurées auxquelles cette question, déjà célèbre, a donné lieu, on a souvent attribué à l'auteur de ces recherches, des opinions différentes de celles qu'il se propose d'établir. Les conséquences qui résultent de l'étude attentive des monumens ne permettront jamais de comprendre l'histoire de l'Égypte entre les limites d'une chronologie restreinte qui n'était point suivie dans les premiers siècles de l'ère chrétienne. Elles ne sont pas moins contraires au sentiment de ceux qui fondent sur des conjectures l'antiquité exagérée de la nation égyptienne, et ne distinguent point les époques vraiment historiques, des supputations qui servaient à régler le calendrier.

L'énumération précédente fait connaître le plan que l'on a suivi dans la Description de l'Égypte. Les auteurs se sont attachés à remarquer tous les ouvrages de la nature ou de l'homme dont l'examen peut servir à l'étude de ce pays. On a représenté les objets, toutes les fois qu'il a été possible, dans les dessins, les vues pittoresques, les cartes et les plans : mais il y a un grand nombre de faits que le discours seul pouvait retracer; on les a consignés dans les mémoires et les descriptions qui forment le texte. On n'a rien négligé pour que la partie descriptive de cette collection fût complète. La présence des armes françaises, les dispositions bienveillantes des généraux, le concours de tant d'observateurs et de témoins, la précision des instrumens, ont facilité ces recherches. Cependant elles ont été souvent interrompues par des circonstances funestes. Parmi ceux que le goût des beaux-arts avait conduits en Égypte, et que leurs travaux précédens avaient rendus recommandables, plusieurs ont succombé à des fatigues sans cesse renouvelées, ou dans les périls presque certains auxquels un zèle ardent les avait exposés; d'autres, l'espoir des sciences, l'honneur de leur famille, qui déjà consacraient au service de l'État les fruits de leurs études, ont péri dès leur première jeunesse, sur cette terre étrangère, victimes des séditions, des combats ou des maladies contagieuses. Au milieu de tant d'événemens de guerre, les recherches littéraires ont été quelquefois arrêtées par des obstacles vraiment insurmontables ; mais on peut assurer qu'il y a peu d'omissions, ou qu'elles ne sont point importantes. Ainsi l'ouvrage dont on publie la première partie donnera une connaissance précise de l'état physique de l'Égypte, de l'industrie actuelle de ses habitans, et des monumens que leurs ancêtres ont élevés. Peut-être n'y a-t-il, dans toute l'étendue des États policés, aucune contrée qui ait été soumise à un examen plus détaillé et plus attentif.

Indépendamment de cette description naturelle et historique de l'Égypte, le séjour des Français dans ce pays aurait procuré les avantages les plus désirables. Aujourd'hui même, les rives du Nil seraient embellies par les arts; les peuples, délivrés d'une police absurde et inhumaine, s'adonneraient avec sécurité à l'agriculture, et jouiraient du produit de leur industrie; les inventions mécaniques suppléeraient à la force de l'homme, et rendraient ses travaux plus faciles et plus fructueux. Quelques tribus d'Arabes seraient fixées dans des terrains devenus fertiles, les autres seraient exilées dans le fond des déserts. Ce sol fécond serait enrichi de plantes étrangères, que l'on y aurait introduites ou multipliées, et les Français auraient déjà établi plusieurs manufactures précieuses. On entretiendrait des relations avec la Perse, l'Inde et l'Arabie, et l'on aurait parcouru et décrit cette dernière région. Plusieurs voyageurs auraient observé le cours supérieur du Nil, et examiné les antiques édifices qui existent au-dessus de Syène et dans l'Éthiopie; d'autres auraient pénétré avec les caravanes dans les Oasis et dans les pays intérieurs de l'Afrique : on aurait acquis des notions plus certaines sur les fleuves, les montagnes, les mines de fer et d'or, les productions naturelles, les villes, et sur tous les élémens du commerce de ce vaste continent.

Le canal destiné à faire communiquer les deux mers serait achevé, et une partie du commerce de l'Orient commencerait à suivre une route si facile et si long-temps désirée.

Tel serait aujourd'hui l'état de l'Égypte, si une fortune contraire ne l'eût point rendue à ses anciens oppresseurs. On peut être assuré qu'il n'y a aucune exagération dans ce tableau; et puisque les huit années qui se sont écoulées auraient suffi pour procurer tant de découvertes et d'établissemens utiles, que ne devait-on pas attendre de l'influence prolongée qu'auraient eue les communications avec la France, et des progrès continuels des lumières et de l'industrie!

Quoique les sciences aient vu s'évanouir une partie de l'espoir qu'elles avaient alors conçu, elles auront néanmoins retiré des avantages considérables de l'expédition française. Le recueil dont on commence aujourd'hui la publication offre un vaste champ aux recherches littéraires, et il fournira de nouvelles lumières sur l'origine de tous les arts. Les personnes qui ont concouru à le former n'ont pu rien ajouter à la grandeur du sujet. Leur travail exigeait principalement un examen assidu; et les droits qu'il peut avoir à l'attention publique résultent de la nature même de

PRÉFACE HISTORIQUE.

son objet, ou des circonstances qui ont permis d'en rassembler les élémens. Envisagée sous ce point de vue, cette collection est un monument remarquable de l'histoire et des arts. Ce grand ouvrage intéresse la gloire de notre patrie; on le doit aux efforts de ses guerriers; il tire son origine de l'union des sciences et des armes : il est le témoignage et le fruit de leur alliance. Il rappellera le séjour des Français dans une des contrées les plus célèbres de l'univers, et tout ce qu'ils ont fait pour honorer leurs victoires par la justice et la clémence, réduisant le droit de conquête à l'exercice d'une autorité tutélaire; il peut inspirer à la cour ottomane le dessein de rétablir son autorité en Égypte, et d'y fonder un gouvernement plus régulier; il ramènera souvent sur ce pays les pensées et les vœux des amis des beaux-arts, et de tous ceux qui portent un intérêt sincère à l'avancement des connaissances utiles.

On trouvera dans la même capitale, avec les chefs-d'œuvre qui ont illustré la Grèce et l'Italie, le tableau fidèle des monumens égyptiens, et l'on aura sous les yeux tout ce que le génie des arts a produit de plus grand et de plus parfait. En comparant ces modèles, on se souviendra qu'ils sont tous le prix de la victoire; que la France compose ses trophées des plus sublimes ouvrages de l'antiquité, attachant ainsi la mémoire de ses triomphes à toutes les époques de la gloire des beaux-arts.

L'Égypte, qui aspirait à rendre ses établissemens immortels, et qui porte l'empreinte ineffaçable de tous les arts, opposera long-temps la gravité sévère et même excessive des plus anciens modèles à la mobilité et à l'inconstance naturelles de l'esprit humain. En effet, le peuple le plus jaloux de produire des ouvrages durables habitait le pays de la terre le plus propre à les conserver. Ces monumens ont été construits plusieurs siècles avant que les villes de la Grèce fussent fondées. Ils ont vu naître et s'évanouir la grandeur de Tyr, de Carthage et d'Athènes. Ils portaient déjà le nom d'antiquités égyptiennes au temps de Platon; et nos successeurs les admireront encore à l'époque où, dans tous les autres lieux du globe, il ne restera plus de vestiges des édifices qui subsistent aujourd'hui.

Mais la longue durée de ces monumens n'est pas due seulement aux propriétés du climat, elle résulte surtout des efforts de ceux qui les ont élevés : car on peut à peine découvrir sur les rives du Nil les ruines des édifices romains. Les premiers Égyptiens ne reconnaissaient pour beau et vraiment digne d'admiration que ce qui est durable et consacré par le sentiment de l'utilité publique. Leurs grands travaux eurent d'abord pour objet de rendre le territoire plus salubre, plus fécond et plus étendu. Ils parvinrent à dessécher des marais et des lacs, à conquérir des provinces entières sur les déserts de la Libye, à compenser l'inégalité des inondations par une heureuse prévoyance et par les merveilles de l'art. Ils fondèrent leurs villes sur d'immenses chaussées : détournant à leur gré le cours du fleuve, ou le divisant en de nombreux canaux, ils virent s'élever du sein des eaux, et créèrent, pour ainsi dire, eux-mêmes, ces belles plaines du Delta, qui devaient bientôt devenir si opulentes. L'uniformité du climat, l'ordre invariable des phénomènes physiques, concoururent à imprimer à ces peuples ce caractère profond de gravité et de constance qui distingue leurs institutions. Non contens d'orner les bords du Nil de tant de monumens immortels, ils entreprirent des travaux prodigieux dans l'intérieur des rochers qui limitaient leur territoire; et cette Égypte souterraine égalait en magnificence celle qu'ils habitaient, et que tous les arts avaient enrichie.

Ils considéraient en quelque sorte comme éternel ce qui appartenait à leur religion et à leur gouvernement; ils étaient entretenus dans cette pensée par l'aspect continuel des grands monumens publics, qui demeuraient toujours les mêmes, et qui paraissaient n'être point soumis à l'action du temps. Leurs législateurs avaient jugé que cette impression morale contribuerait à la stabilité de leur empire. C'est dans les mêmes vues que ce peuple a gravé sur ses palais, sur ses temples et ses tombeaux, les images de ses dieux et de ses rois, les observations du ciel, les préceptes sacrés, le spectacle de son culte et celui de la société civile. Toutes ces sculptures, et même les plus imparfaites, exciteront un vif intérêt: elles sont les traces les plus anciennes que l'homme ait laissées sur la terre; elles appartiennent à cette antique civilisation de l'Asie, qui a précédé tous les temps historiques de la Grèce; elles nous font entrevoir ce qu'étaient alors l'esprit et les mœurs des nations.

On ne pourra point admirer les ouvrages de l'Égypte, ni se rappeler les époques de sa gloire, sans considérer les malheurs que lui a causés la perte de ses lois, de ses lumières et de son indépendance. On appréciera mieux ses institutions; on les regardera comme une source morale de prospérités, qui n'était pas moins nécessaire à ce pays, que le fleuve qui l'arrose; on comparera surtout l'état déplorable dans lequel il est tombé, avec l'opulence que lui procurerait, en peu d'années, une administration plus sage.

Ainsi l'étude de l'Égypte, si féconde en grands souvenirs, nous avertit encore que le développement de l'intelligence et de l'industrie est attaché au maintien de l'ordre public; elle nous fait mieux connaître le prix des lois et d'un gouvernement stable et éclairé; elle nous suggère de nouveaux motifs de les aimer.

Cette étude ne peut qu'inspirer des pensées justes et élevées, détourner de la recherche des ornemens frivoles, et ramener à l'unité et à la simplicité des vues. Elle fera bien connaître que les objets solides et durables ont une majesté qui leur est propre, et que, si l'élégance ingénieuse des formes contribue à la perfection, l'idée du vrai beau renferme nécessairement celles de la stabilité et de la grandeur. Elle montrera ce principe dans tout son jour, et doit avoir une influence utile sur le goût et les ouvrages du siècle.

AVERTISSEMENT.

On a réuni dans cet Avertissement diverses remarques relatives au plan de l'ouvrage, ou qui doivent guider le lecteur dans l'usage de l'atlas; elles sont précédées d'une notice historique concernant les mesures qui ont été prises pour la composition et la publication.

Immédiatement après le retour de l'armée d'orient, le gouvernement ordonna que les mémoires, les cartes, les dessins, et toutes les observations relatives aux sciences et aux arts, qui avaient été faites pendant le cours de l'expédition, fussent rassemblés dans un ouvrage général et publiés aux frais du trésor public. On invita les personnes qui avaient coopéré à ces recherches, à proposer les écrits ou les dessins dont cette collection devait être formée. On confia en même temps le soin de diriger l'exécution à une commission de huit personnes, désignées par le ministre de l'intérieur, sur la présentation de l'assemblée des auteurs. Cette même assemblée choisit ensuite, par voie de scrutin, celui de ses membres qui devait composer le discours préliminaire. MM. Berthollet, Conté, Costaz, Desgenettes, Fourier, Girard, Lancret et Monge, ont été nommés membres de la commission, qui exerce une surveillance générale sur les diverses parties de l'ouvrage, en règle les dépenses, et

AVERTISSEMENT.

les propose à l'approbation du ministre. MM. Conté et Lancret ont été remplacés successivement par MM. Jomard et Jollois; et MM. Delile et Devilliers ont été adjoints à cette commission au commencement de l'année 1810.

Il était nécessaire qu'un commissaire spécial fût chargé de régler immédiatement les détails de l'exécution, de maintenir l'économie et l'uniformité dans toutes les parties du travail, de disposer les matériaux suivant l'ordre adopté; de choisir les graveurs, de recevoir leurs engagemens et de les soumettre à l'examen de la commission; de présenter le tableau des dépenses et des progrès successifs de l'ouvrage; enfin de diriger les divers travaux de la gravure et de l'impression des planches. Le ministre a nommé, pour remplir cette fonction, M. Conté, dont la mort a causé de si justes regrets, et qui a rendu à l'État et aux sciences des services mémorables, que l'on s'est fait un devoir de citer dans la Préface historique. M. Michel-Ange Lancret, ingénieur des ponts et chaussées, lui avait succédé à la fin de l'année 1805 : il s'était fait remarquer depuis long-temps par des connaissances très-rares dans la haute géométrie et dans toutes les branches de la philosophie naturelle; il a succombé à une maladie lente et douloureuse, vers la fin de l'année 1807, après avoir donné des témoignages multipliés d'un zèle que l'on ne peut trop reconnaître.

AVERTISSEMENT.

Il a été remplacé par M. Jomard, ancien ingénieur du cadastre et du dépôt de la guerre, qui, depuis la mort de M. Conté, consacre à ce travail les soins les plus assidus. La commission chargée de diriger l'édition a choisi parmi ses membres, et avec l'approbation du ministre de l'intérieur, un secrétaire chargé de la correspondance générale, qui rédige les délibérations, surveille immédiatement l'impression des mémoires, et concourt, avec le commissaire, à la composition et à la correction des planches. Cette fonction a été successivement confiée à MM. Lancret et Jomard ; elle est remplie aujourd'hui par M. Jollois, ingénieur des ponts et chaussées. Les auteurs présens à Paris soignent la gravure de leurs dessins, de concert avec le commissaire du ministre.

On a eu pour but principal, en composant ce recueil, de présenter avec ordre les résultats qui intéressent les antiquités, l'état actuel, l'histoire naturelle et la géographie de l'Égypte, c'est-à-dire de rassembler les élémens fondamentaux de l'étude de ce pays. Ce travail immense a été distribué entre un grand nombre de coopérateurs, et l'on a formé, par la réunion de leurs ouvrages, la description complète que l'on s'était proposée. On a jugé nécessaire que chaque partie de cette collection fût examinée par les auteurs réunis : il n'y a aucun des mémoires et des dessins qui n'ait été présenté séparément à l'assemblée générale, et soumis à une délibération attentive. L'objet de cette discussion commune est de garantir l'exactitude des faits, de rejeter ou de modifier les ouvrages erronés ou inexacts : elle donne à ceux qui sont admis une sorte d'authenticité; car on n'en permet la publication qu'après qu'ils ont été approuvés au scrutin, à la majorité des suffrages; mais l'examen dont il s'agit ne porte point sur les opinions que les auteurs des mémoires ont adoptées, ou sur les conséquences qu'ils ont déduites de leurs recherches, et l'on ne serait point fondé à conclure que ces opinions sont toujours partagées par l'assemblée des coopérateurs, ou par la commission qui a dirigé la publication de l'ouvrage.

On insérera dans la dernière partie de la *Description de l'Égypte*, la liste de toutes les personnes qui auront coopéré à cette collection. C'est alors seulement que cette liste générale des auteurs pourra être composée avec exactitude; elle remplacera les listes partielles qui auront été jointes à chaque livraison : elle contiendra aussi les noms des coopérateurs dont la mort a interrompu les travaux, soit après le retour de l'armée d'orient, soit pendant la durée de l'expédition.

L'exécution de cette grande entreprise a été favorisée par la protection constante du gouvernement; elle a procuré des encouragemens précieux aux graveurs français, en exigeant le concours assidu d'un très-grand nombre d'artistes; enfin elle a occasioné des progrès nouveaux dans cette branche de l'art du dessin. La gravure de la topographie et de l'histoire naturelle, et surtout celle de l'architecture, ont acquis un degré de perfection remarquable; et l'on trouvera dans cet ouvrage plusieurs modèles du travail le plus pur et le plus correct. En s'exerçant à exprimer le grand caractère des monumens de l'Égypte, de jeunes artistes se sont formés et se distinguent déjà par de rares talens.

On a employé aussi de nouveaux procédés pour l'impression des planches; on a perfectionné la fabrication des papiers vélins, et il a fallu construire des presses d'une grandeur inusitée. En effet, l'étendue des monumens égyptiens, que l'on s'est astreint à représenter tous sur une même échelle, exigeait, dans les papiers destinés à l'impression des planches, des dimensions extraordinaires. On a fait d'heureux efforts pour développer cette branche de l'industrie française, et les produits que l'on a obtenus égalent ou surpassent ceux des manufactures étrangères. Mais de tous les résultats nouveaux auxquels cet ouvrage a donné lieu, ou dont les arts n'avaient fait en France aucune application, le plus utile est celui que l'on doit au talent inventif de M. Conté. La sérénité du ciel de l'Égypte ne pouvait être bien exprimée que par des teintes très-étendues et clxij AVERTISSEMENT.

assujetties à une dégradation uniforme. Il fallait aussi, pour représenter les surfaces lisses et spacieuses qui servent de fond aux bas-reliefs égyptiens, employer des teintes égales, qui, vues à peu de distance, produisissent le même effet que le lavis. On est parvenu à graver les ciels et les fonds, à l'aide d'une machine qui supplée à un travail long et dispendieux; et la beauté de l'exécution surpasse tout ce qu'on pourrait attendre de l'artiste le mieux exercé. Ainsi l'usage de cet instrument, qui a été aussi d'un grand secours pour l'exécution des planches d'architecture, a procuré à-la-fois des résultats plus parfaits, et une économie considérable dans les frais de gravure et dans l'emploi du temps.

Indépendamment des cartes géographiques, qui sont toutes achevées et dont la publication est différée, l'atlas de la *Description de l'Égypte* contient plus de huit cents planches. On n'y a point représenté isolément des objets peu considérables; mais, au contraire, on a réuni sur une même feuille le plus grand nombre possible de dessins. Ils y ont été distribués avec ordre et symétrie, et l'on est parvenu à donner un aspect régulier et uniforme à un tout composé d'une multitude de parties, et auquel un grand nombre de personnes ont concouru.

Cette collection doit plutôt être considérée comme un ouvrage destiné à l'étude, que comme un ouvrage de luxe. Le genre de beauté qui lui convenait le plus, con-

AVERTISSEMENT. clxiij

sistait dans une exécution, précise et correcte. C'est, en effet, le caractère propre qu'on s'est attaché à lui donner; et l'on n'a rien omis de ce qui pouvait contribuer à l'exactitude. Le soin que l'on a pris de rassembler sans confusion des objets de même espèce, a diminué considérablement les dépenses et le nombre des planches, et a permis de comprendre dans cet atlas plus de trois mille dessins particuliers.

On a gravé environ cent planches dans le cours de chaque année. La plupart des ouvrages du même genre qui ont été publiés jusqu'ici, ont exigé un plus long intervalle de temps, quoiqu'on ne puisse nullement les comparer à celui-ci pour l'étendue et pour le nombre des objets qui composent les planches. Ces grands résultats, que l'on n'aurait point obtenus sans un concours de circonstances extraordinaires, sont dus principalement à l'influence protectrice qui favorise aujourd'hui les progrès des beaux-arts, et anime toutes les branches du gouvernement français.

DIVISION DE L'OUVRAGE.

La Description de l'Égypte est composée de trois parties, que l'on a désignées par les noms suivans : 1°. Antiquités, 2°. État moderne, 3°. Histoire naturelle. Dans les deux premières, on a suivi l'ordre des

AVERTISSEMENT.

lieux, en allant du midi au nord, depuis l'île de Philæ jusqu'à la Méditerranée; et de l'est à l'ouest, depuis Péluse jusqu'à Alexandrie. Dans l'*Histoire naturelle*, on a de même ordonné la minéralogie du midi au nord; les autres divisions sont rangées par familles. Les *Antiquités* comprennent tous les monumens antérieurs à la conquête de l'Égypte par les Arabes; tout ce qui est postérieur à cette époque compose l'*État moderne*.

Chacune de ces trois parties a plusieurs volumes de *planches* et de *texte* correspondans.

DES PLANCHES.

Composition des volumes.

Le premier volume des *Antiquités* comprend, indépendamment de l'île de Philæ, tout le pays situé entre la dernière cataracte et la ville de Thèbes; savoir, *Syène et les cataractes*, *Éléphantine*, *Ombos* et *Selseleh*, *Edfoû*, *Elethyia*, *Esné*, *Erment*. Le deuxième et le troisième volume sont formés des seules antiquités de *Thèbes*, et ils renferment les *papyrus*, les *peintures*, et les autres objets trouvés dans les hypogées. Le quatrième et le cinquième volume contiennent les *monumens* des lieux situés au-dessous de Thèbes; savoir, *Denderah*, *Abydus*, *Antæopolis*, *Hermopolis magna*, *Antinoé*, le *Fayoum*, les *Pyramides*, *Memphis*, les *Grottes* et le reste de l'*Heptanomide*, la *basse Égypte*,

AVERTISSEMENT.

Héliopolis, Canope, Alexandrie, Taposiris. On y a joint les collections d'*hiéroglyphes*, d'*inscriptions*, de *médailles*, de *vases*, de *statues*, et autres *antiques*.

Le premier volume de l'*État moderne* comprend la *haute* et la *moyenne Égypte*, le *Kaire* et la *basse Égypte*; enfin l'*isthme de Soueys* et les environs. Le second volume comprend *Alexandrie*, la *Collection des arts et métiers*, celle des *costumes et portraits*, celle des *vases*, *meubles et instrumens*, enfin celle des *inscriptions, monnaies et médailles*.

Les volumes d'*Histoire naturelle* sont composés des *mammifères*, des *oiseaux*, des *reptiles*, des *poissons du Nil, de la mer Rouge et de la Méditerranée*, des *insectes d'Égypte et de Syrie*, des *mollusques, vers et zoophytes*, des *plantes*; enfin des *roches et fossiles de l'Égypte et de la presqu'île du mont Sinaï*.

Quant à l'*Atlas géographique* de l'Égypte et de la Syrie, il forme dans cet ouvrage une section distincte.

Les planches sont distribuées, pour chaque lieu, dans l'ordre suivant, que l'on a principalement observé pour les antiquités :

1°. Plans généraux ou topographiques;

2°. Vues des monumens dans leur état actuel;

3°. Plans particuliers des édifices, coupes et élévations;

4°. Détails d'architecture;

AVERTISSEMENT.

5°. Bas-reliefs, peintures, statues, ornemens, etc.

On a quelquefois jugé nécessaire d'ajouter des vues perspectives restaurées.

Outre les gravures terminées, on a placé dans les planches, des détails gravés au trait, soit parce qu'ils suffisent dans certains cas, soit afin d'y conserver la plus grande précision possible; ce qui est très-important pour les inscriptions hiéroglyphiques. On publie aussi au trait les planches de monumens astronomiques, indépendamment des gravures terminées.

Des titres et indications qui se trouvent sur les planches.

Chaque planche porte, dans l'angle supérieur à gauche, l'un des trois signes *A.*, *É. M.*, *H. N.*, suivi du numéro du volume écrit en chiffres *romains*.

Dans l'angle supérieur à droite, on trouve le numéro de la planche écrit en chiffres *arabes*.

Dans les deux premières parties de l'ouvrage, qui sont divisées par localités, il y a en tête et au milieu de la planche le nom du lieu. Dans les Antiquités, ce nom est double : le premier est le nom actuel du pays; le second est le nom latin. Si le pays porte un nom reçu dans notre langue, ce dernier nom est écrit seul. Le nom latin est toujours tiré de l'*Ægyptus antiqua* de d'Anville.

AVERTISSEMENT.

Dans les sections de ces deux parties de l'ouvrage, qui ne sont pas rangées par ordre de lieux, mais par collections, on a mis, à la place du nom de lieu, un titre qui désigne l'espèce de ces collections; les planches de ces mêmes sections sont réunies par série, et l'ordre est indiqué par des chiffres romains ou par des lettres.

Le titre écrit au bas de chaque planche désigne d'une manière succincte les monumens ou les objets représentés : pour connaître en détail le sujet et les différentes parties de la gravure, il faut recourir à l'*Explication des planches*.

Quand une planche est composée de plusieurs figures, chacune de celles-ci porte un numéro, qui renvoie à l'*Explication des planches*.

Dans les vues pittoresques ou perspectives, on indique chacun des points remarquables, au moyen d'un même chiffre placé sur deux côtés contigus de la planche, à l'extrémité de l'horizontale et de la verticale qui passent par ce point.

Des échelles employées dans les planches.

On trouve, sur la plupart des planches, deux échelles : l'une à droite, divisée suivant notre système métrique; l'autre à gauche, portant les anciennes mesures françaises.

AVERTISSEMENT.

Dans les dessins des monumens, on s'est servi d'échelles communes, afin que l'on pût facilement comparer toutes les dimensions. On a choisi, pour les deux premières parties de l'ouvrage, les échelles suivantes, qui sont constantes pour tous les édifices.

L'échelle des plans est de deux millimètres et demi pour mètre ou d'un quatre-centième; celle des coupes et élévations, d'un centimètre pour mètre : à l'égard des détails d'architecture et de sculpture, on a adopté des échelles plus grandes, appropriées à l'espèce et à l'étendue des objets représentés.

Dans les plans généraux ou topographiques, il était nécessaire d'employer des échelles différentes; elles sont toutes assujetties au système métrique français.

Quant aux gravures des *papyrus* et des médailles, on y a conservé la grandeur même des originaux. Il en est en général de même des objets d'*histoire naturelle*.

Lorsqu'une échelle placée au bas de la planche, et seule dans cette même planche, ne porte la désignation d'aucune figure, elle appartient à la planche entière. Lorsqu'une échelle est au-dessous d'une figure, elle n'appartient qu'à cette figure. Quand on trouvera quelque différence entre les cotes et les mesures prises sur l'échelle, il faudra s'en tenir aux premières; on sait d'ailleurs que le retrait du papier à l'impression diminue les dimensions d'environ un centième.

AVERTISSEMENT.

Des cotes ou mesures.

Les mesures gravées sur les planches sont exprimées en mètres et parties de mètre; la *virgule* ou le *point* indique les décimales du mètre.

Pour désigner les deux extrémités des distances qui ont été mesurées, on a tracé des lignes d'attache très-fines, entre lesquelles on a écrit la cote; quand l'espace était un peu considérable, on a ponctué une partie de la ligne cotée. Les cotes sont toujours placées au milieu de l'intervalle dont elles expriment la mesure.

Dans les coupes et élévations, les cotes horizontales sont placées quelquefois à côté des intervalles qu'elles servent à mesurer. Pour indiquer le diamètre d'une colonne, on écrit *diam.*; et pour la circonférence, *circ.*

Pour orienter les plans topographiques et les plans des édifices, on s'est servi du méridien magnétique. Les degrés indiqués appartiennent à la division sexagésimale.

Les sondes des ports et les cotes de nivellement sont exprimées, soit en pieds, soit en mètres, selon l'espèce des mesures employées dans les observations.

Autres indications.

Dans les *mots* écrits sur les plans généraux, on s'est servi des lettres *capitales* pour désigner les villes, les bourgs, les monumens et les objets principaux; des lettres *romaines*, pour les villages, les ruines, les diverses constructions et les restes d'antiquités; et des lettres *italiques* et *cursives*, pour les variétés du sol, comme les montagnes, les chemins, les sables, les décombres, etc.

Dans ces mêmes plans généraux et dans les planches d'architecture, les lettres capitales *isolées* indiquent ordinairement les monumens principaux, et les points d'où l'on a pris les vues pittoresques et les vues perspectives; dans les planches d'architecture, elles sont encore employées à marquer les lignes de coupe : les lettres romaines et italiques marquent la place des chapiteaux, des bas-reliefs et des divers détails d'architecture. On trouve la signification des lettres et des chiffres *isolés* dans l'*Explication des planches*.

Dans les plans des monumens égyptiens, on n'a employé qu'une seule taille d'une teinte très-légère pour marquer les parties basses, comme les murs d'entre-colonnement. On s'est servi de deux tailles d'un ton pâle pour les parties entièrement restaurées. Deux tailles et une teinte plus colorée indiquent les parties démolies, mais dont on voit encore les fondations. Enfin le noir plein désigne les parties qui sont encore debout. Les monumens et les constructions de granit ont été représentés, dans les plans, par des tailles entremêlées de points.

Le papier des planches de l'ouvrage a été fabriqué

AVERTISSEMENT.

sur trois formes particulières de longueur différente, mais d'égale hauteur, en sorte que ces trois formats n'en composent qu'un seul de 26 pouces de haut, ou $0^m.704$.

Le premier, qui est le plus ordinaire et qui répond au format *grand-atlas*, a 20 pouces sur 26, ou $0^m.541$ sur $0^m.704$.

Le second a 40 pouces sur 26, ou $1^m.083$ sur $0^m.704$.

Le troisième a 50 pouces sur 26, ou $1^m.354$ sur $0^m.704$.

Il y a de plus un format extraordinaire, qui a 42 pouces sur 30, ou $1^m.137$ sur $0^m.812$.

En bas et à gauche de chaque planche ou de chaque figure, on a gravé le nom de l'auteur qui a fourni le dessin; le nom du graveur est toujours à droite ou au milieu.

DU TEXTE.

Le texte comprend des mémoires et des descriptions, ainsi que des explications séparées pour les planches de l'Atlas.

Ces *explications des planches* ont pour objet de faciliter l'usage de l'Atlas et l'étude des objets qui y sont représentés; elles contiennent des détails que la gravure ne pouvait exprimer; on y fait distinguer les parties d'ornement qui ont été restaurées dans les dessins d'archi-

clxxij AVERTISSEMENT.

tecture, et l'on indique les motifs de cette restauration (c'est aux planches de détails qu'il faut recourir pour étudier les inscriptions hiéroglyphiques qui ont été recueillies sur les lieux). On y a inséré et imprimé en petits caractères des observations qui suppléent aux incorrections ou aux omissions de la gravure. Quelquefois on a fait entrer dans l'explication des planches, des remarques qui n'auraient pu trouver place dans les descriptions.

La première partie du texte porte le titre de *Descriptions*, et suit l'ordre des lieux, de même que les volumes de planches; l'autre porte le titre de *Mémoires*, et forme des volumes séparés.

Les DESCRIPTIONS des villes et des monumens forment autant de chapitres qu'il y a de lieux décrits et représentés. Elles ont pour objet de faire connaître l'état ancien et l'état actuel des lieux; et cette exposition est accompagnée de remarques historiques et géographiques.

Les MÉMOIRES consistent dans des recherches et dissertations sur des matières générales ou particulières, telles que l'état physique de l'Égypte, l'histoire et la géographie du pays, la législation et les mœurs, la religion, la langue, l'astronomie, les arts, l'agriculture, etc. chez les Égyptiens anciens et modernes. Ces mémoires sont placés l'un à la suite de l'autre sans ordre déterminé, comme dans les collections académiques. L'avantage de pouvoir former plus facilement la table des

AVERTISSEMENT.

matières a été préféré à celui d'une division systématique.

Les mémoires et descriptions sont divisés, comme les planches, en trois classes, correspondantes à celles des planches et distinguées par l'une des marques *A.*, *E. M.*, *H. N.*, placée en bas et à gauche du premier *folio* de chaque *feuille*. On y a joint la lettre *D.* pour distinguer les descriptions. Exemple : *A. D.* signifie *Antiquités—Descriptions*.

De l'orthographe adoptée pour les mots arabes.

La transcription des mots arabes en français est sujette à des difficultés que l'on ne peut vaincre entièrement, parce qu'elles proviennent de la différence essentielle des sons propres aux deux langues. On peut cependant exprimer assez exactement la vraie prononciation des mots arabes, en n'employant que des procédés fort simples, et sans recourir à des signes inusités. On a adopté dans cet ouvrage une orthographe uniforme; elle a pour objet principal de fournir aux voyageurs un moyen assuré de faire reconnaître les mots en les prononçant dans le pays.

On s'est déterminé à ne faire usage que des caractères de notre alphabet. On a conservé dans chaque mot les consonnes radicales, et l'on a évité l'inutile emploi des lettres redoublées, qui modifient très-peu la prononciation. On n'a fait usage que d'un seul caractère pour chacune des différentes sortes de *d*, d'*h*, d'*s*, de *t* et de *z*, espèces de lettres qui ne diffèrent guère en Égypte que par le plus ou le moins d'intensité dans le son. On a employé seulement deux combinaisons de lettres, savoir, le *gh* qui représente l'*r* grasseyée, et le *kh* dont le son est semblable à celui du *ch* allemand ou du *j* espagnol; on s'est servi aussi de l'apostrophe placée à la droite d'une voyelle, pour en exprimer le son guttural, et de la lettre *q* écrite seule, pour désigner le *k* emphatique auquel les habitans du Kaire ont coutume de substituer une sorte d'hiatus : on ne pouvait se dispenser de recourir à des signes convenus pour exprimer ces quatre consonnes, qui sont entièrement étrangères à notre langue; on a adopté ceux-ci, parce qu'ils étaient reçus depuis long-temps des personnes qui s'occupent des langues orientales. Tout le reste, soit voyelle, consonne, diphthongue ou accent, doit être prononcé comme dans notre alphabet : par exemple, *ey*, qui correspond parfaitement, dans l'arabe, à l'*elif* ou au *fatha* suivi de l'*yé*, prend le son de l'*e* avec l'accent grave, comme dans les mots *bey*, *dey*, et dans d'autres noms propres connus en France. *Soueys* se prononce comme s'il y avait *Souès*; on a aussi écrit *Suez*, selon l'usage ordinaire.

AVERTISSEMENT.

Il faut observer que toutes les lettres, soit initiales, soit médiales, soit finales, doivent se prononcer de la même manière : *ch* se prononce toujours comme dans *branche*, et *s* comme dans *sage*. L'*h* est toujours aspirée dans le corps des mots, et presque jamais à la fin. Il faut remarquer aussi que *g* se prononce ordinairement en Égypte *gué*, *gui*, etc. comme dans *gain*, et chez les Arabes, *dje*, *dji*, etc. Par exemple, le mot *geddah* se prononce au Kaire *gueddah*, et en Arabie *djeddah*.

Quand l'article *el* est suivi de substantifs qui commencent par l'une des consonnes appelées solaires, *ch, d, n, r, s, t, z*, il faut, en prononçant, substituer cette consonne à la lettre *l* de l'article. Exemple : *el-samak, el-cheykh*, etc. se prononcent *es-samak, ech-cheykh*, etc.

Quant aux noms dont l'usage a déjà prévalu en France, on a cru devoir les conserver de préférence aux mots correspondans de la langue arabe : ainsi l'on n'a point écrit dans les planches les noms de *Tyneh, Skanderyeh, Mit-rahyneh, Gezyret-Asouân, Rachyd*, etc., mais ceux de *Péluse, Alexandrie, Memphis, Éléphantine, Rosette*, etc.

Dans les mots *Mamlouk, cheykh, visir, sultan*, et quelques autres semblables, on a retenu l'usage de l'*s* finale pour désigner le pluriel : à l'égard de tous les autres substantifs, comme *fellâh, moultezim*, etc., on les a écrits, au pluriel, sans *s* et en italique.

l.

AVERTISSEMENT.

Lettres françaises correspondantes aux lettres arabes, suivant l'orthographe adoptée.

ا	â, é, i, ou [1].	ظ	d.
ب	b.	ر	r.
ت	t.	ز	z.
ث	t.	س	s.
ط	t.	ص	s ou ç.
ج	g.	ش	ch.
ح	h.	ع	'.
ه	h.	غ	gh.
خ	kh.	ف	f.
د	d.	ق	q.
ذ	d ou z.	ك	k.
ض	d.	ل	l.

[1] Quand l'*elif* est initial, on l'exprime par les mêmes lettres sans accent.

AVERTISSEMENT.

م　　m.　　　　و　　o, ou [1].

ن　　n.　　　　ي　　y [2].

En général, on a exprimé le *fatha* par la lettre *e*; le *kesra* par *e* ou par *i*, suivant la prononciation vulgaire; quand il accompagne l'*yé*, il n'est pas exprimé.

On n'a pas eu égard au *techdyd* ou signe de redoublement, pour les lettres *ch* ش, *gh* غ, *kh* خ, ou و, et *y* ي.

On n'a exprimé les autres modifications propres à l'alphabet arabe que lorsqu'elles sont sensibles à l'oreille dans la prononciation vulgaire.

---

[1] La même lettre, quand elle est suivie de l'*elif* final, se rend par *oû* avec l'accent circonflexe, comme dans *Edfoû* أدفو.

[2] On exprime l'*yé* final par deux points, dans les mots de la forme de *kobrä* ou *koubarä* كبري, *ihdä* أحدي, etc.

ANTIQUITÉS
DESCRIPTIONS.

CHAPITRE PREMIER.

DESCRIPTION
DE L'ÎLE DE PHILÆ,

Par feu Michel-Ange LANCRET.

§. I. *De la route qui conduit de Syène à l'île de Philæ.*

Les témoignages de l'antiquité, d'accord avec les inductions de l'histoire naturelle et avec les faits récemment observés, ne peuvent guère laisser douter que le terrain de la haute Égypte n'ait été formé bien antérieurement à celui du Delta : des deux villes qui ont été successivement les capitales de l'Égypte, Thèbes, la plus ancienne, n'est éloignée des cataractes que de vingt myriamètres environ[1] ; Memphis, qui lui a succédé, est, au contraire, à une distance à peu près pareille des bords de la mer. Ainsi, la position et l'âge de ces deux capitales confirment encore que le Delta est moins anciennement peuplé que le Sa'yd.

[1] Quarante lieues.

Il est donc vraisemblable que, parmi les nombreux monumens dont l'Égypte est, pour ainsi dire, couverte, il doit s'en trouver de plus anciens dans la Thébaïde que dans l'Égypte inférieure; et peut-être est-ce un motif suffisant pour que l'on doive commencer l'étude des antiquités égyptiennes par celles qui subsistent encore au voisinage de la cataracte.

Les voyageurs qui se proposent de les observer, doivent quitter le Kaire aux approches de l'équinoxe d'automne : à cette époque, les eaux du Nil ont recouvert toutes les petites îles sablonneuses qui, peu auparavant, gênaient la navigation; et le vent du nord souffle durant tout le jour avec assez de force pour que les barques du Nil puissent remonter ce fleuve avec une grande vitesse, malgré la rapidité de son cours. En moins de quinze jours, ces voyageurs peuvent avoir fait près de cent myriamètres [1], et arriver à la ville de Syène, située sur la rive droite du Nil, à six mille mètres [2] au-dessous de la cataracte. Durant ce court espace de temps, ils ont pu visiter rapidement, chaque jour, les antiques constructions, qu'ils observeront, à leur retour, dans de plus grands détails : distribuées de chaque côté et à peu de distance des rives du fleuve, elles s'offrent, pour ainsi dire, d'elles-mêmes, aux regards de ceux qui y naviguent. Ils arriveront ainsi aux dernières limites de l'Égypte, ayant satisfait cette première curiosité qui veut tout voir à-la-fois et ne permet pas d'observer : ils auront déjà acquis quelques idées générales sur cette architecture, sur ces arts qu'ils vont étudier; et ils

---

[1] Deux cents lieues. [2] Cinq quarts de lieue environ.

pourront même, en commençant, comparer l'étendue, la disposition et les formes principales des édifices.

La ville de Syène, située sur la rive orientale du Nil, est la dernière habitation de l'Égypte. Des roches de granit, sortant du milieu du fleuve, annoncent les approches de la cataracte, et marquent le terme de la navigation. Cependant, au-delà des cataractes, de cette limite naturelle de l'Égypte, l'île de Philæ est couverte de monumens égyptiens. Les Grecs et les Romains l'ont possédée; et l'armée française, conduite en Égypte par le général en chef Bonaparte, en a pris aussi possession.

Cette île est à un myriamètre [1] au-delà de Syène. Lorsque l'on a quitté Syène moderne, et qu'on a traversé la ville antique, située un peu plus au midi, dans une position élevée, on descend dans une petite plaine d'environ douze cents mètres [2] d'étendue, qui se termine au Nil vers le couchant. Le chemin qui la traverse est fort inégal, moins par la forme même du terrain que par les débris de granit provenant des carrières, et par les autres décombres qui y sont répandus. A gauche sont, en grand nombre, des tombeaux arabes dont la date remonte jusqu'au temps du khalyfe O'mar; à droite on aperçoit quelques minarets, quelques dômes qui ont été élevés pour servir aussi de tombeaux dans des temps plus modernes.

Après avoir traversé cette petite plaine, la route s'élève assez rapidement. Elle est bordée, du côté du Nil, par des rochers qui la séparent entièrement du fleuve; de l'autre côté, on voit d'abord de vastes fon-

[1] Deux lieues.   [2] Un quart de lieue.

drières qui paraissent des excavations faites de main d'homme : au-delà sont des carrières de granit. Bientôt, en avançant, on voit le chemin redescendre, et l'on se trouve entre des sommités de rochers dont les uns sortent du milieu du sable, et les autres sont d'énormes blocs arrondis, posés sur ce sable ou jetés les uns sur les autres, et accumulés à une grande hauteur [1]. Cependant, au milieu de ces roches éparses, on trouve une espèce de vallée que l'on suit pendant une heure et demie, et qui conduit sur la rive voisine de l'île. Le fond de cette vallée est uni, solide et recouvert d'un sable fin. Les rochers qui l'environnent sont presque tous de ce même granit rouge si brillant quand il est poli, dont nous admirons les fragmens que l'on a transportés en Europe : ici, il se présente sous de moins belles couleurs; il est recouvert d'une couche brune, ouvrage du temps, qui en a fait disparaître toutes les petites aspérités, et le rend presque lisse. Ces rochers de formes très-irrégulières, et toujours arrondis, ne montrent ni pointes ni arêtes tranchantes, ni ces cassures anguleuses que sembleraient cependant devoir offrir des blocs qui, détachés du corps de la montagne, paraissent en être des fragmens : on dirait qu'ils ont subi un long frottement; ils portent la marque d'une extrême vétusté.

Strabon rapporte que le chemin de Syène à Philæ était uni, et qu'on y voyageait en chariot. Ce chemin est encore le même aujourd'hui; et l'on pourrait le par-

---

[1] Il y a de ces blocs qui ont plus de douze à quinze mètres (trente-six à quarante-cinq pieds) en tout sens.

courir en voiture, si les voitures étaient en usage en Égypte. Rien n'a changé dans cette contrée solitaire, depuis le règne d'Auguste; et l'on n'y prévoit d'autres changemens, d'autres mouvemens futurs, que ceux des sables que les vents chassent entre les rochers. Il est surprenant que le géographe grec n'ait rien dit de la longue muraille construite dans cette vallée. Sans doute elle était dès-lors presque entièrement détruite, recouverte de sable, et peu remarquable pour un voyageur qui passait rapidement dans un char. Encore aujourd'hui, les vestiges de cette muraille paraissent, au premier aspect, n'être que des monceaux de terre placés de distance en distance; mais, en les examinant de plus près, on y reconnaît les briques non cuites dont elle était formée.

En sortant de Syène, la muraille est à l'est du chemin : elle le coupe vers la moitié de la vallée, le coupe encore à peu de distance, et, continuant de tourner dans la direction de l'est, elle va se terminer au nord de la petite plaine qui s'étend vis-à-vis de Philæ. Dans les endroits où le chemin et la muraille se rapprochent, on se trouve tantôt au levant, tantôt au couchant de cette muraille, que l'on traverse ainsi, sans le remarquer, par les lacunes de plusieurs centaines de mètres qui en séparent les vestiges.

Cette construction a un peu moins de deux mètres [1] d'épaisseur; sa hauteur est d'environ quatre mètres [2], et quelquefois davantage; mais, outre qu'elle est dégradée au sommet, il est aisé de voir qu'elle est enfoncée en

[1] Cinq à six pieds.   [2] Douze pieds.

partie dans le sable; et même, du côté de Syène, elle est totalement ensevelie, et se devine seulement sous un amas de sable qui, dans cet endroit, partage en deux la vallée, suivant sa longueur. Les briques qui la composent sont semblables aux briques égyptiennes employées aux grandes enceintes des temples, à Thèbes, et dans quelques autres endroits [1].

Cette conformité dans les matériaux, et surtout l'étendue de la construction, qui occupait toute la longueur de la vallée, donnent à cette muraille un caractère tout-à-fait égyptien; et l'on ne peut point inférer du silence de Strabon, qu'elle n'existait pas encore de son temps. La construction doit en être rapportée à une époque extrêmement ancienne, où les Égyptiens eurent à protéger la route de Philæ contre les peuples qui habitaient au-dessus de la cataracte; car nous pensons que la sûreté de cette route était le principal objet de ce rempart : nous n'avons point appris, en effet, qu'on en retrouvât des traces en s'avançant plus loin dans la Nubie [2]; et, s'il se fût agi seulement de protéger Syène et de défendre l'entrée du pays, il aurait suffi de fermer la vallée à son

---

[1] On a remarqué, en différens points de cette muraille, des arrangemens divers dans les briques dont elle est composée. Ou bien ces briques sont posées à plat, suivant la manière ordinaire; ou bien il y a alternativement deux rangs de briques posées à plat, et un rang de briques posées de champ; ou bien encore ce dernier rang est remplacé par un autre dont les briques sont posées obliquement.

[2] Il y a cependant des habitans de Philæ qui ont dit à l'un de nous que ce mur se continuait de l'autre côté du fleuve; ce qui est dénué de toute vraisemblance. Ce sont, au surplus, les mêmes hommes qui racontent que l'on mettait derrière la muraille les enfans trop méchans, afin qu'ils y fussent dévorés par les crocodiles.

Il faut bien que l'on nous pardonne de rapporter un des cent contes ridicules par lesquels ces bonnes gens répondaient à nos questions.

origine. Mais l'île de Philæ était, aux temps anciens, un des lieux les plus sacrés de l'Égypte. Les prêtres enseignaient que le tombeau d'Osiris y était placé; et cette île avait dû devenir, pour ce motif, un lieu saint, un but de pélerinage, comme l'est aujourd'hui Médine, tombeau de Mahomet.

Cette muraille, qui, sans doute, était gardée de distance en distance, servait donc à protéger la route comprise entre elle et les rochers qui bordent le Nil, et à prévenir les surprises de l'ennemi, ou seulement des voleurs qui pouvaient attaquer les personnes voyageant sur cette route.

Au surplus, ce moyen de défense, qui nous paraît aujourd'hui prodigieux, a été mis ailleurs en usage par ces mêmes Égyptiens, pour protéger d'autres parties de leur territoire; plusieurs nations anciennes ont, comme on le sait, enveloppé entièrement leur pays par des constructions bien plus considérables encore. Celle dont nous nous occupons est cependant remarquable, parce qu'elle a été élevée dans un canton sans population, sans culture, et pour des motifs qui paraissent uniquement religieux.

La route de Philæ offre encore aujourd'hui quelques traces de l'antique dévotion des Égyptiens, dans les inscriptions en caractères sacrés, qui sont sculptées le long de cette route sur plusieurs des rochers qui la bordent. Ces inscriptions ne sont pas toutes entaillées dans le granit, et, pour la plupart, on a seulement enlevé la couche brune et mis à découvert le ton rose-poudreux du granit dépoli : c'est par cette teinte légère qu'elles se font alors remarquer sur le fond rembruni de la roche. Depuis deux ou trois mille ans, et peut-être bien plus, qu'elles ont été tracées, elles n'ont point changé de couleur; elles ne se sont point encore recouvertes de cette couche lisse et brune que le temps seul peut leur donner. Si tant de siècles n'ont pas suffi, combien donc ces rochers n'en ont-ils pas vu s'écouler !

Près de Philæ, les inscriptions sont en plus grand nombre que vers le commencement de la route : elles sont fort élevées au-dessus du sol, et les hiéroglyphes qui les composent ont quelquefois près d'un mètre [1] de hauteur. Ce ne sont point des traits faits rapidement comme ceux que les voyageurs gravent souvent sur les monumens ou sur les rochers qu'ils visitent, pour y attacher leurs noms et la date de leur passage; ils ont été gravés par des sculpteurs de profession; il a fallu des échafaudages, des instrumens particuliers, et un temps assez long pour les exécuter, surtout ceux qui sont entaillés profondément. Il n'y a donc pas de doute que ces inscriptions ne soient le résultat d'une volonté méditée; et si l'on considère le lieu qu'elles occupent, les caractères qui les forment, et surtout le peuple éminemment religieux qui les a tracées, on sera porté à les regarder comme des symboles sacrés qui rappelaient les esprits vers les idées religieuses, ou comme des inscriptions votives destinées à obtenir quelques succès des dieux.

On n'aperçoit aucun arbre dans toute l'étendue de la route de Syène à Philæ; l'aridité est extrême, la chaleur

[1] Trois pieds.

insupportable. En été, vers le milieu du jour, il n'y a plus aucune ombre, aucun abri contre l'ardeur du soleil; il darde à plomb ses rayons; le sable et les rochers les renvoient, et ce lieu devient une sorte de fournaise, redoutée même des naturels du pays : aussi, lorsque l'on peut choisir les heures de la marche, ce n'est qu'après le coucher du soleil que l'on parcourt cette vallée. C'est à cette heure que je l'ai moi-même parcourue sous un ciel d'une telle transparence et par un clair de lune si brillant, que nos plus belles nuits d'Europe n'en peuvent point donner d'idée.

Les marches nocturnes ont toujours quelque chose d'imposant et de grave qui dispose l'ame aux impressions profondes; mais quel lieu pourrait en produire de plus fortes et rappeler plus de souvenirs? Je songeais avec une sorte d'émotion, de plaisir et de doute, que j'étais sur un des points les plus remarquables de la terre, dans des lieux qui semblent en quelque sorte fabuleux, et dont les noms, prononcés dès l'enfance, ont pris une signification gigantesque et presque magique. Je touchais aux rochers des cataractes, aux portes de l'Éthiopie, aux bornes de l'empire romain; j'allais bientôt entrer dans cette île où fut le tombeau d'Osiris, île autrefois sacrée, ignorée aujourd'hui, le sanctuaire d'une antique religion mère de tant d'autres cultes; enfin, j'approchais d'une des immuables divisions de notre globe, et le pas que je faisais était peut-être déjà dans la zone torride.

Au milieu de ces pensées, le voyage s'achève avec une apparente rapidité; on est averti de son terme par le bruit des eaux du fleuve. La vallée se rapproche du Nil, en tournant un peu à droite, et en s'inclinant légèrement; elle se termine à une petite plaine sablonneuse qui est environnée de rochers de trois côtés, et qui, de l'autre, se joint aux rivages du fleuve par une pente douce. En entrant dans cette plaine, on aperçoit tout-à-coup l'île de Philæ.

De grands monumens, les arbres qui les entourent, les eaux du fleuve, la verdure de ses bords, offrent un tableau qui surprend et qui plaît au sortir de l'aride vallée.

La couleur blanche, les formes carrées des édifices qui couvrent l'île de Philæ, la font bientôt distinguer, malgré son peu d'étendue, au milieu de la vaste enceinte de montagnes brunes et des rochers arrondis qui forment le bassin du fleuve et qui sortent de son sein. Quelques dattiers sont cultivés dans l'île; un plus grand nombre, sur l'autre rivage, croissent au pied des rochers, où l'on voit aussi de petites portions de terres ensemencées chaque année par quelques familles de Nubiens qui habitent ces solitudes. Mais, sur un sol aussi brûlant, parmi cette immensité de rocs arides et accumulés quelques arbres, un peu de verdure, adoucissent faiblement l'extrême âpreté de ces lieux.

L'austère beauté de cet aspect doit se retrouver, sans doute, au milieu d'autres grands fleuves qui, comme celui-ci, coulent entre les rochers; mais ce que nul autre ne peut offrir, ce sont les monumens encore subsistans d'un des plus anciens peuples du monde; ce sont les inscriptions qu'il a gravées sur les rochers, et par lesquelles il semble avoir parlé à la postérité. Ces objets, en reportant la pensée vers les siècles reculés, ajoutent au tableau des beautés d'un ordre supérieur à tout ce que la nature seule peut présenter dans les sites les plus imposans.

Tandis que la barque sur laquelle on doit passer le fleuve se fait attendre, on parcourt le rivage pour apercevoir l'île sous plusieurs aspects; et bientôt on y remarque un édifice isolé, percé à jour, et soutenu par des colonnes; puis une masse considérable de bâtimens, une longue colonnade, un obélisque. Quant à ce même rivage, que l'on est impatient de quitter, il n'offre que de pauvres cabanes de Barâbras[1] et les vestiges de quelques tombeaux arabes.

En traversant le fleuve, on passe assez près d'un rocher qui, du milieu de plusieurs autres, élève son sommet à plus de seize mètres[2] au-dessus des eaux. Il est, dans sa partie supérieure, divisé en deux, et représente assez bien une espèce de fauteuil sans dossier, d'une gigantesque proportion. Les habitans de Syène qui servent de conducteurs aux étrangers, racontent, en effet, au sujet de ce siége, des histoires de géans, mais qui ne peuvent mettre sur la voie d'aucune tradition historique. D'ailleurs, la forme de ce rocher est évidemment naturelle; on voit seulement qu'elle a été remarquée dès les temps anciens, et que l'on a taillé par derrière des marches pour s'élever jusqu'au siége. Cette roche porte aussi des sculptures faites avec soin et profondément

---

[1] On donne en Égypte le nom de *Barâbras* aux Nubiens qui habitent depuis les cataractes jusqu'à Ibrim.

[2] Cinquante pieds environ.

entaillées : ce sont des figures humaines avec des têtes d'animaux, et plusieurs inscriptions hiéroglyphiques.

Enfin, l'on aborde dans le nord de l'île à quelque distance des temples, qui sont tous dans la partie méridionale.

§. II. *Aperçu général des monumens.*

Si je visitais de nouveau l'île de Philæ, et si j'avais un compagnon de voyage à qui je voulusse la faire connaître, j'irais d'abord avec lui me placer sur le rocher qui forme un petit promontoire à la pointe méridionale de l'île : de là l'œil embrasse facilement la petite étendue de Philæ; les monumens en occupent une grande partie; et du point de vue où nous sommes placés, nous les apercevons presque tous. L'édifice isolé est maintenant à notre droite; de l'autre côté sont l'obélisque et la longue colonnade; le grand temple et les principaux monumens sont en face de nous; à leur pied, quelques huttes de terre, qui ont à peine la hauteur d'un homme, forment la demeure des habitans, et l'on peut dire des propriétaires actuels de l'île.

Environnés de rochers granitiques, les monumens de Philæ sont tous construits en grès : la couleur de cette pierre n'ayant pas été altérée par le temps, ils sont encore, à l'extérieur, d'une blancheur surprenante.

Lorsqu'on a saisi l'ensemble de ces édifices, ce qui frappe surtout, si l'on s'arrête quelques instans à les considérer, ce sont leurs grands murs en talus comme les murs de nos fortifications, sans aucune autre ouverture que les portes; les terrasses des temples formant de larges plateaux, et sur l'une d'elles un petit village; les sculptures peu saillantes dont tous les murs sont entièrement couverts; c'est enfin le caractère grave et mystérieux de ces monumens, leur solidité, leur étonnante conservation.

Mais approchons de ces édifices, pénétrons dans l'intérieur des temples, et commençons par le monument le plus méridional qui est aussi le plus voisin de nous.

C'est une petite enceinte de colonnes dont plusieurs sont renversées : au-devant étaient deux petits obélisques en grès; un seul est resté debout, et l'on ne voit plus de l'autre que la place qu'il occupait.

Parmi plusieurs noms grecs et latins écrits à différentes époques sur l'obélisque et sur un reste de muraille qui l'avoisine, on distingue ceux des rois Ptolémées et de quelques autres personnages de l'histoire. Les noms de plusieurs voyageurs européens de ces derniers siècles et ceux de quelques Français de la grande expédition s'y trouvent également inscrits. Ainsi, dans tous les âges, les hommes ont voulu attacher leurs noms à quelque chose qui leur survécût, et qui parlât d'eux en leur absence.

On compte trente-deux colonnes dans cette longue galerie qui borde le quai et qui se dirige au nord vers les temples. Les chapiteaux, ornés des fleurs du lotus, des feuilles du palmier, sont tous différens les uns des autres : ces différences, qui ne se voient que de près, ne détruisent pas l'uniformité générale, et jettent de la variété. Plusieurs colonnes sont renversées; les pierres du plafond, les décombres, interrompent le passage; mais au milieu de ces pierres qui ont conservé leur blancheur, au milieu de ces colonnes dont plusieurs chapiteaux sont restés ébauchés, on se croit moins parmi des ruines que dans un édifice en construction.

Une autre colonnade moins étendue est en face de celle-ci; et quoiqu'elles ne soient pas tout-à-fait parallèles, elles forment cependant une belle avenue à l'entrée des temples dont nous approchons. On conçoit que, lorsque toutes les colonnes étaient debout, qu'elles n'étaient pas enterrées dans les décombres, et qu'au lieu de ces inégalités, de ces démolitions, de ces restes de huttes, un terrain uni permettait de tout embrasser d'un coup d'œil, l'entrée des temples devait s'annoncer d'une manière magnifique et imposante.

La première entrée est composée d'une grande porte et de deux massifs semblables, larges à leur base, plus étroits vers le sommet, et de peu d'épaisseur, qui s'élèvent l'un à côté de l'autre, bien au-dessus de la porte qui se trouve comprise entre eux : cette sorte de construction, tout-à-fait particulière à l'Égypte, et qui n'a été imitée dans aucune autre architecture, se voit également au-devant des temples et des palais; nous l'appellerons *pylône*[1].

La position de ces massifs porte à croire qu'ils sont l'imitation de deux tours carrées, placées originairement pour la défense des portes d'entrée : leur hauteur, et les

---

[1] Ce mot est formé de celui de πύλων, qu'a employé Diodore de Sicile dans la description du tombeau d'Osymandias, et que les traducteurs ont mal-à-propos rendu par celui d'*atrium*. Il est évident qu'il faut entendre, par ce mot, l'ensemble de la porte et des deux massifs qui l'accompagnent. *Voyez* la Description d'Edfoû, *chap. V*, §. II. E. J.

escaliers intérieurs qui conduisent jusqu'au sommet, peuvent les faire regarder comme des observatoires, édifices nécessaires chez un peuple dont la religion était en grande partie fondée sur l'astronomie.

Le premier pylône a trente-neuf mètres[1] de largeur et dix-huit mètres[2] de hauteur. C'est le plus élevé de tous les édifices de l'île; mais il en existe ailleurs de bien plus grands; car les monumens de Philæ ne paraissent si considérables que parce qu'ils occupent une grande partie de la surface de l'île : ils sont petits par rapport à d'autres monumens de l'Égypte. C'est ici comme un modèle en grand des constructions égyptiennes.

On peut remarquer sur le pylône quelques-uns des caractères particuliers à ces constructions : les corniches, qui partout ont la même forme; la moulure inférieure de ces corniches, qui descend en forme de rouleau sur les angles des édifices; enfin, la distribution des sculptures. A la partie supérieure du pylône, elles représentent des divinités assises, et devant elles des prêtres debout qui leur font des offrandes. Chaque scène forme une sorte de tableau sculpté, séparé de ceux qui le suivent ou le précèdent par des légendes verticales d'hiéroglyphes.

Dans le rang inférieur, toutes les figures sont debout et d'une énorme proportion[3]. On y voit des divinités qui reçoivent un sacrifice. Le soubassement du pylône est décoré par les tiges et les fleurs de la plante sacrée du lotus; les montans et la corniche de la porte sont égale-

---

[1] Cent dix-huit pieds.
[2] Cinquante-quatre pieds.
[3] Elles ont sept mètres (vingt-un pieds) de hauteur.

ment ornés de tableaux et de décorations symboliques. Ainsi, ce pylône est sculpté dans toutes ses parties; et quoique nous ne voyions encore qu'un monument, et même qu'une seule face de ce monument, elle nous offre déjà plus de six cents mètres carrés [1] de surface sculptée.

Cette profusion de sculptures est extrême, et cependant il n'en résulte aucune fatigue pour l'œil; les lignes de l'architecture n'en sont point interrompues; et ce système de décoration, quelque nouveau qu'il paraisse, plaît et flatte la vue dès le premier abord. Cela tient à l'heureuse disposition de cette décoration, à la simplicité de la pose des figures, à la manière uniforme dont la sculpture est en quelque sorte répandue sur toutes les surfaces des monumens, et, enfin, surtout à son peu de relief, qui ne produit nulle part ni de grandes ombres ni de vives lumières.

Au-devant du pylône, des obélisques et des lions de granit rouge sont renversés, brisés, et presque entièrement enfouis : c'est à l'imagination à les tirer de la poussière, à les replacer de chaque côté de la porte du pylône, et à rendre ainsi cette première entrée des temples une des plus simples et des plus admirables compositions d'architecture que les hommes aient imaginées.

Mais à l'admiration succède bientôt un autre sentiment : dans ces lieux antiques où tant de peuples divers ont laissé quelques traces de leur passage, les impressions se suivent et varient à chaque pas. En approchant du pylône et de quelques restes de constructions qui l'environnent à droite, on aperçoit plusieurs noms, plu-

[1] Cinq mille quatre cents pieds carrés.

sieurs petites inscriptions latines écrites à la hauteur de la main. Voici le sens de deux d'entre elles :

Moi L. TREBONIUS ORICULA, J'AI HABITÉ ICI.

Moi NUMONIUS VALA, J'AI DEMEURÉ ICI SOUS L'EMPEREUR CÉSAR, CONSUL POUR LA TREIZIÈME FOIS[1].

Ces sortes d'inscriptions cursives n'ont rien de solennel ni de monumental; on n'y cherche point la date d'un événement, la dédicace d'un temple; mais une autre sorte de curiosité, un autre intérêt, vous attire et vous touche : c'est un homme qui n'existe plus depuis bien des siècles, et qui semble encore vous parler. Il est venu dans ces mêmes lieux comme vous; comme vous, il y était étranger; il a écrit son nom comme vous écrivez le vôtre, et peut-être était-il agité des mêmes pensées : on se plaît à chercher celles qui l'occupaient; on vient d'apprendre son nom, on devine sa profession, on croit le voir avec son costume et jusque dans la position où il était en écrivant. Je me représente ici un soldat de la garnison romaine, depuis long-temps éloigné de son pays par des guerres continuelles : occupé du souvenir de sa patrie, il distrait l'ennui de son exil, espérant pouvoir raconter un jour, au milieu des siens, qu'il a gravé son nom sur les temples les plus reculés de la mystérieuse Égypte.

Près de ces inscriptions, sous la grande porte du pylône, on en voit une qui perpétuera dans les siècles un

---

[1] *Voyez* le Mémoire sur les inscriptions recueillies en Égypte par M. E. Jomard.

A. D. 1.

des événemens les plus remarquables de notre âge; elle consacre la conquête de l'Égypte par le général en chef Bonaparte, la défaite des Mamlouks poursuivis par son lieutenant le général Desaix jusqu'au-delà des cataractes, et l'entrée des Français victorieux dans l'île de Philæ.

Plus loin, dans l'intérieur du temple, une autre inscription, gravée dans le même temps et presque par les mêmes mains, fixe avec précision la position géographique de l'île[1]. Ainsi, ces monumens présenteront à-la-fois le témoignage glorieux de la valeur des Français, et celui non moins honorable de leurs connaissances; et cette association des sciences et des armes, cette belle idée dont l'histoire ne fournit point d'exemple, ne sera pas le fait le moins remarquable de la vie d'un grand capitaine, qui n'avait entrepris la conquête d'un pays devenu barbare, que pour y porter la civilisation.

Lorsqu'on a passé sous la porte du premier pylône, on en trouve un second plus petit et plus dégradé. La cour qui les sépare est une sorte de péristyle formé par des galeries de colonnes, l'une à droite, l'autre à gauche. Cette dernière appartient à un petit temple distinct du temple principal. Ici, comme dans la première avenue, les galeries ne sont pas parallèles; et ce défaut de symétrie indique que les divers monumens de l'île n'ont point été construits à la même époque, ni sur le même plan : les siècles les ont vus s'ajouter les uns aux autres.

Le second pylône fait partie du grand temple, où

---

[1] Il s'est glissé quelques erreurs dans les nombres qu'on a tracés sur la muraille. Ces erreurs sont rectifiées dans le tableau qui termine le mémoire de M. Nouet, ayant pour titre : *Observations astronomiques faites en Égypte*. E. M., tome 1, page 1.

nous allons enfin pénétrer. Nous voici sous le portique, composé de dix colonnes; il est fermé de tous les côtés, et il reçoit du jour par la porte et par la terrasse. Tout ce que nous apercevons autour de nous, colonnes, murs et plafonds, tout est couvert de sculptures, et toutes ces sculptures sont peintes de diverses couleurs. Cette peinture, il est vrai, ne se remarque pas au premier abord; elle est cachée par la poussière; mais les chapiteaux, qui par leur forme en ont été préservés, offrent des couleurs, verte, rouge, jaune, bleue, de la plus grande vivacité. Dans les parties peu éclairées, les couleurs paraissent fondues; elles sont cependant appliquées sans dégradation : cette illusion est produite par les ombres des reliefs; et elle est d'ailleurs favorisée ici par le jour qui vient d'en haut, et par la manière dont il se distribue et s'adoucit en passant successivement entre les colonnes pour arriver jusqu'au fond du portique.

N'est-il point surprenant de retrouver encore des peintures d'une si haute antiquité? et si les monumens de l'Égypte ont traversé tant de siècles, ne le doit-on pas autant à la nature du climat qu'à la solidité des constructions? Toutefois, rien ne saurait lasser le temps : malgré cette solidité, malgré l'uniformité du climat, ce temple est dégradé dans plusieurs parties. Voyez cette colonne; que de pierres en sont détachées! on dirait qu'elle va crouler. Mais l'intérieur de cette colonne, mais les faces des pierres cachées dans la construction, montrent, sous le ciment qui les enveloppe, des fragmens de sculptures, des hiéroglyphes tronqués ou renversés, dont plusieurs ont encore conservé les couleurs dont ils étaient peints. Ainsi ce temple, que nous jugeons déjà si ancien, est lui-même construit des débris d'un plus ancien édifice; ainsi ces mêmes pierres, ces hiéroglyphes, ces couleurs, pourraient avoir deux fois l'âge du temple : et de combien de siècles encore ne faudra-t-il pas remonter dans le passé pour arriver à l'origine de ces arts et de la civilisation qu'ils supposent!

Les salles intérieures sont tout-à-fait obscures, ou ne reçoivent un peu de clarté que par de très-petites ouvertures : il faut se munir de flambeaux pour y pénétrer. On traverse successivement trois grandes salles qui communiquent à diverses chambres latérales, avant d'arriver au sanctuaire placé au fond du temple; l'odeur forte et piquante que l'on y respire, est celle des chauves-souris, les seuls êtres vivans qui habitent actuellement cette enceinte. Ces trois salles, le sanctuaire, et toutes les autres salles du temple, sont sculptés comme le portique. Les sculptures, d'un relief extrêmement bas, distribuées par tableaux entourés de leurs légendes hiéroglyphiques, représentent presque toutes des scènes religieuses, des offrandes, des sacrifices, des initiations, dont on devine au moins le sens apparent; mais plusieurs autres ne semblent que bizarres, et font désespérer qu'on puisse jamais en comprendre la signification. Les plafonds sont autant sculptés que les murs, et il est impossible de découvrir une seule surface sans décorations. Il n'est aucune pierre du temple qui ne soit ornée de sculptures religieuses, couverte de l'écriture sacrée, et peinte de diverses couleurs. La moindre partie de l'édifice était en quelque sorte sainte, et il suffisait d'y jeter le regard pour en recevoir une impression religieuse. Il est difficile de concevoir jusqu'à quel point un peuple naturellement porté aux sentimens de piété, et chez lequel toutes les institutions et jusqu'aux arts d'agrément concouraient ainsi vers un même but, devait ressentir l'effet de tant de moyens réunis.

Au fond du sanctuaire, on voit un bloc de granit tout couvert de sculptures, et dans lequel est taillée une niche carrée, propre à former une sorte de cage : c'était celle de l'épervier sacré. On sait qu'il y avait dans l'île de Philæ un temple où Osiris était particulièrement adoré sous la forme de cet oiseau. Combien d'hommes ont sans doute, autrefois, fait des vœux ardens pour arriver jusqu'à ce tabernacle mystérieux, et ne s'en fussent approchés qu'avec une sainte terreur! Voyez aujourd'hui quel abandon, quelle solitude; comme ces murs sont noirs et couverts de poussière! On ne marche qu'au milieu des pierres et des décombres; ils obstruent les passages; ils empêchent de pénétrer dans celui qui excite le plus la curiosité, dans ce corridor si étroit pratiqué dans l'épaisseur du mur. C'était par-là, sans doute, que s'introduisait le prêtre qui parlait pour le dieu et rendait les oracles.

Dans une des salles, on trouve un escalier qui mène sur la terrasse du temple. Ici même, sur ce temple, encore des décombres et des amoncellemens de terre! Cette terrasse a été un petit village que les Barâbras ont construit, habité et abandonné. C'était, sans doute, pour se défendre contre quelques ennemis, que les Nubiens de l'île de Philæ avaient choisi leur demeure sur ce monument, et non dans la vue d'éviter les inondations, puisque jamais les plus hautes ne submergent le terrain de l'île.

On trouve également des maisons de terre au-dehors et au pied des murs du temple : elles seules déforment l'extérieur des édifices et déguisent leur véritable hauteur; car ils ne sont point enterrés sous le sol de l'île, qui, depuis long-temps, paraît n'avoir éprouvé aucun exhaussement. Cet extérieur des édifices offre ici, vers le milieu du jour, un aspect remarquable, et qui est dû au voisinage du tropique : dés que le soleil est un peu élevé, les corniches projettent de longues ombres qui descendent de plus en plus sur les murs des monumens; et vers midi, le soleil étant à plomb, toutes les faces des édifices sont presque entièrement dans l'ombre. A cette heure, quel calme règne dans ces climats ardens! L'air n'y est agité par aucun souffle, et les eaux dans leur cours produisent seules quelque mouvement. Au milieu de ce repos général, il n'y a que l'active curiosité des Européens qui puisse encore trouver assez d'énergie pour braver les ardeurs du midi, quand les naturels même cherchent partout les abris et le repos.

Le petit temple que nous avons laissé à notre gauche, en allant du premier au second pylône, diffère beaucoup du temple d'Osiris. Une galerie de colonnes l'entoure de trois côtés; au-devant est un portique de quatre colonnes, qui offre en petit la disposition de presque tous les autres portiques égyptiens. Ce qui distingue ces portiques de ceux que nous avons imités des Grecs et des Romains, c'est qu'ils sont fermés latéralement, et que tous les entre-colonnemens de la façade (à l'exception de celui du milieu, qui est ouvert jusqu'en bas, et forme l'unique porte d'entrée) sont fermés par un mur jusqu'au tiers et quelquefois jusqu'à la moitié de leur hauteur. Ces entre-colonnemens extérieurs sont par-là transformés, pour ainsi dire, en fenêtres. Il résulte de cette disposition, qui, sans doute, avait son motif dans les rites égyptiens, un effet très-mystérieux dans l'intérieur des portiques; mais ce motif nous est actuellement si étranger, que le premier désir que nous éprouvons, c'est de voir ces murs d'entre-colonnement supprimés, afin de jouir de toute la hauteur des colonnes, dont la proportion est d'ailleurs peu élancée.

Au reste, on s'accoutume bientôt à ne point chercher l'élégance grecque dans l'architecture égyptienne : son caractère est plus grave; la solidité, la durée, en étaient le but principal. On y trouve la simplicité dans l'ensemble, la variété dans les détails, et de l'unité dans toutes les parties. C'est manifestement sur cette architecture que les Grecs ont formé la leur; et comme ils avaient pris leur religion en Égypte, ils y avaient pris aussi la distribution des temples. Celui qui nous occupe est du genre de ceux qu'ils avaient particulièrement imités. On ne peut méconnaître, même dans les détails de l'architecture des Grecs, l'imitation de celle des bords du Nil, en comparant le chapiteau décoré de feuilles de palmier et le chapiteau corinthien entouré de feuilles d'acanthe. L'idée toute entière de ce beau chapiteau grec est dans celui des Égyptiens; et, quelqu'ingénieuse que soit la fable de Callimaque, l'emprunt est manifeste.

Le petit temple n'est pas moins riche de sculpture que le temple d'Osiris : les figures qu'on y a le plus fréquemment représentées sont celles d'Isis et de son fils Horus. La tête d'Isis est aussi sculptée en relief sur les quatre faces des dés qui surmontent les chapiteaux; et l'on ne saurait douter que ce temple n'ait été consacré à Isis ou à Horus, et peut-être à tous les deux à-la-fois.

Ce petit édifice n'a éprouvé aucune dégradation, et semble tout neuf. Il est certainement construit postérieurement au grand temple; mais il est difficile d'assigner avec quelque précision la différence des âges d'après la seule différence de conservation. Mille ans d'antériorité sont peu sensibles entre des édifices qui ont certainement plusieurs milliers d'années, et qui cependant sont encore si bien conservés.

La destruction successive des maisons de terre qui ont été construites sous le portique du temple d'Isis en a tellement élevé le sol, que les colonnes y sont enfoncées jusqu'au quart de leur hauteur. On voit aussi en dehors, entre les colonnes de la galerie, des restes de murs qui l'interrompent, et forment des chambres séparées de différentes grandeurs : ils sont construits les uns en briques, les autres en pierres liées avec de la chaux, et ils devaient avoir quelque solidité; néanmoins, ils sont presque tous écroulés, et leurs débris empêchent de voir le pied des colonnes. Ces constructions, qui ne ressemblent point aux huttes en terre des Nubiens, seraient-elles les maisons bâties par la garnison romaine? ou seraient-elles l'ouvrage des Chrétiens qui, pendant long-temps, habitèrent en Égypte les grottes sépulcrales et les temples abandonnés?

Nous avons parcouru les principaux édifices qui ont entre eux une dépendance mutuelle; il en existe quelques autres sur la surface de l'île.

A quelque distance des temples, sur le bord du quai, subsiste encore une salle isolée, reste d'un édifice plus considérable. Les sculptures qui la décorent sont relatives à la mort d'Osiris; et il est curieux de retrouver ici la représentation de cette fable sacrée, sachant que la mythologie égyptienne plaçait le tombeau d'Osiris dans l'île de Philæ. Cette salle renferme aussi plusieurs noms, plusieurs inscriptions cursives, parmi lesquelles il y en a de fort anciennes. On en remarque surtout une, au plafond, tracée avec de l'encre rouge, en plusieurs lignes, en caractères inconnus. Nous avons vu, sur d'autres monumens de l'île, des inscriptions cursives, grecques et latines; d'autres écrites dans nos caractères européens. On trouve encore ici des noms et des sentences écrites en arabe. L'île de Philæ réunit dans ses inscriptions bien des âges et bien des peuples différens; et, sous ce seul rapport, elle serait déjà un des points les plus curieux de l'Égypte.

Il reste peu de constructions dans le nord de l'île, formé des dépôts limoneux du fleuve; il est cultivé dans quelques endroits, les seuls qui ne soient pas occupés par des décombres. Au milieu de cette partie de l'île, un pan de muraille est resté seul debout : il est de construction grecque ou romaine, décoré des triglyphes de l'ordre dorique, et bâti des débris de quelque monument égyptien. Un autre édifice romain, voisin de celui-ci, n'a point été achevé; mais il est aisé d'y reconnaître un petit arc de triomphe. L'espace qui s'étend entre cet arc et les temples a été occupé par plusieurs constructions, mais qui ne paraissent pas avoir formé de grands monumens : les unes, démolies jusqu'à rase terre, semblent des plans tracés sur le sol; d'autres ne se devinent plus que sous des monceaux de pierre et de poussière; mais au-delà, en continuant de revenir vers le midi, on se trouve au pied de cet édifice percé à jour, qui frappe le premier la vue quand on découvre l'île.

C'est par sa blancheur, et surtout par son élégance, que cet édifice se fait ainsi remarquer. Les colonnes qui le composent, engagées dans des murs jusqu'au tiers de leur hauteur, forment une enceinte carrée, sans plafond, où l'on entre par deux portes opposées. Ces colonnes ne sont pas plus élancées que celles des autres temples, mais elles sont surmontées d'un dé égal au quart de leur hauteur; ce qui donne à l'ensemble de l'édifice un air de légèreté qui contraste avec la proportion ordinaire des monumens.

Celui-ci n'est sculpté que dans quelques-unes de ses parties : il est manifeste qu'il n'a point été achevé, et l'on saisit avec une sorte d'empressement cette occasion d'étudier les procédés des Égyptiens dans la taille des pierres et dans la préparation des sculptures.

Cet édifice est, comme tous ceux de l'île, environné de quelques maisons de Barâbras, construites en briques non cuites, ou seulement en terre. Néanmoins, ce beau monument n'est point enfoui dans les masures : les colonnes sont découvertes jusqu'à la base ; circonstance rare en Égypte, où l'élévation annuelle du sol et la destruction rapide des habitations modernes enterrent de plus en plus les anciens édifices, et les enfouissent tout entiers sans les détruire.

Après avoir parcouru tout l'intérieur de l'île, il reste encore à visiter au dehors une petite construction égyptienne placée sur la rive gauche du fleuve, dans une anse entre les rochers. On y voit les débris d'un quai, plus loin les restes d'une porte et quelques colonnes. Des pierres et des décombres entourent ces vestiges, qui doivent être ceux d'un petit temple. Le terrain environnant est formé des dépôts limoneux du fleuve : ces dépôts, quoique placés entre des rocs dépouillés, ont la même fertilité que le sol de l'Égypte. Les Barâbras du voisinage les cultivent ; et les palmiers, qui sont leur plus grande richesse, y deviennent très-beaux et très-productifs.

Le Nil nous offre ici un spectacle qui, au récit des voyageurs et des naturels du pays, est le même dans un espace de plus de cinquante lieues en s'avançant dans la Nubie : des rochers arides, entre lesquels roulent les eaux du fleuve ; et parmi ces rochers, dans toutes les anses un peu profondes, une famille de Nubiens, ou quelquefois un petit village, selon que les terres du voisinage ont une plus petite ou une plus grande étendue. Ces pauvres Nubiens, honnêtes et sobres, possèdent peu de bestiaux, et vivent du produit de leur pêche, des petites récoltes de grains qu'ils font chaque année, et des dattes de leurs palmiers; mais ils ne consomment que la plus petite partie de ce fruit, et envoient le surplus dans la riche vallée de l'Égypte. C'est là tout leur commerce, tout ce qui leur donne le moyen d'avoir quelques vêtemens et de renouveler les instrumens nécessaires à la culture.

Plus on réfléchit sur la pauvreté de ce pays, plus on examine la nudité des rochers, le peu de culture qui les entoure, et la petite population de cette contrée, qui a toujours été ce qu'elle est aujourd'hui, et plus on doit s'étonner de trouver dans l'île de Philæ des constructions qui attestent tant de puissance dans le peuple qui les a élevées, et supposent l'emploi de tant de bras. Cette petite île sera long-temps remarquable sur la terre; long-temps elle excitera une juste curiosité à l'égard du peuple égyptien, qui est venu placer des temples aussi grands au-delà des cataractes, au milieu des rochers, et qui, dans une contrée presque déserte, a construit des édifices aussi beaux, aussi riches et d'une aussi parfaite exécution que s'il les eût élevés au milieu de sa capitale.

Mais l'on n'aurait pris de ces étonnantes constructions qu'une idée bien imparfaite, si l'on s'en tenait à l'aperçu qui résulte d'un premier coup-d'œil. C'est en les considérant dans leurs détails, en faisant de fréquens rapprochemens et des comparaisons multipliées, que l'on peut obtenir quelques règles générales sur l'ordonnance des édifices; et que l'on peut rencontrer quelques-unes des idées du peuple qui les a construits. C'est surtout dans les sculptures qu'il est possible d'étudier sa religion, et de saisir quelques traits de ses usages et de ses mœurs. Il faut donc actuellement examiner, observer avec détail, dans chaque temple, dans chaque édifice, cette architecture, ces bas-reliefs et tous ces ouvrages que nous n'avons fait qu'apercevoir.

Cet examen va faire le sujet des paragraphes suivans.

§. III. *De l'île, et de sa position au milieu du fleuve* [1].

Avant d'arriver à la dernière cataracte, et d'entrer en Égypte, le Nil, durant plus d'une lieue de son cours, est divisé par un grand nombre de rochers qui forment une suite d'îles de diverses grandeurs. L'une d'elles, appelée *Geziret el-Begeh*, a plus d'une demi-lieue de large; et partage le fleuve en deux bras principaux, l'un à l'est, et l'autre à l'ouest. Dans cet endroit, le Nil a presque un demi-myriamètre [2] de largeur entre ses deux rives les plus distantes. Le bras oriental, qui a environ deux cent cinquante mètres [3] de largeur, et qui coule d'abord du sud au nord, se détourne subitement pour aller rejoindre l'autre bras à l'ouest : c'est dans ce coude du fleuve, au milieu d'un bassin de forme arrondie, que se trouve située l'île de Philæ.

Cette île a trois cent quatre-vingt-quatre mètres [4] de longueur, cent trente-cinq [5] dans sa plus grande largeur, et neuf cents [6] de circonférence. Ces dimensions varient

---

[1] L'auteur de cette description n'ayant pu mettre la dernière main qu'aux deux paragraphes qui précèdent, on a cru devoir se borner, en publiant le reste de son travail, à remplir les lacunes et les omissions; et l'on ne s'est permis, par égard pour sa mémoire, aucun changement ni aucune addition considérable. *E. J.*

[2] Une lieue.
[3] Cent vingt-cinq toises.
[4] Cent quatre-vingt-douze toises.
[5] Soixante-huit toises.
[6] Quatre cent cinquante toises.

un peu, suivant que les eaux du Nil sont élevées ou abaissées; mais l'étendue comprise entre les murs de quai, et qui n'est jamais inondée, n'est pas fort différente de celle que nous venons de donner; elle a trois cent soixante mètres de longueur et cent trente de largeur; en sorte qu'il ne faudrait guère plus d'un demi-quart d'heure pour en faire le tour. Sa forme est assez régulière, et sa plus grande dimension est du sud au nord.

La longitude de l'île de Philæ est de 30° 34′ 16″, à partir du méridien de Paris; sa latitude est de 24° 1′ 34″. Ainsi cette île n'est point dans la zone torride, comme on l'a cru si long-temps, et elle est même éloignée du tropique d'à peu près quatorze lieues. Il est vrai qu'il n'en a pas toujours été ainsi; et il y a près de cinq mille ans qu'elle se trouvait placée dans cette zone, le tropique passant par Syène. La variation de l'obliquité de l'écliptique ramenera un jour les choses à ce même état, et Philæ se trouvera de nouveau comprise entre les tropiques.

Syène et Philæ sont à peu près situées sous le même méridien, et leur distance en ligne droite est de huit mille trois cents mètres [1], un peu moins de deux lieues. La route de Syène à Philæ, étant presque directe, peut donc être évaluée à deux lieues d'une manière très-exacte. Cette distance, que l'on croit la moitié de celle qui est indiquée par Strabon, pourrait laisser douter que cette île fût effectivement celle que les anciens

---

[1] Quatre mille cent cinquante toises entre les points extrêmes. Du milieu de Syène à celui de Philæ, l'intervalle est de dix mille mètres; ce qui est d'accord avec Strabon. *E. J.*

désignaient sous le nom de *Philæ*; mais, outre que cette difficulté peut se lever, ainsi qu'on le verra dans les Mémoires sur la géographie ancienne de l'Égypte, plusieurs autres circonstances ne permettent pas de douter que l'île dont nous parlons ne soit très-certainement l'île de Philæ des anciens. Le grand nombre de noms et d'inscriptions mis, en diverses langues, sur les édifices de l'île, prouve assez qu'elle était un lieu remarquable, où tous les voyageurs s'efforçaient de pénétrer, et de laisser des marques écrites de leur voyage. Or, nul autre point plus important que l'île de Philæ n'est indiqué par les auteurs au-dessus de la cataracte.

Au reste, le nom de *Philæ* est tout-à-fait ignoré dans le pays; cette île y est appelée *Geziret el-Birbé* (l'Ile du Temple); cette même île a été aussi désignée au voyageur Norden sous le nom de *Geziret el-Heif*.

Avant d'entrer dans de plus grands détails sur l'île de Philæ, et pour donner une idée complète de sa position, il convient de faire la description des rives du fleuve, telles qu'on les voit de l'île même.

Si l'on regarde le nord, la vue ne peut se porter au loin, parce que le Nil forme un coude à l'ouest; et que les rochers de la rive gauche se projettent sur ceux de la rive droite. Au contraire, si l'on regarde vers le midi, le lit du Nil étant assez direct, on aperçoit jusqu'à plus d'une demi-lieue le cours de ce fleuve descendant de la Nubie, et serpentant au pied de rochers élevés de soixante à quatre-vingts mètres, qui le bordent immédiatement; ce qui forme une grande et imposante perspective.

La rive orientale du fleuve, celle sur laquelle on arrive en venant de Syène, offre, comme nous l'avons dit, une petite plaine sablonneuse entre les rochers. Le terrain que les eaux découvrent chaque année, est cultivé; l'on y voit en outre d'autres plantes, comme du séné, des *mimosa* ou acacias, des sensitives, qui croissent librement, et présentent dans toutes les saisons une verdure d'autant plus remarquable, que tout le site environnant en est absolument dénué. Cette petite plaine est terminée au couchant par une masse considérable de rochers, au-devant de laquelle s'élève celui dont nous avons déjà parlé, et qui présente la forme d'un siége.

Sur une hauteur qui se trouve parmi ces rochers de granit, on a trouvé des restes de momies; n'en ayant été instruits que le soir, lorsque nous étions déjà en marche pour retourner à Syène, nous ne pûmes faire aucune recherche au sujet de ces débris. Nous pensâmes que ce sol avait été visité par quelques-uns des Français qui nous avaient précédés. Il serait intéressant de savoir si ces momies sont renfermées dans des excavations naturelles, ou dans des grottes taillées par la main des hommes; mais cela est peu probable, à cause de la nature du rocher : nous croyons plutôt qu'elles sont seulement ensevelies dans le sable [1].

En suivant le coude du Nil et allant vers le midi, on remarque dans la petite plaine et près des bords du fleuve, d'abord un hameau nubien habité, entouré de

---

[1] J'ai rapporté des toiles qui ont servi de langes à ces momies; elles ne sont pas imprégnées de bitume, mais de natroun, suivant la préparation qu'on sait avoir été en usage dans la classe du peuple : ce qui est plus remarquable, c'est l'extrême grossièreté du tissu, comparée à la finesse des toiles que l'on trouve dans les catacombes de Thèbes. *E. J.*

palmiers et de quelques *mimosa*; puis des restes de murailles construites en chaux, qui sont les vestiges des tombeaux de quelques Musulmans révérés; ensuite deux petits hameaux abandonnés, et des plantations de *mimosa*; après quoi les rochers se rapprochent du fleuve et terminent la plaine. Mais, si l'on continue de suivre de l'œil cette même rive orientale, on aperçoit, à un quart de lieue au-dessus de Philæ, un village qui paraît plus considérable que les précédens, et qui se fait surtout remarquer par un minaret assez élevé, enduit de plâtre, et dont la blancheur paraît très-éclatante au milieu des rochers de granit.

Si de même on parcourt de l'œil la rive occidentale, en allant du nord au midi, on remarque un petit espace entre les rochers, cultivé et planté d'arbres. C'est là que se trouvent quelques ruines égyptiennes; après quoi l'on ne voit plus que des rochers aussi loin que la vue peut s'étendre. A mi-côte, au milieu de ces rochers, on aperçoit une petite maison qui ressemble à un ermitage, et doit avoir été la demeure de quelque anachorète. Il nous est difficile de comprendre aujourd'hui comment des hommes nés dans de plus doux climats, au milieu de pays abondans, pouvaient s'en exiler par leur propre volonté, et, quittant pour toujours leurs parens, leurs amis et tout ce qui attache à la vie, venaient habiter de pareilles solitudes pour y essuyer les plus dures privations.

A l'époque des hautes eaux, l'île de Philæ est peu élevée au-dessus de leur surface; mais, lorsqu'elles sont abaissées, elle les surpasse de huit mètres [1]; et le rocher

---

[1] Vingt-cinq pieds.

de granit qui s'avance dans le fleuve, à la pointe du sud, s'élève encore de quatre à cinq mètres[1] au-dessus du sol. L'île est formée, dans sa partie méridionale, de rochers de granit qui sont opposés au cours du fleuve, et, de l'autre côté, des dépôts que le Nil a laissés derrière ces rochers. Les travaux des hommes ont ensuite contribué à lui donner la forme que l'on voit aujourd'hui.

L'île a été entourée d'un mur de quai dont on retrouve partout des vestiges, et dont plusieurs parties sont même encore bien conservées. Ce mur est en talus, bâti en grès; les pierres en sont taillées avec soin, et, en général, il est d'une belle construction. Quant à la multitude de parties saillantes et rentrantes que l'on y remarque, elle peut avoir eu deux motifs : le premier, de profiter de toutes les sommités de rochers que l'on pouvait rencontrer, afin d'y asseoir la fondation ; l'autre, de ménager des esplanades d'une suffisante étendue au-devant de quelques édifices antérieurement construits. D'ailleurs, il est probable que toutes les parties de ce mur n'ont pas été bâties dans le même temps, et qu'elles ont dû, à différentes époques, exiger des réparations : c'en est assez pour expliquer leurs contours irréguliers. Mais une chose est digne de remarque dans la construction des parties de murailles qui s'avancent dans le fleuve ; c'est que ces murs, au lieu d'offrir des surfaces planes, ont une courbure horizontale, dont la concavité est tournée du côté de l'eau. Cette concavité est, à la vérité, peu considérable; néanmoins, on ne saurait

---

[1] Douze à quinze pieds.

douter qu'elle n'ait eu un motif de solidité, puisque les murs ainsi construits opposent la résistance d'une voûte à la poussée horizontale des terres; mais cela suppose que les extrémités de l'arc étaient des points d'appui qui pouvaient eux-mêmes résister à la poussée de la voûte; et probablement ces extrémités étaient fondées sur le roc, et construites avec un soin particulier. Il eût été curieux, sans doute, d'acquérir des notions certaines sur ces constructions hydrauliques des anciens Égyptiens, espèces de constructions qui offrent encore en Europe de grandes difficultés, malgré l'avancement de nos connaissances; mais il aurait fallu pouvoir faire des fouilles profondes et d'autres travaux que les circonstances ne permettaient pas d'entreprendre. Quoi qu'il en soit, les murs courbes dont il est ici question ne se trouvent qu'à Philæ et à Éléphantine; et je ne sache pas qu'on en ait vu de semblables, soit chez les Grecs, soit chez les Romains.

Tout le nord de l'île a été autrefois occupé par des constructions dont il n'est resté que des pierres et des décombres. Cependant, comme il est formé de terre d'alluvion, on y voit quelque végétation : autour de deux ou trois cabanes sont des dattiers, et, sur le bord du fleuve, des espèces de jardins entourés de quelques pierres amoncelées qui en forment l'enceinte. Mais la seule partie qui soit entièrement consacrée à la culture, c'est le terrain qui s'est formé au pied du quai, et qui, chaque année, est couvert par l'inondation : ce petit coin de terre est soigneusement ensemencé de *dourah*, de haricots; c'est là le jardin de l'île.

Le sud-ouest de Philæ est occupé par les temples; le sud-est, par un grand nombre de maisons de Barâbras et par beaucoup de décombres. S'il était permis de croire, d'après les expressions de Strabon, qu'il y a eu une *ville* de Philæ, ce serait dans cet endroit qu'il faudrait en chercher la position ; mais, selon Diodore, les prêtres seuls pouvaient pénétrer dans l'île; ce qui ne permet guère de croire qu'une ville y fût placée.

Il n'y a aujourd'hui dans l'île de Philæ qu'un très-petit nombre d'habitans, qui consiste en huit à dix familles. Ils font leur demeure dans quelques cabanes placées entre l'édifice de l'est et la galerie qui conduit du premier au second pylône, et aussi dans quelques-unes des chambres de cette galerie.

Lorsque les Français se présentèrent la première fois pour entrer dans l'île, les habitans firent résistance; un grand nombre de Barâbras de l'île Begeh et de tous les environs s'étaient réunis à eux; et pendant quatre jours, qui furent nécessaires pour préparer un radeau, ils se crurent vainqueurs; mais à peine virent-ils les Français en mouvement sur le fleuve, qu'ils prirent tous la fuite et regagnèrent la grande île. Depuis, ceux de Philæ revinrent dans leurs habitations, et continuèrent d'y rester malgré les fréquentes visites des Français : cependant ils ne voyaient pas sans inquiétude la curiosité avec laquelle on parcourait les édifices de l'île. Quelques-uns de nous y étant retournés trois fois de suite, les habitans leur dirent que du temps des Mamlouks on les laissait plus tranquilles, et que, puisque c'était à cause des temples qu'on venait ainsi les troubler, ils se mettraient à les détruire; mais ils auraient été bien embarrassés d'effectuer une pareille menace.

Les Barâbras sont réputés, dans toute l'Égypte, des serviteurs fidèles; on leur confie la garde des magasins, et on les emploie comme portiers : le propre de leur caractère est la bonté; leurs mœurs sont très-simples. Ils sont fort basanés, sans être cependant noirs, et les traits de leur figure ne sont pas non plus ceux des nègres. Mais ce n'est pas ici le lieu de s'étendre davantage au sujet de cette nation[1]. Je n'ajouterai plus, sur la position de Philæ, qu'une circonstance digne de remarque : entourée, comme on l'a vu, par des chaînes de montagnes élevées et des rocs dépouillés, l'île se trouve placée tellement au milieu d'eux, que l'écho s'y répète un grand nombre de fois; pendant la nuit, un seul cri en produit jusqu'à cinq, qui se font entendre distinctement à des intervalles de temps très-sensibles.

§. IV. *Des édifices qui servent d'avenue au grand temple.*

Pour mettre dans la description particulière des monumens de Philæ le même ordre que dans leur aperçu général, nous commencerons par les édifices les plus méridionaux, en nous rapprochant successivement des temples[2].

---

[1] *Voyez* le mémoire de M. Costaz sur les Barâbras, *É. M.*, tome I.

[2] Quoique nous employions ici le mot *description*, notre intention n'est pas de parler des monumens suivant l'acception que l'on donne ordinairement à ce mot. La véritable description des monumens est dans les gravures de l'atlas : la distribution d'un temple ne saurait être mieux décrite que par un plan, et ses décorations, que par des élévations, des vues et des perspectives; mais les faits que les dessins ne renfer-

L'édifice du midi était composé de quatorze ou peut-être de seize colonnes formant une enceinte sans plafond. Il ne reste maintenant que peu de colonnes debout du côté de l'ouest : elles supportent une architrave fort délabrée; la corniche n'existe plus. Les autres colonnes sont presque totalement détruites, et l'on ne retrouve même aucune trace des deux colonnes qui doivent avoir formé le côté du midi. Cette enceinte est un des plus petits monumens de l'Égypte; les colonnes n'ont que 7 décimètres[1] de diamètre, et 47[2] de hauteur, tout compris[3].

Nous ne nous arrêterons point ici sur sa disposition, qui paraît avoir été fort semblable à celle de l'édifice de l'est, dont nous parlerons avec développement. Nous n'insisterons pas non plus sur les détails de ses parties, parce que nous en trouverons de pareils dans de plus grands édifices mieux conservés. On ne remarque de particulier dans celui-ci qu'un chapiteau dont les feuilles lisses ne se voient point ailleurs : ces feuilles sont peut-être l'imitation de celles du bananier ou de quelque roseau; peut-être aussi ne sont-elles point achevées, et

ment point et ne peuvent pas même exprimer, ceux sur lesquels il est nécessaire d'arrêter l'attention, les remarques, les rapprochemens que les voyageurs seuls pouvaient faire, enfin, les conjectures raisonnables propres à fixer les idées et à satisfaire l'esprit, tous ces objets sont du domaine de la parole; et c'est d'eux que se composent les paragraphes suivans. En les joignant aux gravures de l'atlas, on aura une connaissance complète des monumens de l'île de Philæ.

Les planches citées dans ce chapitre et les suivans appartiennent au premier volume de l'atlas des Antiquités.

[1] Deux pieds trois pouces.
[2] Quatorze pieds six pouces.
[3] Les mesures rapportées dans le cours de ce mémoire ne sont qu'approximatives; pour plus d'exactitude, il faut consulter les planches.

devaient-elles être découpées. Dans ce cas, ce chapiteau ne serait pas sans analogue.

Au-devant de l'enceinte du midi étaient deux petits obélisques posés sur le mur même du quai, qui leur formait un socle très-élevé : l'un d'eux a été renversé dans le fleuve, et l'on ne voit plus que l'entaille dans laquelle sa base était encastrée; l'autre est encore debout, mais il est cassé par le haut. Cependant, en lui supposant la proportion commune aux autres obélisques, il devait avoir environ sept mètres[1] de hauteur : c'est le plus petit de tous les obélisques que nous ayons vus dans la haute Égypte. Il est de grès[2], et c'est le seul qui soit de cette matière; il est sans hiéroglyphes, et c'est encore le seul que nous ayons vu ainsi; à quoi l'on peut ajouter qu'il est élevé sur une très-haute base, tandis que les autres sont posés presque au niveau du sol qui les environne. Toutes ces différences doivent faire supposer que l'objet des deux obélisques situés à l'extrémité de l'île n'était pas le même que celui des autres monumens semblables; et si l'on remarque encore qu'on les a mis à des distances fort inégales de l'édifice du midi, afin qu'ils fussent tous les deux au-dessus du mur de quai, l'on se convaincra qu'ils ont été principalement élevés pour la décoration extérieure, à laquelle il est manifeste que la régularité intérieure a été sacrifiée. On conçoit, en effet, que l'île de Philæ étant, en quelque sorte, l'entrée de l'Égypte du côté de la Nubie, on a pu vouloir en embellir l'aspect aux yeux de ceux qui

---

[1] Vingt-deux pieds.
[2] La couleur de ce grès a fait croire à quelques voyageurs que cet obélisque était de marbre blanc.

arrivaient des parties supérieures du Nil. L'enceinte du midi elle-même paraît avoir été disposée dans un dessein semblable; car il est à remarquer qu'elle n'a aucune liaison que l'on puisse retrouver aujourd'hui avec les édifices qui l'environnent : seulement son axe principal répond au milieu du grand pylône; et tandis que tous les autres édifices se présentent obliquement, elle seule offre à ceux qui descendent le fleuve un aspect régulier, que les deux obélisques rendaient encore plus remarquable.

Tout auprès de cette enceinte est l'origine d'une longue colonnade formant galerie, et qui borde la rive occidentale du fleuve; les deux extrémités en sont abattues, et il est impossible de dire où devait être celle du nord. Quant à celle du midi, il paraît qu'elle arrivait jusqu'au mur qui termine l'île; mur qui est encore debout, et dans lequel est une ouverture qui permettait aux personnes placées sous la colonnade d'apercevoir au loin les barques naviguant sur le fleuve.

Trente-une colonnes de la galerie sont encore debout, et l'on en trouve une trente-deuxième qui n'est détruite qu'à moitié; en sorte que cette galerie présente encore une longueur de 93^m, 3 [1]. Plusieurs de ces colonnes sont près de s'écrouler; les pierres qui les composent sont toutes disjointes et déplacées. Ces dégradations doivent être attribuées à la chute des pierres, toujours très-volumineuses, qui forment les architraves et les plafonds; lorsqu'elles viennent à être rompues par quelque cause que ce soit, elles tombent, et frappant oblique-

---

[1] Environ quarante-huit toises.

ment les colonnes, en dérangent les pierres, ou les renversent quelquefois.

Vers le milieu de la longueur de la galerie, deux des colonnes sont plus espacées que les autres : des pieds-droits s'élevaient contre ces colonnes, et formaient entre elles une porte; ce qui fait naturellement supposer que l'on ne passait pas entre toutes les autres colonnes, et qu'il y avait à cette galerie des murs d'entre-colonnement, comme on en voit à tous les portiques, à toutes les colonnades extérieures.

Les colonnes, ainsi que le mur du fond de la galerie, sont entièrement couvertes de sculptures dont quelques-unes portent encore des couleurs. Ce mur, qui forme le fond de la galerie, est le mur même du quai; sa fondation, ayant été établie sur les rochers, n'a pu être faite en ligne droite, et l'on ne s'est pas mis en peine de dissimuler ce défaut d'alignement dans la partie supérieure du mur; ce qui cependant eût été, à ce qu'il semble, assez facile. Il en résulte que le mur de la galerie est sinueux, et que la galerie elle-même n'a point, dans toute sa longueur, une largeur uniforme. Cette négligence a quelque chose de choquant pour un Européen; mais cet exemple, et quelques autres de même espèce, ne sont pas suffisans pour conclure que les idées de symétrie et de régularité n'étaient pas, chez les Égyptiens, ce qu'elles sont parmi nous. Lorsque la plupart de nos grands édifices renferment des irrégularités, devons-nous hésiter à croire que celles que présentent quelques monumens égyptiens aient été causées par des circonstances particulières qu'il a été impossible de vaincre?

Le mur est percé de plusieurs fenêtres, qui ne pouvaient avoir d'autre objet que de laisser apercevoir le fleuve et la rive opposée à celle de l'île. Ces fenêtres sont petites, disposées irrégulièrement, et n'entrent pour rien dans la décoration : cependant, leur épaisseur étant sculptée comme le reste de la galerie [1], il faut admettre qu'elles ont été faites en même temps que l'édifice, et non pas percées après coup.

La colonnade qui fait face à celle dont nous venons de parler, est à peu près dans le même état : il ne reste plus que l'architrave; la corniche manque entièrement, et peut-être même n'a-t-elle jamais été posée. Dans le mur du fond sont trois portes qui doivent avoir conduit dans quelques chambres; mais il n'en reste plus aucun vestige. Cette galerie se prolongeait sans doute vers le nord; et il paraît qu'une petite salle carrée qui subsiste encore dans cette direction, y avait son entrée. Quant à l'extrémité sud de la colonnade, elle ne s'est jamais étendue au-delà du point où on la voit aujourd'hui; car elle est encore terminée par un mur élevé qui reçoit la dernière architrave. La colonne placée dans le prolongement du mur qui forme le fond de la galerie, et quelques autres constructions qui l'environnent, sont insuffisantes pour donner des indices sur l'usage ou même seulement sur la forme des édifices auxquels elles ont appartenu.

Il me paraît également impossible de trouver les motifs qui ont pu déterminer la position irrégulière de cette seconde colonnade. Il se peut qu'à l'époque où elle fut construite, des bâtimens, qui maintenant n'existent

---

[1] Extrait du Journal de voyage de M. Villoteau.

plus, mais qui alors étaient debout, et peut-être trop respectés pour qu'on osât les détruire, aient empêché de lui donner une autre direction; et quoique ce manque de symétrie dans la position des deux colonnades semble indiquer qu'elles n'ont pas été construites à-la-fois, cependant toutes les autres inductions portent à croire le contraire. Les deux colonnades sont élevées sur les mêmes proportions, détruites à peu près au même degré, et ont été laissées par leurs constructeurs dans le même état d'*inachèvement*.

La hauteur des colonnes est de 5^m, 1; leur diamètre est de 0^m, 8 environ. Les chapiteaux ont tous la même hauteur et à peu près la même forme; mais les sculptures en sont très-variées. Un des plus simples et des plus agréables, est celui qui est formé de feuilles de palmier : il est impossible de concevoir rien de plus élégant. Aux feuilles de palmier, le sculpteur a joint les régimes de dattes, et le haut de la colonne représente en même temps l'écorce du palmier : l'image de cet arbre est donc complète dans cette colonne, et jamais imitation ne fut moins déguisée et plus heureuse. D'autres chapiteaux sont ornés des feuilles du lotus dans l'état où elles sont avant d'être entièrement ouvertes; on y voit aussi la fleur de cette plante sacrée.

L'architecture égyptienne offre ce caractère qui lui est tout-à-fait particulier, que sa décoration n'avait jamais rien de capricieux, et qu'elle était toute composée de symboles auxquels il y avait un sens attaché.

Mais ce que les chapiteaux de ces colonnes offrent encore de remarquable, c'est que, n'étant pas tous terminés, ils nous apprennent comment les Égyptiens ébauchaient leurs sculptures. Ces ébauches sont polies comme si elles eussent dû rester sous la forme qu'elles ont, et servir elles-mêmes de chapiteaux : il y a, en effet, de ces ébauches qui pourraient former des chapiteaux d'un goût original et d'un style assez pur [1].

Au-dessus des chapiteaux sont des dés carrés, sur lesquels porte l'architrave. C'est une chose pleine de raison d'avoir fait en sorte que des architraves, qui offrent toujours une apparence de pesanteur, ne portent pas immédiatement sur des chapiteaux composés de feuilles, de fleurs et d'ornemens délicats. Les Égyptiens n'ont jamais manqué à cette convenance, et il est étonnant que les Grecs ne les aient point imités; car il n'en résulte aucun effet désagréable : au contraire même, les chapiteaux se trouvant par-là un peu éloignés de l'architrave, les grandes lignes n'éprouvent aucune interruption; ce qui est toujours une source de beautés dans l'architecture.

Les colonnes de ces galeries, comme toutes celles d'Égypte, diminuent de la base au chapiteau d'une manière uniforme; c'est cette sorte de diminution qu'on remarque aux colonnes doriques élevées en Grèce dans le plus beau siècle de l'architecture. La diminution des colonnes suivant une ligne courbe, et leur renflement au tiers de leur hauteur, sont d'une époque où le goût des choses simples commençait à se perdre.

---

[1] Plusieurs voyageurs s'y sont mépris.

Voyez pl. 8, fig. 1 et 10, 2 et 11, 5 et 8, etc., où il est facile de reconnaître les différentes manières d'ébaucher qu'employaient les artistes pour l'exécution des divers genres de chapiteaux.

Au-delà des deux colonnades est le grand pylône, l'un des édifices les plus importans de l'île; nous en parlerons avec détail. Disons d'abord quelque chose des deux obélisques ainsi que des deux lions qui étaient placés au-devant de cette première entrée des temples, et qui sont actuellement renversés.

Les obélisques sont d'un seul morceau de granit rouge, et portent sur chacune de leurs faces une colonne d'hiéroglyphes, comme on le voit à celui d'Héliopolis. Ces obélisques, plus grands de moitié que ceux de l'extrémité de l'île, sont cependant encore fort petits, comparés à ceux de Thèbes, d'Héliopolis et d'Alexandrie.

Les deux lions, également en granit, paraissent avoir été placés au-devant des obélisques; ils sont assis sur leur croupe, les deux pattes de devant étant droites. Cette attitude, qui n'est reproduite dans aucun autre lion ou sphinx de ronde bosse, se retrouve assez fréquemment dans ceux qui sont en bas-relief. On en verra un exemple à Philæ même.

Le pylône a environ quarante mètres de largeur et dix-huit mètres de hauteur; son épaisseur est d'environ six mètres; mais elle ne forme point une seule masse de pierre; dans l'intérieur sont pratiqués plusieurs chambres et des escaliers. On pénètre dans le massif droit par une petite porte située à l'extrémité de la galerie qui conduit du premier au second pylône. L'escalier de ce massif s'élève, par une pente très-douce, jusqu'au sommet de l'édifice, en tournant autour d'un noyau carré. Il n'y a point de marches dans les angles, qui sont tous occupés par des paliers. C'est ainsi que l'on voit encore quelques escaliers dans les tours carrées de nos anciens châteaux. On est entré dans deux chambres au bas de l'escalier, et dans trois autres vers le milieu de la hauteur de l'édifice : quelques-unes de ces chambres sont, ainsi que l'escalier, éclairées par des ouvertures petites au dehors, qui s'élargissent dans l'intérieur, mais qui donnent néanmoins peu de lumière, à cause de la grande épaisseur des murs.

La distribution du massif gauche est différente : pour parvenir à son sommet, il faut d'abord monter l'escalier du massif droit, et, traversant toutes les chambres supérieures, passer sur la porte d'entrée entre les deux corniches, qui forment de ce dessus de porte un couloir découvert et une communication entre les deux parties du pylône. A l'extrémité de ce couloir, on trouve, dans le massif gauche, un escalier qui monte au sommet par une seule rampe.

La porte latérale pratiquée dans ce massif, vis-à-vis du temple de l'ouest, donne entrée à deux chambres obscures et encombrées, qui peut-être avaient quelque communication avec deux autres chambres supérieures dans lesquelles on n'est entré que par une ouverture forcée. Trois de nos collègues ont trouvé une grande quantité de langes et d'enveloppes de momies dans ces deux chambres supérieures, que nul autre qu'eux n'a visitées. Ce fait, sur lequel il a été impossible de recueillir plus d'éclaircissemens, méritera de fixer l'attention des voyageurs qui se rendront un jour dans l'île de Philæ; néanmoins, nous ne croyons pas que ces constructions aient dû, en général, servir de tombeaux.

Ce qui nous paraît le plus raisonnable à dire sur l'usage des pylônes, dont la hauteur domine de beaucoup les temples et les palais au-devant desquels ils sont construits, c'est qu'ils servaient d'observatoires. Les diverses chambres intérieures peuvent avoir servi à mettre les instrumens, et peut-être aussi à loger les gardiens à qui le dépôt en était confié. A cette supposition, que justifie l'étude particulière que les Égyptiens faisaient de l'astronomie, nous ajouterons celle-ci, qui sert à expliquer la forme et la situation de ces observatoires toujours divisés en deux parties, au milieu desquelles se trouve une porte d'entrée : c'est que long-temps avant qu'il y eût en Égypte une astronomie et des observatoires, on avait certainement fait la guerre et construit des forteresses. Nous croyons voir dans les deux parties d'un pylône deux tours carrées, destinées originairement à flanquer les portes d'entrée; et nous pensons que, ces édifices s'étant offerts comme d'eux-mêmes aux premiers astronomes, on continua dans la suite, soit pour des raisons particulières, soit seulement par respect pour l'usage établi, d'élever des observatoires sur un modèle fort semblable à celui des anciennes tours.

Les portes des pylônes sont d'une proportion très-élégante; leur hauteur est toujours plus que double de leur largeur. On s'est assuré par plusieurs observations qu'elles étaient fermées par des portes battantes. Ces battans n'étaient point appliqués sur l'une des faces du mur; mais, comme nos portes de ville, ou toutes celles qui traversent des murs fort épais, ils s'ouvraient dans l'épaisseur même de la construction; et des renfoncemens étaient pratiqués pour les recevoir.

Il ne nous reste plus qu'une dernière remarque à faire sur la forme et la construction des pylônes, et il faut, pour la saisir, prêter un peu d'attention. Si l'on imagine que les deux petites faces qui sont tournées l'une vers l'autre, et entre lesquelles la porte est comprise, soient prolongées jusqu'au sol du monument, ces faces n'arriveront pas jusqu'au-dedans de la porte, et l'on a même observé que presque toujours elles viendraient précisément aboutir aux renfoncemens qui sont sous cette porte. S'il en était autrement, c'est-à-dire si l'œil, en prolongeant ces deux faces, les voyait pénétrer dans l'intérieur de la porte, il serait extrêmement choqué, et croirait apercevoir un porte-à-faux, qui pourtant ne serait pas réel. Cette recherche, ce soin, qui ne peut être que le résultat de l'expérience, et que l'on aperçoit jusque dans les édifices les plus ruinés, les plus évidemment antiques, prouve suffisamment que ces édifices eux-mêmes ne sont pas les premiers que les Égyptiens aient construits.

Passons maintenant à l'examen des sculptures qui décorent les faces extérieures de ce pylône. Nous ferons d'abord remarquer que ces sculptures ne forment aucune saillie sur la face du mur. Le sculpteur, après avoir tracé le contour d'une figure, n'a pas donné un seul coup de ciseau hors de cette limite : il y a exécuté son bas-relief sans abattre la pierre qui l'environne; en sorte que ce bas-relief se trouve placé dans une espèce de creux, et que ses parties les plus saillantes ne sortent pas de la face du mur [1]. Cette sorte de sculpture *en relief dans le creux* est tout-à-fait particulière aux monumens des anciens Égyptiens : elle est toujours employée au-dehors des édifices, parce que sa nature même la met à l'abri des chocs et de la plupart des autres accidens auxquels les bas-reliefs ordinaires sont exposés. Aussi ces derniers ne se voient-ils que dans les intérieurs; et quoiqu'il y ait quelques exceptions à cette règle sur l'emploi des deux espèces de sculpture, elle n'en doit pas moins être regardée comme à peu près générale.

Les sculptures de la face antérieure du pylône représentent, sur chaque massif, trois scènes bien distinctes; deux dans le haut, et une seule dans la partie inférieure. Les divinités y sont distinguées par le bâton augural et la croix à anse qu'elles tiennent dans leurs mains. On y voit Osiris, soit avec une tête d'homme, soit avec une tête d'épervier. Isis est coiffée de la peau d'un vautour; et son bâton augural, au lieu d'être terminé par une tête de lévrier, l'est par une fleur de lotus [2].

Dans la partie supérieure, les prêtres présentent aux dieux des vases renfermant sans doute quelques liqueurs précieuses. Dans les scènes de la partie inférieure, un prêtre, ou un sacrificateur, placé devant des divinités, tient réunies par leurs cheveux, ou peut-être par des

---

[1] On peut jeter les yeux sur les gravures, et principalement sur la *planche* 13, *figure* 1, pour avoir une idée de l'effet de cette espèce de sculpture.

[2] Nous entrons à dessein dans ces détails bien connus de tous les antiquaires, mais dont la plupart des autres lecteurs pourront nous savoir gré.

cordes, trente victimes[1] trois fois moins grandes que lui; il a le bras levé pour les frapper. Il est manifeste, soit par le nombre des victimes, soit par la manière dont elles sont tenues, soit par leur proportion, que cette scène n'est point la représentation d'un véritable sacrifice, et qu'elle ne doit être regardée que comme un symbole.

Toutes les figures qui composent ces divers tableaux ont, comme on peut le voir, la tête de profil, les épaules en face, et le reste du corps de profil. Un grand nombre d'hiéroglyphes sont rangés, dans des bandes verticales, autour de ces tableaux; mais ceux que renferme le dessin n'ont pas été copiés; outre qu'ils sont très-élevés, et qu'ils ne se distinguent pas facilement, leur multitude seule était un motif suffisant pour qu'on n'osât pas entreprendre de les dessiner.

La corniche du pylône est divisée par compartimens égaux, dans chacun desquels sont sculptées les mêmes figures, distribuées de manière à former un ornement très-riche et très-agréable pour l'œil, en même temps qu'il était significatif pour l'esprit. Sur la moulure inférieure de la corniche qui descend en forme de rouleau le long des angles de l'édifice, le sculpteur a représenté un ruban qui l'entoure, et qui est roulé alternativement en cercle et en vis.

Les corniches des deux portes qui traversent le py-

---

[1] *Voyez* pl. 6, fig. 7. Le dessin qui en a été fait rapidement, ne représente point ici trente victimes; mais ce nombre est celui qui a été remarqué dans toutes les scènes semblables.

lône, et dont la décoration est semblable à celle des corniches de presque toutes les grandes portes égyptiennes, méritent par cela même d'être remarquées. Sur un fond cannelé est un disque accompagné de deux serpens et de deux grandes ailes. Ces serpens, appelés *ubœus*, sont de l'espèce de ceux qui, quand on les irrite, se dressent sur leur poitrine en élargissant leur cou, qui devient en même temps très-mince quand on le regarde de profil. Les Égyptiens, ne faisant entrer dans leur sculpture aucune perspective, et voulant cependant représenter le serpent sacré dans la circonstance dont nous venons de parler, ont laissé la tête de profil, et mis le cou en face; de sorte qu'il paraît être plutôt gonflé qu'élargi.

Quant aux deux rainures verticales qui sont de chaque côté de la porte principale, elles étaient destinées à recevoir des mâts que l'on dressait contre les pylônes, et que l'on ornait de pavillons [1].

La face du pylône opposée à celle que nous venons de décrire, et tournée vers le temple, est également décorée de sculptures : on n'a recueilli que celles qui accompagnent, de chaque côté, la porte percée dans le pylône, en face du temple de l'ouest. Elles représentent une barque symbolique, ornée de la tête d'Isis, et qui mérite de fixer l'attention. Cette barque est portée par quatre hommes vêtus de longues robes; on voit à l'arrière une rame dirigée par un personnage à tête d'épervier, qui en meut l'extrémité au moyen de la queue d'un serpent dont il tient le corps dans sa main. Au milieu

[1] Consultez les bas-reliefs du vieux temple de Karnak, pl. 57 et vol. III.

de la barque est un coffre ayant la forme d'un petit temple; deux figures y sont sculptées. Ce temple semble être sous leur sauve-garde, et elles étendent leurs ailes sur lui en signe de protection. En avant des prêtres qui portent la barque, marche un jeune homme tenant une cassolette dans laquelle brûlent des parfums : on voit la flamme sortir du vase qui est à l'extrémité, et ce jeune homme y jette adroitement des grains d'encens. Cette barque symbolique est répétée un grand nombre de fois dans les sculptures égyptiennes, mais avec des attributs et des emblèmes accessoires très-variés, qui diffèrent suivant les circonstances. Ce que l'on peut remarquer, c'est qu'elle n'est jamais portée que par des personnages vêtus de longues robes.

Il serait possible de trouver quelque analogie entre cette barque et l'arche d'alliance des Israélites; et cela n'a rien qui doive surprendre, si l'on admet que le législateur des Hébreux ait été élevé au milieu des Égyptiens, et que ses idées se soient formées sur celles qu'il avait acquises dans ce pays. On ne doit pas s'attendre à trouver dans les objets que nous comparons, une similitude complète; mais on remarquera entre eux cette sorte de ressemblance qui tient aux réminiscences et à une imitation en quelque sorte involontaire. En comparant donc l'arche d'alliance avec la barque sacrée des Égyptiens, on pourra trouver que les prêtres vêtus de longues robes, qui portent celle-ci, sont les Lévites vêtus de robes de lin qui portaient celle-là; que le petit temple est l'arche proprement dite, et que les figures ailées qui sont tournées l'une vers l'autre, les ailes étendues sur le petit temple, sont les deux chérubins. De plus, le bateau égyptien est porté sur des barres, comme l'arche l'était sur des barres de bois de *setim*. Quant à la partie cintrée qui a la forme d'une barque, il n'en est point parlé dans l'Exode ; et, en effet, une barque n'aurait eu aucun rapport avec la religion des Israélites, tandis qu'elle en avait de très-naturels avec celle des Égyptiens, dans laquelle le plus grand nombre des symboles doit être rapporté au Nil et à ses inondations.

Après le premier pylône est la cour qui précède le grand temple, et qui peut en être regardée comme le péristyle. Elle est formée, à gauche, par le temple de l'ouest, et à droite, par une galerie dont nous allons parler.

Cette galerie est composée de dix colonnes ayant à peu près les mêmes proportions que celles des deux colonnades qui précèdent le premier pylône. Leurs chapiteaux offrent aussi les mêmes variétés ; mais ils sont tous entièrement sculptés, cette galerie ayant été terminée dans toutes ses parties. La corniche est surmontée d'un couronnement qu'on pourrait appeler une seconde corniche, et dont la forme est très-remarquable : il est composé d'une suite de ces serpens qui ont la faculté d'élargir leur cou en se redressant sur leur poitrine ; ils sont tous rangés, dans cette attitude, les uns contre les autres, sculptés en ronde-bosse, et portant un disque sur leur tête. Cet ornement est en lui-même d'une belle composition ; mais il donne ici une grande épaisseur à l'entablement que supportent les colonnes.

Une porte est à l'extrémité de la galerie et contiguë

au second pylône; elle est maintenant obstruée, et son objet ne peut être déterminé. C'est sur un jambage de cette porte qu'a été recueilli le bas-relief (pl. 13, fig. 1.) qui représente un lion dans une attitude toute semblable à celle des deux lions de granit : parmi les hiéroglyphes qui sont au-devant de lui, on remarque le même instrument qu'il tient entre ses pattes, et qui paraît être une sorte de couteau.

Sous la galerie, cinq portes communiquent à de petites chambres qui forment des espèces de cellules, dont il serait bien curieux de pouvoir deviner l'usage. Si la langue hiéroglyphique était connue, on apprendrait bientôt, sans doute, quel était l'emploi de chaque partie de ces édifices; car il est très-probable que les sculptures étaient relatives aux lieux où elles étaient placées. Toutes les parties de cette galerie, les colonnes et l'intérieur de ces cellules sont couverts de tableaux sculptés, dont deux seulement ont été recueillis. L'un est placé dans une des chambres, et représente un Cynocéphale, emblème des *Lettres*[1], écrivant sur un *volumen* avec un stylet; devant lui, est une colonne d'hiéroglyphes. L'autre, placé sous la colonnade (pl. 13, fig. 4), représente Isis, et Osiris à tête d'épervier. Devant eux, est un prêtre, et, sur un traîneau, une barque symbolique tout-à-fait semblable, pour la forme, à celle que nous avons examinée précédemment. On y retrouve le même petit temple; mais les autres attributs sont fort différens. Les six enseignes ou étendards placés derrière le prêtre sont une coiffure que l'on voit sur la tête des

[1] Suivant Horapollon.

dieux et des prêtres, une enveloppe qui peut être celle d'une momie d'oiseau, un épervier, un ibis et deux chacals ; enfin, on retrouve encore ici le porteur de cassolette occupé à y jeter des grains d'encens.

Cette sculpture et la précédente sont fort curieuses, et l'on doit regretter de n'avoir pu en recueillir un plus grand nombre dans ces mêmes cellules ou sous cette galerie. Peut-être nous en fera-t-on le reproche ; mais que l'on se représente la situation d'un voyageur arrivant dans l'île de Philæ et n'ayant que peu de jours à y demeurer ; il emploie la plus grande partie de ce temps à satisfaire sa propre curiosité, à prendre connaissance, et, pour ainsi dire, possession de tout ce qui l'environne. Entouré de tant d'objets, tous également nouveaux, ils lui paraissent tous d'un égal intérêt : il ne peut cependant tout décrire, tout dessiner ; il faut enfin qu'il se détermine, et c'est presque un devoir pour lui de s'attacher aux parties principales, aux choses grandes et bien conservées. Il se contente de pénétrer dans les édifices accessoires, dans les réduits obscurs ou presque entièrement détruits ; il en assigne la place et les principales dimensions, les examine à la hâte, et ne les quitte qu'à regret.

§. V. *Du grand temple.*

Un temple égyptien est, en général, composé de deux parties principales : le temple proprement dit, qui est plus long que large, et distribué intérieurement en plusieurs salles ; le portique, plus élevé, plus large que le temple, soutenu par des colonnes, et fermé latéralement par des murs. Ces deux parties sont si distinctes, que l'on pourrait abattre la seconde sans que la première en fût endommagée, celle-ci ayant sa façade complète, qui forme un avant-corps sur le mur même du fond du portique.

Mais, à l'exception de cette ressemblance générale, tous les temples de l'Égypte diffèrent les uns des autres, non-seulement par leur grandeur, mais encore par leur distribution intérieure, par la disposition des portiques, les proportions, le nombre des colonnes, les ornemens, etc.; quelquefois aussi, comme nous en verrons un exemple dans l'île de Philæ, les petits temples sont entourés d'une galerie, et leur aspect extérieur est alors très-différent de celui des autres.

Le grand temple de Philæ, celui qui fait le sujet de ce paragraphe, présente, dans la disposition de son portique, une particularité très-remarquable, et qu'on ne retrouve plus qu'une seule fois à Thèbes. Ce portique, qui, comme tous les autres, est fermé latéralement, l'est encore antérieurement par un pylône; en sorte que la façade du temple n'est autre que celle de ce même pylône. Comme, par cette disposition, le portique se trouverait privé de lumière, on a laissé une grande ouverture dans le plafond, de manière que ce portique forme une espèce de cour environnée de colonnes de trois côtés : l'on peut dire aussi que c'est un portique avec des ailes qui viennent de chaque côté s'appuyer contre le massif de la porte.

Ce pylône, qui sert de façade au portique du temple, est moins grand que le premier, et n'est pas aussi bien conservé. La partie gauche, notamment toute la corniche, et même le rang de pierres qui est au-dessous, sont détruits. Les sculptures de la face antérieure ont une distribution et offrent des scènes à peu près semblables à celles de la face analogue du premier pylône. Une partie de ces sculptures est cachée dans la partie droite inférieure par un bloc de granit rouge qui a environ cinq mètres en tout sens. Ce bloc est creusé intérieurement : quelques personnes qui y sont entrées, ont remarqué des sculptures dans l'intérieur, et le regardent comme une espèce de chapelle monolithe. Ce qui est certain, c'est qu'il n'a point fait originairement partie de la construction du pylône, et qu'il y a été appliqué dans un temps postérieur.

Ce second pylône renferme aussi, comme le premier, des escaliers qui conduisent jusque sur les terrasses; les dessins font connaître quelle en est la distribution. On n'a point vu de chambres dans l'intérieur; son peu d'épaisseur permet de croire qu'il n'en renferme effectivement aucune.

On remarque sous le portique, contre le pylône et contre les murs latéraux, des pieds-droits destinés à recevoir les architraves, et qui, par conséquent, remplissent les fonctions des pilastres que nous employons en pareil cas dans notre architecture : ceux qui sont aux extrémités du second rang de colonnes parallèles à la façade du temple, tiennent lieu des deux antes que l'on remarque au portique du temple de l'ouest et des autres temples; en sorte que ces deux rangées de colonnes composent un portique de forme ordinaire. Mais les pieds-droits élevés contre le pylône avaient pour objet d'empêcher que l'architrave ne formât avec celui-ci, dont l'inclinaison est assez forte, un angle trop aigu ; ce qui est toujours d'un effet désagréable.

Les murs des temples ont à l'extérieur un talus très-sensible, ainsi que nous l'avons dit ; mais, dans l'intérieur, toutes les faces des murailles sont parfaitement verticales. Cependant, sous ce portique, la face formée par le pylône est inclinée ; et, de plus, le grand avant-corps qui est au fond du portique l'est également : mais il ne faut pas perdre de vue que cet avant-corps sert de mur extérieur au temple proprement dit.

Les colonnes du portique ont des proportions beaucoup plus considérables que toutes les colonnes dont nous avons parlé jusqu'à présent : leur circonférence est de quatre mètres deux décimètres [1], et leur hauteur d'environ sept mètres et demi [2]. Les chapiteaux en sont très-beaux, parfaitement sculptés, et presque tous différens les uns des autres ; mais, par une sorte de contradiction, bien digne d'être remarquée, les bases [3] se ressemblent toutes. On peut voir dans les divers dessins de colonnes [4], où l'on a représenté une partie de cette base développée, que l'ornement en est principalement composé de chevrons brisés, entre lesquels se trouvent placés des lotus et d'autres symboles. Cet ornement est commun à toutes les colonnes de l'Égypte, les autres décorations qui se joignent aux chevrons brisés étant d'ailleurs variées de cent manières différentes. Il serait

---

[1] Douze à treize pieds.
[2] Vingt-deux à vingt-trois pieds.
[3] J'entends ici par base, le pied de la colonne, et non le support sur lequel elle repose.
[4] *Voyez* princip. la pl. 11, fig. 1.

curieux de trouver le motif qui l'a fait si généralement adopté.

Plusieurs bas-reliefs ont été copiés sous le portique, et deux avec les couleurs dont ils sont peints. L'un surtout (pl. 16, fig. 1) mérite d'être examiné, parce qu'il est complet et qu'il peut donner une idée juste de ce singulier système de sculpture et de peinture : ce bas-relief est, dans le dessin, réduit au douzième de sa grandeur véritable, qui est de deux mètres [1] sur deux mètres trois quarts [2]. Or, tous les murs, toutes les colonnes, toutes les architraves, enfin les plafonds et jusqu'aux plus petits enfoncemens ou saillies de l'architecture, sont sculptés et peints de la même manière.

Il serait superflu d'entreprendre de justifier ou de blâmer cet usage de colorier ainsi la sculpture d'un édifice, usage qui paraîtra sans doute très-extraordinaire ; mais tous ceux qui ont vu les monumens égyptiens peuvent attester que lorsqu'ils ont aperçu ces peintures, même pour la première fois, ils n'en ont pas été frappés désagréablement. On peut se rappeler ce que nous avons dit, dans le §. II, du bel effet de ce portique ; et la planche dans laquelle on a supposé cet édifice tout neuf, avec les peintures dans tout leur éclat, en donne une image très-complète [3]. Aujourd'hui, il n'y a guère de dégradations notables que dans une seule colonne ; et, pour voir ce portique presque aussi brillant que la gravure le représente, il serait suffisant d'en chasser la poussière et de le déblayer des terres et des décombres

---

[1] Six pieds deux pouces.
[2] Huit pieds six pouces.
[3] *Voyez* la pl. 18.

qui ont été amoncelés, surtout dans la partie droite en entrant, où le sol est élevé de plus d'un mètre au-dessus du sol véritable.

Les couleurs, comme on peut le remarquer, sont au nombre de quatre, le jaune, le vert, le bleu, et le rouge plus ou moins foncé : à quoi l'on peut ajouter le blanc; car le blanc n'est pas celui de la pierre, et on l'a mis au pinceau.

* Il se présentait une remarque à faire : c'était de savoir si les mêmes objets, les mêmes signes hiéroglyphiques, étaient toujours peints des mêmes couleurs; ce qui aurait pu aider, dans certains cas, à mieux déterminer la nature de ces objets et de ces signes. On a deux preuves du contraire : les croix à anse que les divinités tiennent à la main, sont toutes vertes dans le portique du grand temple, et, dans une autre partie du même temple, elles sont toutes bleues. La même remarque a été faite sur cette espèce de feuille qui est sur la tête d'Isis, et que l'on trouve répétée un si grand nombre de fois dans les hiéroglyphes de tous les temples. Mais il ne faudrait pas conclure de là qu'il n'y avait aucun ordre dans la distribution des peintures : le génie des Égyptiens n'avait, comme on le sait, rien de capricieux; il tendait à réduire tout en règle, et à consacrer des usages; et l'étude que nous avons faite de toutes les autres parties des arts de ce peuple, où cet esprit de règle et de formule est si manifeste, ne permet pas de penser que les peintures sacrées aient été seules livrées à l'arbitraire : il faut, d'ailleurs, remarquer que, dans les peintures qui représentent des scènes familières et les usages de

la vie civile, les couleurs sont toujours parfaitement appropriées aux objets. Enfin, nos deux bas-reliefs coloriés présentent déjà quelques faits qui sont propres à faire croire que les couleurs y ont été placées suivant de certaines lois. Parmi les figures principales, il n'y a que celles à tête d'animal qui soient bleues; toutes les autres sont rouges; et cette dernière couleur, sans être celle des Égyptiens, était cependant, de toutes les couleurs qu'ils employaient, celle qui en approchait le plus. De même dans les hiéroglyphes, à l'exception d'une petite figure d'homme à tête d'épervier qui est bleue; toutes les autres figures humaines, et toutes les parties détachées, comme les têtes et les bras, sont constamment rouges. Les bœufs sont aussi tous de cette couleur; tous les oiseaux sont bleus; tous les vases sont verts, ainsi que toutes les portions de cercle, qui paraissent être elles-mêmes des vases en forme de coupe : à quoi nous ajouterons que dans tous les temples, dans toutes les peintures, la ligne brisée en zigzag, qui, comme nous le verrons plus tard, est la représentation de l'eau, n'a jamais été vue que bleue ou verte. De toutes ces diverses remarques il résulte, à notre sens, que si les couleurs paraissent d'abord distribuées arbitrairement, c'est qu'on n'a point encore réuni un assez grand nombre d'observations sur cette matière, et qu'un jour on trouvera que cette partie des arts égyptiens était, comme tout le reste, soumise à des règles invariables.

J'ajouterai encore quelques mots au sujet de ces deux bas-reliefs. On voit dans l'un Osiris à tête de bélier, accompagné d'Isis; dans l'autre, deux figures d'Isis, dont l'une a une tête de lionne. Les prêtres présentent à ces divinités un vase d'où sort une flamme rouge; et l'on voit sur le bord du vase deux grains de l'encens que l'on y brûle. On doit remarquer les plumes composant un habillement dont Isis est souvent vêtue; on doit remarquer encore la richesse des siéges, le socle sur lequel ils sont élevés, où l'on voit un animal chimérique, espèce de griffon dont la forme était consacrée, et que l'on retrouve en plusieurs endroits [1].

Quant à la bande étoilée qui borde la partie supérieure de chaque scène, je crois qu'on a voulu représenter par-là, soit la voûte du ciel, soit seulement le plafond du temple où la cérémonie qui fait le sujet du tableau est supposée avoir eu lieu. Et en effet, les plafonds des temples sont très-souvent décorés d'étoiles blanches, dont le milieu est rouge, et qui sont semées sur un plafond bleu [2]. Ces étoiles quelquefois couvrent tout le plafond, et en forment alors l'unique décoration; d'autres fois, comme on le voit dans le bas-relief (fig. 1, pl. 10), elles sont jointes à d'autres figures, et font partie de l'emblème. Ce bas-relief, qui a été copié parmi ceux qui ornent le plafond du portique, est d'une grande singularité par l'enroulement, on peut dire monstrueux, des trois figures qui le composent. On a quelques raisons de croire qu'il a rapport à l'astronomie : d'abord, parce que les sculptures astronomiques sont toujours environnées de semblables figures; ensuite,

---

[1] *Voyez* la descr. d'Edfoû, §. VI.

[2] Comme, le plus souvent, cette bande ornée d'étoiles a la forme qu'on lui voit ici, nous avons pensé que peut-être, lorsqu'on rencontre cette forme dans les hiéroglyphes, elle y exprime le ciel ou quelque chose qui y est relatif.

parce qu'il renferme un grand nombre d'étoiles; enfin, parce qu'il est sculpté sous un plafond, emplacement qui paraît avoir été consacré plus particulièrement aux sculptures relatives à l'astronomie. Nous nous arrêterons au petit tableau (fig. 4, pl. 10), parce qu'il peut donner lieu à un rapprochement analogue à celui que nous avons fait dans le paragraphe précédent. La table que l'on voit ici portée par des prêtres à longues robes, a beaucoup de rapport avec celle que l'Éternel commanda à Moïse de faire, immédiatement après l'arche. Cette table, qui avait pour principal objet de recevoir des bassins, des plats, des coupes et des tasses pour les libations, ainsi que les pains consacrés, devait avoir un rebord près duquel seraient les anneaux où passeraient les barres propres à la porter. Ces particularités se rencontrent ici, aux anneaux près; mais ce qu'il y a de plus curieux et de plus piquant dans cette comparaison entre les deux tables, c'est que les proportions de l'une, données dans l'Exode, correspondent à celles de l'autre, c'est-à-dire à celles de la gravure que nous avons sous les yeux.

Nous ne quitterons pas le portique sans parler d'un autre bas-relief qui a été copié avec tous les hiéroglyphes qui en font partie : c'est la représentation d'une espèce d'apothéose. Un jeune homme, Horus peut-être, est placé entre deux personnages; l'un à tête d'épervier, c'est Osiris; l'autre à tête d'ibis, c'est Thoth, le dieu des sciences : tous deux versent sur sa tête des croix à anse et des bâtons auguraux, qui sont, comme nous l'avons déjà fait remarquer, les principaux attributs de la divinité. Il existe là plus grande similitude entre les deux phrases hiéroglyphiques qui séparent les trois personnages; les remarques auxquelles ces phrases donnent lieu trouveront place ailleurs [1].

Nous allons passer maintenant du portique dans le temple proprement dit. Si l'on veut avoir sur-le-champ une idée nette de sa distribution, il suffira de jeter les yeux sur le plan. Nous nous bornerons à faire ici quelques remarques sur cette distribution : elle diffère de celle des autres grands temples, principalement par les trois salles, de grandeur presque égale, qui occupent tout le fond de celui-ci, et semblent trois sanctuaires. Cependant celle du milieu doit, par cette position même, être regardée comme le sanctuaire proprement dit. L'élévation de son plafond, la grandeur et la décoration de la porte d'entrée, achèvent de la distinguer des deux autres salles, qui sont fort basses, et dont les portes sont petites et sans corniches. Dans le sanctuaire proprement dit, il y a deux de ces niches monolithes, espèces de tabernacles dont nous avons parlé dans le paragraphe précédent : l'un est debout et placé dans l'angle à droite; le second, qui probablement occupait l'autre angle, est renversé au milieu du sanctuaire [2]. On trouve aussi une niche, mais plus petite, dans la salle latérale de droite.

---

[1] *Voyez* l'explication de la pl. 10 dans les index joints à l'atlas.

[2] On n'est pas certain si le monolithe renversé est dans le sanctuaire ou dans la salle qui le précède. Dans ce dernier cas, il serait possible qu'il eût été tiré de la salle latérale de gauche, et il y aurait eu alors un monolithe dans chacune des trois salles du fond du temple; ce qui n'est pas dénué de vraisemblance.

L'une de ces niches est représentée en grand dans la planche 10; elle est de granit rouge; sa hauteur est de deux mètres un quart [1]; elle est enfumée, comme toute la salle où elle se trouve : le sol a été fouillé, et il est jonché de débris. L'obscurité est complète dans cette salle, dont la chaleur est étouffante et l'odeur infecte [2].

Il était naturel de présumer que ces niches étaient destinées à renfermer des objets précieux du culte, et que très-probablement elles avaient servi de cage à l'oiseau sacré : cette conjecture est presque changée en certitude par le dessin d'une pareille cage occupée par un épervier, que nous avons vu sur des bandelettes de momies [3]. Les monolithes servaient donc à renfermer l'oiseau honoré dans le temple : ce qui est conforme au récit de Strabon, qui rapporte qu'une espèce d'épervier qu'il appelle *épervier d'Éthiopie*, était particulièrement révéré dans l'île de Philæ.

Ces niches monolithes que l'on a trouvées en divers lieux, devant faire le sujet de recherches particulières, nous nous bornerons à faire observer que la décoration de celle-ci est dans le même système que toutes les autres parties du temple : on y retrouve les mêmes moulures; les talus y sont indiqués; enfin, l'architecture de ce petit édifice, d'une seule pierre, est dans une harmonie parfaite avec celle du temple. Sur le soubassement, deux figures sont représentées dans l'action d'enlacer et de nouer des tiges de lotus, emblème fré-

---

[1] Sept pieds.

[2] Celui de nous qui a mesuré et dessiné ce monolithe, en a trouvé la cage occupée par une troupe de chauve-souris.

[3] Ces bandelettes sont gravées dans le Voyage de M. Denon, pl. 125.

quent sur les soubassemens, sur les siéges des statues, et en d'autres lieux semblables.

Presque toutes les salles de l'intérieur du temple ont encore toute la hauteur qu'elles devaient avoir, c'est-à-dire six mètres[1] : le sol n'en a point été exhaussé; mais on voit qu'il a été fouillé, tant il est rempli d'inégalités.

On n'a recueilli qu'un petit nombre de bas-reliefs dans l'intérieur du temple, par l'obligation où l'on était, pour pouvoir les dessiner, de tenir un flambeau d'une main et le crayon de l'autre. Le plus remarquable a beaucoup d'analogie avec le dernier que nous avons décrit dans le portique : c'est encore un jeune homme entre deux personnages qui lui posent sur la tête une mitre sacrée, celle que l'on voit souvent sur la tête des sacrificateurs. En examinant ces divers tableaux, ces têtes d'animaux portées sur des corps d'hommes, ces coiffures énormes et bizarres, on serait d'abord porté à n'y voir qu'une sorte de mascarade de prêtres qui prenaient divers déguisemens suivant les différens personnages qu'ils avaient à représenter; mais il est bien plus raisonnable de les regarder comme de purs emblèmes. Ces bonnets d'une forme et d'une grandeur prodigieuses, portés presque tous sur un petit pivot, ne permettent pas de supposer qu'ils aient pu être maintenus sur la tête; et cet argument nous paraît si fort, que nous n'hésitons pas à regarder ces prétendues coiffures comme n'étant que des attributs.

Enfin, parmi les bas-reliefs qui ont attiré notre attention, mais qui n'ont pas été copiés, je citerai principa-

[1] Dix-huit pieds et demi.

lement celui qui se voit dans une des deux petites chambres qui sont à la droite de la première salle en entrant dans le temple. Le mur qui séparait ces chambres est écroulé, et il a entraîné la chute des plafonds; le grand jour qui pénètre par ces brèches permet de considérer, sur un côté de la muraille, une très-riche offrande qui en occupe presque toute la surface : ce sont des quadrupèdes, des oiseaux de plusieurs espèces, des vases de toutes les formes, des pains, des fruits et des fleurs. On a dessiné quelques-uns des vases, et ils sont réunis à d'autres également copiés à Philæ. La forme belle et simple de ces vases, dont le galbe est ordinairement très-pur, est digne de fixer l'attention.

C'est dans ce même lieu, sur la face du mur qui ferme le temple à l'orient, que l'on a gravé la longitude et la latitude de l'île de Philæ, déterminées par l'un de nos collègues. On a choisi, pour placer cette inscription, l'espace nu et sans sculpture qui est entre le dessous du plafond de la salle et le haut du mur, espace qui, avant la chute du plafond, était, en grande partie, caché par l'épaisseur même des pierres qui le composaient[1].

L'escalier qui conduit sur la terrasse est situé à l'opposé de ces deux petites chambres. Cette terrasse n'est autre chose que le dessus des pierres qui forment les plafonds des diverses salles, et elle est entourée d'une espèce de parapet formé par la corniche, qui s'élève un peu plus que le dessus de la terrasse. Quelquefois, le plafond dans certaines salles n'étant pas aussi élevé

---

[1] *Voyez* la note [1], page 18.

que dans d'autres, la terrasse se trouve abaissée dans les endroits correspondans; mais le plus souvent alors il y a deux étages de chambres l'un au-dessus de l'autre, et le temple conserve son même niveau. C'est ce qui arrive ici : les deux salles qui accompagnent le sanctuaire étant beaucoup moins élevées que lui, on a pratiqué au-dessus d'elles de petites chambres qui sont ornées de sculptures comme tout le reste du temple; mais ces sculptures sont actuellement couvertes de boue et de mortier, et n'ont point été dessinées.

Comme les Égyptiens ne faisaient point usage de voûtes, il était surtout nécessaire qu'ils se servissent de très-grandes pierres pour former les plafonds; et quoique le grand temple de Philæ ne soit pas un de leurs plus vastes monumens, les pierres qui servent de plafond au sanctuaire ont cependant cinq à six mètres de long[1], environ un mètre et demi de large, et un mètre d'épaisseur; car il fallait que ces pierres fussent aussi très-épaisses, pour pouvoir soutenir une semblable portée sans se rompre; ce qui est cependant arrivé assez fréquemment. Une seule de ces pierres pèse à peu près trente-quatre milliers, et six ou sept pierres semblables sont nécessaires pour former le plafond du sanctuaire seulement. On peut juger par-là du nombre de celles qui couvrent le temple, et de l'immensité de pareils travaux. Mais s'il est extraordinaire de voir de semblables masses et en si grand nombre, il ne l'est pas moins de trouver dans d'autres parties du même temple de très-petites pierres, plus petites même que celles que

[1] Quinze à dix-huit pieds.

nous oserions employer dans des cas analogues. Ainsi, la colonne du portique, qui est dégradée, et dont on peut connaître la construction intérieure, n'est pas composée de tambours formant une assise d'un ou de deux morceaux, comme nous le pratiquons, et comme les Égyptiens eux-mêmes l'ont pratiqué dans la plupart de leurs édifices; les assises sont formées de plusieurs pierres, dont quelques-unes sont fort petites, et entre lesquelles il y a de très-grands vides remplis de mortier. Au reste, quoique ce ne soit pas le seul endroit où cette construction vicieuse ait été observée, elle peut s'expliquer ici par la nature même des matériaux, qui, ayant déjà été employés dans d'autres édifices, n'étaient plus que des débris dont il fallait cependant faire usage.

Parmi les sculptures que l'on a recueillies sur les faces extérieures du grand temple, trois représentent des scènes que l'on regarde comme des sacrifices humains. Dans la plus remarquable des trois est un prêtre qui, d'une même pique, a percé quatre hommes, dont les bras et les jambes sont noués sur le dos : dans cet état, il les offre à une divinité assise.

C'est surtout ici qu'il est permis de dire que de pareilles scènes ne représentent pas un véritable sacrifice, et qu'elles ne doivent être regardées que comme un symbole, soit pour rappeler d'anciens sacrifices humains qui s'étaient pratiqués autrefois, soit pour indiquer la vengeance des lois et le châtiment des coupables. Quoique notre intention ne soit pas de prouver par-là qu'il n'y a jamais eu en Égypte de sacrifices humains, nous croyons qu'on ne peut rien tirer en faveur de cette opinion, des sculptures que nous venons de citer.

Dans le dernier des quatre bas-reliefs copiés à l'extérieur du temple[1], on voit Harpocrate, divinité qui est ici reconnaissable par le crochet et le fléau qu'elle tient entre ses mains, et par son attitude qui ne laisse jamais voir qu'une seule jambe. Devant cette divinité, sur un autel, sont des fleurs de lotus; un prêtre tient un vase et verse de l'eau sur ces fleurs. Le socle sur lequel le dieu est élevé, porte une inscription qui a été gravée à la main, et dont les caractères sont ceux de l'inscription intermédiaire de la pierre trouvée à Rosette.

Nous avons attendu que nous fussions arrivés à la description de ce bas-relief, pour donner de nouvelles raisons de croire que la ligne brisée en zigzag est l'hiéroglyphe de l'eau, ainsi qu'un grand nombre de personnes le supposent. Déjà nous aurions pu faire remarquer dans la planche 14, qu'il sort du goulot d'un vase et du bec de l'autre de semblables lignes en zigzag, qui ne sauraient représenter autre chose que la liqueur contenue dans ces vases. Mais ici la chose est plus manifeste : le prêtre penche le vase, et il en découle trois lignes brisées; comme elles tombent sur des fleurs de lotus, fleurs qui ne croissent qu'au milieu des eaux du Nil, on ne peut guère mettre en doute que ces lignes ne figurent l'eau, soit l'eau en général, soit seulement celle du Nil au temps de son accroissement et lorsque les lotus s'y développent. Je ne sache pas que l'on ait

[1] *Voyez* planche 15, figure 15.

donné jusqu'ici une preuve aussi claire du sens de cet hiéroglyphe.

§. VI. *Du temple de l'ouest.*

Lorsqu'un nouveau voyage en Grèce ou dans l'Italie vient à nous faire connaître un monument antique jusqu'alors demeuré dans l'oubli, nos artistes en assignent presque au premier coup d'œil toutes les ressemblances, toutes les différences avec les monumens connus, et lui marquent son rang parmi eux.

Il s'en faut de beaucoup que l'architecture des Égyptiens soit tellement connue parmi nous, que l'on puisse faire de pareils rapprochemens entre leurs divers édifices. Les monumens de cette nation publiés jusqu'à présent, ayant dans leur ensemble beaucoup d'uniformité, on serait porté à croire que l'*architecture égyptienne* est également uniforme, qu'elle n'a qu'un seul mode, et qu'elle est essentiellement monotone. Mais il faut faire ici une distinction importante entre les édifices et l'architecture en elle-même. Les édifices peuvent être construits sur de tels plans, qu'ils aient beaucoup de ressemblance générale, et leur architecture peut offrir en même temps de nombreuses variétés dans ses parties. Chez tous les peuples, les édifices destinés à un même culte ont toujours eu de grandes analogies entre eux; et, sous ce rapport, les temples d'Égypte n'ont rien de particulier; peut-être même offrent-ils plus de véritables différences que n'en offrent les temples grecs. Mais que l'on isole certaines parties de l'architecture égyptienne, les colonnes, par exemple, on sera surpris de la variété de leurs proportions et de leurs ornemens. Il y a certainement moins de ressemblance entre la plus élégante et la plus simple des colonnes égyptiennes, qu'il n'y en a entre la colonne corinthienne et celle de l'ordre dorique grec. Et quant à la diversité de forme des temples égyptiens, celui dont nous allons parler semble, pour ainsi dire, être placé tout exprès dans le voisinage du grand temple pour la rendre plus sensible. Nous ne nous attacherons pas à comparer ces deux édifices pour en faire apprécier les différences, que l'on saisira sur les gravures au premier coup d'œil, et nous allons examiner le temple de l'ouest indépendamment de l'autre.

Si l'on a sous les yeux la planche 20, et que l'on y considère les élévations des quatre façades, ce qui frappe d'abord, et avant qu'on ait pu apercevoir aucun détail, c'est l'inclinaison des murs qui donne à chaque face la forme d'un trapèze. Cette figure, que présentent tous les édifices égyptiens, paraît d'abord étrange, et surprend au premier aspect tous les voyageurs européens; mais, soit que cette forme plaise parce qu'elle indique la solidité, soit illusion produite par un spectacle nouveau, l'œil finit bientôt par s'y habituer, et la désire en quelque sorte. On aime à la retrouver dans les détails; par exemple, dans la décoration des dés qui surmontent ici les colonnes. Tous les autres ornemens sont aussi coordonnés d'après la forme générale; partout règne l'harmonie la plus parfaite entre le tout et ses parties.

Après cet aperçu extérieur, ce qui occupe entièrement l'esprit quand on approche de l'édifice, c'est la multitude des sculptures dont il est couvert. La sculpture décore non-seulement toutes les parties indiquées dans les dessins, mais encore le mur du fond de la galerie et les colonnes dans toute leur hauteur. Nous sommes déjà revenus plusieurs fois sur cette profusion d'ornemens, et nous sommes toujours ramenés à en parler, parce qu'elle est peut-être un des caractères les plus remarquables des monumens égyptiens, et aussi parce que les dessins ne peuvent représenter qu'imparfaitement cette richesse de sculpture, et surtout l'effet qu'elle produit.

Mais, afin d'en parler ici pour la dernière fois, nous donnerons en peu de mots cette règle générale, que, dans tous les édifices égyptiens qui ont été entièrement achevés, on ne voit aucune partie qui ne soit couverte de sculptures, à l'exception des listels de corniche, qui sont essentiellement lisses. Le listel d'une corniche est cette bande plate qui en forme la moulure supérieure, et qui, dans les grands édifices, a quelquefois jusqu'à sept décimètres de hauteur [1]; mais, malgré l'étendue de surface qu'elle présente, quelle que soit sa situation intérieure ou extérieure, dans un temple, dans un palais, ou dans un tombeau, elle ne porte jamais aucun hiéroglyphe, aucun emblème, et elle se voit partout sans aucune décoration [2].

Il est difficile de trouver d'autres motifs à cette règle si généralement observée, que des raisons de conve-

---

[1] Envir. deux pieds deux pouces.
[2] Cette remarque est importante pour la question de l'ancienneté des monumens (*voyez* le *Mém. sur les inscriptions*).

nance et de goût. Ce qui est certain, c'est qu'elle satisfait parfaitement à l'une et à l'autre, et que nous-mêmes, dans notre architecture, nous l'observons dans toutes les circonstances analogues.

Nous avons déjà fait remarquer, dans le paragraphe précédent, que, chez les Égyptiens, le temple proprement dit est toujours bien distinct de ses accessoires. Précédé par un portique, et entouré, sur les trois autres côtés, par une galerie formée de colonnes, il se distingue toujours, et dès le premier coup d'œil, de quelque côté que l'on regarde l'édifice. Cette séparation est surtout très-apparente dans l'édifice dont nous nous occupons. Que l'on jette les yeux, par exemple, sur l'élévation du portique (pl. 20, fig. 2), on apercevra au fond un grand avant-corps en talus, surmonté d'une corniche, et dont les angles sont garnis de rouleaux : c'est la façade du temple proprement dit.

Cette distinction me semble remonter à l'origine de l'art, et indiquer ses progrès. Les temples n'étaient d'abord que des bâtimens rectangulaires, formés de quatre murs soutenant une terrasse. Le besoin d'ombre, dans un climat ardent, a fait ajouter des portiques, des galeries aux édifices déjà construits; et depuis, les Égyptiens, si respectueux pour les usages, pour les formes consacrées, ont continué de maintenir la distinction entre le temple et ses dépendances, bien qu'ils en construisissent alors toutes les parties à-la-fois.

Le temple de l'ouest est un petit édifice, sa longueur totale n'étant que de vingt-cinq mètres environ [1], et les

[1] Treize toises.

colonnes n'ayant que 5^m. 6[1] de hauteur, jusque sous l'architrave. Les chapiteaux sont de formes et de décorations très-variées, et distribués avec si peu de symétrie, que l'on serait tenté de croire que l'architecte n'a pas été libre de faire différemment, et que la décoration de chacun d'eux était nécessairement déterminée par sa position. Presque tous ne diffèrent que par de très-légers détails, de ceux sur lesquels nous avons déjà arrêté l'attention; mais les chapiteaux fig. 2 et 8, pl. 21, ne ressemblent à aucun de ceux-là, soit pour la forme, soit pour les ornemens. Ceux-ci pourraient représenter des faisceaux de joncs ou de lotus ployés; mais quant à la forme, il est difficile d'en trouver l'origine, et plus difficile encore de ne pas la trouver bizarre et trop différente de celle de tous les autres chapiteaux.

Sur chaque face du dé qui surmonte ces chapiteaux, est sculptée, en relief fort saillant, une tête d'Isis, et au-dessus de cette tête l'image de la façade d'un petit temple égyptien. Dans une petite niche carrée, qui représente la porte du temple, on voit le serpent *ubœus* portant un disque sur sa tête.

Il y a sous le portique, et de chaque côté de l'avant-corps, une porte qui donne sous la galerie. Il est très-probable, d'après toutes les analogies, que cette galerie était fermée par des murs d'entre-colonnement, tels que ceux qui sont encore entiers entre les colonnes du portique. On a même trouvé quelques indices de l'existence de ces murs, mais seulement du côté de l'ouest; cependant, le temple ayant deux portes latérales, ou-

[1] Dix-sept pieds.

vertes sous la galerie de l'est, il devient très-vraisemblable que celle-ci était également fermée par des murs d'entre-colonnement.

On ne manquera pas sans doute de s'arrêter sur le dessin de la façade postérieure du temple, en voyant que les colonnes y sont en nombre impair, et qu'il y en a conséquemment une au milieu de la façade. Cette disposition semble manquer à toutes les règles; mais, si l'on réfléchit qu'il n'y a point d'entrée sur cette face, alors l'inconvenance disparaît; et comme il résulte de ce nombre impair de colonnes, des proportions agréables dans leur espacement, il ne reste plus aucun côté pour attaquer cette disposition.

Cette même galerie va nous fournir encore l'objet d'une autre réflexion. On pourra remarquer, dans la suite de cet ouvrage, que les Égyptiens employaient rarement des colonnes pour supporter les angles des entablemens. Depuis long-temps on a reconnu le mauvais effet qu'elles produisent dans ces angles, et combien il serait plus convenable qu'ils fussent soutenus par des piliers carrés. On a essayé, mais avec peu de succès, d'y employer les pilastres. Les architectes trouveront peut-être dans le mode égyptien, et particulièrement dans l'agencement de cette petite galerie, le moyen de résoudre la difficulté.

Cet édifice a été exécuté avec beaucoup de soin. Les joints des pierres en sont parfaitement faits, et ce n'est qu'en s'approchant qu'on peut les apercevoir : ils sont remplis d'un ciment rougeâtre, très-fin, mais peu dur. Le grès dont le temple est bâti, est d'un grain fort égal et d'une teinte un peu jaune; mais à la lumière du soleil, et vu d'un peu loin, il paraît blanc, et le monument semble être tout neuf. Il l'est en effet, quel que soit son âge, puisqu'à l'exception d'une cassure assez grande dans le plafond du portique, on ne voit partout ailleurs aucune pierre dérangée, aucun angle écorné, aucune sculpture fruste ou endommagée.

Quant à l'exécution de la sculpture, elle est d'une grande pureté, et finie avec délicatesse. Les bas-reliefs n'ont guère que trois centimètres de saillie[1] dans les parties qui en ont le plus; mais, comme les figures n'ont pas même un mètre de proportion, cette saillie est plus que suffisante pour que le sculpteur ait pu exprimer les différens mouvemens du corps. Nous n'avons aperçu nulle part à l'extérieur que les sculptures eussent été peintes; peut-être l'ont-elles été dans l'intérieur du temple; mais cet intérieur est si enfumé et si noirci, qu'on n'y a remarqué aucune couleur. Les Barâbras paraissent y avoir habité pendant long-temps.

Le temple de l'ouest est celui des édifices de l'île de Philæ où l'on a recueilli la plus grande quantité de bas-reliefs; sous la galerie seule, on a copié dix scènes complètes. La parfaite conservation de ces bas-reliefs, leurs petites dimensions, leur peu d'élévation au-dessus du sol, et, plus que tout cela peut-être, leur position sous la galerie, qui nous mettait à l'abri des ardeurs du soleil, sans nous priver de sa lumière, toutes ces circonstances nous invitaient à demeurer près de ce temple, surtout pendant le milieu du jour.

[1] Environ un pouce.

Pour procéder avec quelque ordre dans les observations que vont nous fournir ces bas-reliefs, examinons d'abord la position des figures sur le temple et relativement au temple. Voici ce que l'on remarque : les divinités sont constamment placées de telle manière, que, si on les supposait s'avançant horizontalement sur la surface du mur, elles arriveraient à la porte d'entrée principale du temple.

Dans les planches 22 et 23, les prêtres sont debout; les divinités sont assises, mais elles sont élevées sur des socles d'une hauteur telle, que toutes les têtes se trouvent au même niveau. Lorsque l'on voit plusieurs divinités figurer dans une même scène, comme, par exemple, dans la planche 22, figure 2, on peut supposer ou que l'artiste a voulu les représenter placées les unes derrière les autres, ou bien que ces figures, qu'il faut concevoir rangées de front, n'ont été représentées comme on le voit ici, que parce que les Égyptiens n'employaient point de perspective dans leurs sculptures. Ce qui confirme cette seconde supposition, c'est, d'abord, qu'elle est plus naturelle que la première; car on ne se représente pas une assemblée de personnages assis sur une seule file, comme dans une procession : c'est, ensuite, que si l'on eût placé les divinités les unes derrière les autres, c'eût été leur assigner un rang qu'elles ne paraissent point avoir effectivement, puisque celles qui se trouvent les premières dans un tableau, occupent une autre place dans le tableau voisin. Mais ce qui favorise surtout cette idée, ce sont les représentations des scènes familières trouvées dans les grottes, et où il est manifeste qu'on a voulu peindre deux personnages assis côte à côte sur un même siége, quoiqu'ils soient cependant figurés l'un derrière l'autre.

Passons maintenant à la disposition des hiéroglyphes : ils sont rangés presque tous dans des colonnes verticales, quelques-uns dans des bandes horizontales. Toujours les hiéroglyphes renfermés dans une même colonne ou une même bande, sont tournés dans un même sens, que l'on a bientôt reconnu, en examinant d'abord celui des figures d'hommes ou d'animaux.

Les hiéroglyphes qui sont dans le voisinage d'une des figures d'un tableau, sont toujours dirigés dans le même sens qu'elle : d'où il est permis de conclure que ces hiéroglyphes appartiennent à cette figure plus particulièrement qu'aux autres, et qu'ils expriment, peut-être, soit des paroles prononcées par ce personnage, soit des circonstances relatives à l'action dans laquelle il est représenté. Par-là on peut distinguer sur-le-champ à qui se rapportent les diverses colonnes hiéroglyphiques qui sont dans un tableau. En général, toutes les colonnes qui sont au-dessus des divinités dépendent de ces divinités; celles qui sont près de la tête du prêtre dépendent également de celui-ci, ainsi que celles qui sont entre lui et les divinités, et la petite colonne placée derrière lui. Quant aux deux grandes colonnes qui bordent latéralement le tableau, les figures en sont constamment dirigées vers l'intérieur; leur position indique quelque chose de général, et il est probable qu'elles se rapportent à toute la scène.

Au-devant de la tête du prêtre, on voit, dans presque tous les tableaux, deux phrases hiéroglyphiques enveloppées dans une sorte de cadre, et qui, d'après notre remarque sur le sens des signes, dépendent sans doute de cette figure. Ces espèces de médaillons, ces légendes encadrées, occupent encore d'autres places que celle-ci; car il n'y a guère de phrases hiéroglyphiques un peu étendues qui n'en renferment quelques-unes; mais, dans les bas-reliefs dont il est ici question, on les voit toujours deux à deux, et surmontées chacune d'un vase fort aplati, portant un disque avec des serpens. On a remarqué qu'en général les deux légendes étaient presque toutes les mêmes dans tous les tableaux d'un même temple, et qu'il y en avait ainsi un petit nombre qui se trouvaient répétées dans un temple plus fréquemment que dans aucun autre.

Ces légendes encadrées portent parmi les antiquaires le nom de *scarabées*. Ici, je suis obligé de faire une petite digression, que j'abrégerai autant qu'il me sera possible.

On voit dans tous les cabinets d'antiquités, et l'on trouve encore en Égypte, un grand nombre de *scarabées* sculptés en diverses matières et de diverses grandeurs. La partie supérieure représente l'insecte; et la partie inférieure, qui est plane et de forme à peu près ovale, porte le plus souvent des caractères hiéroglyphiques, qui sont sculptés en creux. La plupart de ces scarabées sont percés longitudinalement d'un trou par lequel il paraît que l'on passait un fil pour pouvoir les suspendre; tout annonce que c'étaient des amulettes religieux[1]. On a cru trouver quelque analogie entre la surface inférieure de ces amulettes et les légendes encadrées, et l'on a donné à celles-ci le nom de *scarabées*. Mais, en considérant la chose avec un peu plus de soin, on voit bientôt que l'analogie n'existe effectivement pas, et que le nom qu'on en a déduit n'est propre qu'à jeter dans l'erreur. En effet, si l'on examine d'abord le cadre, on y reconnaît une branche flexible (comme serait un rameau, ou mieux encore une tige de métal), que l'on aurait courbée jusqu'à en croiser les deux bouts, et attachée ensuite avec un lien.

De l'examen du cadre si l'on passe à celui des signes, et qu'on les compare à ceux qui sont gravés sous les scarabées-amulettes, on ne trouvera aucune ressemblance générale dans leur distribution. Parmi ces cadres, on en voit quelquefois de doubles, c'est-à-dire formés de deux branches appliquées l'une sur l'autre. A la manière dont les deux extrémités sont arrangées et forment une espèce de base, on juge que la position la plus ordinaire de ces cadres est la verticale. Cependant, lorsqu'il s'en rencontre dans des bandes horizontales d'hiéroglyphes, ils sont alors couchés, le haut étant dirigé dans le sens où marchent les autres signes.

Il est curieux d'observer comment, dans une légende placée debout et dans une légende renversée, et qui toutes deux renferment les mêmes signes, ces signes sont groupés dans l'une et dans l'autre; mais cet examen trouvera sa place ailleurs, et je reviens au petit

---

[1] On trouvera plusieurs de ces scarabées-amulettes gravés dans l'ouvrage, *A.*, vol. v.

temple de l'ouest et aux remarques auxquelles ses sculptures ont donné lieu.

Lorsque je m'occupais à copier sous la galerie de l'ouest le bas-relief, pl. 22, fig. 2, je m'aperçus que la petite phrase qui est sculptée derrière le prêtre était absolument la même que celle qui occupait une pareille position dans le bas-relief, fig. 6, que je venais de dessiner sous la même galerie. Je visitai aussitôt un troisième, puis un quatrième bas-relief, pour savoir si j'y trouverais une phrase semblable; et l'ayant en effet aperçue dans tous ceux qui sont sur la même face du temple, je fis part de cette remarque à ceux qui étaient autour de moi : dix personnes la vérifièrent en même temps sur le temple de l'ouest. On courut bientôt dans le grand temple et dans les autres édifices de l'île, où la remarque fut également vérifiée : on reconnut seulement quelques variantes dans la forme des signes, et principalement dans celle de cette espèce de nœud qui est placée au-dessus de l'épaule du prêtre. Ces différentes modifications furent constatées; et l'on en voit les dessins sur les planches 12, 16, 22, 25 et 27. Depuis, nous avons confirmé dans tous les autres monumens de l'Égypte les remarques que nous avions faites dans l'île de Philæ; au sujet de cette phrase, toujours placée derrière le prêtre, et qui, lui servant en quelque sorte d'attribut, peut très-bien s'appeler *phrase* ou *légende sacerdotale*[1].

---

[1] Dans le même temps, M. Jomard, qui dessinait le bas-relief, pl. 22, fig. 1, lequel représente Horus porté sur un lion, et un prêtre qui lui offre les deux parties d'une coiffure sacrée, remarqua que ces deux parties se trouvaient au commencement de la phrase placée au-devant du prêtre, et qu'à la fin de cette même phrase elles se trouvaient

Ces diverses remarques viennent à l'appui de celle que nous avons faite plus haut sur la dépendance qui existe entre les traits hiéroglyphiques et les personnages dans le sens desquels ils sont tournés; car ceux de ces traits que nous avons vus être à-la-fois attributs d'un personnage et hiéroglyphes, sont, en général, placés dans une colonne d'écriture tournée dans le même sens que ce personnage.

De pareils rapprochemens, bien qu'ils ne donnent pas l'interprétation des caractères hiéroglyphiques, sont cependant de quelque intérêt en ce qu'ils servent à lier les hiéroglyphes aux tableaux qui les renferment; car on ne peut mettre en doute que l'écriture d'un tableau ne soit relative à l'action que ce tableau représente, lorsque l'objet de cette action se trouve lui-même figuré dans l'écriture; et il en résulte cette conclusion, qu'il y avait des objets qui, dans certains cas, n'étaient exprimés dans l'écriture hiéroglyphique que par leur propre image.

Le plus grand nombre des tableaux sculptés sur les murs du temple de l'ouest est relatif à Isis, et surtout à

encore, mais réunies. Cette observation, dont chacun fut bientôt instruit, donna lieu de faire plusieurs observations analogues : en voici quelques-unes.

Pl. 22, fig. 2, l'espèce de fleur portée sur une tige et placée sur la tête d'Isis, se voit dans les hiéroglyphes de la phrase verticale voisine.

Même planche, fig. 4, le prêtre tient dans ses mains deux têtes d'Isis: l'une est surmontée d'un petit temple, l'autre d'un instrument semblable aux sistres des anciens. Ces deux mêmes têtes avec leurs attributs sont au commencement de la phrase qui précède le prêtre, et l'on y voit même deux fois celle des têtes qui porte un petit temple. On retrouvera aussi cette tête d'Isis, mais dégagée de ses attributs, dans la colonne qui borde le tableau à gauche.

Pl. 27, fig. 1, dans la phrase qui est au-dessus de l'autel, on trouve le vase que le prêtre tient dans sa main, et d'où découle l'eau.

Enfin, nous avons déjà fait des rapprochemens du même genre à l'occasion du tableau pl. 10, fig. 2.

6.

son fils Horus : c'est en quelque sorte l'éducation de ce jeune dieu qui y est représentée. Dans plusieurs tableaux, on le voit à la mamelle et sur les genoux de sa mère; Osiris son père, ayant une tête d'épervier, est placé près d'eux. Dans l'un des tableaux, pl. 22, fig. 5, Isis et Horus sont représentés dans une sorte de sanctuaire dont un prêtre ouvre la porte, tandis qu'un autre prêtre présente l'image d'Horus à trois personnages qui se prosternent en se frappant la poitrine. Près de chacun de ces personnages, on retrouve ce même animal imaginaire, cette espèce de griffon dont nous avons parlé précédemment à l'occasion de la pl. 16. Horus se fait remarquer le plus souvent par la position d'une de ses mains dont l'index s'avance vers la bouche, et par une boucle de cheveux qui, comme une espèce de corne, lui enveloppe l'oreille.

Dans le tableau pl. 22, fig. 2, Horus, plus grand, est encore à la mamelle : il tient d'une main un instrument ayant la forme d'un siphon, et qui se voit très-fréquemment parmi les signes hiéroglyphiques. Le prêtre offre aux divinités des guirlandes de fleurs de lotus : l'une de ces divinités tient d'une main une tige crénelée, sur laquelle elle semble faire des marques avec un style qu'elle tient de l'autre main.

Une semblable tige se voit dans le tableau pl. 23, fig. 1 : elle est entre les mains de Thot, lequel est suivi d'un prêtre portant un *volumen*. Devant eux sont Horus et Isis. On voit encore la même tige dans la pl. 12, fig. 4; pl. 45, fig. 5; pl. 57, fig. 1.

Les scènes fig. 2 et 3, pl. 23, offrent une femme

coiffée de lotus, qui joue de la harpe devant Isis et Horus. Dans l'une des scènes, Horus, encore jeune, est debout près de sa mère; dans l'autre, il est au même rang qu'elle. Les harpes, quoique déjà très-remarquables par leurs formes et le nombre de leurs cordes, ne peuvent donner qu'une faible idée de la beauté de celles qui ont été trouvées à Thèbes.

Enfin, deux des bas-reliefs copiés sous la galerie du temple de l'ouest ont pour objet des sacrifices humains, et l'on peut leur appliquer ce que nous avons dit précédemment à l'égard de semblables représentations.

Outre les dix bas-reliefs copiés sous la galerie, il a été encore recueilli plusieurs autres sculptures sur les murs du temple. Une seule, pl. 12, fig. 2, a été copiée dans l'intérieur, où elle fait partie du soubassement. On y voit deux femmes agenouillées, coiffées de lotus, et présentant sur des plateaux, des vases, des fleurs de lotus et des fruits. Ces femmes, par le volume de leur ventre et leurs seins pendans, paraissent appartenir à une classe ou peut-être à une nation particulière. Juvénal cite les femmes de Méroé pour la longueur de leurs seins. Quoi qu'il en soit, les figures de femmes semblables à celles-ci ont presque toujours la même attitude, et sont accompagnées des mêmes attributs. On voit cependant de ces figures debout; mais elles sont toujours coiffées de lotus, et occupées, soit à en offrir les fleurs, soit à en nouer les tiges.

La sculpture figurée dans la pl. 23, fig. 4, est sur quelques-unes des colonnes, où elle forme un anneau qui n'occupe pas la huitième partie de la hauteur du fût. On peut examiner ici avec quelle adresse les artistes égyptiens savaient disposer les emblèmes religieux, et les employer à l'ornement des temples. Le scarabée, qui fait ici partie de ces emblèmes, est l'insecte le plus souvent figuré dans les sculptures égyptiennes.

Les colonnes sont sculptées *en relief dans le creux*, ainsi qu'on peut en juger d'après ce fragment. Cette espèce de sculpture est surtout bien convenable pour des colonnes, attendu qu'elle leur conserve toute la pureté de leur forme; ce qui n'arriverait pas, si la sculpture était en bas-relief ordinaire, et surtout si le relief était saillant; car, dans ce cas, la rondeur du fût serait altérée, et la colonne semblerait sinueuse et de forme très-irrégulière, suivant les différens côtés où elle serait aperçue.

Dans la même planche, fig. 5, est une longue frise composée de caractères hiéroglyphiques. On y remarque ces deux mêmes légendes encadrées qui se voient deux à deux dans presque toutes les scènes. Ces mêmes légendes composent à elles seules la décoration de la corniche dont cette frise est couronnée : elles sont disposées alternativement, séparées les unes des autres par trois cannelures remplies, et portées chacune sur un pied en forme de vase. Ces deux légendes, répétées un si grand nombre de fois dans les tableaux, dans les hiéroglyphes et dans les ornemens, étaient, en quelque sorte, la devise du temple; et il est probable qu'elles contenaient en substance l'objet de sa construction et le nom du dieu qui y était adoré. Nous ajouterons, pour l'exactitude de notre exposition, qu'elles ne se répètent pas constamment et sans aucun changement, et qu'il y en a quelques-unes dans lesquelles un ou deux signes sont changés. On trouve ces variantes dans les planches 20, 23, etc.

La corniche dont nous parlons est celle du temple proprement dit, c'est-à-dire qu'elle règne sous la galerie. Parmi toutes les corniches égyptiennes, elle est certainement une des plus simples; mais elle montre, en général, suivant quel système elles sont toutes décorées. Cette décoration est composée d'emblèmes répétés, qui reviennent d'intervalles en intervalles égaux; et, s'il arrive qu'il y ait quelques différences d'un emblème à un autre, elles ne sont jamais que dans les traits hiéroglyphiques; ce qui ne peut être aperçu au premier coup d'œil, et ne nuit en aucune manière à la régularité de la décoration.

Mais cette corniche offre ceci de remarquable, que sa décoration n'est plus sur la façade postérieure du temple ce qu'elle est sur les trois autres côtés. Au milieu de la corniche de cette façade est une tête de lion avec toute la partie antérieure du corps posée à la manière des sphinx[1] : les deux pattes de devant comprennent entre elles une rigole qui se trouve à la hauteur de la terrasse du temple; elle était destinée à vider les eaux qui pouvaient être versées sur cette terrasse. De chaque côté de ce lion sont trois tableaux semblables, séparés les uns des autres par trois cannelures remplies. Cette corniche est la seule que nous ayons vue décorée d'une manière semblable.

[1] Cette figure de lion a été omise dans la gravure.

On voit, pl. 20, fig. 8, un des tableaux qui décorent la corniche; c'est encore Horus qui en est le sujet principal : l'une des deux légendes encadrées qu'elle renferme est répétée fréquemment dans le temple. Près de chacune des deux figures de femme est une petite phrase composée de huit hiéroglyphes. Cette même phrase, nous l'avons retrouvée toute semblable sur une des colonnes du grand temple d'Edfoû (*voyez* pl. 57, fig. 1), où l'on aura soin de la faire remarquer, parce qu'il peut devenir utile de multiplier sur cette matière les remarques et les rapprochemens.

§. VII. *Des ruines de l'ouest, et de celles qui sont sur la rive opposée du fleuve.*

On est toujours surpris, en approchant de la plupart des ruines égyptiennes, de ne leur point trouver ces marques de vétusté qui caractérisent dans nos climats les anciens édifices : les pierres n'en sont point usées, noircies, cassées; les joints n'en sont point éclatés ni ouverts; et, après un aussi grand laps de temps, les monumens conservent encore un air de nouveauté.

L'édifice dont nous allons parler présente ce double aspect de la jeunesse et de la vétusté. Il n'en reste plus qu'une salle; encore un des murs est-il abattu, et cependant les pierres en sont blanches, les peintures fraîches et bien conservées.

Quelques restes de murailles, quelques ruines près de cette salle, surtout vers le nord, prouvent qu'elle a fait partie d'un monument plus considérable; mais il est impossible d'en retrouver aujourd'hui le plan et l'étendue.

Quand on sort du grand temple par sa porte latérale, on se trouve presque en face de la salle dont nous parlons, et l'on y entre par le côté dont le mur est abattu. Le mur opposé, qui est parallèle au bord de l'île, est ouvert par une grande porte qui donne immédiatement sur le quai, et qui forme, pour le spectateur, comme un grand cadre au travers duquel il aperçoit le fleuve, les rochers de la rive opposée, et les palmiers qui croissent à leur pied. A gauche, une autre porte, qui communiquait probablement à d'autres salles de l'édifice, laisse également voir au midi le fleuve et les rochers qui le bordent. Cette salle forme ainsi une espèce de belvédère dont les points de vue sont grands et pittoresques. Les sculptures qu'elle renferme offrent beaucoup d'intérêt.

Un bas-relief placé à droite en entrant représente Osiris sous la forme d'un épervier, plusieurs personnages en adoration devant lui, et Thot écrivant de nombreuses colonnes d'hiéroglyphes. Sur le mur à gauche et au-dessus de la porte latérale, on voit cette scène relative à la mort d'Osiris, que nous avons annoncée dans le §. II. Le dieu, couché sur un crocodile qui représente ici Typhon, le génie du mal, est emporté par lui dans les marais figurés par des joncs. Plusieurs attributs environnent cette scène; mais on doit surtout y distinguer un disque qui ne peut représenter que le soleil, un croissant qui est certainement l'image de la lune, et plusieurs étoiles rangées entre eux. Nous n'avons revu nulle part ailleurs rien qui eût quelque analogie avec cette représentation.

Parmi les divers personnages qui s'avancent vers le dieu, on en voit d'abord un qui semble se purifier en recevant de l'eau sur les mains; puis un second qui tient une tablette et un style, et se prépare à écrire; enfin, un troisième portant sur son épaule un sarcophage, celui, sans doute, qui est destiné à renfermer le corps d'Osiris. On peut faire, à l'égard de la première de ces trois figures, un rapprochement qui ne sera pas sans quelque intérêt. On remarque, à l'extérieur de plusieurs temples, des déversoirs comme celui que nous avons décrit au temple de l'ouest : ils sont décorés par un lion qui s'avance hors du mur de la moitié de son corps; ses pattes sont placées à la manière de celles des sphinx, et entre elles se trouve la rigole située au niveau de la terrasse du temple. Comme de semblables conduits placés de la sorte n'auraient d'autre usage, dans nos climats pluvieux, que de faire écouler l'eau qui tomberait sur la terrasse, et que l'analogie est toujours la première règle du jugement, on est porté naturellement à penser qu'ils étaient aussi en Égypte destinés au même usage; mais peut-on présumer que, dans un pays où il se passe souvent plusieurs années de suite sans qu'il pleuve une seule fois, ces conduits fussent destinés à l'écoulement de l'eau des pluies? Si telle était leur destination, pourquoi tous les temples n'en auraient-ils pas été pourvus, et pourquoi n'en verrait-on pas à d'autres édifices qu'aux temples ? Il me paraît bien plus probable que leur objet était de verser l'eau nécessaire aux ablutions et aux purifications que la religion prescrivait dans certains cas : cette eau qui jaillissait du temple même, en semblait plus mystique et plus efficace. Dans le bas-relief que nous décrivons, on voit en effet l'image d'un temple avec un déversoir décoré de la figure d'un lion ; un personnage est placé au-devant, et reçoit sur ses mains l'eau lustrale, qui, à la vérité, sort de la gueule du lion, au lieu de s'échapper d'entre ses pattes. Enfin, ce qui vient encore à l'appui de notre sentiment, ce qui confirme du moins l'opinion que ces conduits n'étaient pas destinés à rejeter l'eau des pluies, c'est que celui du temple de l'ouest, au lieu de la verser au dehors de l'édifice, l'aurait fait couler sous la galerie.

Il eût été bien intéressant, pour la connaissance de la religion égyptienne, de posséder en entier une scène aussi importante que celle de la mort d'Osiris; mais la sculpture de cette scène n'a jamais été achevée, et tout ce qui en existe a été recueilli. Il reste aussi dans cette salle plusieurs bas-reliefs qui n'ont jamais été terminés; de grandes parties de murs sont demeurées lisses, ou ne portent que les saillies destinées à la sculpture. Mais, quoique cette salle n'ait jamais été finie, il est permis de conjecturer, d'après les scènes qu'on y voit, qu'elle devait être un des édifices de l'île les plus sacrés; c'est ce que confirme encore le grand nombre d'inscriptions en caractères cursifs égyptiens que l'on y a tracées, et dont nous avons déjà parlé dans le §. II. Il semble que cette salle était un lieu de pélerinage, où les voyageurs pieux aimaient à inscrire leurs noms, et peut-être les motifs de leurs voyages.

Ce que l'état de cette salle non achevée offre de plus remarquable, c'est qu'à côté d'une figure à peine ébauchée, on en voit d'autres entièrement finies et déjà peintes de toutes leurs couleurs. Ainsi, il paraît qu'aussitôt qu'une figure était sculptée, on s'empressait de la colorier. Il est vrai que l'on pourrait imaginer les raisons particulières pour lesquelles on aurait suspendu la sculpture de l'édifice, et seulement achevé de peindre les parties sculptées; mais, comme la même singularité se retrouve en plusieurs autres lieux, on peut regarder comme certain que l'on peignait une figure dès que la sculpture en était finie, sans attendre que toutes les figures de la même salle, que toutes celles du même tableau fussent sculptées.

Quant aux motifs qui ont pu faire qu'un édifice si antique n'ait jamais été terminé, ils sont sans doute les mêmes que ceux qui, parmi nous, font que nos plus beaux édifices sont souvent restés imparfaits; et comme nous en voyons de très-anciens qui n'ont point été sculptés ni même construits entièrement, tandis que d'autres plus modernes sont finis dans toutes leurs parties, on ne peut guère, ni en Égypte, ni ailleurs, conjecturer l'âge des monumens d'après la plus ou moins grande quantité de travail qui est demeurée sans être faite : il n'y a, au reste, qu'un bien petit nombre de monumens que l'on ait totalement terminés.

Tout près de l'édifice dont nous venons de décrire les ruines, est un escalier qui n'est pas moins ruiné que lui. Il était construit en dehors contre le mur du quai, et conduisait de l'île au fleuve. En face de cet escalier et sur la rive opposée du Nil, on en voit un autre tout semblable qui conduisait également du Nil sur le sol voisin : c'est là que l'on trouve quelques ruines égyptiennes de peu d'importance, et dont nous allons parler en peu de mots. Elles consistent principalement dans cet escalier du bord du fleuve et dans les restes de quai qui l'avoisinent; puis, dans un autre escalier, en forme de perron, conduisant vis-à-vis d'une grande porte autrefois carrée, mais à laquelle on a, dans les temps modernes, ajouté un cintre en pierre d'une assez mauvaise exécution, et fort semblable aux constructions que l'on attribue aux Chrétiens qui habitèrent long-temps la Thébaïde; enfin, dans les vestiges d'un petit temple placé au-delà de cette porte. Il ne reste plus de ce temple que les quatre colonnes du portique, dont deux seulement sont entières, et portent leur chapiteau qui est en forme de vase. On voit encore entre elles les murs d'entre-colonnement et les pieds-droits de la porte d'entrée. Des débris et des décombres forment autour de cette ruine un monticule assez considérable.

§. VIII. *De l'édifice de l'est, et d'un petit temple enfoui.*

Dès que l'on aperçoit l'île de Philæ, le premier monument que l'on y remarque, c'est l'édifice de l'est. Isolé, placé près du lieu où l'on aborde, et pouvant être vu ensuite de presque tous les points, il devient en quelque sorte le signe de reconnaissance de l'île de Philæ au milieu de celles qui l'environnent, et distingue aussi le groupe des monumens de cette île d'avec tout autre groupe de monumens égyptiens.

Cet édifice est une enceinte sans plafond, longue de vingt-un mètres et large de quinze; elle est formée par quatorze colonnes qui sont engagées jusqu'à plus du tiers de leur hauteur dans des murs d'entre-colonnement. Deux portes opposées sont ouvertes dans la direction de son grand axe, qui est à peu près perpendiculaire au bord du fleuve.

D'après la largeur de l'édifice, il est très-probable qu'il n'était pas destiné à être couvert, à moins que l'on n'imagine qu'il devait y avoir dans l'intérieur deux rangs de colonnes; mais aucun indice ne justifie cette supposition. Il est vrai qu'il règne intérieurement au-dessus de l'architrave une retraite qui paraît propre à recevoir les extrémités des pierres du plafond; mais l'on n'a pu vérifier si effectivement elle avait eu cet usage. Quoi qu'il en soit, cet édifice ainsi découvert, et recevant la lumière de toutes parts, est si différent des autres, que l'on se demande bientôt si c'est un monument religieux, et quelle pouvait en être la destination : nous pouvons, par l'analogie, répondre à ces questions.

On voit à Erment une enceinte toute semblable à celle-ci, placée au-devant d'un petit temple auquel elle sert comme d'une cour. On ne peut guère, d'après cela, douter que l'édifice de l'est ne fût également destiné à précéder un temple qui aurait été placé au-delà de cet édifice par rapport au fleuve, quoique cependant il ne reste aucun vestige de ce temple, et qu'il soit même probable qu'il n'a jamais été commencé.

Les colonnes sont les plus grosses de toutes celles qui sont dans l'île de Philæ. Leur diamètre à leur base est de 1^m, 54 [1]; leur hauteur est de onze mètres [2]; à quoi il faut ajouter la hauteur du dé qui surmonte les chapiteaux; ce qui fait, depuis le sol jusque sous l'architrave, une hauteur de treize mètres et demi [3]. Les chapiteaux des colonnes ne sont que de trois espèces différentes (*voyez* pl. 26); on remarquera qu'ils sont distribués symétriquement dans chaque rangée de colonnes, et de plus, que leur distribution est la même dans les deux faces de l'édifice, qui sont parallèles. La grande élévation du dé placé au-dessus des chapiteaux est une des choses remarquables de l'édifice; mais ce n'est pas cependant le seul monument où il s'en trouve de semblables : outre qu'il en existe également aux colonnes d'Erment, on en voit encore dans d'autres temples, qui, ayant été entièrement sculptés, portent sur chacune des faces de ces dés la figure entière de Typhon. Ces édifices, soit à cause de ces figures, soit d'après les autres sculptures qu'ils renferment, paraissent avoir été consacrés au mauvais génie, représenté par Typhon; d'où peut-être on peut inférer que le temple dont l'édifice de l'est ne forme qu'une partie, aurait été aussi un *Typhonium*. C'est un motif de croire que ce temple ne devait pas être très-vaste, quoique ce qui en existe soit élevé sur de grandes dimensions; car les temples de Typhon sont tous assez petits. L'analogie fournie par les monumens d'Erment est d'ailleurs favorable à cette conjecture.

---

[1] Quatre pieds neuf pouces environ.

[2] Trente-quatre pieds.

[3] Près de quarante-deux pieds.

L'édifice de l'est nous fournit, sur les portes d'entrée et sur les murs d'entre-colonnement, quelques remarques générales qui conviennent à tous les temples égyptiens.

Dans une ordonnance de colonnes, l'entre-colonnement du milieu, destiné seul à servir de porte, est toujours beaucoup plus large que les autres; et ceux-ci, coupés par un mur jusqu'à plus du tiers de leur hauteur, ont, suivant une comparaison que nous avons déjà faite, l'apparence de fenêtres. Les Grecs ont imité dans plusieurs de leurs édifices cette plus grande largeur donnée à l'entre-colonnement du milieu; et nous-mêmes, nous l'avons quelquefois imitée des Grecs. Mais, dans leurs monumens comme dans les nôtres, où tous les entre-colonnemens sont ouverts jusqu'au bas, cette disposition devenait à peu près sans objet. On a d'ailleurs presque toujours commis une faute grave en adoptant cette distribution des colonnes : c'est de n'avoir pas mis une différence assez grande entre l'espacement du milieu et les espacemens latéraux; ce qui fait que, dès qu'on cesse de voir la colonnade en face, l'inégalité des espacemens ne semble plus qu'une négligence d'exécution.

Comme les portiques égyptiens étaient destinés à être fermés, il avait fallu trouver le moyen d'appliquer des portes battantes à l'entre-colonnement du milieu; c'est là l'objet des pieds-droits que l'on voit s'élever contre les colonnes jusqu'à la hauteur du dernier anneau qui en décore le fût, au-dessous du chapiteau. Ils ont une saillie vers l'intérieur de la porte, en forme de crossette, et sous cette saillie est creusé le trou qui devait recevoir le tourillon supérieur de la porte battante; car celle-ci tournait sur pivot. Ainsi, cette forme des pieds-droits, qui, au premier abord, semble bizarre et capricieuse, était parfaitement motivée.

Presque partout l'embrasure pratiquée dans les pieds-droits a pour profondeur la moitié de la largeur de la porte; de manière que les deux battans, lorsqu'ils s'ouvraient, venaient s'appliquer dans toute leur étendue contre l'embrasure.

La porte battante se terminait ainsi à la hauteur des crossettes des pieds-droits; et c'est une remarque générale, que le dessous de ces crossettes se trouve toujours au même niveau que les murs d'entre-colonnement. Il résulte de là que, lorsque la porte était fermée, l'entre-colonnement du milieu était clos à la même hauteur que les autres; ce qui formait une seule ligne horizontale entre toutes les colonnes. Les Égyptiens étaient extrêmement soigneux de conserver ces longues lignes, qui sont d'un bel effet dans l'architecture. Tant de soin, tant de recherche jusque dans les détails, ne permettent plus de dire que chez eux l'architecture était dans l'enfance de l'art. Sans doute les Grecs, en l'imitant, y ont ajouté de la grâce et une élégance que ne présentent pas les monumens de l'Égypte; mais l'art, en passant dans la Grèce, a pris un caractère particulier : ce n'est pas l'art des Égyptiens perfectionné, c'est une branche sortie du même tronc; preuve de la fécondité de la souche commune. L'architecture égyptienne, envisagée en elle-même et relativement à son objet, avait acquis des règles sages et bien liées entre elles, et elle me semble avoir atteint toute la perfection dont elle était susceptible. Revenons à la description de l'édifice.

Les sculptures des murs d'entre-colonnement représentent des offrandes faites aux dieux. L'une d'elles, pl. 27, fig. 1, est composée de fleurs de lotus sur lesquelles un prêtre épanche l'eau d'un vase; sujet analogue, sous ce rapport, à celui que nous avons décrit à la fin du §. V. Mais ce que ces murs offrent de plus curieux, c'est la richesse et le goût de l'encadrement des bas-reliefs. Le cordon entouré d'un ruban forme le cadre proprement dit, dont le caractère est très-mâle : au-dessus est la corniche accoutumée. Cet encadrement se trouve par-là dans une harmonie parfaite avec le reste de l'édifice. L'espace qui reste, de chaque côté, entre le cordon et le bord du mur, est occupé par un serpent dont le corps est roulé en vis autour d'une tige de lotus. Nous ne pouvons nous empêcher de faire remarquer avec quelle adresse l'artiste a rempli l'espace plus large qui se trouve près de la corniche, par un pli du corps du serpent, par sa poitrine élargie, et par la coiffure symbolique qu'il porte sur sa tête. Les Égyptiens ont excellé dans cet art de distribuer les ornemens de manière à remplir également tous les espaces, sans cependant que l'on s'aperçoive qu'ils aient rien sacrifié à ce but de décoration.

Dans l'intérieur du cadre, une frise, comme on en voit en beaucoup d'autres lieux, occupe la partie supérieure. Les oiseaux qui accompagnent et semblent même envelopper de leurs ailes les légendes encadrées, sont des animaux chimériques, dont la tête seulement est celle de l'épervier. La partie inférieure du cadre est occupée par des lotus qui forment un ornement aussi riche que délicat.

Les corniches des murs d'entre-colonnement sont toujours surmontées de ce couronnement que nous avons déjà décrit, composé de serpens dressés sur leur poitrine et portant des disques sur leur tête. Il n'y a que deux de ces couronnemens qui soient achevés dans l'édifice; les autres n'offrent qu'une masse dans laquelle les serpens devaient être taillés.

Les deux murs d'entre-colonnement dont on voit les dessins pl. 27, sont les deux seuls qui soient sculptés; encore ne le sont-ils que dans l'intérieur, et il n'y a nul doute qu'ils ne dussent l'être également au-dehors. Entre ces deux murs, le fût de la colonne porte pour ornement des hiéroglyphes rangés dans des lignes verticales. On a remarqué[1] sur les diverses sculptures quelques traces de couleurs. Voilà donc, sans sortir de Philæ, un second exemple de peintures appliquées dans un édifice dont la sculpture est à peine commencée. Enfin, aux parties de l'édifice qui sont sculptées, il faut ajouter tous les chapiteaux et le disque ailé qui est dans la corniche de l'une des façades.

Ces sculptures sont en si petit nombre par rapport à toutes celles qui devaient être exécutées, que l'on peut regarder l'édifice comme lisse et sans sculpture; du moins l'effet qu'il produit à la vue est absolument le même que s'il n'y en avait effectivement aucune. Un pareil monument est une chose rare en Égypte : c'était

[1] Extrait du Journal de voyage de M. Villoteau.

une circonstance heureuse que celle qui nous permettait de juger de l'architecture égyptienne toute nue, et de nous assurer de la beauté de son caractère par les seules lignes qui la constituent.

Une autre circonstance nous permettait encore de satisfaire notre vive curiosité sur tout ce qui a rapport aux arts égyptiens : plusieurs parties de l'édifice n'ayant point encore reçu leur dernière forme, et les pierres étant restées à peine dégrossies, nous avons pu suivre les divers degrés du travail, et juger de l'avancement de ce peuple dans l'art de la construction.

La coupe des pierres est, comme on le sait, cette partie de l'art de bâtir qui consiste à tailler séparément toutes les pierres d'un édifice de telle sorte, qu'il n'y ait plus qu'à les poser chacune à la place qui lui est destinée, pour que l'édifice soit construit. Les Égyptiens suivaient, à ce qu'il paraît, une marche moins savante; ils plaçaient les pierres assez peu dégrossies les unes sur les autres, et taillaient ensuite dans ces massifs les formes de l'architecture. C'est du moins ce qui est évident dans plusieurs parties de l'édifice de l'est : tout le haut en est taillé et poli; mais, dans le bas, de grandes portions sont restées brutes (*voyez* les pl. 4 et 25). Les colonnes, arrondies au-dessus des murs d'entre-colonnement, le sont aussi dans l'intérieur entre ces mêmes murs; mais, au-dehors, il y en a plusieurs qui n'ont encore reçu aucune forme; et à la colonne de l'angle sud-ouest, entre autres, j'ai mesuré des saillies de plus d'un décimètre, qui auraient été retranchées si l'édifice eût été fini.

DE L'ILE DE PHILÆ.   101

Ce n'est pas cependant que les Égyptiens pussent ignorer l'art d'appareiller les pierres sur le chantier, avant de les mettre en place; ce qui le prouve, c'est la manière dont ils taillaient quelquefois les joints par lesquels les pierres d'une même rangée horizontale se touchent. Ces joints ne sont pas tous verticaux; on en trouve d'inclinés sous divers angles : il fallait donc que les pierres, avant d'être rapprochées, fussent parfaitement taillées sous la même inclinaison, pour que le joint fût exactement fermé. Cette méthode de joints inclinés donnait, comme on le voit, naissance à une difficulté de plus dans la construction; et l'on ne peut guère lui trouver d'autre motif que celui de l'économie de la pierre, puisque cette méthode permettait d'employer les blocs qui avaient des faces inclinées, sans en rien retrancher que ce qui était nécessaire pour les aplanir. Mais comment accorder ce procédé économique avec cet autre qui l'est si peu, de mettre en place des pierres beaucoup plus grosses qu'il ne fallait, pour y tailler ensuite les formes que l'on voulait exécuter?

Quant aux joints horizontaux, ils sont tous parallèles et parfaitement de niveau; mais ce n'est pas toujours une même assise de pierres qui règne dans toute l'étendue de l'édifice, comme nous le pratiquons dans toutes nos constructions en pierres de taille; souvent une assise fort élevée est continuée par deux assises plus basses [1].

---

[1] D'autres fois une même pierre est taillée en crochet, et appartient à deux assises de hauteurs différentes. Les diverses constructions de Philæ et de l'Égypte présentent des exemples de ces irrégularités, qui, d'ailleurs, n'ôtent rien à la solidité, mais nuisent seulement à la beauté de l'appareil. Il paraît que les Égyptiens attachaient peu de prix à l'ex-

Les faces des joints des pierres dans l'édifice de l'est ne sont lisses qu'à leurs bords, sur une largeur de plus de deux décimètres; le milieu de la face est seulement piqué : peut-être était-ce afin que le ciment s'attachât mieux aux pierres par ces petites aspérités. Ce ciment ne forme qu'une couche très-mince, et les joints se peuvent à peine apercevoir.

Les Égyptiens ne se contentaient pas de l'épaisseur qu'ils donnaient aux murailles de leurs édifices, et de la grosseur des pierres qu'ils y employaient, pour en assurer la solidité; ils prenaient encore le soin de lier les unes aux autres les pierres d'une même assise horizontale. On aperçoit toujours dans le plus grand nombre des constructions, sur la surface supérieure de deux pierres contiguës, deux entailles correspondantes, en forme de queue d'aronde, et qui reçoivent un tenon taillé lui-même en double queue d'aronde. Ces tenons ne se retrouvent plus parmi les pierres renversées. Il était naturel de les supposer faits de métal : cependant, en démolissant à dessein quelques restes peu intéressans d'édifices, nous avons trouvé des tenons de bois; ce qui ne paraît pas propre à retenir fortement des pierres de grosses dimensions. Aussi quelques personnes ont-elles pensé que l'on avait employé originairement des tenons de métal, et que, par la suite, le métal étant devenu plus rare, on y avait substitué du bois, moins par motif de solidité que pour ne pas anéantir un ancien usage. D'autres per-

---

trême régularité des joints; ils tâchaient au contraire de les cacher, pour qu'ils n'interrompissent pas les sculptures, et celles-ci à leur tour servaient à cacher les joints.

sonnes ont cru que peut-être ces pièces de bois servaient à rapprocher les pierres, par le gonflement qu'on leur faisait éprouver en les humectant : mais de pareils tenons ne sont-ils pas suffisans par eux-mêmes pour arrêter l'écartement des pierres, quelque grosses qu'elles soient? L'état où on les trouve encore, prouve mieux que tout ce que l'on pourrait dire, qu'ils pouvaient durer fort long-temps. Ils sont en bois de sycomore, bois extrêmement compacte. Leur longueur ordinaire est de 0^m,24 [1]; leur plus grande largeur, de 0^m,067 [2]; et leur épaisseur, de 0^m,04 [3]. Nous en avons rapporté plusieurs; et quoique charbonnés à leur surface, ils sont encore bien conservés. Cette longue durée d'une matière végétale que nous voyons se détruire si rapidement dans nos climats, ne surprendra pas ceux qui connaissent les causes qui agissent dans cette destruction, puisque ces morceaux de bois, presque exactement enfermés dans des pierres toujours sèches, ne sont exposés ni à l'humidité ni au contact de l'air. Cependant, l'influence des siècles étant plus sensible sur le bois que sur le grès dont les monumens sont construits, on pourrait juger de l'âge respectif de ces monumens par l'état de conservation des tenons de bois employés à en lier les pierres [4].

[1] Neuf pouces. On en a rapporté un qui a onze pouces trois lignes.
[2] Deux pouces et demi.
[3] Un pouce et demi.
[4] Nous ne prétendons pas toutefois qu'il n'y ait jamais eu que du bois employé à former les tenons qui lient les pierres. Ce qui doit faire conjecturer qu'il y en a eu de métal, ce sont les efforts qui manifestement ont été faits pour les arracher du sein des murailles. Est-il probable que l'on se fût donné d'aussi grandes peines, si l'on n'y eût jamais trouvé que du bois? Il est digne de remarque que ce surcroît de solidité

En observant l'édifice de l'est, on voit que toutes les parties, bien qu'elles fussent destinées à être sculptées, étaient auparavant dressées et polies, comme si l'on se fût proposé de laisser l'architecture lisse. Ainsi, dans l'intérieur, où il n'y a que deux bas-reliefs sculptés, tous les autres panneaux formés par les murs d'entre-colonnement sont polis. Il n'y en a qu'un seul qui soit resté piqué; les travaux ont été abandonnés avant qu'il ait été mis au même degré d'avancement que tous les autres.

Les fondations de plusieurs édifices ruinés jusqu'à leur base ayant été examinées, on a vu qu'elles consistaient en des murs un peu plus épais que ceux qu'elles sont destinées à soutenir, et reposant immédiatement sur le rocher. La solidité de ce fondement a beaucoup contribué, sans doute, à prolonger la durée des édifices de Philæ, et leur assure encore une longue existence.

Tous les faits que nous venons d'exposer se rapportent à la construction proprement dite; les soins que l'on y avait apportés, entièrement perdus pour la vue, ne contribuaient qu'à la solidité, et nullement à la beauté des édifices : mais il y a une autre exécution, que l'on peut appeler extérieure ou apparente, qui frappe tous les yeux, et dont il nous reste à parler.

Cette exécution est, on peut le dire, admirable dans le plus grand nombre des monumens égyptiens : il est impossible de trouver des surfaces mieux dressées, des

---

que les Égyptiens avaient voulu donner à leurs édifices, ait été une des principales causes de leur destruction. Si l'on eût toujours employé du métal dans l'intérieur des murailles, il ne resterait pas actuellement pierre sur pierre en Égypte.

colonnes mieux arrondies, des arêtes plus vives, des courbes plus pures et plus continues. Mais, où cette perfection du ciseau se montre encore davantage, c'est dans les sculptures : les feuillages des chapiteaux, les ornemens les plus délicats, les parties les plus petites, sont taillés avec une rare pureté. L'exécution des figures n'est pas moins remarquable; si le contour en est roide et défectueux, les formes des reliefs sont au contraire pleines de souplesse. Comme ces reliefs sont extrêmement peu saillans, les détails des figures sont aussi très-peu exprimés ; elles semblent enveloppées d'un voile qui laisse deviner les formes, et l'œil est singulièrement charmé du travail doux et moelleux qui règne dans tous les mouvemens. Ce qui ajoute encore au mérite d'une pareille exécution, c'est la nature de la pierre qu'il a fallu mettre en œuvre, et qui, comme nous l'avons déjà dit, est un grès à peu près pareil à celui de Fontainebleau, matière qui exigeait des instrumens excellens et des mains très-exercées.

Cette perfection du travail se rencontre en divers degrés dans les édifices de Philæ : elle est remarquable dans le grand temple, dans celui de l'ouest, et surtout dans l'édifice de l'est. Peut-être la grande lumière qui l'éclaire, la blancheur de la pierre et la finesse de son grain, contribuent-elles aussi à la supériorité apparente de l'exécution. Cet édifice doit se rapporter au siècle où brillait l'art en Égypte; le soin même que l'on a pris de choisir les matériaux, ne peut appartenir qu'à une pareille époque.

Mais comment, avec tant de perfection dans le travail du ciseau, tant d'immobilité dans les poses, tant d'ignorance de la perspective? car les figures de cet édifice ne sont point différentes de celles des autres temples, et les unes et les autres semblent avoir été tracées d'après les mêmes modèles. Pour expliquer cette contradiction, la même idée se présente à tous les esprits. Les législateurs égyptiens, qui redoutaient toute espèce d'innovations, et particulièrement celles qui pouvaient avoir des rapports avec la religion, arrêtèrent eux-mêmes les progrès de l'art, en consacrant, dès les premiers pas, des formes et des attitudes dont il ne fut plus possible de s'écarter dans la suite. Comme les figures des dieux et des hommes étaient ce qu'il y avait de plus remarquable et de plus important, les formes adoptées dans l'enfance de l'art en furent aussi maintenues plus invariablement : de là ces figures humaines dont les épaules sont de face, la tête et le reste du corps de trois quarts et de profil; de là aussi le petit nombre d'attitudes différentes admises dans les représentations sacrées. Cependant il devait nécessairement résulter quelque perfection de la pratique de tant de siècles; mais elle ne consistait que dans la manière d'exécuter les formes prescrites.

Cette explication me paraît le seul moyen de concevoir l'état de la sculpture des bas-reliefs chez un peuple qui avait fait de grands progrès dans la statuaire. Ce qui vient encore à l'appui, c'est que l'on avait aussi bien mieux imité les objets accessoires, et tout ce qui avait un rapport moins direct avec la religion. Les figures d'animaux sont, en général, d'un dessin très-vrai. Les sculpteurs égyptiens ont surtout parfaitement saisi, en figurant un animal, le trait principal qui le caractérise. La suite de cet ouvrage montrera aussi qu'ils ont su varier de mille manières les attitudes des figures humaines, lorsqu'il ne s'agissait plus de sculptures sacrées.

Les règles invariables introduites dans les sculptures des temples avaient dû devenir un moyen de les multiplier et d'en accélérer l'achèvement, en permettant d'y employer un plus grand nombre de mains; car, à moins que l'on n'imagine que le travail d'un même édifice durait plusieurs siècles, on ne peut qu'attribuer à l'existence d'une multitude d'artistes la grande quantité de sculptures qui décorent un seul monument. On conçoit en effet que les formes de tous les signes, de toutes les figures, étant déterminées depuis long-temps, on pouvait donner à chaque sculpteur une seule sorte d'objet à exécuter, et employer ainsi un grand nombre d'hommes à-la-fois. Bien plus, quand on considère que, dans un même édifice, toutes les têtes des dieux, toutes celles des déesses, ont un caractère unique; que les animaux de même espèce se ressemblent tous parfaitement; qu'enfin chaque classe d'objets a de même son caractère propre et constamment observé, on est conduit à penser qu'une figure n'était pas confiée à un seul sculpteur pour la commencer et la finir en son entier, et que plusieurs artistes y travaillaient successivement : par exemple, une figure était d'abord ébauchée par celui dont c'était la fonction; un autre arrivait ensuite et l'avançait davantage, et successivement ainsi jusqu'au dernier qui venait la finir. C'est alors que les peintres arrivaient à leur tour, et appliquaient chacun la couleur convenable et selon les règles établies.

Par ce moyen, dix figures, que dix sculpteurs auraient exécutées séparément dans un certain espace de temps, et qui auraient toujours été différentes les unes des autres, se trouvaient achevées dans un temps égal, et peut-être même plus court, ayant toutes le même caractère, et étant finies au même degré.

Un pareil procédé ne pouvait pas, sans doute, conduire à la haute perfection de l'art : mais, dans le système égyptien, c'était une chose raisonnable de vouloir que les mêmes personnages, les mêmes objets, fussent toujours représentés sous les mêmes traits; et l'on peut ajouter que la distribution régulière des bas-reliefs, leur exécution semblable, leur composition presque uniforme, conviennent peut-être mieux quand il s'agit de décorer des faces entières de murailles, que ne feraient des bas-reliefs de forme, de composition et d'exécution trop différentes.

Nous terminerons la description des monumens égyptiens de Philæ par celle d'un petit temple situé un peu au midi de l'édifice de l'est : le temple proprement dit subsiste probablement encore; mais il est totalement enfoui, et l'on ne voit plus de ce petit monument que le haut des colonnes du portique. L'entre-colonnement du milieu paraît extrêmement large relativement aux deux espaces latéraux; mais l'édifice est construit sur de si petites dimensions, qu'il fallait bien, pour que l'entrée en fût suffisamment large, faire l'entre-colonnement du milieu relativement plus grand que dans les autres édifices. Ce temple est le plus petit des monumens égyptiens : le portique n'a dans l'intérieur que cinq mètres [1] de largeur, et $2^m,6$ [2] de profondeur. La hauteur des colonnes sous l'architrave ne devait être que de trois mètres et demi. Ce portique, déjà remarquable par la petitesse de ses dimensions, l'est encore par le soin et la finesse avec lesquels les sculptures en sont exécutées.

§. IX. *Des constructions grecques ou romaines qui sont dans l'île de Philœ.*

Devenus maîtres de l'Égypte, les Grecs y apportèrent leurs sciences et leurs arts : c'était les ramener dans la terre natale, d'où ils étaient sortis peu de siècles auparavant; mais déjà ils avaient pris un air étranger, un caractère propre, qu'ils ont depuis toujours conservés. L'architecture grecque, bien que formée sur celle des Égyptiens, en diffère cependant par des caractères si essentiels et si prononcés, qu'elle ne peut être un seul instant confondue avec elle : celle des Romains, qui n'est que l'architecture grecque modifiée, en diffère plus encore, à cause des voûtes et des arcades dont elle offre de nombreux exemples.

Aussi, sur cette terre toute couverte d'édifices égyptiens, nous reconnaissions au premier coup d'œil les constructions des étrangers; et, chose que nous ne nous lassions pas d'admirer, toutes ces constructions, postérieures aux monumens du pays, faites souvent avec les pierres qu'on en a arrachées, se montraient plus ruinées,

---

[1] Quinze pieds et demi. [2] Huit pieds.

plus dégradées qu'eux; un jour elles seront entièrement anéanties, et les monumens égyptiens attesteront long-temps encore l'existence et la grandeur du peuple qui les a élevés.

Ces remarques, ces rapprochemens, qui se répéte-ront dans la suite de cet ouvrage, trouvent déjà leur application dans l'île de Philæ, qui, dans sa petite étendue, présente en quelque sorte un échantillon de tout ce que l'Égypte renferme. Près de ces beaux mo-numens si bien conservés, on ne voit presque plus rien des édifices que les Grecs et les Romains y avaient bâtis, si ce n'est des vestiges méconnaissables. Au milieu de la partie nord de l'île, un pan de muraille de quatre à cinq mètres de hauteur[1] est resté seul debout. Son épaisseur est peu considérable : les pierres en sont toutes dis-jointes, et il ne faudrait qu'une faible secousse pour le renverser et le détruire entièrement. On voit dans sa partie supérieure une architrave et quelques portions d'une frise ornée de triglyphes. Les pierres dont cette muraille est construite ont visiblement été tirées de quelques édifices égyptiens : plusieurs d'entre elles por-tent des fragmens d'hiéroglyphes, et des figures, les unes tronquées, les autres renversées dans divers sens. On en voit même sur les faces extérieures des pierres, où l'on n'a pas pris la peine de les effacer; ce que les Égyptiens ne manquaient jamais de faire, quand ils em-ployaient d'anciens matériaux dans la construction de leurs édifices. Une pareille dispersion des emblèmes sa-crés ne peut appartenir qu'à une époque où la religion

[1] Quinze pieds et demi.

égyptienne était totalement abandonnée. Peut-être l'édifice dont cette muraille faisait partie, appartient-il au temps du Bas-Empire, quoique cependant l'état de ruine où il est porte à le considérer comme plus ancien, et que les restes de l'entablement dorique qui le couronne puissent permettre d'en attribuer la construction aux Grecs, chez qui s'employait l'ordonnance dorique plus fréquemment que chez les Romains.

Nous ne resterons pas dans une pareille incertitude à l'égard d'une autre construction placée aussi dans la partie septentrionale de l'île, près de l'endroit où l'on y aborde. Une arcade ouverte au milieu d'un massif, et de chaque côté une arcade plus petite, ne laissent point douter un instant que cette construction ne soit un arc de triomphe, et n'appartienne conséquemment aux Romains, qui seuls ont élevé de semblables édifices.

Celui-ci n'a point été achevé; la partie cintrée de la grande arcade n'a jamais été faite, et l'on n'y voit aucune moulure taillée. Cet édifice ressemble par quelques points à l'arc d'Antinoé; on y remarque, comme dans ce dernier monument, des fenêtres au-dessus des petites arcades. Cependant, auprès de l'arc romain d'Antinoé, celui de Philæ n'est qu'un édifice barbare, par la lourdeur de ses proportions : il est d'ailleurs extrêmement petit, les arcades latérales n'ayant que deux mètres de hauteur, et celle du milieu ne devant en avoir que cinq. Mais ce petit édifice est peut-être, parmi ceux que les Romains ont élevés en Égypte, un des mieux conservés. Il doit cet avantage, sans doute, à sa situation et à la composition simple de ses parties; il faut aussi remarquer qu'il a été construit par des mains égyptiennes. Non-seulement il est bâti de grès, comme tous les autres monumens de Philæ, mais on observe entre eux et lui la plus grande conformité dans le système de construction : on y retrouve les joints obliques, les gros bossages de pierres, enfin toutes les ressemblances qui peuvent faire raisonnablement conjecturer que ce monument romain a été exécuté par des ouvriers du pays. Il sera question ailleurs d'édifices qui sont au contraire composés dans le système égyptien, et dont l'exécution est certainement grecque ou romaine.

§. X. *Observations sur l'antiquité des principaux édifices de l'île de Philæ.*

On aurait tort d'exiger des voyageurs qu'ils se bornassent uniquement au récit de ce qu'ils ont vu : en effet, il y a des conjectures solides qu'eux seuls peuvent faire, des comparaisons, des inductions qui n'appartiennent qu'à eux, parce qu'elles résultent de l'observation immédiate et de la vue des objets; ce que le récit le mieux fait et le plus fidèle ne peut jamais remplacer entièrement. Tout ce que l'on doit exiger d'eux, c'est que les faits soient tellement détachés des conjectures, qu'ils ne puissent jamais être confondus avec elles. C'est à quoi nous nous sommes attachés dans les paragraphes précédens, où, tout en donnant la série de nos observations, nous avons été quelquefois conduits à chercher leur mutuelle dépendance : c'était un moyen de rendre les faits plus sensibles, de leur donner plus de force en les liant ensemble, et de les mieux graver dans la mémoire, qu'on ne pourrait le faire en présentant des faits sans liaison et des observations sans but ; mais nous avons dû réserver pour ce dernier paragraphe la recherche de l'âge des monumens de Philæ.

Si l'on considère d'abord dans ces monumens leur état de conservation, leur couleur plus blanche ou plus noirâtre ; qu'enfin on veuille juger de leur âge par leur apparence, on sera porté à croire que le grand temple est le plus ancien monument de l'île, et que l'édifice isolé de l'est en est au contraire le plus moderne. Ces indices, il est vrai, seraient insuffisans, si, en examinant ensuite la position relative des édifices, pour en déduire l'ordre successif dans lequel ils ont été construits, on ne s'assurait encore que, dans leur distribution irrégulière, ils ont tous été coordonnés par rapport au grand temple. Les irrégularités qui se voient dans l'ordonnance de ces monumens s'expliquent d'une façon fort raisonnable en supposant que le grand temple était construit d'avance, et précédé de deux galeries comme celle qui subsiste à l'est; que l'on a voulu depuis lui donner une longue avenue qui eût son origine à l'extrémité méridionale de l'île, mais que la forme même de celle-ci n'a pu permettre que l'avenue fût dans la direction de l'axe du temple ; qu'enfin le grand pylône a été placé de manière à n'être pas trop oblique à l'avenue ni au grand temple. Nous avons déjà dit (§. IV) comment nous croyions qu'on pouvait expliquer la position de la colonnade orientale et celle de l'édifice du midi. Quant au temple de l'ouest, il est manifeste qu'il a été coordonné au grand pylône, auquel il est perpendiculaire; et nous supposons qu'il a remplacé une galerie semblable à celle de l'est, et qui peut-être dès-lors commençait à tomber en ruine.

Quant à l'édifice de l'est, qui est aussi bien conservé que ce dernier, et qui même paraît plus nouveau, soit à cause de sa blancheur, soit parce qu'il n'a jamais été achevé, nous sommes portés à le regarder comme un des derniers édifices que les Égyptiens aient bâtis.

Nous n'étendrons pas plus loin ces conjectures, qui n'ont que de légers fondemens et peu d'intérêt : il nous suffit d'avoir montré que la disposition relative des monumens est d'accord avec leur apparence, pour faire assigner au grand temple une époque plus reculée qu'aux autres édifices.

Mais, afin de présumer l'époque des plus anciens, recherchons quel âge on peut attribuer aux plus modernes. Sans doute, ils ne sont pas postérieurs à la conquête de l'Égypte par les Perses. Les vainqueurs étaient plus ennemis de la religion que de la nation même; les troubles, les révoltes, les guerres qui se succédèrent depuis la conquête, n'ont pu permettre que l'on érigeât de si grands édifices, et d'une si longue exécution, surtout aux limites les plus reculées de l'Égypte, et dans un lieu où ils devaient rester ignorés. Ces édifices sont d'ailleurs du style égyptien, sans mélange : comment croire que les maîtres du pays n'eussent pas mis quelque part l'empreinte de leur goût, et laissé des traces de leurs arts ? Les plus modernes des édifices égyptiens de Philæ doivent donc avoir au moins deux mille trois cents ans d'ancienneté; voyons s'il ne serait pas possible de trouver, pour quelques-uns d'eux, des indications plus particulières sur le temps de leur érection.

En décrivant le temple de l'ouest, nous avons parlé d'un déversoir destiné à faire écouler les eaux qui pouvaient être versées sur la terrasse du temple; nous avons également parlé d'une scène sculptée sur les murs de l'édifice ruiné de l'ouest, dans laquelle se trouve figuré un pareil déversoir, et nous avons donné de fortes raisons de penser que ces rigoles avaient un usage religieux, qu'elles versaient les eaux lustrales, c'est-à-dire, les eaux nécessaires à de certaines purifications ordonnées par la religion; enfin nous avons vu que ces déversoirs ou rigoles sont décorés de la figure d'un lion qui laisse jaillir l'eau par sa gueule, ou entre ses pattes (§. VII). Or, il faut bien se pénétrer d'une vérité que tout cet ouvrage confirmera de plus en plus, c'est qu'il n'y avait rien d'arbitraire dans le choix des décorations égyptiennes, et qu'il ne faut pas, à cet égard, juger de leurs règles et de leurs motifs d'après les idées qui nous dirigent dans la composition de l'ornement. Chez nous, comme il est arrivé chez les Grecs eux-mêmes, on consulte uniquement l'œil; c'est l'imagination, c'est le goût du sculpteur qui sert de règle à la décoration : chez les Égyptiens, au contraire, chaque ornement offre un emblème; l'art consistait à faire servir cet emblème à l'embellissement de l'édifice. En voyant donc ici le lion et l'eau réunis, et celle-ci en quelque sorte produite par celui-là, on doit se demander quel peut avoir été le motif de cette réunion, et pourquoi la figure du lion a été choisie plutôt que toute autre figure pour décorer les déversoirs des terrasses des temples.

Nous remarquerons d'abord que les ablutions, les purifications par l'eau lustrale, et tous les usages religieux qui sont fondés sur la vertu régénérative de l'eau, viennent originairement de l'Égypte. Cette eau si salutaire, si bienfaisante, c'est celle du Nil au temps de l'inondation, où, nouvelle et plus salubre, elle vient remplacer l'eau stagnante, chasser les maladies, et, se répandant sur toute la face de l'Égypte, produire seule l'abondance et renouveler en quelque sorte la vie de tout ce qui végète ou respire. Ce phénomène de l'inondation revient chaque année au solstice d'été; et la constellation du zodiaque dans laquelle entre alors le soleil, était regardée par les anciens Égyptiens comme la compagne et le signe du phénomène; c'était elle qui annonçait et qui semblait produire l'inondation.

On aperçoit maintenant quelle est l'origine de l'emblème qui nous occupe. A une certaine époque, le lion céleste était solsticial; c'était alors cette constellation qui paraissait être la cause du débordement et verser l'eau des purifications; et ce fut le lion que l'on représenta dans les temples, versant effectivement l'eau lustrale. C'est à cette époque, suivant nous, qu'il faut rapporter la construction du temple de l'ouest et celle de l'édifice ruiné, dans lesquels se trouve notre emblème; mais cette époque ne donne pas une date précise, parce qu'elle est comprise entre des limites fort éloignées l'une de l'autre, le lion ayant occupé le solstice pendant deux mille cent soixante-trois ans.

DE L'ILE DE PHILÆ.   117

Le rapprochement qui précède, confirmé par les monumens astronomiques de l'Égypte, peut donc jeter quelque jour sur l'époque de la construction des édifices où le lion est représenté comme la source des eaux salutaires. Il est très-vraisemblable que l'érection de ces temples eut lieu dans le temps où le lion était encore solsticial, et où l'affluence des eaux se manifestait aussi sous cette constellation. On peut conjecturer, d'après cela, que l'époque dont il s'agit n'est pas éloignée de celle où le solstice d'été passa du lion dans le cancer; ce qui arriva vers l'an 2500 avant l'ère vulgaire[1]. Au reste, d'autres considérations, tirées de l'institution primitive du zodiaque, permettent encore de rapprocher de nous l'époque probable de ces constructions.

Le grand temple est lui-même bien antérieur au temple de l'ouest; et quoiqu'il en résulte déjà pour le premier une antiquité très-reculée, il y a des preuves certaines d'une antiquité bien plus reculée encore, puisque plusieurs des pierres qui entrent dans la construction de ce même grand temple sont des débris de quelque construction antérieure. Ce fait, que nous nous sommes contentés d'énoncer dans le §. II, mérite d'être exposé avec plus de développemens.

Une des colonnes du portique est dégradée d'une manière notable (*voyez* le §. V). Quelques-uns de nous, lorsqu'ils en examinaient la construction, aperçurent, sur les faces des pierres cachées dans l'intérieur de la

---

[1] Consultez le mémoire de M. Fourier sur les monumens astronomiques pour ce qui regarde la détermination précise de l'époque à laquelle le solstice d'été avait atteint la constellation du lion.

colonne, des hiéroglyphes sculptés et même encore coloriés. La première idée qui se présenta en effet, fut que ces pierres provenaient de quelques édifices plus anciens; mais comme il résultait immédiatement de cette opinion une conséquence très-importante à l'égard des questions d'antiquité, nous ne voulûmes pas l'adopter sans examen. Ne pouvait-on pas croire que les Égyptiens, si prodigues d'emblèmes religieux, en avaient tracé sur les faces cachées des pierres, eux qui en sculptaient jusque dans l'intérieur des sarcophages, destinés à ne jamais être ouverts? Mais, en examinant avec tout le soin possible l'intérieur de cette colonne et les pierres qui en étaient tombées, nous ne vîmes que des hiéroglyphes tronqués ou renversés, des figures coupées par le milieu, aucune suite, aucun rapport de grandeur entre les différens fragmens. Il y avait des pierres qui portaient ces hiéroglyphes sur leur face horizontale, d'autres sur leur face verticale, où ils étaient souvent couchés ou renversés entièrement; quelques pierres aussi ne portaient point de sculptures. Il fallut bien demeurer convaincu que cette colonne avait été construite de débris qui, antérieurement, avaient appartenu à d'autres édifices; et, depuis, cette idée s'est trouvée entièrement confirmée en répétant les mêmes remarques dans d'autres lieux.

Sans prétendre assigner l'âge de ces monumens antérieurs, nous ferons deux observations. La première, c'est que les Égyptiens, si religieux, si respectueux pour tout ce qui était ancien, ne devaient pas se déterminer légèrement à détruire un temple : il fallait sans doute pour cela qu'il fût bien dégradé, qu'il menaçât de s'écrouler bientôt, ou que même il se fût en effet écroulé. Or, si les monumens que nous voyons aujourd'hui, et dont les plus modernes ont au moins deux ou trois mille ans d'antiquité, sont cependant encore si intacts, et, pour ainsi dire, si neufs, combien ne faut-il pas supposer de siècles à ceux qui tombaient en ruine lorsque l'on a construit le grand temple, le plus ancien édifice de l'île? La seconde observation, par laquelle nous terminerons, c'est que les sculptures des débris qui composent la colonne, sont aussi parfaitement exécutées que celles des monumens plus modernes; et, autant que l'on peut en juger par un petit nombre de figures, c'est le même système de décoration, la même pureté de ciseau, ce sont aussi les mêmes couleurs. Il faut donc concevoir, à l'époque où ces monumens antérieurs ont été élevés, les arts déjà parvenus au degré de perfection qu'ils n'ont guère passé depuis chez les Égyptiens; ce qui suppose que cette nation avait été réunie et que sa civilisation avait commencé long-temps avant cette époque.

C'est ainsi que, par une suite d'inductions, que nous sommes loin de regarder comme des preuves, mais qui du moins ont l'avantage de se présenter naturellement, on est déjà conduit à concevoir chez les Égyptiens une antiquité que d'autres faits et des preuves d'un autre ordre porteront jusqu'à l'évidence.

CHAPITRE DEUXIEME.

DESCRIPTION

DE SYÈNE ET DES CATARACTES,

Par E. JOMARD.

SECTION PREMIÈRE. *De Syène et de ses environs.*

§. I. *De la position géographique de Syène.*

Le voisinage du tropique, et la mesure de la terre attribuée à Ératosthène, ont donné à Syène une telle célébrité, que personne n'ignore le nom ni la position de cette ville. Ceux qui ont le moins de notions sur l'Égypte ont entendu parler du puits de Syène, qui, le jour du solstice d'été, à midi, était éclairé en entier par la lumière du soleil [1]. C'est dans cette ville, dit-on, que Juvénal fut exilé, après avoir insulté le comédien Pâris, cher à Domitien [2]. Pour un homme accoutumé aux dé-

---

[1] *Tradunt in Syene oppido..... solstitii die medio, nullam umbram jaci, puteumque ejus, experimenti gratiâ factum, totum illuminari* (Pl., *Hist. nat.*, l. II, c 73). *Voyez* aussi Strabon, Héliodore, etc.

[2] Plusieurs prétendent qu'il fut relégué dans l'Oasis, et qu'il y mourut. On cite aussi parmi les Romains un certain Maurus Terentianus, auteur d'un poëme sur les mètres de la poésie latine, lequel vécut à Syène et en fut gouverneur.

CH. II, DESCRIPTION DE SYÈNE

lices du climat de l'Italie et au spectacle de la capitale du monde, quel séjour qu'une ville ruinée comme était Syène au temps de Juvénal, un lieu environné de toutes parts de rochers nus et rembrunis, un ciel embrasé, jamais tempéré par une goutte de pluie! Martial a caractérisé en un seul vers cette aridité et cette couleur sombre du sol :

Scis quoties Phario madeat Jove fusca Syene[1].

Mais ce lieu si âpre, et presque inhabitable aux Européens, était pour les géographes un des points les plus importans du globe : il a servi à Ératosthène, à Hipparque, à Strabon et à Ptolémée, de point de départ pour déterminer la position des lieux de la terre. C'était, dans l'antiquité, la seule ville placée sous cette ligne qui sépare la zone torride de celle que nous habitons, et qui ne traversait sur le globe aucun autre site remarquable que les embouchures de l'Indus et du Gange. De nos jours même, on ne peut citer que Chandernagor et Canton en Asie, et la Havane aux Antilles, qui soient aussi près de cette ligne que Syène l'est aujourd'hui : je ne parle pas d'Yanbo' ni des îles Sandwich, ou autres lieux sans importance.

Depuis deux à trois siècles, les critiques ont fait un grand nombre de recherches pour déterminer l'étendue de l'Égypte par la mesure d'Ératosthène, et réciproquement pour apprécier cette mesure de la terre par la longueur de l'Égypte; mais, comme ils n'ont pas connu

[1] Martial, *Epigramm.* lib. ix, epigr. 36.

la vraie situation géographique de Syène, ils erraient dans un cercle vicieux, et il manquait à leurs recherches la base principale. Le vœu des savans est enfin rempli ; cette position, telle qu'elle vient d'être déterminée par les observations astronomiques de M. Nouet, est de 24° 5′ 23″ pour la latitude, et de 30° 34′ 49″ pour la longitude au méridien de Paris. Les uns (et le célèbre d'Anville est de ce nombre), suivant le sentiment de Ptolémée, supposaient Syène à environ 15′, ou près de sept lieues, plus au sud qu'elle n'est réellement ; ce qui allongeait d'autant l'étendue de l'Égypte : les autres regardaient cette ville comme directement placée sous le tropique, et diminuaient encore plus sa latitude, trompés par la tradition immémoriale du puits de Syène, et ignorant ou contestant la variation de l'écliptique : d'autres enfin ne faisaient pas attention que le phénomène de l'absorption de l'ombre n'est point borné à une ligne mathématique, mais qu'il a lieu pour toute une zone terrestre correspondante au diamètre du soleil, c'est-à-dire, de plus d'un demi-degré de largeur.

Cette dernière circonstance, qui pourtant n'était pas ignorée des anciens [1], est sans doute la cause qui a maintenu l'opinion que Syène était sous le tropique, plus de trois mille ans après que cette ville avait cessé d'y répondre, et même de nos jours. Au deuxième siècle de l'ère vulgaire, le bord septentrional du soleil atteignait encore au zénith de Syène le jour du solstice

---

[1] Selon Cléomède, l'espace où les ombres sont nulles quand le soleil est au zénith, a trois cents stades d'étendue ; ce qui fait 30 minutes, en prenant le stade de Coo au degré (*Meteor.* lib. 1).

d'été; ce qui suffisait pour que l'ombre y fût nulle, ainsi que le rapporte Arrien, qui écrivait vers l'an 120 de J.-C. En effet, l'obliquité de l'écliptique devait être alors de 23° 49′ 25″, en partant de l'observation d'Hipparque [1] et de la variation calculée approximativement pour cette époque : si l'on y ajoute le demi-diamètre moyen du soleil ou 15′ 57″, on trouve 24° 5′ 22″; ce qui est, à 1″ près, la latitude de Syène. A plus forte raison les écrivains antérieurs, tels que Plutarque, Pline, Lucain, Hipparque et Ératosthène, étaient-ils fondés à dire que le style ne donnait point d'ombre à Syène, le jour du solstice [2]. Quant à Ptolémée, Pausanias, et enfin Ammien Marcellin, qui écrivait au quatrième siècle, il est facile de concevoir comment ils ont rapporté le même fait, soit qu'ils s'en fussent tenus à une tradition accréditée, soit même que de leur temps on observât encore le gnomon à Syène; car un rayon vertical, ne déviant que de 2 à 3 minutes, ne devait produire qu'une ombre absolument insensible à l'œil.

Aujourd'hui le tropique est bien plus rapproché de l'équateur, et sa distance à Syène est de 37′ 23″ au sud, ou de plus de quinze lieues et demie; le limbe du soleil n'arrive qu'à 21′ 3″ du zénith de cette ville : d'où il résulte qu'au solstice d'été l'ombre y est encore très-peu

---

[1] Cette observation est de 23° 51′ 20″.

[2] M. de la Nauze est, je crois, le premier et le seul qui ait donné une explication analogue; mais il se trompait sur la diminution séculaire de l'obliquité, qu'il estimait à plus de 66″, tandis qu'aujourd'hui elle n'est que de 50″, bien que supérieure à celle d'autrefois. Il s'est également trompé sur la latitude de Syène, qu'il ne fait que de 23° 59′ 20″, erreur qui compense à peu près l'autre (*voy.* les Mémoires de l'Académie des inscript. et belles-lettres, t. XLIII, in-12).

sensible; car elle n'équivaut qu'à une quatre-centième partie environ. Un style de vingt mètres de haut ne produirait qu'une ombre de cinq centimètres, ou moindre encore à raison de la pénombre; mais, si l'on pouvait observer à l'ancien puits de Syène, on n'en verrait plus qu'une moitié d'éclairée.

L'observation récente excède donc toutes les hauteurs qu'on avait jusqu'ici attribuées à cette ville. Parmi les anciens, c'est Ptolémée qui en avait le plus réduit la latitude, en la fixant à 23° 51′. Hipparque, qui comptait seize mille huit cents stades de l'équateur à Syène [1], et dans un degré sept cents stades, se rapprochait davantage de la vérité; car ce compte suppose 24° de latitude : à mesure que l'obliquité de l'écliptique diminuait, cette latitude était toujours supposée de plus en plus petite, par le préjugé qui attachait, en quelque sorte, Syène au tropique [2]. La conséquence de ce fait, et de la plus grande latitude de Syène aujourd'hui bien reconnue, c'est que l'origine de cette tradition astronomique remonte à une époque d'autant plus reculée, c'est-à-dire, à plus de trente siècles avant l'ère vulgaire; c'est la plus ancienne observation du solstice dont le souvenir soit parvenu jusqu'à nous.

Ce n'est pas ici le lieu de rechercher comment, de la position de Syène, Ératosthène a conclu la longueur de l'arc du méridien en Égypte, ni d'apprécier la mesure que ce résultat lui a fournie pour la circonférence du

---

[1] Strab., *Geogr.* Paris, 1620; lib. II, pag. 114.

[2] De tous les modernes, c'est Bruce qui a le moins mal fixé cette position, en lui donnant 24° 0′ 45″.

globe : cette recherche demande un travail particulier. Je ne ferai qu'une observation : c'est que l'on a supposé trop légèrement que cet habile homme avait exécuté en effet une mesure de la terre, sans qu'il y ait à cet égard aucune preuve historique [1]. D'une observation de hauteur qu'il aura pu faire à Alexandrie, et d'un calcul tiré de l'arpentage de l'Égypte, arpentage que l'on avait fait bien avant l'époque des Grecs, il y a loin à une mesure actuelle effectuée sur le terrain, et telle qu'une recherche pareille la suppose [2]. On a été jusqu'à lui attribuer le puits de Syène; mais, s'il fût allé jusqu'à cette ville pour le faire creuser, il aurait sans doute renoncé à son dessein, en s'apercevant que le centre du soleil solsticial s'y écartait d'environ un quart de degré, et il serait allé creuser ce puits à six ou sept lieues plus au sud. Mais, indépendamment de ce motif, il faut observer qu'aucun auteur ne rapporte qu'il ait présidé en effet à une mesure de l'arc terrestre, ni qu'il soit allé à Syène, encore moins qu'il ait fait exécuter le puits qui a eu tant de célébrité. Il n'est pas douteux que cet ouvrage appartient à des astronomes plus anciens qu'Ératosthène, et qu'il date du temps où le tropique d'été passait par cette ville extrême de l'Égypte [3].

---

[1] Pline se sert de l'expression de *prodidit* (a publié), en parlant de cette mesure d'Ératosthène (l. II, c. 108).

[2] *Voyez* la Description d'Ombos, chap. IV, §. III.

[3] Les expressions de Strabon font voir que ce puits avait été creusé pour connaître le jour du solstice : Ἐν δὲ τῇ Συήνῃ, καὶ τὸ Φρέαρ ἐστὶ τὸ διασημαῖνον τὰς θερινὰς τροπὰς... Geograph. Paris, 1620; lib. XVII, p. 817. Les bornes de cette description ne permettent pas d'entrer dans de plus grands développemens; je les réserve pour un autre écrit consacré au *système métrique des anciens Égyptiens*, écrit qui fait l'une des bases de mon travail sur la géographie comparée de l'Égypte. Dans

Comme la distance d'Asouân au tropique est fort considérable, il n'est peut-être pas hors de propos de faire voir ici que ce nom moderne d'*Asouân* répond très-bien à celui de *Syène* (Συήνη); ce qui confirme l'induction qu'on peut tirer du voisinage d'Éléphantine et des cataractes, et des autres preuves géographiques. *Asouân* est dans le cas d'*Achmim*, d'*Abousir*, et de plusieurs autres noms que je pourrais citer : je pense que les Arabes ont ajouté par euphonie l'*élif* initial à différens noms égyptiens ou grecs; de manière que, pour découvrir ces noms anciens, il faudrait lire ainsi les nouveaux : *A-Souân*, *A-Chmim*, *A-Bousir*, etc. Mais ces remarques étymologiques appartiennent aux mémoires sur la géographie comparée.

cet écrit, je cherche à établir les points suivans :

1°. Il a été fait à une époque très-reculée une mesure du degré terrestre en Égypte et de la circonférence du globe.

2°. Une partie aliquote de cette circonférence a été choisie pour former l'unité des mesures nationales, et l'on a établi sur cette base un système complet de mesures linéaires et agraires.

3°. On a conservé, dans l'institution du système métrique, la division duodécimale et sexagésimale, qui est propre aux mesures naturelles du corps humain, mesures qui avaient cours antérieurement à l'institution.

4°. Les Égyptiens ont consacré leur système de mesures dans de grands monumens, qui ont servi à le transmettre à la postérité.

5°. Enfin les Grecs, les Hébreux et les Arabes ont emprunté à l'Égypte ancienne une partie de ses mesures géographiques et civiles.

A ce mémoire sont joints douze tableaux des mesures comparées tirées des auteurs originaux, avec leur valeur en mètres, et enfin des recherches étymologiques sur les dénominations des mesures.

Pour donner une idée de l'ordre établi dans cette division métrique, je rapporterai seulement ici les principaux termes de l'échelle.

Le sexagésime, grande mesure géographique, fait 6 degrés, 60 schœnes égyptiens, etc.
Le degré fait 10 schœnes, 60 *milles*, etc.
Le schœne fait 6 *milles*, 60 stades, etc.
Le mille fait 10 stades, 60 plèthres, etc.
Le stade fait 6 plèthres, 60 cannes, etc.
Le plèthre fait 10 cannes, etc., etc.

Par conséquent les valeurs successives de ces mesures sont de six degrés, un degré; six minutes, une minute; six secondes, une seconde; six tierces, etc.

§. II. *De la ville ancienne et de la ville moderne.*

L'emplacement de l'antique Syène était au sud-ouest de la ville moderne, borné par le Nil, d'une part, et, de l'autre, par les rochers de granit; son assiette occupait le penchant de la montagne, contre l'ordinaire des villes égyptiennes. Déjà ruinée à l'époque de la conquête des Arabes, elle perdit beaucoup de son étendue par l'enceinte que ces derniers bâtirent à trois cents mètres [1] en arrière, avec de larges fossés extérieurs et intérieurs. Cette enceinte est double et fortifiée suivant le système d'Alexandrie Arabe : elle a été fondée en général sur le rocher nu, et on l'a assujettie à suivre les mouvemens de la montagne; une de ses faces est construite à pic sur le bord du fleuve. La muraille est encore bien conservée; elle est bâtie toute entière en fragmens de granit, débris provenus des anciennes exploitations. Quand on est au couchant de Syène ou sur la route de l'île de Philæ, on aperçoit avec étonnement cette longue enceinte toute flanquée de bastions et de tours carrées, et, ce qui est plus curieux, toute composée de pierres de couleur rose, noire ou rougeâtre, diversement arrangées, et présentant dans leurs nuances toutes les variétés du beau granit oriental.

Un autre spectacle encore plus rare en Égypte, est celui des vestiges de bâtimens qui occupent la plus haute partie de la ville auprès du fleuve [2]. Ces grands pans de murailles distribués par étages, ces nombreux palmiers

---

[1] Cent cinquante-quatre toises.   [2] *Voyez* pl. 30, fig. 4.

sortant du granit, cet amas de rochers et de ruines dont les couleurs se confondent, enfin cet horizon borné à chaque pas, forment un coup-d'œil que ce pays n'offre nulle part, puisqu'il ne s'y trouve presque jamais d'habitations sur les hauteurs, que les arbres y occupent toujours un sol uni et de niveau, et que l'horizon y est partout découvert. En général, tout ce quartier de l'Égypte a un aspect singulièrement pittoresque, et d'autant plus remarqué par les voyageurs, qu'il diffère plus de l'aspect ordinaire. Les montagnes rembrunies que l'on foule aux pieds ou qui frappent la vue sur tous les points, et les masses de granit qui s'élèvent à la surface du fleuve, ajoutent beaucoup à l'effet du tableau. Si l'on vient à détacher un éclat de ces roches si colorées, on voit avec surprise le ton rose et brillant que la cassure a mis à découvert; on se demande si c'est à l'action de l'air, ou bien à celle du soleil, que la surface doit sa couleur brune et foncée. Mais que pourrait produire sur une matière aussi dure un air toujours sec? et quant à la chaleur, on ne saurait lui attribuer cet effet qu'à l'aide d'un temps prodigieux; car les hiéroglyphes tracés sur ces pierres depuis un si long temps sont encore d'un rose assez vif.

Les Égyptiens ont couvert de sculptures et d'hiéroglyphes les surfaces lisses des rochers dans tous les environs de Syène, principalement les blocs qui sont à pic et baignés par les eaux; ces sculptures sont différemment grandes, et creusées plus ou moins profondément. Il y en a qui représentent des figures de dieux au fond d'une espèce de niche; d'autres, des sacrifices et des offrandes; mais toutes annoncent, comme à Philæ, le soin et la peine qu'il a fallu prendre pour les exécuter. On a sculpté de la même manière les blocs de l'île d'Éléphantine, qui est en face. Il serait curieux de découvrir le sens des inscriptions, qui peut-être n'ont pas toutes un objet religieux, et qui pourraient bien avoir trait à l'exploitation des grands massifs où on les a tracées. Ces rochers du bord du Nil sont encore plus noirs que les autres; et le frottement des eaux leur a donné un luisant et une sorte de poli particulier, qu'on ne peut se représenter parfaitement qu'après l'avoir vu sur les lieux.

L'intérieur de l'enceinte de la ville arabe est rempli de décombres accumulés sur les blocs de granit où cette ville était assise : sa longueur est de sept à huit cents mètres. C'est vers le midi qu'est le chemin qui conduit de Syène à l'île de Philæ. Au levant, on y remarque une butte très-haute, sur laquelle l'armée française avait élevé un fort; au-dessous, un temple égyptien, presque enseveli sous la poussière et les ruines, et plus bas, des colonnes de granit isolées, ouvrage plus récent; enfin, vers le nord, une construction que l'on croit romaine; elle est dirigée vers le bord du Nil, où elle finit par un bâtiment carré, analogue à celui qui termine l'aqueduc du Kaire[1]. Du côté du nord, cette ville était bornée par le fleuve, et bâtie sur une pente douce, qui aujourd'hui est toute remplie de dattiers. La plage est couverte de sable et de limon que le Nil y dépose pendant le débordement. On y trouve plusieurs arbustes dignes d'attention[2] : l'un est une grande espèce d'asclé-

[1] *Voyez* pl. 31, et pl. 32, fig. 2.   [2] *Voyez* pl. 30, fig. 4.

pias, qu'on a surnommée *gigantea*, dont les fruits sont sphériques et vésiculeux et de quatre pouces de grosseur, très-commune dans les sables d'Ombos, dans les déserts du Fayoum et dans tous les lieux très-arides; l'autre est une espèce d'acacia de la hauteur de cinq à six pieds, remarquable par ses belles fleurs violettes, par ses globes de fruits velus et d'un jaune doré, surtout par la propriété sensitive dont il jouit à un très-haut degré. Dès que l'on en touche une branche, les pinnules des feuilles se rapprochent à l'instant, puis les feuilles s'abaissent, enfin tout le rameau s'incline : il faut plusieurs minutes pour que la branche reprenne son premier état; elle se relève lentement, ensuite ses feuilles se redressent, et les folioles se rouvrent[1]. Les habitans connaissent très-bien cette propriété singulière; mais ils l'attribuent à une influence magique. J'ai entendu l'un d'eux qui, en touchant l'arbrisseau, lui adressait ces paroles d'un ton fort grave : *Yâ chagar el-habâs, yâ kell mangé, yâ kell fâs* (*Habâs* est le nom de la plante). Tels sont les mots sacrés qui doivent produire le phénomène[2].

Je viens de conduire le lecteur à travers la ville des Arabes, et j'ai dit que la ville antique avait presque entièrement disparu sous les constructions du premier siècle de l'islamisme. Ces dernières, à leur tour, se sont écroulées et n'offrent plus que des débris. Déjà celles des Romains, bâties sur les ruines de la ville égyptienne,

---

[1] C'est la même plante que Bruce appelle *Ergett el-Krone*, et qu'il a trouvée en Abyssinie (*voyez* la pl. 7 de l'atlas du Voyage de Bruce).

[2] J'ai communiqué cette phrase arabe à M. Raige, qui a bien voulu m'en donner l'orthographe. Les premiers mots veulent dire, *O arbre abyssinien;* ce qui est une expression juste : le reste n'a pas un sens relatif à la propriété de l'arbrisseau.

avaient elles-mêmes subi un pareil sort. C'est ainsi qu'à Syène, plus que partout ailleurs, on voit se succéder les peuples et les âges divers ; chaque peuple, chaque génération, a laissé des traces de son existence ou de son passage; et ce mélange confus offre un chaos à l'œil, un aliment à la curiosité, un champ vaste à la méditation.

A la ville arabe a succédé la ville moderne, que l'on croit bâtie du temps de Selym. Son emplacement est plus à l'est et dans un fond ; elle est entourée, au nord-est, d'un bois de dattiers, et de jardins qui s'étendent très-loin sur une plage basse, marécageuse après l'inondation ; au midi est la montagne, escarpée et toute remplie de carrières; au levant, un grand espace occupé par des maisons rasées jusqu'au sol : la longueur de la ville est d'environ huit cents mètres ou quatre cents toises. C'est en terre que sont généralement bâties les maisons de la ville : on remarque dans beaucoup de maisons des voûtes au lieu de planchers, et ces voûtes n'ont qu'un seul rang de briques ; ce qui n'empêche pas qu'elles ne subsistent très-long-temps.

Le port où s'arrêtent les barques du Kaire est assez vaste, et fermé d'un côté par des écueils. Les habitans font principalement le commerce des dattes ; on envoie ces fruits au Kaire, avec le séné qui vient du pays supérieur, et qu'on transporte en barque jusqu'aux cataractes, puis de là jusqu'à Syène à dos de chameau. Le commerce de dattes est assez considérable pour faire subsister la ville : cependant la misère des habitans y paraît grande ; la plupart marchent presque sans vêtemens, et l'on rencontre à chaque pas des enfans totalement nus. Il est vrai que l'extrême chaleur du climat et la paresse excessive des naturels favorisent beaucoup cette habitude et ce goût de la nudité; aussi ont-ils tout le corps basané comme le visage, à un point tel que leur teint approche beaucoup de la couleur des nègres, autant que la physionomie des uns diffère de celle des autres. La population paraît avoir été considérable dans cette ville, à en juger par le nombre des tombeaux qui l'environnent.

Je laisse à d'autres à traiter plus en détail de Syène moderne et de son commerce, dont les voyageurs, et Pococke surtout, ont déjà parlé : dans cette description des antiquités, nous ne rapportons, de la situation actuelle des lieux, que ce qui peut fournir des rapprochemens utiles avec l'état ancien.

§. III. *Du temple égyptien et des autres antiquités de Syène.*

Le temple égyptien qui subsiste à Syène, est dans l'ancienne ville, sur le penchant de la hauteur dont j'ai déjà parlé, à cent dix mètres à l'est de la dernière maison de la ville moderne, et à une égale distance des hautes eaux du fleuve; j'en donne la position précise, afin d'aider à le retrouver, s'il vient à disparaître entièrement sous les décombres, comme cela n'est que trop probable. On y entre aujourd'hui, ou plutôt l'on y descend par la plateforme, dont une grande partie est enfoncée, et l'on se trouve sur un sol formé de sable et de poussière : un portique de quatre colonnes et des arrachemens de murailles sont tout ce qu'on en peut reconnaître, tant il est ruiné et encombré[1] ; sa largeur était d'environ treize mètres[2], et ce qui subsiste de sa longueur est de onze mètres[3]; le couronnement et les chapiteaux des colonnes sont encore à découvert, et il est facile, d'après l'exemple des autres monumens, de se représenter la façade extérieure à peu près telle qu'elle devait être. L'entrée était tournée du côté du fleuve. Au milieu des rochers de granit sur lesquels ce temple est fondé, on est surpris de le trouver bâti en grès ; mais ce fait est bien plus commun et plus remarquable à Philæ. En général, les constructions en granit sont beaucoup plus rares en Égypte qu'on ne le croit communément, si l'on excepte les monumens monolithes.

Deux colonnes de ce petit temple sortent des décombres, les deux autres ne se voient plus; il y a deux sortes de chapiteaux, qui ont le même galbe, c'est-à-dire, la forme du calice du lotus, et qui diffèrent un peu par les ornemens; le plus voisin de la porte est de l'espèce la plus commune en Égypte[4]. Les murailles ne sont qu'en partie couvertes de sculptures, et l'on croit que le temple n'a pas été achevé : ce qui reste des bas-reliefs est mal conservé, et l'on n'a pu en recueillir aucun sujet. Il serait donc superflu de rechercher l'objet qu'avait ce temple, et le culte qu'on y rendait aux dieux de l'Égypte.

Mais quand on songe à la haute antiquité de Syène

---

[1] *Voyez* pl. 38, fig. 5.
[2] Quarante pieds.
[3] Trente-quatre pieds.
[4] *Voyez* pl. 38, fig. 8.

et à la célébrité que cette ville avait acquise, on ne saurait croire qu'un si médiocre édifice fût le seul temple qu'elle possédât. La tradition du puits de Syène suppose un observatoire, c'est-à-dire, un temple un peu étendu ; car les observateurs étaient des prêtres, et les prêtres logeaient dans les temples. J'appuierai cette conjecture par le témoignage d'un auteur arabe qui rapporte que le *birbé* ou temple d'Asouân était fort célèbre, et l'un des plus considérables de l'Égypte pour la grandeur des pierres et l'antiquité des sculptures [1]. Mais ces édifices, quels qu'ils fussent, ont disparu avec le puits lui-même, sous les décombres amoncelés de la ville égyptienne, de la ville romaine et de la ville arabe.

Parmi les édifices qui appartiennent à l'antiquité, je dois rappeler le fameux nilomètre dont Héliodore donne la description dans ses Éthiopiques, lorsqu'il parle des choses remarquables que l'on fit voir à Hydaspes tandis qu'il était à Syène. Je vais rapporter ici la traduction entière du passage. « On lui montra le puits qui sert à mesurer le Nil, semblable à celui de Memphis, et construit d'une pierre polie [2], sur laquelle on a gravé des lignes distantes d'une coudée. L'eau y arrivant par un canal souterrain, apprend aux naturels quel est l'accroissement ou la diminution du Nil, par le nombre des caractères que cette eau recouvre ou laisse à dé-

---

[1] Kircher, *OEdipus Ægyptiacus*; t. I, p. 39.

[2] Je n'essaie pas de traduire συννόμῳ λίθῳ, dont le sens est très-difficile à déterminer ; sens qui, suivant Casaubon, est le même que celui de *quadratum saxum* chez les Latins, c'est-à-dire pierre de taille : mais il est douteux qu'après avoir pris la peine de creuser un puits dans le granit, on l'ait revêtu de pierres de taille, soit de grès, soit d'une autre matière.

couvert, et qui donnent la mesure du débordement ou de l'abaissement du fleuve. On lui montra aussi les gnomons horaires, qui, à midi, ne fournissent point d'ombre, parce que, le rayon solaire étant vertical à Syène le jour du solstice d'été, la lumière est également répandue de toutes parts, et ne donne lieu à aucune ombre, tellement qu'au fond même des puits la surface de l'eau est éclairée en entier [1]. » Ce nilomètre subsistait encore au quatrième siècle : selon Maqryzy, il aurait été fondé par A'mrou ben el-A'ss; mais A'mrou ne fit sans doute que le restaurer [2].

Il faudrait peut-être chercher ce nilomètre dans le voisinage de l'ancien bâtiment qui ferme le port de Syène, et dont j'ai déjà parlé; car la tradition en a conservé le nom, et l'on appelle encore ce lieu *Meqyâs*, c'est-à-dire, nilomètre [3]. Cette construction assez élevée, qui paraît la tête d'un aqueduc destiné à conduire l'eau sur les parties élevées de l'ancienne ville, et que d'autres ont regardée comme des thermes, a pu servir elle-même dans la suite à mesurer les crues du Nil, puisqu'elle est baignée par les eaux du fleuve. Les fenêtres qu'on y voit, les arcades de la muraille qui y aboutit, et le soin apporté dans la construction, annoncent l'ouvrage des Romains. On sait qu'ils entretenaient une cohorte à Syène, ainsi qu'à Éléphantine et à Philæ : c'étaient là les barrières de l'empire romain du côté de l'Éthiopie.

C'est probablement encore un ouvrage romain que

---

[1] *Æthiopic.* lib. IX.
[2] Je n'examine pas ici la question de savoir s'il faut regarder comme un seul et même nilomètre celui d'Héliodore et celui que Strabon (l. XVII de sa Géographie) place à Éléphantine.
[3] *Voyez* pl. 31, et pl. 32, fig. 2.

ces colonnes en granit rouge qui se trouvent entre le temple égyptien et le Nil. On voit sortir des décombres quatre colonnes et quatre piliers en partie debout ; les deux piliers antérieurs portent une demi-colonne sur deux de leurs faces, de manière à former en plan l'image d'un cœur[1]. On n'a aucune donnée pour connaître à quelle espèce d'édifice elles ont appartenu.

§. IV. *Des environs de Syène*[2].

Quand on sort de la ville arabe pour aller à Philæ, on trouve parmi les rochers, à gauche de la route, une très-grande quantité de tombeaux, qu'il ne faut pas confondre avec ceux qui sont au sud-est d'Asouân, et qui sont aussi fort nombreux. Les premiers appartiennent au temps des khalyfes, et remontent même à l'époque de la conquête des Arabes, ainsi que le prouvent les inscriptions en caractères koufiques tracées sur ces tombes, et dont plusieurs indiquent les premières années de l'hégyre ; nous avons rapporté une de ces inscriptions. Parmi ces tombeaux, on en remarque dont la construction est soignée, et la forme d'une assez bonne architecture, quoique bizarre comme celle de tous les monumens arabes. On distingue aussi plusieurs mosquées fort anciennes ; sur la porte de l'une d'elles, on lit une inscription qui porte le nom d'un certain Selym : la tradition attribue à ce dernier d'avoir, au commencement

---

[1] *Voyez* pl. 38, fig. 9.
[2] L'île d'Éléphantine est décrite à part dans le chapitre III.

de l'hégyre, expulsé deux fois les *Gellâb* de la ville ancienne. Cette ville, occupée de nouveau par les Arabes, fut reconquise au temps de Saladin; enfin, au seizième siècle, elle passa sous le joug des Ottomans avec le reste de l'Égypte, et ils s'emparèrent même de Derry et d'Ibrim, où les Turks entretiennent encore des janissaires.

De pareilles mosquées se trouvent sur des hauteurs, placées entre le Nil et la route de Philæ : par la forme ronde de leurs minarets, elles ont l'air de tourelles. C'est de ce même côté, à partir des bords du fleuve, qu'on commence à voir les carrières de granit où les Égyptiens ont puisé leurs colosses, leurs obélisques et leurs monolithes, immenses vestiges des plus immenses travaux que la main des hommes ait exécutés. On n'aborde pas seulement avec une vive curiosité dans ces vastes laboratoires; mais on éprouve en quelque sorte un sentiment de respect à la vue des masses énormes enlevées de la montagne, ou non encore entièrement détachées, des traces encore fraîches de l'exploitation, et des marques de ces instrumens que nos arts ne connaissent plus. Ce spectacle nous transporte en quelque façon dans les temps antiques, et au milieu même des architectes et des ouvriers égyptiens : nous les voyons, pour ainsi dire, choisir leurs blocs dans la montagne, les faire éclater au moyen des coins et des ciseaux, les ébaucher sur place, enfin les conduire au Nil et les embarquer sur des radeaux, pour aller servir à l'embellissement des cités de l'Égypte.

Ces carrières occupent un développement de plus de

six mille mètres [1] : à l'ouest, au midi et au levant de Syène, presque partout le granit est coupé à pic; chaque bloc un peu grand est dressé sur quelqu'une de ses faces; partout l'on voit les traces des outils, ou les trous destinés à placer les coins; enfin, tout le sol est jonché d'éclats de granit rose, noir, violet et de mille nuances diverses. En voyant sur ces faces, taillées depuis tant de siècles, des couleurs vives et des cassures encore fraîches, tandis que les parties voisines sont d'un ton noirâtre, on juge du laps de temps qu'il a fallu pour que le rocher prît cette couleur brune.

Les coins destinés à faire éclater les blocs de granit se plaçaient dans des trous qui avaient seulement deux à trois pouces de longueur sur autant de profondeur, et distans l'un de l'autre de trois fois autant : en examinant ces marques de près, on voit que les ouvriers choisissaient, pour placer leurs coins, les parties où la séparation des masses était comme indiquée par des fissures et par des accidens de la pierre [2].

Nous avons trouvé beaucoup de fragmens qui étaient prêts à être enlevés, et qui sont restés dans la carrière; entre autres, une colonne de cinq à six mètres de long, et un dessus de porte dont la forme se reconnaît aisément : on voit là qu'un bloc une fois séparé de la masse était sur-le-champ taillé et dégrossi sur place.

L'un des restes les plus intéressans des anciennes exploitations, c'est un obélisque ébauché qu'on trouve dans

---

[1] Une lieue et un tiers.
[2] *Voyez* le Mémoire de M. Rozière sur les carrières anciennes, où l'auteur traite d'une manière spéciale de la méthode d'exploitation pratiquée chez les Égyptiens.

l'une des carrières au sud de Syène, à mille mètres[1] de la ville nouvelle et autant du Nil. Une extrémité de l'aiguille est cachée sous le sable; ce qui sort de terre a dix-huit mètres[2] de longueur, sans compter la pointe ou le pyramidion qui la termine. Sa plus grande largeur est de trois mètres deux dixièmes; et la moindre, de deux mètres six dixièmes. Cet obélisque devait approcher de la dimension de ceux qu'on voit à Louqsor.

Mais ce que j'ai découvert de plus curieux parmi ces vestiges des anciens travaux égyptiens, c'est un grand rocher taillé et semblable à une muraille, situé à trois cents mètres environ au sud-est de la ville nouvelle, et faisant face au nord; le granit en est d'un ton rose mêlé. Il porte une multitude de traces de l'instrument qui a servi à en détacher un bloc, et ce bloc doit être jugé considérable; car le rocher (seulement hors de terre) a plus de cinq mètres[3] de hauteur et de onze mètres de base[4]. Cette surface de plus de cinq cents pieds carrés est entièrement couverte de traits de ciseau obliques et tous parallèles, longs d'environ huit pouces, et dont les extrémités sont alignées horizontalement; j'ai compté trois cent quarante-sept traits dans une seule ligne horizontale, et trente lignes horizontales dans la hauteur du rocher. Chaque trait d'une rangée tombe entre deux autres de la rangée inférieure, et cela, sans discontinuité, toujours sous une même inclinaison, à l'exception de plusieurs coups de ciseau qui sont en forme de

---

[1] Cinq cents toises.
[2] Cinquante-cinq pieds et demi.
[3] Seize pieds.
[4] Trente-quatre pieds (*voyez* pl. 38, fig. 3).

chevrons [1]. Ce bloc est divisé en trois parties légèrement concaves : les deux extrêmes, qui sont les plus étroites, sont plus arrondies; celle du milieu est presque plate, et recreusée seulement dans le voisinage des deux autres.

Je n'examinai pas long-temps ce rocher sans le reconnaître pour le reste de l'extraction d'un colosse; et cette idée m'en fit faire un dessin exact, afin qu'on pût comparer ses dimensions avec celles des plus grandes statues égyptiennes. La partie du milieu me représentait visiblement le dos du colosse; et les deux autres, les bras. La grandeur extraordinaire de ce bloc, et celle du colosse du *Memnonium* à Thèbes, qui excède tous ceux de l'Égypte, la conformité de la matière et celle de la couleur, m'ont engagé à rechercher si celui-ci ne provenait pas de celui-là; et je crois pouvoir avancer comme une chose très-probable, que le fameux colosse d'Osymandyas décrit par Diodore de Sicile, et qui se trouve encore au *Memnonium*, a été en effet tiré de ce massif. Le résultat des dimensions comparées de ce colosse, résultat dont je ne pourrais exposer ici les preuves sans sortir de mon sujet, donne pour sa proportion entière environ vingt-deux mètres deux dixièmes [2], et pour la grosseur du corps ou la largeur du dos, six mètres et demi [3] : or la largeur du rocher, dans la partie moyenne, est aussi de six mètres et demi. Si l'on m'objectait que ces dimensions pourraient convenir à d'autres statues, je demanderais où l'on connaît un second colosse en granit

---

[1] *Voyez* la gravure.

[2] Soixante-huit pieds envir. Consultez mon Mémoire sur le *système métrique des anciens Égyptiens*.

[3] Dix-neuf à vingt pieds.

aussi grand que celui d'Osymandyas, dont le pied seul, suivant Diodore, passait sept coudées[1]. Qu'on se figure une statue monolithe, d'une matière et d'un poli admirables, et dont la tête aurait pu atteindre à l'architrave de la colonnade du Louvre; est-ce un ouvrage de cette espèce qui aurait pu disparaître entièrement? Enfin, n'est-ce pas assez d'un travail aussi gigantesque, sans créer, pour ainsi dire, une seconde merveille?

C'est non loin de ce bloc que j'ai observé, à travers la montagne de granit, une longue bande ou filon semblable à un magnifique ruban de deux couleurs bien tranchées, c'est-à-dire rose sur les deux bords, et blanc au milieu, et partout d'une largeur égale d'un demi-mètre ou dix-huit pouces. Ce large filon se dirige vers le bassin du Nil par une pente rapide. On y voit le feld-spath et le quartz qui le composent, se mêler ensemble çà et là; quelquefois ce dernier est revêtu de mica doré très-éclatant : plus loin ces trois matières se combinent d'une manière intime, et forment enfin le granit ordinaire. Mais il ne m'appartient pas d'en dire davantage sur toutes les circonstances que l'on remarque dans ces roches primitives, et sur ces transitions brusques des variétés du granit, accidens si curieux à étudier pour les naturalistes[2]; j'ai voulu seulement donner au lecteur une légère idée de tous ces tableaux de la nature et de l'art, tableaux variés qui rendent les montagnes de Syène si intéressantes pour l'observateur, et qui m'ont vive-

---

[1] Trois mètres et un quart, ou dix pieds (*voyez* le mémoire cité plus haut).

[2] *Voyez* la Description minéralogique de l'Égypte, par M. Rozière.

ment frappé dans les excursions que j'ai faites au travers des rochers et des carrières, insensible à la fatigue, ainsi qu'à l'ardeur dévorante du soleil. Où pouvais-je trouver un site qui réunisse plus de grands effets, qui excite plus la curiosité, qui réveille plus de souvenirs? Il faudrait, pour y transporter le lecteur, ou les couleurs d'un peintre habile, ou la plume d'un grand écrivain : mais le voyageur doit se borner au récit des impressions qu'il a reçues; heureux s'il peut les faire partager [1] !

Je terminerai cette description des environs de Syène en mentionnant une grande vallée située au midi, qui est aujourd'hui ensevelie sous les sables, et que l'on dit avoir été jadis bien cultivée. C'est peut-être de ce local que veut parler Léon l'Africain, quand il rapporte que Syène a un sol fertile en blé; car on a vu que cette ville est aujourd'hui resserrée par le Nil et par les montagnes, et que son territoire actuel ne possède que des palmiers. El-Edriçy l'appelle une ville petite, mais riche et peuplée [2].

Il faut citer encore une position appelée *Gharby Asouân* ou Syène occidentale, située sur la rive gauche du Nil, en face d'Éléphantine : ce nom répond très-bien à celui de *Contra-Syene* connu de l'antiquité. Il n'y a plus aujourd'hui en ce lieu qu'un couvent qobte abandonné, situé dans le rocher à mi-côte, et qui domine le pays. La montagne a été creusée très-anciennement, et il se trouve que l'intérieur de l'édifice renferme

---

[1] L'ingénieux auteur du *Voyage dans la haute et la basse Égypte* a pu donner à ses tableaux tout l'intérêt d'un voyage pittoresque et le charme d'un style vif et animé, que ne comportent pas les descriptions suivies de cet ouvrage.

[2] *Geogr. Nub.* Paris, 1619, p. 17.

une grotte égyptienne. A une demi-lieue dans la montagne, est un autre couvent fort considérable et ruiné; on y voit des peintures chrétiennes de la plus mauvaise exécution. Ce monastère a été fortifié, et ses murs crénelés à une époque inconnue. Les solitaires paraissent l'avoir occupé à plusieurs reprises : aujourd'hui ses ruines sont entièrement désertes [1].

SECTION DEUXIÈME. *Des cataractes.*

§. I. *Observations générales.*

Les cataractes du Nil ont eu chez les anciens une grande célébrité, qu'elles n'ont pas encore entièrement perdue; mais, faute d'avoir distingué les différentes chutes du fleuve, on est resté dans l'erreur à l'égard de la dernière d'entre elles, depuis un temps très-reculé. En donnant une description exacte et circonstanciée de la chute actuelle auprès de Syène, telle que je l'ai observée, et en réunissant ici les documens les plus authentiques de l'antiquité sur les cataractes du Nil, je me propose d'éclaircir ce point de géographie, qui, jusqu'à présent, est demeuré vague et incertain.

Comme tous les grands fleuves du globe, tels que le Gange, l'Orénoque, le Mississipi, le Nil a plusieurs

[1] Pour avoir une idée complète des environs de Syène et d'Éléphantine, le lecteur doit étudier la pl. 31, où M. Legentil a exprimé tous les détails topographiques de ce site intéressant. L'auteur de cette carte réunira dans un mémoire les nombreuses observations qu'il a recueillies sur la situation actuelle des lieux. Dans cette description, je me suis proposé pour objet principal de faire connaître les antiquités du pays.

chutes dans la première partie de son cours. On en connaît huit principales; la dernière est à un peu plus d'un demi-myriamètre ou d'une lieue de Syène, c'est-à-dire, à cent dix myriamètres ou deux cent vingt lieues de son embouchure principale, et à plus de trois cents myriamètres ou six cents lieues du point présumé où est sa source. Les cataractes du Nil sont donc distribuées sur une étendue de pays qui fait les trois quarts de son cours entier, et c'est le seul fleuve connu dont on puisse le dire.

Soit qu'on ait confondu ces diverses cataractes en attribuant à toutes indistinctement ce qui ne convenait qu'à la plus grande, soit qu'il ait existé une époque où le Nil, à Syène, se précipitait de très-haut, toute l'antiquité s'accorde à parler de la dernière cataracte comme d'une chute prodigieuse, dont le bruit effroyable frappait de surdité les habitans du voisinage. Mais, quand on admettrait cette ancienne époque, il faudrait au moins convenir que la tradition de cet état primitif a survécu d'un grand nombre de siècles à la diminution presque totale de la chute; car on ne persuadera à personne qu'un précipice tel que celui de Schaffhouse, par exemple, ait pu disparaître entièrement depuis les Romains jusqu'à nous. On ne peut calculer le nombre de siècles qu'eût exigé un si grand changement, qui d'ailleurs n'eût pu se faire que par degrés insensibles; et l'on ne saurait remonter au principe de cette tradition, comme nous avons remonté à l'origine de celle qui mettait Syène sous le tropique. Il n'est donc pas permis de douter que, même du temps des Romains, les récits qu'on faisait de cette cataracte ne fussent exagérés, et que les écrivains ne nous aient transmis un ancien souvenir comme un fait actuel. D'ailleurs l'existence de la cataracte de Genâdil, qui est beaucoup plus considérable, et qui est distante de moins de vingt-cinq myriamètres ou cinquante lieues, a dû concourir beaucoup à la réputation de la dernière; et dans un pays qui a toujours été connu imparfaitement, on a facilement confondu l'une avec l'autre.

Mais si l'erreur ou l'exagération a donné une fausse idée de la cataracte de Syène, d'un autre côté l'on ne saurait nier que ce même site ne soit un des plus pittoresques et des plus extraordinaires de toute la vallée que le Nil arrose. Soit qu'on jette les yeux sur ces deux chaînes de granit tout hérissées de mamelons noirs et anguleux, dont la cime, les flancs et les pieds offrent des formes étranges, et qui, traversant le cours du Nil, viennent, pour ainsi dire, se rejoindre au milieu de son lit[1]; soit qu'on arrête la vue sur ces îles escarpées et innombrables qui précèdent, forment et suivent la cataracte dans un espace de deux lieues; soit enfin que l'on contemple, en venant de l'Égypte, cette limite brusque et tranchée entre une plaine fertile et des rochers inaccessibles, et le contraste d'un fleuve large et majestueux avec un torrent plein de gouffres, qui bouillonne, écume et se brise entre mille écueils : tout présente aux regards une scène du plus grand effet. C'est le spectacle d'une nature sauvage, que l'œil n'embrasse qu'avec horreur à côté du tableau riant de l'une des plus riches

[1] *Voyez* pl. 30, fig. 3.

vallées du monde. La navigation trouve ici une barrière presque insurmontable, la culture cesse, la végétation est morte. Aux campagnes et aux jardins d'Éléphantine succèdent un amas de collines groupées en désordre ou de blocs à pic d'une nudité absolue, et des montagnes à perte de vue, dont la teinte rembrunie se détache sur un ciel éclatant; le Nil ne réfléchit rien que l'azur ou bien les couleurs sombres des rochers qui divisent et déchirent son lit; enfin, son cours variable et inégal, tantôt lent et tantôt impétueux, ses eaux furieuses et plus loin polies comme une glace, portent l'empreinte du désordre général; ce n'est qu'après avoir franchi tant d'entraves, qu'il sort triomphant de la lutte, et qu'il prend enfin une marche paisible, un mouvement égal, qui ne seront plus troublés jusqu'à son embouchure. Telle est la barrière que la nature a mise entre l'Égypte et la Nubie, et tel est le tableau qu'offre au voyageur le site imposant de la dernière cataracte.

§. II. *Description de la dernière cataracte et du chemin qui y conduit.*

La dernière cataracte est appelée *Chellâl* en arabe; c'est aussi le nom d'une île et d'un hameau bâti en face, où habitent une centaine de Barâbras. Elle est située au tiers de l'intervalle de Philæ à Syène, mesuré sur le fleuve, c'est-à-dire, à environ trois mille mètres ou quinze cents toises au-dessous de Philæ. La largeur du fleuve en ce point est de plus de mille mètres ou d'un quart de lieue; cette largeur est la même que celle du fameux saut de Niagara, mais ces deux cataractes n'ont que cela de comparable; on sait que la dernière a plus de cent cinquante pieds de hauteur.

Quoiqu'il n'y ait que deux tiers de lieue de Philæ à Chellâl, cependant l'on met plus d'une heure à parcourir cet espace, à cause de la difficulté du chemin. A l'époque des plus hautes eaux, le 15 septembre 1799, je suis parti du village de Gy'ânych, qui est en face de Philæ, pour faire la reconnaissance de la cataracte et en déterminer la position; j'ai suivi le bord du Nil, qui fait là un grand coude, et ensuite court directement à l'ouest : le rocher occupe presque toujours la rive elle-même; çà et là, on voit quelques petits espaces de terrain couverts de limon par le Nil, et qu'on a mis à profit pour la culture. Dans le chemin, j'ai remarqué le granit traversé par de larges filons, dont plusieurs se précipitent vers le Nil, sous un angle de quarante-cinq degrés; d'autres se croisent en divers sens : il y en a qui sont de trois pieds de largeur, en forme de prisme carré, et dont la couleur est un noir mat presque uni. En arrivant auprès du petit hameau ou plutôt des cabanes de Mesit, qui renferment à peine cinquante habitans, on trouve une bande de terre étroite et cultivée en dourah. J'ai vu, au milieu de ces rochers, de pauvres Barâbras qui pilaient du grain et pétrissaient de la farine dans les cavités naturelles du granit. L'accueil de ces Nubiens est si bon, et leur physionomie si gaie, qu'on ne soupçonnerait pas qu'il leur manque quelque chose : leur teint est presque noir; leur langage est très-chantant et assez doux, sans aspirations, et presque sans rapport avec l'arabe. La manière dont ils passent le Nil avec leurs effets est fort singulière : ils se mettent sur un tronc de sycomore ou de palmier, la tête enveloppée de leurs habits et chargée de leur bagage, et ils se dirigent en faisant de chaque main une rame, s'y prenant si adroitement qu'à peine ils dérivent; je ne les ai vus embarrassés que lorsqu'ils ont à traverser des remous un peu considérables. Voilà tout ce qui anime cette scène muette et ce triste lieu, où la végétation se borne à quelques plantes du désert, telles que la coloquinte, et à quelques arbres, tels que des dattiers, des acacias, des napecas, dont le feuillage est brûlé par le soleil [1].

Là, on commence à être frappé du bruit de la cataracte, déjà sensible à Philæ. Pendant l'hiver et le printemps, ce bruit est beaucoup plus fort; il est comparable à celui de la mer sur une côte de récifs, tel qu'on l'entend à une lieue de distance. Jusqu'à ce point, on ne marche qu'avec peine sur le bord du Nil, toujours sur un sable de granit, et il faut franchir de temps à autre des rocs saillans sur le sol : mais, quand on approche de la barre, et au lieu où le Nil reprend son cours vers le nord, c'est-à-dire, près de Chellâl et en face de Tarmesit, on trouve tout-à-coup le rocher devant soi; il faut le gravir avec les mains pour passer outre. La montagne pénètre, pour ainsi dire, et descend perpendiculairement dans le Nil; puis elle ressort à sa surface sous la forme d'une foule d'écueils, très-proches les uns des

---

[1] On y voit la jusquiame surnommée *datora* par Forskal, et quatre espèces de rutacées.

autres, et dont plusieurs sont de grandes îles : j'en ai compté vingt le jour des plus hautes eaux[1]. C'est à cette disposition qu'on reconnaît, dans l'intervalle de Philæ à Syène, la véritable cataracte; car, dans tout cet intervalle, le cours du Nil est également hérissé de rochers. Ce lieu se distingue encore par un rétrécissement du fleuve, qui n'a que mille à douze cents mètres[2] environ dans cet endroit, tandis qu'ailleurs il est généralement plus large, au point de prendre deux mille mètres[3] : il a même trois mille mètres devant Philæ. Pour se faire une idée d'une étendue aussi considérable, il faut se figurer une largeur qui serait dix-huit à vingt fois plus grande que celle de la Seine auprès des Tuileries, en la mesurant d'un quai à l'autre.

" C'est principalement vers la rive droite du fleuve que les îles sont plus rapprochées, plus escarpées, et qu'elles opposent le plus d'entraves à la marche des eaux. J'ai compté dix barres principales dirigées d'une île à l'autre, et dans tous les sens : le Nil, arrêté contre ces obstacles, se refoule, se relève et les franchit, et il forme ainsi une suite de petites cascades dont chacune est haute d'un demi-pied ou moins. Tout cet espace est rempli de tourbillons, de gouffres et d'abîmes; chaque canal est un torrent dont les eaux ont toute sorte de mouvemens et de directions contraires, suivant qu'elles sont rejetées par les divers écueils où elles se brisent avec violence.

Mais auprès de la rive gauche le cours est plus égal, bien que d'une très-grande rapidité : pendant les hautes

---

[1] *Voyez* pl. 30, fig. 2.
[2] Cinq à six cents toises.
[3] Environ mille toises.

eaux, tous les écueils sont recouverts, et il s'y trouve un canal qui est navigable. Dans cette saison, les barques peuvent y passer, même à la voile; pendant le bas Nil, les barques remontent le courant à la cordelle et en serrant la côte. J'ai vu plusieurs barques remonter à la voile sans presque aucun danger; mais celles qui descendent sont entraînées avec une vitesse extrême, qui ferait trembler de moins habiles pilotes.

Un Nubien que j'interrogeai, m'apprit qu'en hiver, à l'époque des basses eaux, la hauteur de la chute est celle d'un homme qui a le bras levé; ce qui fait six à sept pieds. Ce rapport m'a été confirmé par ceux de nos collègues qui ont vu la cataracte pendant le bas Nil : à cette époque, tous les îlots submergés par l'inondation sont à découvert; le nombre des chutes est plus considérable; et le Nil, ayant à franchir des écueils plus élevés, retombe aussi de plus haut.

Au-dessous de la cataracte, si l'on veut continuer de suivre le bord du Nil, on est obligé d'y renoncer; les rochers, toujours à pic, rendent cette route impraticable : pour se rendre à Syène, il faut reprendre la route de l'île de Philæ, qui est déjà décrite; et l'on y arrive en suivant une vallée qui aboutit au Nil, au-dessus du hameau d'el-Mahâlah ou Marâdah.

Beaucoup de rochers, autour des cataractes, sont couverts d'hiéroglyphes, comme ceux que j'ai décrits à Syène et à Éléphantine; mais je n'y ai pas vu de carrières. J'ignore s'il y a eu dans ce local une ancienne position : sans doute la nudité de ces montagnes n'a dû jamais varier; le sol n'a rien pu perdre, comme il est impossible qu'il gagne jamais rien. Les Barâbras m'ont fait voir plusieurs petites statues égyptiennes : peut-être les tirent-ils de Philæ, et non pas de quelque habitation antique du voisinage [1]. Que pouvait toute l'industrie égyptienne contre une nature aussi âpre, aussi intraitable ? C'est aussi là ce qui rend plus merveilleux les riches monumens qu'ils sont allés bâtir dans la petite île de Philæ.

La description que je viens de faire de la cataracte de Syène doit paraître au lecteur bien au-dessous de l'opinion qu'il s'en est formée, s'il ne la connaît que d'après les écrivains anciens, ou bien s'il s'en est fait une idée d'après les effrayantes cataractes de l'Orénoque, de la rivière Bogota, ou du Niagara. On voit que le Nil n'éprouve pas là de chute par un abaissement subit de son lit tout entier, comme il arrive au Rhin à Schaffhouse, ou au Gange à Hurdwar, et comme il en était peut-être autrefois dans ce même lieu. Le fond s'est exhaussé par les dépôts : le courant a usé, miné les roches qui formaient la barre; ce qui a donné naissance à plusieurs îles entre lesquelles s'écoulent maintenant les rapides. Il n'y a plus de chute aujourd'hui que celle des eaux qui retombent après avoir franchi les écueils; plus l'écueil a de hauteur et plus le courant a de force pour porter le flot jusqu'au sommet, plus aussi la cascade est forte. Ainsi, dans les basses eaux, les cascades

---

[1] Pendant que je dessinais le site des cataractes, un de ces Nubiens m'apporta une figure en pâte, représentant Nephthys avec une tête d'animal, et dont le travail est du fini le plus précieux, bien qu'elle n'ait que trois centimètres ou environ un pouce de haut (*voyez* la pl. 87, *A.*, vol. v, fig. 2-4).

devraient en apparence être moindres, puisque la vitesse est moins grande, et que les mêmes écueils seraient beaucoup trop élevés pour que l'eau pût les franchir; cependant l'on a vu que la chute, dans le bas Nil, était triple ou quadruple de ce qu'elle est dans le haut Nil. Cela doit porter à croire qu'il existe encore une barre peu élevée dans la plus grande partie du lit; barre qui, noyée au temps de la crue, n'est mise à découvert qu'à l'abaissement du fleuve, et donne lieu alors à des ressauts plus sensibles.

Il suit encore de cette description, que la forme du lit est extrêmement inégale, et par conséquent aussi la pente et la vitesse; d'où il résulte qu'il n'y a pas un niveau unique établi dans toute la largeur du fleuve, mais, au contraire, des rapides nombreux, et des remous tels que plusieurs canaux ont un courant opposé à celui du fleuve. La plus grande vitesse du cours est sur la rive gauche, c'est-à-dire, dans le canal navigable, où la barre n'est pas apparente; la profondeur y est sans doute considérable.

Ce n'est qu'assez loin au-dessous de Chellâl que l'équilibre et le niveau sont rétablis dans toute la largeur du cours. Il y a bien encore des remous et des refoulemens jusqu'à Éléphantine, et de l'autre côté jusqu'à Philæ: mais ces remous sont accidentels; le fleuve ne fait que baigner toutes ces îles dont son cours est rempli, sans offrir rien de semblable à une chaîne qui le traverse, ainsi que cela paraît avoir lieu à Chellâl. C'est là ce qui caractérise le local de la cataracte, lequel n'occupe pas, comme l'ont pensé quelques-uns, tout le bassin compris entre Syène et Philæ. C'est là aussi ce qui fait reconnaître le vrai site des anciennes *catadupes*. Enfin, c'est dans toutes ces circonstances réunies que l'on va retrouver les principaux traits des descriptions des anciens : quelques méprises que l'on reproche aux auteurs de l'antiquité, il est rare de ne pas rencontrer dans leurs récits la vérité à côté de l'erreur.

§. III. *Relations des auteurs sur la dernière cataracte.*

Je vais citer les passages des auteurs, en suivant l'ordre des temps, et je les rapprocherai de l'état actuel des lieux ; mais auparavant je ferai remarquer que le nom moderne de *Chellâl* répond aux noms anciens de *catadupe* et de *cataracte*. *Catadupe*, formé de deux mots grecs, signifie proprement chute bruyante; *cataracte*, un lieu escarpé d'où l'eau se précipite. En arabe, *Chellâl* doit s'entendre d'un précipice d'où l'eau s'écoule avec impétuosité.

« Le pays au-dessus d'Éléphantine, dit Hérodote, est roide et escarpé. En remontant le fleuve, on attache de chaque côté du bateau une corde, comme on en attache aux bœufs, et on le tire de la sorte. Si le câble se casse, le bateau est emporté par la force du courant [1]. »

On reconnaît aisément dans ce passage le lieu que je viens de décrire, et l'usage qui subsiste encore pour la navigation. Il faut de même reconnaître la cataracte dans le chapitre qui précède, et où l'historien parle d'après un prêtre de Saïs. Ce prêtre lui dit « qu'entre

[1] Hérodot., l. II, c. 29, trad. de M. Larcher.

Syène et Éléphantine il y avait deux montagnes dont les sommets se terminaient en pointe; que l'une de ces montagnes s'appelait *Crophi*, et l'autre *Mophi* : les sources du Nil, qui sont de profonds abîmes, sortaient, disait-il, du milieu de ces montagnes; la moitié de leurs eaux coulait en Égypte vers le nord, et l'autre moitié en Éthiopie vers le sud. » Hérodote ajoute que Psammitichus ayant fait jeter dans ces abîmes un câble d'une très-grande longueur, la sonde n'avait pu aller jusqu'au fond.

Hérodote avait raison de douter qu'on lui parlât sérieusement de deux montagnes situées *entre Syène et Éléphantine*, puisque tout l'intervalle qui sépare ces deux villes est occupé par les eaux du fleuve, et surtout qu'on lui citât ces deux montagnes comme les sources du Nil. Strabon et Aristide, qui, à ce propos, censurent vivement Hérodote [1], n'ont pas considéré qu'il qualifiait lui-même ce récit de badinage; et, d'un autre côté, ils n'ont pas réfléchi sur la cause probable d'une erreur aussi grossière. Quand on sait que les prêtres égyptiens étaient particulièrement versés dans la chorographie du Nil [2], est-il croyable qu'un d'entre eux pût se persuader que ce fleuve prend naissance auprès de Syène? Il doit y avoir eu quelque méprise dans l'emploi qu'on aura fait du mot $\pi\eta\gamma\alpha\varsigma$, qui veut dire *sources*, pour traduire l'expression dont ce prêtre aura fait usage : or, il suffit que l'on conçoive la possibilité de cette équivoque; pour

---

[1] Strabon. lib. XVII, pag. 819; Aristid. *in Ægyptio*, t. II, p. 343 et suiv.

[2] *Voyez* la Description d'Ombos, chap. *IV*, §. III.

retrouver dans le passage un sens admissible. En effet, aux temps de Strabon et d'Aristide, le nom d'*Éléphantine* appartenait exclusivement à l'île qui est en face de Syène; mais je pense qu'il n'en était pas de même au temps d'Hérodote, et il me paraît que c'était un nom générique et commun à plusieurs îles, notamment à l'île de Philæ [1]. Que, dans le récit du prêtre de Saïs, on substitue le nom de *Philæ* à celui d'*Éléphantine*, on retrouvera les *deux montagnes* libyque et arabique, qui, *entre Philæ et Syène*, se rapprochent en effet l'une de l'autre; un lieu plein d'*abîmes;* des courans qui se portent les uns *vers le nord,* les autres *vers le sud;* des *eaux d'une très-grande profondeur;* en un mot, tout ce qui caractérise la chute du Nil à Chellâl, aujourd'hui même que ces effets sont beaucoup diminués [2]. Au reste, l'explication que je hasarde ici d'un des passages les plus difficiles d'Hérodote, est singulièrement appuyée par le raisonnement que fait l'historien lui-même. « Si le récit de ce prêtre est vrai, dit-il, je pense qu'à cet endroit les eaux venant à se porter et à se briser avec violence contre les montagnes, *refluent* avec rapidité et excitent des tournans qui empêchent la sonde d'aller jusqu'au fond. »

J'ai dit qu'il pouvait y avoir eu de l'équivoque dans le mot de *sources* dont Hérodote a fait usage; voici un

---

[1] *Voyez* la Description d'Éléphantine, *chap. III*, §. vi. On appliquait aussi le nom de *Philæ* à l'île d'Éléphantine, témoin ce passage de Pline, qui est positif : après avoir nommé Syène, il dit, *et ex adverso insula* iv *Philæ;* c'est-à-dire, « en face de Syène est une île de quatre *milles* de circuit, et que l'on nomme *Philæ;* » ce qui est vrai d'Éléphantine (*voyez* Pline, *Hist. nat.*, l. v, c. 9).

[2] *Voyez* ci-dessus, p. 151 et suiv.

passage du même auteur qui tend aussi à le faire croire :
« Le Nil, qui *commence aux catadupes*, coupe l'Égypte par le milieu, et se jette dans la mer[1]. » On voit qu'il est question du point où le Nil *commence* à entrer en Égypte, et non pas de l'origine de son cours; il faut entendre la même chose des prétendues sources d'Éléphantine.

Diodore de Sicile croyait que la principale cataracte est celle des confins de l'Égypte et de l'Éthiopie. Après avoir décrit l'entrée du Nil en Égypte, il parle ainsi des cataractes : « C'est un endroit qui a environ dix stades de longueur, et qui n'est qu'une continuité de fond penchant et rompu, de précipices d'une hauteur prodigieuse et perpendiculaire, et d'ouvertures étroites et embarrassées de rochers ou de pierres qui leur ressemblent par leur grosseur. Les eaux qui passent par ces lieux effroyables, les couvrent d'écume, et font des chutes et des rejaillissemens dont le bruit seul porte la terreur dans l'âme des voyageurs, d'aussi loin qu'ils commencent à l'entendre; et l'eau y acquiert une vitesse pareille à celle d'une flèche qui part de l'arbalète, etc.[2] »

Diodore ajoute que, pendant l'inondation, les rochers sont recouverts par les eaux; qu'alors les vaisseaux descendent sur la cataracte, soutenus du vent contraire; mais que personne ne saurait la remonter, à cause de l'impétuosité du fleuve, qui surpasse toutes les forces dont l'homme puisse s'aider. Il finit en disant qu'il y a

---

[1] Ὁ γὰρ δὴ Νεῖλος, ἀρξάμενος ἀπὸ τῶν καταδούπων, ῥέει μέσην Αἴγυπτον, σχίζων ἐς θάλασσαν. Lib. II, c. 17.

[2] Diod., l. 1, traduct. de l'abbé Terrasson. Il faut être prévenu que cette traduction n'est pas très-fidèle.

plusieurs cataractes, mais que la plus grande est aux limites *de l'Éthiopie et de l'Égypte*. Après avoir lu cette description, l'on est peu disposé à l'appliquer à la cataracte de Syène, malgré que Diodore s'en explique formellement. On verra plus loin que plusieurs de ces circonstances conviennent mieux aux cataractes supérieures.

Dans le Songe de Scipion, Cicéron nous a laissé un passage sur les *catadupes* du Nil, qui semblerait par conséquent relatif à la cataracte de Syène. Voulant expliquer comment l'oreille humaine est devenue insensible au prétendu son que rendent les sphères célestes dans leur révolution rapide, il se sert de la comparaison des hommes qui habitent auprès des catadupes, et qui deviennent sourds par la grandeur du bruit que fait le Nil en se précipitant du haut de montagnes très-élevées, de même, dit-il, qu'on perdrait la vue en fixant l'œil sur le soleil[1]. Macrobe, qui a commenté le Songe de Scipion, suppose que les habitans ne sont pas sensibles au bruit des catadupes, par la raison qu'il est trop considérable : Quoi d'étonnant, ajoute-t-il, si le son produit par les cieux dans leur mouvement perpétuel n'est pas perceptible à nos sens bornés[2]? Je ne veux pas discuter ces passages, mais seulement faire remarquer que le bruit de la cataracte était généralement réputé capable d'ôter l'ouïe aux habitans des environs,

---

[1] *Hoc sonitu oppletæ aures hominum obsurduerunt ; nec est ullus hebetior sensus in vobis : sicut ubi Nilus ad illa quæ* catadupa *nominantur, præcipitat ex altissimis montibus, ea gens quæ illum locum accolit, propter magnitudinem sonitûs, sensu audiendi caret, etc.* Somn. Scip.

[2] Macr. *in Somn. Scip.*, lib. II, cap. 4.

et que c'est à celle de Syène qu'on attribuait un tel effet; mais, en admettant qu'il s'agisse de cette dernière, l'expression de *très-hautes montagnes*, dont se sert Cicéron, ne serait pas moins exagérée que la grandeur du bruit.

Strabon donne sur la cataracte de Syène un détail qui est plus précis; il en parle dans son dix-septième livre, en deux passages[1], dont voici le plus intéressant : « Un peu au-dessus d'Éléphantine, est la petite cataracte, où l'on voit des gens montés sur des esquifs donner une sorte de spectacle aux principaux du pays. La cataracte est une éminence du rocher au milieu du Nil, unie dans la partie supérieure et recouverte par les eaux du fleuve; elle finit par un précipice, d'où l'eau s'élance avec impétuosité : de part et d'autre, vers la côte, il y a un lit navigable; les pilotes se laissent entraîner vers la cataracte, puis se précipitent avec leur esquif, sans qu'il leur arrive aucun mal. » Strabon ajoute ensuite qu'au-dessus de la petite cataracte est l'île de Philæ; il ne laisse donc pas douter que cette cataracte ne soit celle de Chellâl. Comme il parle ici en témoin oculaire, il faut reconnaître que l'état des choses a un peu changé depuis son temps; car il n'y a aujourd'hui de canal navigable que d'un seul côté, et la chute est aussi beaucoup moins sensible : remarquons en passant que l'auteur se sert du nom de *petite cataracte*.

Pomponius Mela, dans son style rapide et élégant, décrit en ce peu de mots le cours impétueux du Nil depuis Tachempso jusqu'à Éléphantine : *Usque ad Ele-*

[1] Strab. *Geograph.*, lib. xvii, pag. 787 et 817.

phantidem urbem ægyptiam atrox adhuc fervensque decurrit. Tum demum placidior, et jam penè navigabilis, etc. Mais le tableau le plus frappant de la cataracte est celui qu'a tracé Sénèque. On va voir dans le passage suivant, que j'ai essayé de traduire, qu'il voulait parler de la cataracte de Syène : « Aux environs de Philæ, dit-il, le fleuve commence à rassembler ses eaux vagabondes. Philæ est une île escarpée, entourée de deux branches dont la réunion forme le Nil : c'est en cet endroit que le fleuve prend son nom.... Il arrive ensuite aux cataractes, lieu renommé par un spectacle extraordinaire : là il devient méconnaissable; ses eaux, jusqu'alors tranquilles, s'élancent avec fureur et impétuosité, à travers des issues difficiles; enfin il triomphe des obstacles, et tout-à-coup, abandonné par son lit, il tombe dans un vaste précipice, avec un fracas qui fait retentir les environs. La colonie établie en ce lieu par les Perses, n'a pu supporter ce bruit continu, et a transporté sa demeure dans un endroit plus calme. Entre autres merveilles qu'on voit sur le fleuve, j'ai entendu parler de l'incroyable audace des habitans : deux hommes s'embarquent sur une nacelle; un d'eux la gouverne, et l'autre la vide à mesure qu'elle s'emplit. Long-temps ballottés par les rapides, les remous et les courans contraires, ils se dirigent dans les canaux les plus étroits, évitant les défilés des écueils; puis ils se précipitent avec le fleuve tout entier, la tête en avant, guidant la nacelle dans sa chute, aux yeux des spectateurs épouvantés; et pendant que vous pleurez leur sort et que vous les croyez engloutis sous une si grande masse d'eau, vous voyez naviguer l'esquif très-loin du lieu où il est tombé, comme si on l'eût lancé jusque-là par une machine de guerre[1]. » Dans une de ses épîtres, Sénèque dit encore que les gens d'une certaine peuplade, ne pouvant soutenir le bruit de la chute du Nil, transportèrent leur ville dans un autre lieu[2].

Il n'est pas douteux que le théâtre de cette description ne soit à Chellâl; mais Sénèque, pour la rendre plus frappante, n'a-t-il pas réuni des traits appartenant à différentes chutes du Nil? Que les hommes du pays donnassent un spectacle en traversant la dernière cataracte, c'est ce qui est très-croyable, et c'est ce que racontent Strabon et Aristide, qui ont voyagé sur les lieux; mais le bruit intolérable et la hauteur immense de la chute s'appliquent beaucoup mieux aux autres cataractes.

La description que fait Pline du cours du Nil à sa sortie de l'Éthiopie, s'applique également à la cataracte de Syène. « Le fleuve est embarrassé dans des îles qui, semblables à autant d'aiguillons, irritent sa violence; ensuite, renfermé entre des montagnes, il roule comme un torrent, et se porte, avec une rapidité toujours croissante, vers un lieu d'Éthiopie appelé *Catadupes*, où se trouve la dernière cataracte; et là, entre les rochers qui l'arrêtent, il se précipite plutôt qu'il ne coule, avec un immense fracas[3]. » Je ne parle point ici de Solin, qui a copié Pline presque textuellement[4]: il en est à peu

---

[1] Senec. *Natural. Quæst.* l. IV, c. 2.
[2] Senec. epist. 56.
[3] Plin. *Hist. nat.* l. V, c. 9.
[4] Solin. *Polyhistor.* cap. 35.

près de même d'Ammien Marcellin[1], qui semble avoir abrégé Pline et Sénèque.

Tous les commentateurs ont admis, d'après ces divers auteurs, que le bruit de la dernière cataracte rendait sourds ceux qui habitaient dans le voisinage. On ne concevrait pas une pareille exagération, si elle ne provenait d'une méprise; ce sont les cataractes supérieures, ainsi qu'on le verra plus loin, qui produisent en effet un bruit effroyable.

Ptolémée a déterminé avec assez d'exactitude, par rapport à Syène, la position de la dernière cataracte, qu'il appelle *la petite;* il lui donne cinq minutes de moins de latitude qu'à cette ville[2]. On voit que le géographe, un peu mieux instruit que les historiens, distinguait deux cataractes : Strabon avait fait aussi cette distinction.

Au huitième livre de ses Éthiopiques, Héliodore place aussi les *petites* cataractes un peu au-dessous de Philæ : dans ce passage, qui est assez curieux, on voit que les Éthiopiens disputaient aux Égyptiens la ville de Philæ, par la raison que les cataractes du Nil faisaient, selon eux, la limite de l'Éthiopie. Héliodore désigne ces cataractes sous le nom de *catadupes*, et fait mention de prêtres qui séjournaient dans ce lieu.

Aristide est l'auteur qui s'est le plus étendu sur la cataracte : comme témoin oculaire, son récit ne manque pas d'intérêt, ainsi qu'on en va juger. Il raconte que, revenu de Philæ à Syène par terre, et désirant vivement

---

[1] Amm. Marcell. lib. xxii.
[2] Ptolem. *Geogr.* lib. iv, c. 5, p. 108, etc.; 7, p. 112.

connaître les cataractes ou catadupes, il demanda avec instance au commandant de la garnison de lui fournir un pilote et quelques soldats pour forcer les habitans de *l'île des cataractes* à lui faire voir tout ce que cet endroit renfermait de curieux. Le gouverneur, étonné de sa hardiesse, lui représenta les difficultés d'une entreprise que lui-même n'avait jamais osé tenter; mais, vaincu à la fin, il satisfit à sa prière. Aristide, du haut de l'île placée au milieu du fleuve, et d'où l'on embrasse, dit-il, les cataractes *situées à l'est,* aperçut des hommes du pays qui naviguaient au-dessus des rochers et se laissaient entraîner par le courant : lui-même ensuite monta sur une barque et se transporta partout, pénétrant dans tous les endroits où les bateliers avaient passé; enfin il suivit, sur *l'autre côté de l'île,* un bras navigable, et il arriva heureusement jusqu'à Éléphantine, placée à la fin des cataractes.

Plusieurs traits de ce récit conviennent parfaitement au local actuel, notamment cette île des cataractes, dont le nom est précisément conservé dans celui de *Gezyret Chellâl;* la situation des cataractes vers la rive de l'est et la branche navigable de la rive opposée, sont encore deux choses que l'on a pu remarquer dans le paragraphe précédent[1].

C'est après avoir exposé toutes ces circonstances, qu'Aristide reprend Hérodote pour avoir débité, sur la foi d'un prêtre, qu'entre Éléphantine et Syène étaient situées les sources du Nil, et qu'une partie des eaux coulait vers l'Éthiopie, l'autre vers l'Égypte. « Si Hé-

[1] *Voyez* ci-dessus, pag. 151.

CH. II, DESCRIPTION DE SYÈNE

rodote, dit-il, était jamais venu à Éléphantine, comme il le prétend, il n'eût rien vu que le fleuve entre ces deux villes, toutes deux situées sur ses bords; il n'y a aucune montagne entre Éléphantine et Syène, mais plutôt ces villes sont situées entre les deux montagnes. » Comment se fait-il que le rhéteur, après cette sortie, rapporte qu'il y a en effet, dans ce même lieu, deux sources enfermées dans deux grands rochers qui sortent du milieu du lit, mais que ces sources sont récentes et ne fournissent qu'à la partie inférieure du cours du Nil? On lui assura que leur profondeur ne pouvait se mesurer; ce qui le détourna, dit-il, d'en prendre la mesure. Que penser de sa critique, en le voyant attribuer à ces prétendues sources la largeur et la profondeur plus grandes que prend le Nil au-dessous d'Éléphantine? Plus loin, il dit que le fleuve, auprès de cette île, fait un bruit immense, et n'a pas moins de trente coudées de profondeur.

Lucain fait allusion à ces mêmes sources du Nil, en décrivant la cataracte de Philæ, et il fait mention, comme Sénèque[1], d'un rocher ou d'une île inaccessible, appelée *Abaton* par l'antiquité. Ce morceau n'est pas exempt d'exagération; mais le poëte est plus excusable que les prosateurs qui sont tombés dans le même défaut[2].

Un vers de Denys le Périégète, dans le poëme grec

---

[1] *Natural. Quæst.* lib. IV, cap. 2. Les prêtres seuls pouvaient y mettre les pieds, selon Sénèque.

[2] *Rursus multifidas revocat piger alveus undas,*
Quà dirimunt Arabum populis Ægyptia rura
Regni claustra Philæ. . . . .

de la *Description de l'univers*, a encore trait à cette même cataracte; c'est celui où il peint l'Égypte s'étendant du côté de l'est, *jusqu'à Syène, où sont des précipices nombreux et profonds* [1]. Eustathe, qui a commenté ce poëte, regarde aussi ces précipices comme les cataractes. Le même Eustathe, dans le commentaire d'un autre vers, où il est question des montagnes des Blemmyens, nation que je considère comme les ancêtres des Barâbras, pense que ces montagnes sont les cataractes ou catadupes [2]. Ce qui est singulier, c'est que ce critique compte parmi les sept villes de l'Heptapolis ou Heptanomide, *la grande et la petite cataracte* [3]. Je citerai encore ici l'Histoire ecclésiastique de Nicéphore Calliste, qui dit que le Nil, à son arrivée en Égypte, se précipite à travers des rochers très-élevés, avec un bruit immense [4].

Voilà tout ce que j'ai trouvé dans les auteurs anciens

> . . . . *Quis te tam lenè fluentem*
> *Moturum tantas violenti gurgitis iras,*
> *Nile, putet? Sed cùm lapsus abrupta viarum*
> *Accepere tuos, et præcipites cataractæ,*
> *Ac nusquam vetitis ullas obsistere cautes*
> *Indignaris aquis, spumá tunc astra lacessis;*
> *Cuncta fremunt undis; ac multo murmure montis*
> *Spumeus invictis canescit fluctibus amnis.*
> *Hinc, Abaton quam nostra vocat veneranda vetustas,*
> *Terra potens, primos sensit percussa tumultus,*
> *Et scopuli, placuit fluvii quos dicere venas,*
> *Quòd manifesta novi primùm dant signa tumoris.*
> Pharsal., l. x.

[1] Ἑλκόμενον καὶ μέχρι βαθυκρήμνοιο Συήνης.
(Διονύσ. Οἰκουμέν. Περιήγησ., v. 244. Geogr. veter. script. Græc. minor., t. IV. Oxon., 1697).

[2] Voyez *ibid.*, vers 220.

[3] Voyez *ibid.*, vers 251.

[4] Tom. I, l. IX, p. 724. Paris, 1630.

qui se rapportât sans équivoque à la dernière cataracte : je vais parcourir succinctement les descriptions des modernes.

Parmi les auteurs arabes, el-Edriçy décrit la chute de Genâdil, plutôt que celle de Syène; Abou-l-fedâ en parle aussi, mais sans qu'on puisse assurer s'il avait en vue l'une ou l'autre. On trouve dans el-Maqryzy plusieurs détails sur les cataractes; mais ils ne sont pas connus. Il est à regretter qu'on n'ait pas une traduction complète de cet auteur.

Le P. Sicard est le premier des voyageurs modernes qui ait donné une idée exacte de la chute du Nil aux limites de la Nubie, chute formée, dit-il, de plusieurs cataractes, dont chacune est un amas de rochers au travers desquels le Nil coule en forme de cascade. Il ajoute qu'il serait téméraire d'y passer en barque[1]; mais on peut douter s'il parle en témoin oculaire.

Il est étonnant que Norden, qui a fait une carte détaillée du cours du Nil de Philæ à Syène, n'y ait pas joint une description de la cataracte, et qu'il se borne à dire qu'elle forme différentes chutes d'eau. Il suppose quatre pieds de chute pendant l'hiver, et dit qu'il y a deux passages près de Morâdah, le havre de la cataracte[2]. R. Pococke décrit assez bien le local environnant; mais il compte trois chutes dans la largeur du fleuve, dont la moindre n'a pas plus de trois pieds. Je n'oserais assurer qu'il ait vu le site même de Chellâl[3].

---

[1] Mémoires des missions du Levant, tom. VII, pag. 121.
[2] Voyage de Norden, tom. III, pag. 27; Paris, 1795.
[3] *Description of the East*, t. I, p. 121.

Bruce fut étonné, comme l'avait été Pococke, et comme je l'ai été moi-même, en voyant dans cet endroit des barques remonter le Nil. Sa description est assez fidèle, mais incomplète; il compte six *milles* anglais de distance entre la cataracte et Syène, et cette distance est trop grande de près de moitié : il relève d'ailleurs avec raison ce qu'on avait dit du bruit excessif de la chute[1].

§. IV. *Des cataractes supérieures.*

L'opinion qui a prévalu si long-temps sur la dernière cataracte, provenant de ce qu'on a confondu celle-ci avec les cataractes supérieures, j'ai cru qu'il était utile de faire ici le rapprochement des unes et des autres, pour mieux connaître la source de l'erreur. Je ferai d'abord, d'après Bruce, voyageur trop vanté et trop rabaissé peut-être, l'énumération des chutes qui précèdent celle de Syène. Celle qu'il appelle cataracte de *Goutto*, la première depuis la source du Nil, ou plutôt de *Bahr el-azraq*[2], est située près de *Kerr*, vers le onzième degré et demi de latitude, avant le lac de *Tzana* ou *Dembea* : la chute est d'environ seize pieds[3]. Après cette chute, on trouve plusieurs cascades que ce voyageur ne compte pas pour des cataractes.

La seconde est celle d'*el-Assar*, placée, comme la

---

[1] Voyage de Bruce, t. 1, p. 169; Paris, 1790.

[2] L'opinion la plus récente est que le *Bahr el-azraq*, ou rivière Bleue, n'est pas le Nil, mais bien le *Bahr el-abyad*, ou rivière Blanche, que l'on croit prendre sa source dans le pays de Donga, au huitième degré de latitude nord, et douze degrés plus à l'ouest que les sources de la rivière Bleue. Bruce, comme on sait, en décrivant ces prétendues sources du Nil, n'a fait que répéter la description donnée par les missionnaires portugais un siècle et demi auparavant.

[3] Voyage de Bruce, t. III, p. 654.

première, avant le lac de *Tzana*. Elle prend son nom d'une rivière qui se jette dans le fleuve un peu au-dessous ; sa hauteur est estimée à vingt pieds : la nappe d'eau est très-large, et présente un coup d'œil magnifique[1].

La troisième est celle d'*Alata*, située au sortir du lac, la plus grande et la plus imposante que Bruce ait observée ; elle a quarante pieds de hauteur : le P. Lobo avait estimé celle-ci à cinquante pieds. C'est à un demi-mille au-dessous qu'on voit un pont sur le Nil, ayant une seule arche.

En traversant la grande chaîne de montagnes qui suit le parallèle du onzième degré, et qui borne au nord le pays des Gongas, chaîne excessivement élevée, le *Bahr el-azraq* a trois autres chutes considérables[2] et voisines l'une de l'autre ; mais il est impossible d'ajouter foi à la hauteur qu'on rapporte pour la première de ces cataractes, c'est-à-dire deux cent quatre-vingts pieds. On sait que le saut du Niagara, qui, du côté des États-Unis, a cent soixante pieds environ, et d'où il sort un nuage continuel qui s'aperçoit à une grande distance, présente un phénomène qui est unique sur le globe. D'ailleurs, à la manière dont Bruce décrit ces trois cataractes, il est aisé de deviner qu'il ne les a pas vues de ses propres yeux.

Il en est de même de la cataracte suivante, qui est beaucoup plus connue, et qui fait la septième, suivant ce voyageur ; elle est située au-dessus d'Ibrim, et on l'appelle *Gianadel*, nom que plusieurs écrivent *Jan-*

---

[1] Voyage de Bruce, t. III, p. 642 et suiv.
[2] *Ibid.*, p. 481 et suiv.

Adel, mais sans fondement : on croit qu'elle est due à une chaîne de montagnes qui va de l'est à l'ouest, vers le 22° 15′ de latitude. Enfin, la dernière est celle que j'ai décrite.

El-Edriçy rapporte que les barques de Nubie sont forcées de s'arrêter à la montagne de Gianadel, et que de là les marchandises sont transportées à dos de chameau jusqu'à Syène, qui en est éloignée de douze stations. « En cet endroit, dit-il, le côté qui regarde l'Égypte est escarpé, et le Nil se précipite à travers des rochers aigus avec une impétuosité et une violence épouvantables [1]. » Une station représente une journée de marche de chameau ; la valeur moyenne des stations, dans la Géographie d'el-Edriçy, est de vingt-cinq mille pas : mais il paraît que la difficulté des chemins doit faire réduire cet espace de plus de moitié ; car il n'y a guère que cent à cent vingt mille pas de Gianadel à Syène.

Selon Abou-l-fedâ, « les deux chaînes de montagnes qui enferment la haute Égypte partent de Genâdil : au-dessus d'Asouân, il y a une montagne d'où le Nil coule et forme une cataracte à travers des rochers aigus et élevés, où les barques ne peuvent passer ; c'est là la limite de la navigation des Nubiens, du côté du nord, et des Égyptiens, du côté du midi [2]. » Michaëlis pense que *Genâdil* [3] est un nom propre également donné à la chute de Syène et à celle qui est au-dessus : j'ignore sur quoi il appuie son opinion ; mais, si elle était fondée,

---

[1] *Geogr. Nub.*, pag. 17 ; Paris, 1619.
[2] Abulf. *Descript. Ægypt.*, p. 1 ; Gotting., 1776.
[3] Ce mot est écrit ainsi dans Abou-l-fedâ.

elle contribuerait à expliquer comment l'on a confondu l'une et l'autre cataracte[1].

Les géographes Strabon et Ptolémée, ainsi qu'Héliodore, Eustathe et d'autres anciens, distinguaient seulement deux cataractes, la *grande* et la *petite*, quoiqu'ils sussent vaguement qu'il y en avait davantage; et leurs descriptions s'appliquent toujours à celles de Genâdil et de Syène. Pomponius Mela cite un lac immense d'où le Nil se précipite avec impétuosité ; mais il ne le nomme qu'après avoir parlé de l'île de Meroé, et de la jonction de l'Astapus avec l'Astaboras[2] : aujourd'hui l'on ne connaît aucun lac dans un lieu semblable. Il est bien à présumer que la description de Mela est renversée, c'est-à-dire que ce lac serait celui de Dembea, et que la chute devrait s'entendre de la grande cataracte d'Alata.

Ptolémée place la grande cataracte près de *Pselcis*, à 22° 30' de latitude; ce qui est, à quinze minutes près, la même que celle de Genâdil : ainsi, il n'y a presque pas de doute sur cette position, vu l'éloignement bien plus grand des autres cataractes. Mais Strabon est celui qui donne l'indication la plus précise, en comptant douze cents stades entre la grande et la petite[3]; car ces douze cents stades font quarante-trois lieues sur le pied de sept cents au degré, évaluation ordinaire de Strabon.

---

[1] Il résulte des recherches que M. Raige a bien voulu faire à ma prière sur ce nom, que l'on ne peut s'en tenir au sens de *Genâdil*, pluriel de *gendal*, qui signifie *pierre* suivant Golius; et dont la racine veut dire *renverser* : il préfère le sens de *Genâ-dil*, dont le premier mot signifie en arabe, *élevé**, et à la racine, *tomber*, *se précipiter;* le second mot est persan, et désigne métaphoriquement une qualité excessive.

[2] Pomp. Mela, *de situ orbis*, p. 27; Lugd. Batav., 1646.

[3] Strab. *Geogr*. l. xvii, p. 786.

* Littéralement, *gibbosum*.

Aristide rapporte qu'en conversant avec un Éthiopien, à l'aide d'un interprète, il apprit qu'il y avait quatre ou même six mois de navigation depuis Syène jusqu'à Meroé, à cause de la grande quantité des cataractes, dont le nombre s'élevait à environ trente-six au-dessus de *Pselcis*. Quelqu'exagéré que soit le récit d'Aristide, on y trouve une circonstance dont la vérité est frappante : c'est qu'au-delà de Meroé le cours du fleuve est double; qu'une des deux branches a ses eaux couleur de *terre*, et l'autre, couleur du *ciel*[1] : or, c'est précisément ce qui caractérise le *Bahr el-abyad* et le *Bahr el-azraq* d'aujourd'hui, autrement *la rivière Blanche* et *la rivière Bleue;* c'est aussi ce qui a fait reconnaître le véritable Nil dans ces derniers temps, et l'on voit que les noms actuels du pays se trouvent conformes à cette distinction.

Je n'ai pas encore parlé de Philostrate, auteur qui nous a transmis des détails intéressans sur l'Éthiopie et sur le Nil, dans sa Vie du fameux Apollonius de Tyane; j'y ai trouvé une description des cataractes supérieures, que je vais rapporter en peu de mots. Il représente Apollonius voyageant avec ses compagnons, tantôt par terre, tantôt sur le fleuve, et visitant tous les lieux avec la plus grande curiosité. Après avoir quitté le pays des gymnosophistes, Apollonius et les siens se dirigèrent vers les montagnes ou catadupes, en remontant le Nil *du côté gauche*. « Les catadupes, dit Philostrate, sont des montagnes escarpées d'où le Nil descend, en arrachant la terre qui forme le limon d'Égypte : le bruit du Nil, dans sa chute, est épouvantable; aussi plusieurs

[1] Æl. Arist. *in Ægyptio, edente* S. Jebb, p 346; Oxon., 1722.

ont perdu l'ouïe pour s'être avancés trop près. En approchant, ils commencèrent à entendre un bruit semblable à celui du tonnerre qui gronde; alors Timasion leur dit : *Nous voici près de la cataracte qui est la dernière pour ceux qui descendent le Nil, et la première pour ceux qui le remontent*[1]. Après avoir marché dix stades, ils virent le fleuve tombant de la montagne, ayant la grandeur du Marsyas et du Méandre à leur jonction. A quinze stades de là, ils entendirent le bruit d'une cataracte deux fois plus considérable et plus haute, et insupportable à l'ouïe, tellement que les compagnons d'Apollonius ne voulurent pas avancer plus loin; mais celui-ci, accompagné d'un gymnosophiste et de Timasion, se rendit à la cataracte. De retour, il raconta aux siens que c'était là qu'étaient les sources du Nil, paraissant suspendues à une hauteur prodigieuse[2], que la rive était comme une carrière immense où l'eau se précipitait toute blanche d'écume avec un fracas effroyable, et qu'enfin le chemin de ces sources était excessivement roide et escarpé, au-delà de tout ce qu'on peut imaginer[3]. »

Il paraît évident, par cette description, qu'Apollonius voyageait sur la rivière Bleue, et non sur la rivière Blanche, et qu'il était arrivé aux plus hautes montagnes que le Nil traverse sous le parallèle du onzième degré : c'est là que nous avons vu qu'il y avait trois cataractes plus considérables que toutes celles du fleuve. Parmi les modernes, aucun Européen n'est encore par-

---

[1] Il paraît que Philostrate ne compte pas ici les cataractes de Genàdil et de Syène.

[2] Il y a dans le texte *huit stades*.

[3] Philostr. *Oper.*, p. 299 et seq.; Paris, 1608.

venu dans ces lieux impraticables, et l'on sait que les anciens ont beaucoup mieux connu que nous l'intérieur de l'Afrique. Je passe sous silence la description des peuples qui habitent ce pays, et je ferai seulement remarquer dans ce passage, que Philostrate paraîtrait favorable à ceux qui ont regardé la rivière Bleue comme *le Nil des anciens*. On pourrait en dire autant du passage de Pomponius Mela que j'ai rapporté plus haut, et aussi d'un autre passage d'Æthicus : ce dernier, dans sa Cosmographie, dit que le Nil, à sa source, forme un grand lac de 154 *milles* de tour, et qu'en sortant de ce lac il arrive aux anciennes cataractes (*ad cataractas vetèriores*), après avoir parcouru 454 *milles*[1], c'est-à-dire 500 *milles* depuis le lac. Or le lac de Dembea est en effet de cette grandeur, et le cours du fleuve a aussi 500 *milles* depuis le lac jusqu'aux cataractes situées sous le onzième degré ; mais cela ne prouverait pas que la branche *principale* du Nil fût celle-là, comme l'ont imaginé les jésuites portugais, et Bruce après eux. Je n'ajouterai plus qu'une remarque, c'est qu'il paraît que Bruce, qui ne pouvait parcourir pied à pied une aussi grande étendue de pays que celle qu'il a décrite, avait du moins recueilli des renseignemens assez exacts, et qu'il ne s'en est pas tenu à copier uniquement les relations des jésuites portugais, comme on l'en a accusé un peu injustement.

La description qu'il fait de la cataracte d'Alata donne l'idée d'un spectacle si magnifique et d'un effet si grand, qu'il ne saurait, dit-il, s'effacer de la mémoire. Le bruit de la chute est tel, qu'il plonge dans un état de stupeur et de vertige, et que le spectateur n'a

[1] Æthic. *Cosmogr.*, pag. 491 ; Lugd. Batav., 1646.

plus ses facultés pour observer le phénomène avec attention. La nappe d'eau qui se précipite a un pied d'épaisseur, et plus d'un *demi-mille* de large; elle s'élance d'environ quarante pieds dans un vaste bassin, d'où le fleuve rejaillit avec fureur, et répand en diverses directions des flots tout bouillonnans et pleins d'écume[1]. L'eau en tombant forme un arc, sous lequel, suivant Bruce, il est impossible qu'on se place (quoi qu'en ait dit le P. Lobo), parce que l'épouvantable fracas de la chute mettrait en danger de perdre l'ouïe; un brouillard épais, ajoute-t-il, s'élève continuellement au-dessus de la cataracte. Ce tableau paraîtrait convenir en quelques points à la description de Philostrate; mais, dans cette dernière, il n'est pas question du lac au sortir duquel se trouve la chute d'Alata, et l'on voit, au contraire, des circonstances qui se rapportent bien aux cataractes de la grande chaîne de Fazuclo ou du onzième degré.

La seule conséquence que je tirerai de ces relations anciennes et modernes, c'est qu'il y avait et qu'il y a encore cinq ou six cataractes où la chute est très-haute et le bruit considérable; savoir, celle d'el-Assar, celle d'Alata, celles de Fazuclo, et celle de Genâdil, et que, si l'on a prétendu que le bruit de la dernière cataracte frappait de surdité les habitans du voisinage, il ne faut pas moins l'attribuer à l'existence des cataractes supérieures avec lesquelles on l'a confondue, qu'à un ancien état du lit du fleuve, supposé très-différent de ce qu'il est aujourd'hui.

---

[1] La hauteur de cette chute surpasse de dix à douze pieds celle de l'Orénoque à Maypurès, mesurée par M. de Humboldt.

' # CHAPITRE TROISIÈME.

DESCRIPTION

DE L'ÎLE D'ÉLÉPHANTINE,

Par E. JOMARD.

§. I. *Description générale de l'île.*

La position d'Éléphantine au milieu du Nil et sur les confins de la Nubie suffirait pour faire distinguer cette ville ancienne parmi les différens lieux de l'Égypte, quand elle ne serait pas remarquable par ses antiquités et par le rang qu'elle occupe dans l'histoire du pays. La verdure et la fraîcheur de ses campagnes contrastent si agréablement avec le sol aride qui l'entoure, qu'on l'a surnommée l'*Ile fleurie* et *le Jardin du tropique*. Le voyageur dont la curiosité est fatiguée, épuisée par des marches pénibles, et par le nombre même des monumens et des tableaux de tous les genres qu'il a vus depuis Philæ, aborde avec un sentiment de joie dans cette île, qui se montre à lui tout d'un coup comme un lieu enchanté, au milieu de ces pics noirâtres et de ces sables étincelans qui occupent et remplissent l'horizon. Ce n'est pas que ce territoire soit d'une plus riche culture que le reste de l'Égypte; il tire tout son prix du site affreux et désert qui l'environne. Des mûriers, des acacias, des napecas, sont, avec le doûm et le dattier, les seuls arbres d'Éléphantine : les uns servent de haies et de limites aux jardins, les autres sont répandus en petits bois dans les champs; d'autres forment une avenue irrégulière du côté du nord. Quand on parcourt les sentiers de cette île, on a l'oreille continuellement frappée par le bruit des nombreuses roues à pots qui servent encore, comme au temps de Strabon [1], à l'irrigation de la campagne, et qui entretiennent une fécondité inépuisable. Rien dans cette île n'est resté inculte que le rocher : chaque portion de limon que le Nil dépose, est mise à profit d'année en année, et l'on y sème aussitôt des légumes, jusqu'à ce que l'attérissement prenne assez d'espace pour recevoir la charrue. C'est ainsi que l'île presque toute entière s'est formée peu à peu par les alluvions du fleuve; le rocher qui la borne au midi a servi de noyau à ces alluvions.

On se promène, on se repose avec délices à l'ombre de ces arbres toujours verts; l'air pur et frais qu'on y respire cause une sensation inexprimable, dont le charme ne peut bien être senti que par ceux qui ont approché du tropique. C'est la douce impression de cette température moins brûlante, c'est l'opposition des prés et des rochers, des champs et du désert, de la verdure et du sable, des jardins et du site le plus sauvage, en un mot le contraste de la nature et de l'art, qui donnent à ce canton une physionomie distincte et tout-à-fait différente de l'aspect

---

[1] Strab. *Geogr.* l. xvii, p. 819.

DE L'ILE D'ÉLÉPHANTINE.

trop monotone de tous les autres points de l'Égypte. Enfin, au milieu de tous ces tableaux si variés, si pittoresques, le voyageur jouit encore du spectacle de plusieurs antiques monumens qui sont restés debout; faibles mais précieux vestiges de l'ancienne puissance d'Éléphantine. Telle est la première terre cultivée de l'Égypte, et telle est l'entrée du Nil dans ce pays lorsqu'il a franchi la chaîne de granit qui le traverse, et les innombrables écueils de la dernière cataracte [1].

Ce point était, dans l'antiquité, la clef de l'Égypte, du côté du midi. Sous le règne de Psammitichus, dit Hérodote, il y avait garnison à Éléphantine contre les Éthiopiens, à Daphnes de Péluse contre les Syriens et les Arabes, à Marea contre la Libye. Du temps de cet historien, les Perses entretenaient aussi une garnison à Éléphantine [2]. Selon Strabon, il s'y trouvait une cohorte romaine [3]. Pomponius Mela compte Éléphantine parmi les plus célèbres villes d'Égypte : *Earum clarissimæ procul à mari, Saïs, Memphis, Syene, Bubastis, Elephantis et Thebæ.* En parlant des voyages du grand Germanicus, Tacite appelle cette ville une des anciennes barrières de l'empire romain : *Exin ventum Elephantinen ac Syenen, claustra olim romani imperii* [4]. Enfin il y avait encore, au temps du Bas-Empire, une cohorte stationnée à Éléphantine [5]. Mais l'importance d'un poste

---

[1] *Atque Elephantina sub ipsis ferè cataractis jacet* (Ælius Aristides, *in Ægyptio*, version de l'édition d'Oxford, 1722, p. 343).

Selon le sentiment des Grecs, rapporté par Hérodote (l. xi, ch. 17), l'Égypte commençait à la cataracte et à la ville d'Éléphantine.

[2] Herod. *Histor.* l. ii, c. 30.
[3] Strab. *Geogr.* l. xvii, p. 820.
[4] Tac. *Annal.* l. ii.
[5] *Notitia utraque dignit. imperii*, p. 90.

militaire, ou, si l'on veut, d'une ville frontière, est encore loin de répondre à l'idée qu'on peut se faire d'Éléphantine, quand on sait qu'elle a possédé des rois particuliers. Cette question mérite d'être examinée à part : les recherches qu'elle exige m'arrêteraient ici trop long-temps [1].

A la ville que contenait l'île d'Éléphantine, suivant Strabon [2], et qui était située vers le midi, a succédé un petit village. Ce hameau occupe le pied d'une élévation formée par le rocher de granit et par les décombres des anciennes habitations; il est habité par des Barâbras ou Nubiens, et très-peuplé pour son étendue. On trouve plus au nord un autre village plus considérable, occupé, comme le premier, par des Barâbras. Ces villages n'ont pas de nom particulier, et l'île même n'est plus désignée que par celui de Syène, qui est en face; on l'appelle *Gezyret Asouân*, ou *l'île de Syène* : je n'ai pas entendu de la bouche des habitans le nom d'*el-Sag*, rapporté par des voyageurs.

La forme de l'île est allongée; sa longueur, du sud-ouest au nord-est, est de mille quatre cents mètres [3], et sa plus grande largeur de quatre cents mètres [4]. Environnée d'écueils presque de toutes parts, elle laisse à peine au fleuve un passage navigable : le bras qui la sépare de Syène est large d'environ cent cinquante mètres [5], à l'endroit où on le traverse ordinairement quand on veut passer du continent dans l'île; la moindre

---

[1] *Voyez* ci-dessous, §. vi.
[2] Strab. *Geogr.* l. xvii, p. 817.
[3] Sept cents toises environ.
[4] Deux cents toises environ.
[5] Soixante-quinze toises environ.

largeur de ce bras est de quatre-vingt-douze mètres, c'est-à-dire, précisément un demi-stade, distance de Syène à Éléphantine, suivant Strabon[1]. En venant de Syène, on aborde à une petite anse, au pied d'un ancien quai ou mur de revêtement qui a été bâti entre les pointes saillantes du rocher pour défendre l'île contre les hautes eaux. Ce quai assez élevé est construit avec soin et d'une manière particulière, dont je rendrai compte ailleurs; il se remarque d'assez loin par sa couleur blanche, et par son élévation, surtout dans les basses eaux[2].

La butte de décombres formée par les débris de l'ancienne ville a sept ou huit cents mètres de tour[3]; c'est comme un plateau élevé qui domine tout le reste, et qui a pour noyau, comme je l'ai dit, un ancien îlot de granit, où les attérissemens se sont formés depuis un temps immémorial : du rivage de Syène, on le voit se détacher en brun sur le rideau élevé de la chaîne libyque, toute recouverte de sables blanchâtres, et percée çà et là par des aiguilles noires de granit.

Cette butte est toute couverte d'assez belles cornalines et d'agates, qui n'ont pu être apportées là en aussi grand nombre; il faut croire que leur gisement est dans le granit même[4]. Les Barâbras qui habitent cette île, hommes, femmes et enfans, s'occupent à ramasser ces cornalines, et viennent les offrir aux étrangers avec des médailles, des lampes antiques et des amulettes, qu'ils

---

[1] Quarante-sept toises environ (Strab. lib. XVII, pag. 817).

[2] *Voyez* pl. 30, fig. 4, au point 3; *voyez* aussi pl. 32, fig. 1 et 2.

[3] Trois cent cinquante à quatre cents toises.

[4] J'en ai trouvé une qui porte des empreintes naturelles en forme de croix.

trouvent en grand nombre en fouillant les ruines. Le caractère de ces bonnes gens a une teinte de franchise et de gaieté qui plaît et qui attache; nous avons éprouvé chez eux un accueil, une prévenance qu'on ne trouverait pas ailleurs en Égypte.

Ce qui attire le plus la vue quand on parcourt cette butte, ce sont deux grands massifs placés sur la sommité de l'éminence; lorsqu'on approche, on les reconnaît pour les montans d'une porte de granit taillée avec beaucoup de soin, et couverte de sculptures égyptiennes [1]. En allant au fleuve, et vers le cap que forme l'île au midi, on voit une grande quantité de sarcophages creusés dans le roc et dignes d'attention, comme les seules tombes de cette espèce qui se trouvent en Égypte. Peut-être ces excavations sont-elles le reste des anciens travaux faits dans cette île pour l'exploitation du granit. C'est d'Éléphantine, suivant Hérodote, qu'on tira ce fameux monolithe de Saïs, qui avait vingt-une coudées de longueur, et dont le transport exigea trois ans et deux mille bateliers [2]. La position d'une carrière sur le bord du fleuve était bien propre à favoriser l'exploitation et le transport des blocs les plus considérables.

On trouve, en descendant du plateau, un temple peu étendu, composé d'une salle et d'une galerie, mais fort bien conservé : je l'appellerai *le temple du sud*. Plus loin encore, en allant vers le Nil, sont des amas de constructions ruinées, avec beaucoup de blocs de granit, une statue de même matière et assez fruste, enfin des subs-

---

[1] *Voyez* pl. 30, fig. 4, au point 2, et pl. 32, fig. 1, au point 3.
[2] Herod. *Histor.* l. II, c. 175.

tructions nombreuses conduisant à un escalier qui descend au fleuve. En marchant vers le nord, et auprès du second village, on arrive à un temple ruiné, que je nommerai *le temple du nord*. Enfin, à l'extrémité nordest de l'île, en avant de la pointe sablonneuse qui la termine, on trouve une grande construction qui est recouverte par les hautes eaux; c'est un mur formé de deux rangées de pierres, qui servait sans doute à garantir Éléphantine contre les inondations du fleuve.

Tel est l'aperçu général des antiquités qui frappent la vue du voyageur, quand il parcourt rapidement l'île d'Éléphantine [1]. Je vais maintenant parler plus en détail de celles qui méritent une description particulière.

§. II. *Du temple du sud.*

L'emplacement du temple du sud est à mi-côte de la colline formée par les débris de l'ancienne ville, et par le rocher de granit qui lui servait de sol : les décombres sont tellement accumulés autour de lui, du côté du sud, qu'on le croirait d'abord totalement enfoui; mais, en approchant, on trouve au contraire qu'il l'est trèspeu, surtout du côté du nord : le soubassement élevé sur lequel il repose a encore deux mètres un quart environ hors de terre [2]; ainsi la vue peut l'embrasser à peu près tout entier, et jouir de ses proportions simples, mais élégantes.

[1] Consultez la pl. 31 pour étudier en détail soit l'île soit les environs d'Éléphantine (*voyez* la note [1], page 144 du *chap. II*).
[2] Plus de sept pieds.

Sur le sol environnant, on trouve un grand nombre de blocs de granit, qui paraissent les restes d'un édifice bâti de pareille matière, peut-être d'une porte qui était en avant du temple, semblable à celle qui est au sommet de la butte. C'est parmi ces blocs que l'on trouve une statue monolithe en granit [1], de deux mètres trois quarts de proportion [2] et d'un travail peu fini : elle est assise, les bras croisés, tenant une crosse à droite et un fléau à gauche. Je n'ai pu découvrir les inscriptions grecques dont parlent le P. Sicard, Norden et Pococke. Le premier dit qu'il a vu une inscription sur un marbre noir, dans les ruines du temple de Cnuphis : le second parle d'un piédestal ou mur en grandes pierres blanches, situé auprès du temple et couvert d'inscriptions : enfin Pococke a rapporté une grande inscription qu'il dit avoir recueillie sur une muraille, à l'extérieur du temple d'Éléphantine; mais elle est si mal conservée, ou si mal copiée, qu'il est difficile de la déchiffrer, même partiellement [3]. Il y est question des habitans d'Éléphantine et de Syène, et de l'empereur Dioclétien; mais ce n'est pas ici le lieu d'en parler plus au long.

L'axe du temple fait un angle de $72°\frac{1}{2}$ à l'est avec le méridien magnétique. Sa longueur, sans l'escalier extérieur, est de douze mètres environ [4], et sa largeur de neuf mètres et demi [5]; sa hauteur est de six mètres et demi [6], telle que je l'ai mesurée au-dessus du sol le moins enfoui : la salle intérieure a six mètres et demi [7] de long;

---

[1] *Voyez* pl. 34, au point 2.
[2] Huit pieds et demi environ.
[3] *Description of the East*, vol. 1, pag. 278.
[4] Trente-sept pieds environ.
[5] Vingt-neuf pieds.
[6] Dix-neuf à vingt pieds.
[7] Environ vingt pieds.

elle est de moitié moins large. Ces dimensions font du temple d'Éléphantine un des moins grands qu'il y ait en Égypte. Les pierres dont il est bâti sont de grès ordinaire; elles sont généralement de trois quarts de mètre[1] d'épaisseur. Il y en a de plus épaisses, telles que celles qu'on voit au stylobate, dont une seule pierre forme la hauteur.

L'intérieur du temple n'est pas encombré; ce qu'il doit à l'élévation de son soubassement. On marche en effet sur l'ancien sol lui-même, soit dans la galerie, soit dans la salle intérieure, tandis que partout ailleurs on trouve toujours un lit de poussière plus ou moins épais; mais il y a, sur la plate-forme, des décombres amassés dont il est difficile de deviner l'origine, à moins de les attribuer à quelques masures modernes qu'on aurait bâties sur le temple.

J'ai déjà remarqué que cet édifice était bien conservé; il n'y a que deux piliers qui soient abattus, ainsi que la portion correspondante de l'entablement. Ce qui a souffert le plus de dégradations, c'est l'escalier qui menait au parvis : on ne voit plus que les cinq à six marches supérieures; tout le reste est démoli ou caché sous une multitude de débris; les dés de l'escalier sont ruinés également; mais il n'est pas douteux qu'il ne fût primitivement tel qu'on l'a figuré dans la gravure[2]. Au-dedans, on n'aperçoit presque aucune trace de destruction; les angles des murs sont encore entiers; les sculptures ne

---

[1] Près de deux pieds et demi.

[2] *Voyez* pl. 35 et 36. On n'est cependant pas certain si le dé était de la hauteur totale du soubassement, ou bien divisé en plusieurs parties; peut-être aussi les marches étaient-elles moins larges qu'on ne les a représentées.

sont que très-peu endommagées, surtout dans le côté de la salle qui regarde le nord. Cependant la couleur sombre de toutes les murailles annonce une grande vétusté; il y a peu de monumens égyptiens où le ton de la pierre soit plus rembruni.

Une construction plus récente, que l'on a ajoutée à la partie postérieure du temple, et qui en a imposé aux voyageurs[1], fait encore ressortir cette ancienneté de l'édifice; la couleur en est moins foncée, comme les pierres en sont aussi moins considérables. Quoique faite avec assez de soin, cette construction laisse apercevoir qu'elle n'est pas égyptienne. Les assises sont régulières, mais d'une plus petite dimension. L'appareil est soigné; mais les colonnes sont engagées dans toute leur hauteur; ce qui jamais ne s'est rencontré dans les monumens égyptiens. La pièce qu'enferme cette construction s'adapte fort bien à la grande salle, dont on n'a fait que prolonger les murailles jusqu'au dehors du temple; mais cette nouvelle salle interrompt la galerie continue qui environnait l'ancienne; et dans les temples de cette espèce, comme dans tous les autres, jamais la galerie n'est interrompue. Enfin l'on n'y voit aucune espèce de sculpture, soit en dedans, soit en dehors. Il est donc certain que cet ouvrage est postérieur au temple égyptien; mais le soin qu'il y a dans l'appareil ne permet pas de l'attribuer aux Chrétiens ni aux Arabes, et je suis porté à le regarder comme l'ouvrage des Romains.

Une particularité que présente la salle antique, c'est l'évasement des portes; je ne connais pas un seul autre

[1] *Voyez* pl. 35, fig. 1 et 3, au point a.

exemple d'embrasure oblique dans les portes des monumens égyptiens. Les gonds qui servaient à faire rouler les deux portes du temple ont disparu, ainsi que les portes elles-mêmes; mais on voit encore les trous dans lesquels ces gonds étaient placés.

La disposition de ce petit édifice est un modèle de simplicité et de pureté, comme le lecteur peut en juger par le plan qu'il a sous les yeux [1]. On ne peut s'empêcher d'y reconnaître le type des premiers temples grecs. Cette disposition est conforme à celle qu'on appelait *périptère* chez les anciens : Vitruve donne ce nom à un temple carré ou rectangulaire, environné de colonnes, formant tout autour une galerie continue. En Égypte, on trouve plusieurs édifices qui ont cette même disposition; mais ce qui distingue les temples d'Éléphantine, c'est que la galerie a des piliers carrés sur les deux côtés longs, et des colonnes sur les deux autres; les deux parties latérales ont sept piliers chacune; les façades antérieure et postérieure ont deux piliers aux angles, et deux colonnes au milieu; l'entre-colonnement des façades est plus large que celui des côtés.

Si l'on jette la vue sur l'élévation [2] composée de lignes si simples, et en apparence sans art, l'œil est satisfait de l'harmonie qui règne entre les membres d'architecture. Cet effet tient surtout à ces lignes continues que présentent la corniche et le cordon, et que répètent le stylobate et le soubassement. Quand on est habitué à l'architecture des Grecs, ainsi qu'aux règles établies pour les entre-colonnemens, pour les hauteurs des colonnes

[1] *Voyez* pl. 35, fig. 1.   [2] *Voyez* pl. 35, fig. 2.

et celles des entablemens, on a peine à supporter la vue d'un édifice autrement ordonné; néanmoins le temple d'Éléphantine, qui en diffère entièrement, a dans son ensemble quelque chose qui plaît et qui arrête l'attention. La distance des piliers et celle des colonnes sont égales à plus de trois fois leur largeur; ce qui semble donner plus d'air et de légèreté à la galerie, si basse d'ailleurs pour le diamètre des colonnes. La colonne entière n'a pas de haut cinq fois son diamètre supérieur, lequel est le même que la largeur des pilastres.

Le fût seul est égal à six fois le demi-diamètre ou module, pris à la hauteur du stylobate.

Le chapiteau le contient deux fois; le dé avec l'architrave deux fois, et la corniche, compris le cordon, aussi deux fois.

Par conséquent, la colonne, non compris le dé, contient huit de ces modules; et l'ordre entier, douze.

L'entre-colonnement du milieu en contient six.

La largeur totale du temple comprend vingt-quatre fois ce même module, et l'intérieur de la salle le renferme neuf fois sur un côté et dix-huit sur l'autre.

Cette symétrie variée, cet emploi d'un même module pour les distances, les hauteurs et toutes les proportions des membres d'architecture, sont, à n'en pas douter, la cause de l'heureux effet que produit la vue de l'édifice; effet dont, au premier abord, on ne se rend pas compte. Il n'est donc plus douteux que l'art de la disposition des plans et la science des proportions n'aient été portés fort loin en Égypte. Cependant ces combinaisons délicates ne ressemblent en rien à celles que nous offrent les édifices grecs et romains, si ce n'est par l'esprit qui les a conçues : il faut donc convenir aussi qu'en architecture il y a plus d'une route, et que l'art n'a pas un type absolu et unique, ainsi que l'ont pensé plusieurs écrivains très-recommandables. Mais cet exemple offert par un petit monument serait de peu de poids, s'il n'était confirmé par beaucoup d'autres édifices, tels surtout que le grand temple d'Edfoû [1].

Un des caractères propres au temple d'Éléphantine, c'est qu'il n'a pas de lignes inclinées, comme tous les autres monumens égyptiens; les faces des pilastres, des soubassemens, de toutes les murailles, sont verticales. C'est le seul aussi où le plafond de la galerie pose immédiatement sur la corniche. Enfin c'est le seul qui ait, outre le stylobate, un soubassement si élevé, et un escalier extérieur d'un aussi grand nombre de marches.

La hauteur du soubassement donnait lieu à des caveaux ou salles inférieures. J'ai trouvé effectivement un très-long couloir placé sous la galerie du nord; ce qui en suppose deux autres. On ne peut entrer aujourd'hui bien avant dans cette galerie souterraine [2], à cause des décombres qui l'embarrassent : j'ignore par où l'on y pénétrait quand le temple était dans son entier; car on n'aperçoit aucune trace d'escalier, aucune ouverture au plancher, dans la salle ni dans la galerie. Ces souterrains communiquaient sans doute à d'autres substructions voisines, dont j'ai déjà dit un mot, et qui s'étendent

---

[1] *Voyez* la Description des antiquités d'Edfoû, *chap. V.*

[2] Cette galerie aura donné lieu à Pococke de parler d'un mur d'enceinte séparé du temple par un espace très-étroit.

jusqu'au Nil. Il eût été à désirer de pouvoir faire des fouilles pour reconnaître la direction et peut-être l'objet de toutes ces communications secrètes.

La décoration du temple a la même simplicité, la même unité, que les lignes du plan et de l'élévation. La corniche ordinaire en gorge, et le tore ou cordon, règnent tout autour; au-dessous, l'architrave est ornée d'une frise d'hiéroglyphes sur les deux façades. Au centre de cette frise est un globe ailé entouré de serpens; les extrémités des ailes sont précisément à-plomb des axes des colonnes : il y a dans les pennes une disposition particulière que l'on peut étudier dans la gravure[1]. Les hiéroglyphes se répètent symétriquement à droite et à gauche du disque ailé, et sont tournés vers lui; il en est de même des inscriptions hiéroglyphiques du stylobate : cette disposition, qui a été remarquée dans beaucoup de frises[2], nous apprend que les architectes égyptiens faisaient servir à la décoration les signes mêmes du langage, et doit faire penser que les hiéroglyphes pouvaient s'écrire et se lire indistinctement de gauche à droite et de droite à gauche.

Les piliers sont tous décorés de deux figures debout et de plusieurs colonnes d'hiéroglyphes; un grand vautour, les ailes déployées, occupe le sommet. Avant de parler des autres sculptures du temple, il faut nous arrêter à l'examen des colonnes, lesquelles sont d'une espèce employée rarement : on en voit de pareilles à Selseleh, à Thèbes, à Achmouneyn et dans la basse Égypte. Cet ordre de colonnes se distingue des autres, et par la hau-

[1] *Voyez* pl. 35, fig. 2 et 3.   [2] *Voyez* pl. 43, fig. 2, etc.

teur du fût, et par sa forme inférieure, et par la nature du chapiteau, surtout par les côtes ou cannelures qui les recouvrent. Celles d'Éléphantine sont coniques, à partir du tiers inférieur de la colonne, et enveloppées de huit tiges presque demi-circulaires, liées au sommet par cinq bandes étroites ou rubans[1]. L'origine de ces côtes est au même niveau que le dessus du stylobate, c'est-à-dire à peu près au tiers de la colonne. Le bas de celle-ci, engagé à moitié dans le stylobate qui vient profiler devant l'axe, est orné de feuilles aiguës et allongées, semblables aux folioles du calice du lotus azuré[2]. Enfin sa partie inférieure se recourbe légèrement; et cette diminution contribue, avec la forme conique de la partie supérieure, à produire un renflement vers le tiers de la hauteur[3]. La base est très-simple de profil, peu élevée, fort large, et inclinée en dessus.

Le chapiteau est renflé par le bas, et représente assez bien, pour le galbe, un bouton de lotus qui serait tronqué. Il est divisé en huit côtes, comme le fût; mais elles sont anguleuses, au lieu d'être circulaires[4]. A sa base sont huit corps arrondis, placés entre les côtes, et garnis de filets : ces filets se revoient entre les côtes du fût au-dessous des liens, tellement que les corps arrondis pourraient être regardés comme les extrémités de ces mêmes liens. Ce qui ne serait ici qu'une simple conjecture, est mis hors de doute par plusieurs colonnes que j'ai vues dans les grottes de l'Heptanomide : j'en parlerai en dé-

---

[1] *Voyez* pl. 35, fig. 2.
[2] *Voyez* la Description des antiquités d'Edfoû. chap. *V*, §. IV.
[3] Voy. l'*Essai sur l'art en Égypte*, au sujet de l'origine de cette espèce de colonnes.
[4] *Voyez* pl. 35, fig. 5 à 8, et l'explication de la planche.

tail dans la description générale des grottes égyptiennes, où l'on verra quelle en est l'origine très-probable. Ici je me bornerai à remarquer que les côtes du chapiteau d'Éléphantine peuvent représenter des tiges de roseaux, qui, serrées fortement par des liens, se seraient ployées angulairement, comme c'est le propre de ces plantes ; à moins qu'on ne préfère y voir l'imitation des tiges anguleuses du papyrus.

Les colonnes d'Éléphantine sont, comme toutes les autres, surmontées d'un dé carré, à peu près égal en hauteur au tiers du chapiteau ; il est orné d'hiéroglyphes qui sont symétriquement pareils, et en sens inverse sur les deux colonnes, comme je l'ai fait remarquer dans la frise et le stylobate.

Les faces extérieure et intérieure de la salle du temple sont ornées de sculptures d'un ciseau soigné et d'un relief très-doux. Ce relief est saillant à l'extérieur du temple, et en creux à l'intérieur. Devant le parvis, on voit à chacun des angles une figure richement vêtue et coiffée, qui porte une crosse, et que reçoit dans ses bras un personnage à tête de bélier[1]. Une figure plus petite décore l'encadrement de la porte à droite et à gauche : l'une et l'autre sont coiffées du casque des héros que l'on voit dans les tableaux militaires[2]; elles tiennent entre leurs bras deux gerbes ou faisceaux de plantes et de fleurs, groupés agréablement, mais qu'il est difficile de caractériser avec précision[3].

[1] *Voyez* pl. 36, fig. 2.
[2] *Voyez* pl. 36, fig. 5.
[3] Les petits globules qui les surmontent se retrouvent sur des calices de lotus, au-dessous de la proue d'une barque symbolique (*voyez* pl. 37, fig. 2).

Tout le tour extérieur du temple, sous la galerie, est couronné par une corniche cannelée. Sur la face qui regarde le nord, on voit quatre tableaux curieux, qui semblent faire suite à ceux du parvis[1]. 1°. Un personnage à tête de belier qui rappelle Jupiter Ammon, et Isis coiffée de plumes, apposent leurs mains sur un jeune homme paraissant représenter Horus ou Harpocrate. 2°. Un personnage semblable à ce dernier offre à Isis une gerbe de l'espèce de celles que tiennent les figures du parvis. 3°. Un autre, coiffé d'un casque, tenant un bâton et deux autres attributs, présente au dieu à tête de belier et à Isis une riche offrande, composée de vases, de gâteaux, et de divers animaux sacrifiés, semblables à des oies et à des gazelles. 4°. Un personnage tenant dans ses mains un bâton droit et un bâton tortueux fait une offrande à une figure d'Harpocrate qui porte un fléau : derrière celle-ci est un autel surmonté d'une tige et d'une feuille de lotus. L'offrande consiste en quatre taureaux placés l'un au-dessus de l'autre : au pied droit de devant de chacun de ces taureaux est attachée une corde; ces quatre cordes aboutissent à la main du personnage, et chacune d'elles finit par une petite croix à anse. Enfin, derrière lui est une enseigne emblématique fort remarquable, renfermant des hiéroglyphes, et semblable à celles qu'on trouve dans les scènes historiques de Thèbes. La figure d'Harpocrate est de profil, et ne laisse voir qu'un bras, une cuisse et une jambe, image qu'on a déjà remarquée à Philæ. Sur chacun de ces quatre tableaux plane un

[1] *Voyez* pl. 37, fig. 1.

grand épervier tourné vers le fond du temple. Il faut consulter la gravure pour suppléer aux détails que j'ai dû négliger dans cette description succincte.

Le tableau le plus important du temple est au-dedans de la salle, du côté gauche en entrant ; il est parfaitement conservé : celui qui est en face l'est beaucoup moins ; cependant on reconnaît que la décoration en était semblable à celle du premier, comme on en peut juger par un fragment de barque symbolique, dessiné au milieu de cette face[1]. L'un et l'autre étaient revêtus de couleurs que l'on distingue encore ; les figures sont peintes en rouge ; les ornemens sont mêlés de bleu, de vert et de jaune. Quant au plafond, il est trop oblitéré pour qu'on puisse en reconnaître les ornemens. Beaucoup d'hiéroglyphes sont couverts de boue, ou bien enfumés.

Le tableau de gauche, qui a environ vingt pieds de long, occupe toute la longueur de la salle ; c'est un exemple, assez rare dans les temples, d'une composition unique, remplissant ainsi toute une face de muraille. L'unité qui règne dans cette scène, la richesse des détails, des costumes, des draperies, des attributs, enfin la multitude des hiéroglyphes que l'on a soigneusement recueillis, font de ce tableau un des plus curieux et des plus complets qu'on ait rapportés.

L'objet principal du tableau est une grande arche ou barque symbolique, ornée, en poupe et en proue, d'une tête de belier regardant l'entrée du temple ; elle est posée sur un autel moins haut que large, ayant une base et une corniche, enfin nu et sans hiéroglyphes. Au centre

---

[1] *Voyez* pl. 35, fig. 9.

de la barque est l'image d'un petit temple, en partie voilé, et qui paraît fixé par trois anneaux sur un châssis à quatre pieds, servant à poser l'arche; celle-ci se portait sur les épaules, au moyen de leviers aussi longs qu'elle[1] : on voit sur l'autel un de ces leviers. Sous la barque, à gauche de l'autel, sont richement groupés des vases de beaucoup d'espèces; à droite, quatre grandes enseignes décorées de lotus, cinq plus basses dont quatre surmontées d'une tête de belier et la cinquième d'une tête de lion, enfin six autres encore plus petites. Au-dessus de l'arche et au sommet du tableau, domine un grand disque ailé.

Devant la proue de la barque, est une grande offrande composée de fruits, de coquillages, de fleurs, de gâteaux, d'oies sacrifiées, de têtes et de corps de veaux qui ont les pieds liés, enfin de membres d'animaux divers, et de plusieurs attributs difficiles à reconnaître. Un personnage richement vêtu fait de la main droite une libation sur cette offrande; dans l'autre main, il tient deux sceptres qu'il paraît consacrer. Sa coiffure est un casque pareil à ceux que portent les héros dans les combats de Thèbes; à chaque bras il a deux bracelets, et à sa ceinture la peau d'une tête de lion; sur sa tête plane un grand vautour. Derrière lui est une figure de femme vêtue d'une robe très-longue et transparente, et portant un voile qui descend sur ses épaules : elle tient un sistre et des calices de lotus; le costume de cette figure est très-rare dans les temples.

Du côté de la poupe, est une scène d'une autre es-

[1] *Voyez* pl. 11, fig. 4.

pèce : un personnage ressemblant à celui qui fait l'offrande, mais autrement vêtu et coiffé, et portant la croix à anse, est debout entre deux figures, qui l'une et l'autre ont une main sur ses épaules, et le reçoivent dans leurs bras; un vautour étend ses ailes au-dessus de lui, comme à la gauche du tableau. Le dieu a une tête de bélier; il est peint d'une couleur d'azur.

Il serait impossible de décrire en détail tous les ornemens de ce tableau : il faut y distinguer les colliers suspendus aux deux têtes de la poupe et de la proue de la barque, ainsi que celui qui pend au cou du dernier personnage décrit, et qui est enrichi de deux sphinx[1]; la gravure les fera beaucoup mieux connaître qu'une description minutieuse; mais je ferai observer qu'au-dessus de la barque, et d'une tête de bélier à l'autre, il y a quatorze colonnes d'hiéroglyphes, nombre souvent répété, et que toutes ces colonnes commencent par un même signe; savoir, une figure de serpent. Dans les hiéroglyphes supérieurs, on fait l'observation, déjà indiquée, des inscriptions symétriques. Un des médaillons ou légendes d'hiéroglyphes doit se remarquer parmi ces caractères, comme étant propre à ce temple, où il se retrouve très-fréquemment. Pour ne pas trop multiplier les remarques de ce genre, je finirai en observant que la figure vêtue d'une robe traînante a derrière elle cette même inscription qui caractérise les prêtres, et qu'on a surnommée *légende sacerdotale*[2]. Cette observation pourrait résoudre la question que les savans ont agitée :

---

[1] *Voyez* le détail de ce collier, pl. 36, fig. 6.

[2] *Voyez* la Description de l'île de Philæ, *chap. I*, §. vi.

savoir, s'il y avait, ou non, des prêtresses dans les temples égyptiens. On s'était fort mépris en décidant l'affirmative par l'exemple des figures de femmes communément répandues sur les temples, et qui, le plus souvent, ne sont que les images de la déesse Isis; mais le costume que porte la figure dont je parle, costume que l'on retrouve dans les hypogées et en divers lieux, me paraît convenir à l'idée qu'on peut se faire de ces prêtresses égyptiennes. Le monument de Rosette démontrait déjà qu'au temps de Ptolémée Épiphane il y avait des femmes consacrées au service des temples et admises dans le sanctuaire[1] : peut-être l'exemple tiré d'Éléphantine prouvera-t-il le fait pour les temps les plus anciens. Au reste, je suis loin de croire que les femmes employées pour certaines cérémonies du culte fissent pour cela partie des colléges de Thèbes, d'Héliopolis ou de Memphis : il serait absurde d'imaginer qu'elles eussent pu prendre part aux occupations savantes et aux fonctions sérieuses des prêtres égyptiens.

§. III. *Du temple du nord.*

Le temple du nord est situé, comme je l'ai dit, auprès de l'un des villages d'Éléphantine : il en reste à peu

---

[1] Ιερειας Αρσινοης Φιλοπατορος Ειρηνης της Πτολεμαιου; c'est-à-dire, *Irène, fille de Ptolémée, étant prêtresse d'Arsinoé Philopator;* et plus bas, και οι εις το αδυτον εισπορευομενοι προς τον στολισμον των θεων, και πτεροφοραι, και ιερογραμματεις, και οι αλλοι ιερεις παντες, *etc.*; c'est-à-dire, *et ceux qui entrent dans le sanctuaire pour habiller les dieux, et les femmes* ptérophores, *et les écrivains sacrés, et tous les autres prêtres, etc.* (Inscription grecque du monument de Rosette, lignes 5, 6, 7, traduction de M. Ameilhon).

près la moitié debout avec le couronnement; savoir, cinq piliers, une des colonnes antérieures et un des côtés de la salle. Ce temple est environné de constructions modernes et de palmiers, qui forment avec lui, à quelque distance, un groupe très-pittoresque; ce qui en est demeuré suffit pour faire connaître l'étendue et la forme primitives qu'avait l'édifice : il n'y a pas de doute qu'il ne fût, comme le temple du sud, composé d'une salle à deux portes, ainsi que d'une galerie ayant sept piliers sur les deux côtés longs, et deux colonnes à chaque extrémité [1].

La colonne est de la même forme générale que dans l'autre temple; mais le haut du fût est différent : le chapiteau est aussi renflé par le bas et en forme de bouton de lotus tronqué, mais uni et sans côtes. La grandeur de ce temple ne diffère pas de celle de l'autre; elle est d'un peu plus de douze mètres [2] : les hauteurs de tous deux, au-dessus du soubassement, sont égales. Dans celui-ci, le stylobate est plus élevé; mais on n'a pu s'y assurer, par des fouilles, de la vraie hauteur du soubassement.

Ce temple est bâti de grès, comme le premier; toutes les parties subsistantes sont couvertes de sculptures, mais fort endommagées, et l'on n'a pu en recueillir d'assez bien conservées pour faire juger de quelle nature étaient les sujets de ces tableaux.

On a lieu d'être surpris en voyant dans la même île, et aussi près l'un de l'autre, deux monumens tout semblables, tous deux également petits; tandis qu'on trouve constamment ailleurs un petit temple à côté d'un plus

---

[1] *Voyez* pl. 38, fig. 2 et 3.   [2] Trente-sept pieds.

grand. Avaient-ils tous deux le même objet? existait-il
à Éléphantine un grand temple qui aura disparu? enfin,
où est celui qui était célèbre dans l'antiquité, sous le
nom de *temple de Cneph* ou *Cnuphis*? Sans vouloir nier
ni assurer que le temple du sud fût consacré à Cneph,
je me bornerai à rappeler ici les constructions que l'on
trouve parmi les ruines de la ville, ainsi que ces gros
blocs et surtout cette grande porte en granit, qui ont
dû assurément appartenir à des édifices plus grands et
plus somptueux que celui que j'ai décrit; je citerai aussi
Aristide le rhéteur, qui a voyagé sur les lieux, et qui
rapporte qu'à Éléphantine, temples, hommes et *obélisques*, tout était sans ombre à midi. Que sont devenus
ces obélisques? on n'en voit pas même de débris à la surface du sol. Combien il est à regretter qu'on n'ait pu faire
des fouilles suivies dans ces ruines !

§. IV. *Du mur de quai d'Eléphantine.*

L'île d'Éléphantine, formée par les attérissemens du
Nil, avait besoin d'être protégée contre la force d'un courant impétueux, partout où le rocher n'existait pas, principalement du côté du sud-est qui regarde Syène : c'est
ce qu'on a fait en bâtissant un quai ou mur de revêtement
en grès, qui s'appuie sur tous les quartiers de granit sortant çà et là du fleuve. Ce quai a environ quinze mètres [1]
de hauteur au-dessus des basses eaux; la partie continue la plus considérable a cent cinquante à deux cents

[1] Quarante-cinq à cinquante pieds.

mètres de développement. On a dû exécuter cet ouvrage dans les temps les plus anciens, sans quoi l'île n'eût pas acquis et conservé le développement qu'elle a aujourd'hui. Les variations du cours du Nil, dues à la différence des inondations annuelles, produisent dans son lit des îlots de sable et de limon qui s'agrandissent d'année en année, et atteignent même quelquefois à la grandeur d'Éléphantine : mais ces îles sont de peu de durée, parce que rien ne les défend contre les remous du fleuve ; elles se minent peu à peu et disparaissent, pour reparaître un peu plus loin sous une autre forme, et subir ensuite le même sort. Célèbre dès l'antiquité la plus haute, Éléphantine a donc dû être en partie enceinte de murailles à une époque très-reculée. Ces murailles ont sans doute été réparées bien des fois depuis cette époque ; et le quai que nous retrouvons aujourd'hui ne peut être considéré comme étant absolument l'ouvrage des anciens Égyptiens : mais il est probable qu'on a toujours construit sur les mêmes fondemens et dans les mêmes directions.

Parmi ces portions de quai appuyées de part et d'autre sur le roc, et dans la partie où le bras du Nil est le plus étroit, le plus rapide et le plus profond [1], il en est qui présentent une remarque assez curieuse ; leur forme est concave du côté du fleuve, et convexe du côté de l'intérieur de l'île, tellement qu'on peut les regarder comme des espèces de voûtes destinées à résister à la poussée horizontale des terres. Quelqu'élevé que soit le terrain dans cette partie de l'île, ce quai en a soutenu

[1] *Voyez* pl. 31, au point G.

la pression sans s'ébranler. Déjà l'on a décrit à Philæ un quai bâti de la même manière[1], et l'on a fait remarquer que l'Égypte est le seul pays où l'on ait employé des constructions de cette espèce. L'expérience d'un aussi grand nombre de siècles est sans doute la meilleure preuve de la bonté du principe, et nous pouvons de là prendre une assez haute idée du savoir des constructeurs égyptiens.

Quant à la construction en elle-même, c'est-à-dire le choix et l'emploi des matériaux, il paraît qu'on y avait apporté beaucoup de soin, puisque les murs ont résisté à une masse d'eau aussi considérable, à des tourbillons aussi rapides, enfin à l'alternative de sécheresse et d'humidité plus sensible que partout ailleurs dans ce climat, surtout en un point où les eaux s'élevaient à vingt-huit coudées, selon Aristide[2], c'est-à-dire à environ treize mètres[3].

Dans cette portion du quai, il y a derrière le mur un escalier adossé, descendant au Nil et composé d'environ cinquante marches; à son extrémité inférieure, est ouverte une porte qu'on ne voit plus aujourd'hui que dans les basses eaux. Au sommet, l'escalier continue en faisant un coude à angle droit, et se portant vers le point le plus haut de l'ancienne ville, dans la direction même du temple et de la porte de granit. Cette partie comprend environ quarante marches divisées par un grand palier, et finit par une petite salle où l'on voit des sculptures

---

[1] *Voyez* le *chap. I*, §. III.
[2] Arist. *in Ægyptio*, pag. 361; Oxon., 1722.
[3] Quarante pieds. Je n'examine pas ici le fait en lui-même (*voyez* mon Mémoire sur le système métrique des anciens Égyptiens).

accompagnées d'hiéroglyphes; entre autres, une figure qui arrose des lotus.

Sur la paroi de l'escalier qui regarde le Nil, sont tracées des échelles graduées qui servaient à mesurer les accroissemens du fleuve. L'un de nos collègues expose, dans un Mémoire spécial, toutes les observations relatives à cet escalier nilométrique, et les résultats qu'il en a tirés pour la connaissance de la coudée égyptienne[1]; je négligerai donc ici les détails, et je me bornerai à rendre compte succinctement de l'état actuel des lieux.

La plus grande partie de l'escalier, qui est pratiquée dans les terres, est bâtie sur une ligne courbe, tournée vers le midi : mais il ne paraît pas que cette disposition ait ici le même objet que dans les murs de quai dont j'ai parlé plus haut; ce sont les irrégularités du rocher de granit sur lequel on a fondé, qui ont déterminé cette direction.

La plate-forme qui est au coude de l'escalier est taillée en pente, de manière à verser les eaux dans le Nil par une ouverture. L'escalier inférieur était recouvert d'un plafond dont il ne reste plus que la partie qui avoisine la porte; il tirait le jour par des soupiraux pratiqués sur le parement extérieur.

C'est en face de ces soupiraux qu'on a gravé trois échelles de distance en distance, de telle manière que chacune commence au niveau supérieur de la précédente. La dernière en montant est à un mètre trois quarts[2] au-dessus des plus hautes eaux actuelles. La première est

---

[1] *Voyez* le Mémoire sur le nilomètre d'Éléphantine par M. Girard.
[2] Environ cinq pieds.

composée de trois grandes divisions ; on y voit une croix qobte en haut, vis-à-vis de la porte qui donne sur le Nil. Les deux autres sont de deux divisions chacune. Ces échelles sont accompagnées de chiffres grecs et de chiffres arabes mal formés. Deux inscriptions grecques, l'une du temps de Septime Sévère, et l'autre d'un Antonin, sont tracées au-dessus de la dernière division, qui porte le nombre KΔ ou 24 [1].

La construction de toutes ces murailles est assez soignée ; mais la surface du mur sur lequel sont tracées les divisions, est extrêmement dégradée. Les divisions qui ont été faites postérieurement à cette dégradation, ne sont pas dans un même plan vertical [2] : elles ont suivi les mouvemens irréguliers de la muraille. Il en résulte que les subdivisions sont inégales ; mais les longueurs totales des échelles sont égales entre elles. Cette dégradation superficielle de l'escalier se conçoit très-bien par les causes que j'ai exposées précédemment. Comment l'appareil de cette construction, quelque dur qu'on suppose le grès dont elle est bâtie, aurait-il pu résister à l'action alternative, et si long-temps répétée, de six mois d'humidité et de six mois d'une sécheresse extrême ?

Après ce mur de quai, à peu près en face de plusieurs écueils sortant du Nil, on trouve un autre mur moins élevé : il y a là un renfoncement dans l'intérieur, d'où l'on communiquait au fleuve par une rampe, ou peut-être par un escalier aujourd'hui caché sous le sol [3] ; sur le

---

[1] *Voyez* la pl. 33.
[2] Extrait du Journal de voyage de M. Devilliers.
[3] *Voyez* pl. 31, au point I ; pl. 38, fig. 4, au point 1. *Voyez* aussi pl. 32, fig. 1, au point 1, et fig. 2, au point 1.

côté du couchant, on voit un bas-relief encastré dans la muraille, d'un mètre et un tiers [1] de proportion. Ce bas-relief représente un vieillard couché, appuyé sur le coude, à peu près dans la même attitude que celle de la statue connue sous le nom de *Nil :* il n'est guère douteux que cette sculpture ne soit l'ouvrage des Romains; elle a été posée à environ cinq mètres [2] au-dessus des basses eaux du fleuve. On ne saurait décider si ce bas-relief a été employé comme une pierre telle quelle par les Chrétiens ou les Arabes, pour réparer la muraille, ou bien si ce sont les Romains eux-mêmes qui l'ont mis en place. Dans l'un et l'autre cas, on n'en pourrait tirer aucune induction pour l'ancienneté de cette muraille. On ne serait pas non plus fondé à dire que celle-ci est un ouvrage romain, parce que la sculpture en est un : long-temps après la construction, l'on a pu enlever quelques pierres sur le parement, et y placer cette figure pour un motif de décoration.

Je rappellerai ici, pour ne rien omettre de ce qui touche aux murs de revêtement de l'île d'Éléphantine, qu'à sa pointe la plus avancée, on trouve une grosse muraille noyée dans le fleuve, dirigée perpendiculairement à son cours et à la longueur de l'île; on ne l'aperçoit qu'après la retraite des eaux. Les pierres y sont sur deux rangs égaux et parallèles. Cette construction, par la grosseur des matériaux, annonce un très-ancien ouvrage : on sait que les Égyptiens employaient avec facilité, et comme de préférence, les masses les plus considérables; masses dont le transport serait d'une grande

---

[1] Quatre pieds environ.   [2] Quinze pieds.

difficulté chez les modernes, qui ont tant perfectionné les arts mécaniques. Cet ouvrage est sans doute le reste d'une digue plus étendue que l'on avait opposée au courant, soit pour défendre l'île contre l'irruption du fleuve, soit pour y fixer et hâter les attérissemens : il n'est pas probable que les Égyptiens eussent bâti cette digue à une trop grande distance de l'île, et l'on peut induire de ce fait que l'île d'Éléphantine ne s'est guère accrue en longueur depuis des temps fort reculés.

§. V. *Du culte attribué aux habitans d'Éléphantine.*

Avant de parler de ce qui regarde l'ancien état d'Éléphantine, je rapporterai et j'examinerai en peu de mots ce que disent les auteurs, du culte attribué à ses habitans ; cette recherche sera appuyée par les bas-reliefs que j'ai précédemment décrits.

Hérodote, après avoir parlé des honneurs que l'on rend aux crocodiles en Égypte, ajoute que les habitans d'Éléphantine et des environs ne regardent point ces animaux comme sacrés, et même qu'ils en mangent la chair[1] ; mais il ne s'explique pas davantage sur le culte de ces habitans. Strabon dit que cette ville a un temple dédié à Cnuphis, et un nilomètre[2]. Selon Clément d'Alexandrie, ceux qui habitent Éléphantine honorent le mœotis, espèce de poisson que l'on ne connaît plus[3].

Mais de tous ces passages, celui qui mérite le plus d'attention, c'est celui de l'historien ecclésiastique Eu-

---

[1] Herodot. *Histor.* l. II, c. 69.
[2] Strab. *Geogr.* l. XVII, p. 817.
[3] *In Protreptico*, p. 19.

sèbe. Dans un article exprès, il décrit l'image d'une divinité consacrée parmi les habitans de cette île. « Dans la ville d'Éléphantine, dit-il, on révère une figure qui est de forme humaine; elle est assise, peinte d'une couleur *bleue*; sa tête est celle d'un belier : pour signe distinctif [1], elle porte des cornes de bouc surmontées d'un cercle en forme de disque [2]. »

Si le lecteur a sous les yeux le tableau principal du temple du sud [3], il sera frappé, comme je l'ai été moi-même, de la conformité que ce tableau présente avec le passage d'Eusèbe. Il est indubitable que cet auteur écrivait d'après une description exacte du temple d'Éléphantine [4] : ce qui est surtout curieux et important à remarquer, c'est ce qu'il dit de la couleur bleue du personnage à tête de belier, couleur qu'on retrouve encore dans une figure pareille dessinée à Philæ [5]. Cette dernière figure a aussi exactement la même coiffure que celle d'Éléphantine, et il en est de même de la figure d'Isis, qui est à côté, et qui a deux longues cornes autour de son bonnet.

Il résulte de ce passage, et surtout des figures de belier très-souvent répétées dans le temple [6], que la divinité principale d'Éléphantine était honorée sous la forme d'un personnage à tête de belier. Ce personnage rappelle,

---

[1] Il y a dans le grec βασίλειον.
[2] Traduct. littérale. Euseb. *Præpar. evangel.* l. III, c. 11, p. 117; Paris, 1628.
[3] *Voyez* pl. 37, fig. 2, et ci-dessus, pag. 192.
[4] L'auteur ajoute que devant cette figure il y a un vase d'argile où un homme est représenté. J'ignore à quel tableau cela se rapporte : il est possible qu'Eusèbe ait rapproché ensemble des descriptions séparées.
[5] *Voyez* pl. 16, fig. 1.
[6] Voyez *suprà*, §. 11, et consultez les pl. 35, 36 et 37.

comme je l'ai dit, Jupiter Ammon, qu'on adorait à Thèbes : par-là on explique pourquoi le dieu Cneph ou Cnuphis était également honoré par les habitans d'Éléphantine et par les Thébains ; c'est que ce nom de *Cneph*, qui, selon les étymologistes, signifie *bon génie*, et qui désignait, chez les Égyptiens, l'esprit éternel et infini qui remplit et anime l'univers, était un surnom d'Osiris à tête de belier, ou autrement d'Ammon.

Il en est de même du bon serpent consacré en même temps à Thèbes et à Éléphantine. La figure du serpent était le symbole de Cneph, suivant Eusèbe, et une image sensible du bon génie[1].

Dans un autre passage, le même écrivain rapporte que les Égyptiens représentaient le principe universel ou Cneph sous une figure humaine, revêtue d'une couleur *bleue*, etc. Si l'on rapproche ces paroles de celles que j'ai citées plus haut, on en peut conclure encore que la figure bleue à tête de belier était une image de Cneph.

Ainsi les surnoms de *Cneph* ou *Cnuphis*, de *serpent* et de *bon génie*, convenaient également bien, soit à Thèbes, soit à Éléphantine, à la divinité que l'on y adorait sous la figure d'un homme à tête de belier. Cette observation concilie donc les passages de Strabon, d'Hérodote et d'Eusèbe. Maintenant recherchons si cette figure, à Éléphantine, avait un rapport avec le belier céleste. La fin du passage d'Eusèbe n'en laisse pas douter; voici comme il s'exprime : « La tête de belier et les cornes de bouc indiquent la conjonction du soleil et de la lune, sous le signe du belier; et la couleur bleue, l'influence

---

[1] Euseb. *Præpar. evang.* lib. 1, cap. 10.

de la lune, qui se manifeste dans cette conjonction pour produire l'effusion des eaux[1]. »

Il n'est pas facile de reconnaître à quelle époque de l'année agricole ou astronomique il faut rapporter ce passage. On ne doit pas croire qu'il y soit question de la crue du Nil; car le solstice d'été, où se fait cet accroissement, ne répondra au signe du belier que dans quarante siècles. Au premier abord, on penserait qu'Eusèbe ne parle peut-être pas des eaux du Nil, mais en général de l'humidité qui caractérise l'époque du printemps, pour un climat différent de l'Égypte. A l'époque où il écrivait, l'équinoxe du printemps avait déjà quitté, depuis six siècles et demi, la constellation du belier; mais cet écrivain ne se piquait pas de connaissances astronomiques, et les Grecs ont commis bien des fois de pareilles méprises.

Cette explication est celle qui se présente la première, parce que la période de temps pendant laquelle le belier est resté *équinoxial*, est celle qui a été le plus connue des Grecs; mais il faut avouer qu'elle ne satisfait pas à l'ancienneté bien constatée du culte de Jupiter Ammon, soit à Thèbes, soit dans l'Oasis de ce nom. Le monument d'Hermonthis, où le taureau est équinoxial, bien qu'assez ancien, n'est certainement pas antérieur à cette dernière époque; et l'on sait d'ailleurs que la sphère d'Eudoxe, où le colure du printemps coupe le belier par le milieu, est la plus récente de toutes celles qui appartiennent à l'Égypte. Rien n'est mieux établi que la grande antiquité de l'oracle d'Ammon, qui avait été

[1] *Voyez* pag. 204, note 2.

fondé depuis un temps immémorial par une colonie égyptienne, et que l'on venait consulter de toutes les parties de l'ancien continent; Hérodote et tous les auteurs s'expliquent si formellement sur ce point, qu'il serait superflu d'y insister davantage.

Je ne partage donc pas l'avis des savans qui, pour expliquer le culte de Jupiter Ammon, ont regardé cette figure comme le symbole de l'équinoxe du printemps ayant lieu sous le signe du belier[1]. Il serait plus raisonnable (à examiner la couleur dont on a peint sa figure en Égypte) de rapporter ce culte au phénomène de l'équinoxe d'automne : en effet, à cette époque, la crue du Nil est à son *maximum*, et les terres d'Égypte sont couvertes par les eaux de l'inondation. Je ne veux pas assurer qu'on ait peint ce phénomène comme actuel par la couleur bleue qu'on voit sur la figure d'Ammon à Éléphantine, à Philæ ou ailleurs; mais il est du moins plus vraisemblable qu'on a rappelé par cette peinture l'époque ancienne dont il s'agit, qu'il n'est à croire qu'on ait représenté par-là l'époque du printemps; car en Égypte, le printemps est, de toute l'année, la saison la plus aride. On conviendra toutefois que le passage d'Eusèbe s'explique bien de cette façon; et, à moins de le rejeter tout-à-fait, cette considération n'est pas à mépriser; car on reconnaît généralement qu'Eusèbe, à part les idées et les opinions qui lui sont propres, a puisé dans de bonnes sources tout ce qu'il dit de l'Égypte.

Ce serait ici le lieu d'examiner le reste du tableau

---

[1] *Voyez* Jablonski, *Panth. Ægypt.* lib. II, cap. II, §. 5 et 7.

d'Éléphantine dont je viens de considérer le personnage principal, ainsi que chacun des autres bas-reliefs où le belier figure; mais cette étude m'entraînerait trop loin, et je laisse aux savans et aux lecteurs curieux de cette espèce de recherche, à étudier ces différentes sculptures, surtout la grande barque, ornée en poupe et en proue d'une tête de belier.

§. VI. *Recherches historiques et géographiques.*

Presque tous ceux qui ont écrit sur le gouvernement de l'Égypte, ont admis qu'il avait existé dans cette région un royaume particulier sous le nom de royaume d'Éléphantine, et ces divers auteurs l'ont regardé comme circonscrit dans l'enceinte de l'île qui est devant Syène. Tout lecteur sensé conviendra que cette opinion est inadmissible en elle-même, à part les difficultés que présentent ces prétendues monarchies contemporaines entre lesquelles on a voulu partager l'Égypte. Que penser d'un royaume qui n'aurait eu que mille quatre cents mètres de long sur quatre cents mètres de large? Est-il à croire qu'il eût pu rester indépendant et libre durant neuf générations, nombre qui est celui des princes de la dynastie d'Éléphantine, selon Jules Africain, et qu'Eusèbe même porte à trente et un? Qu'une maison originaire d'Éléphantine ait été assise sur le trône d'Égypte, c'est ce qu'il serait assez naturel de penser pour expliquer cette dynastie, et c'est ainsi que l'a imaginé M. de Pauw. Cette conjecture n'est pas dénuée de vraisemblance; et je devais la mettre sous les yeux du lecteur, avant de lui présenter une autre opinion appuyée sur la géographie du pays.

Quand on examine le nom que porte l'île de Philæ, nom que l'on a voulu, même chez les anciens, faire dériver du grec[1], on est très-porté à croire que ce nom est de la plus haute antiquité, et que les Grecs n'ont fait qu'y ajouter une terminaison, c'est-à-dire que le nom antique était *fil;* mot qui veut dire *éléphant* dans les anciennes langues orientales, et qui se traduisait en grec par ἐλέφας. Si l'on considère qu'au-dessus de Syène, le Nil coule entre des montagnes escarpées, que son cours est semé d'îles nombreuses, que le fleuve dépose dans ces îles plutôt que sur ses bords le limon végétal, ce qui donne à toutes ces îles une existence semblable et commune; qu'enfin le nom d'*Éléphantine* n'est autre chose que celui de *Philæ* traduit en grec, et que celui de *Philæ* (Φιλαι) est le nom antique d'*Éléphantine* avec une finale grecque, on peut conjecturer que jadis toutes ces îles répandues dans le fleuve, au-dessus et au-dessous de la dernière cataracte, portaient le nom commun de *fil*. J'ajouterai une remarque décisive; c'est que la finale qu'on a jointe au mot *fil* est le signe de la pluralité. Il importe peu ici de rechercher si ce nom provient des dents d'éléphant que le commerce d'Éthiopie faisait affluer sur ce point, ou bien s'il avait une autre origine; cette recherche serait déplacée[2] : les Grecs, qui ont tra-

---

[1] *Voyez* Sénèque cité par Servius, au vi⁰ livre de l'Énéide, et aussi Procope.

[2] *Voyez* les recherches sur les noms antiques des lieux de l'Égypte, dans les *Mémoires sur la géographie comparée*. Quelques-uns pensent que le nom de *Philæ* (Φιλαι) signifie *porte*, comme πύλαι, et qu'il a été donné à ce lieu parce que c'est

duit beaucoup de noms égyptiens, auront laissé le nom antique à celle de ces îles qui était à deux lieues de Syène, la plus célèbre par ses monumens et par son culte; et pour distinguer l'île en face de Syène, ils auront traduit en grec son nom générique.

Cette opinion prend beaucoup de force par la lumière qu'elle jette sur plusieurs circonstances géographiques, dont jusqu'ici l'on n'a pu rendre compte. Comment se fait-il qu'Hérodote, le plus ancien auteur qui ait parlé d'Éléphantine, n'ait pas même nommé l'île de Philæ? Est-il croyable qu'on lui ait laissé ignorer entièrement un lieu si important dans l'histoire sacrée de l'Égypte [1]? Il y a plus : ce qu'il dit d'Éléphantine au chapitre 28 d'*Euterpe* ne peut s'expliquer en aucune façon, si l'on entend l'île en face de Syène, et ne prend un sens plausible qu'en l'appliquant à Philæ. Ces profonds abîmes et ces tourbillons du Nil, qu'il décrit *entre* Syène et Éléphantine, doivent s'entendre des cataractes situées entre Syène et Philæ, ainsi qu'on peut le voir dans la description précédente [2]; je ne parle pas ici des prétendues sources du Nil, situées au même lieu, selon le récit que lui en faisait le prêtre de Saïs, et qui ont fourni matière à la critique du rhéteur Aristide [3] : mais le fond du passage confirme très-bien cette idée, qu'Hérodote parlait de Philæ sous le nom d'*Éléphantine*. Cet historien

---

là que l'Égypte commence; mais je vois ce même mot de πύλαι employé dans la géographie sans aucune altération, au livre IV de la Géographie de Ptolémée, chap. VIII : ce nom y est donné à des montagnes de l'Éthiopie supérieure. En second lieu, l'orthographe de Φιλαι s'oppose à cette étymologie.

[1] *Voyez* surtout Diodore de Sicile, l. I, sect. 1, 12.
[2] *Voyez* ci-dessus, *chapitre II*, *section* II.
[3] *Voyez* ibid.

DE L'ILE D'ÉLÉPHANTINE.

traduisait ou se faisait traduire les noms égyptiens, témoin ceux de *Péluse*, d'*Aphroditopolis*, d'*Heliopolis*, et bien d'autres dont il a le premier fait usage : or, comme je l'ai dit, *Éléphantine* est un mot formé d'ἐλέφας, qui est la traduction de *fil*.

Pline donne la position d'Éléphantine d'une manière qui serait inintelligible, si l'on s'en tenait à l'emplacement connu sous ce nom : *Elephantis insula infra novissimum cataracten tria* M. *passuum, et supra Syenen* XVI [1]. Mais si l'on admet qu'à cinq ou six lieues au-dessus de Syène, ou même plus haut, les îles du fleuve portaient le même nom, alors ce passage s'explique naturellement; c'est-à-dire que Pline, voulant parler de cette île qui est à trois *milles* au-dessous de la dernière cataracte, a confondu avec elle une autre île de même dénomination, placée à seize *milles* plus loin.

Le passage de Strabon qui place Philæ à cent stades de Syène semble former une difficulté contre la position admise pour cette île : cent stades, selon la mesure attribuée communément à cet auteur, font environ quatre lieues, et l'on n'en trouve que deux dans cet espace [2]. D'Anville n'a pas hésité à placer Philæ à quatre lieues de Syène, entraîné par l'autorité de Strabon; mais d'Anville s'est trompé, et il faut admettre, ou que Strabon s'est servi du même stade qu'Hérodote, ou bien que la distance qu'il donne convient à une autre île de Philæ plus éloignée, tout en décrivant la principale qui renferme tant de monumens.

Étienne de Byzance place Philæ auprès de Tacomp-

---

[1] Plin. *Hist. nat.* l. v, c. 9.   [2] *Voyez* ci-dessus page 30.

sos[1] ; mais cette dernière île, selon Ptolémée, est de 44′ moins élevée que Syène, et par conséquent est à 39′ de Philæ d'après les dernières observations. Cette distance est confirmée par la position de *Dodecaschœni*, voisine de *Metachompsos*, et dont le nom signifie *douze schœnes :* car, si l'on compte pour cette mesure 3′ ¼, comme cela résulte de la composition du schœne d'Hérodote en stades égyptiens, dont il en prend soixante, douze mesures pareilles font 39′[2]. En outre, il y a, selon Hérodote, douze schœnes jusqu'à Tachompso : il est vrai, à partir d'Éléphantine et en suivant les contours du fleuve; mais cela ne fait qu'appuyer ce que j'ai dit d'Hérodote, savoir, qu'il entendait par *Éléphantine* le lieu auquel est resté le nom de *Philæ*[3]. Je crois donc qu'Étienne, en plaçant Tacompsos auprès de *Philæ*, désigne sa proximité à l'égard des îles égyptiennes qui portaient ce nom commun, et qui finissaient à Tacompsos ou *Metachompsos*. « Les Éthiopiens, dit Hérodote, occupaient une moitié de Tachompso, et les Égyptiens l'autre moitié. »

Le même Ptolémée, en donnant 23° 50′ à Syène, et 23° 30′ seulement à Philæ, qu'il ne nomme qu'a-

---

[1] Je regarde ce nom comme employé par corruption au lieu de *Metachompsos*. Hérodote écrit *Tachompso*; Étienne, *Tacompsos*; Ptolémée, *Metacompsos*; Pomponius Mela, *Tachempso*. Il est évident que ce n'est là qu'un seul et même lieu : l'orthographe de *Tachompso*, qui est la même dans Hérodote et Pomponius Mela, me paraît la meilleure. Le lieu dont il s'agit est rempli de crocodiles, dont le nom antique, suivant Hérodote (l. II, c. 69), était χάμψαι. La préposition μετὰ aura pu être ajoutée par les Grecs pour désigner un lieu qui abondait en crocodiles. Au reste, le mot *meta* appartient lui-même aux anciennes langues orientales.

[2] *Voyez* le Mémoire sur le système métrique des anciens Égyptiens.

[3] Herod. *Histor.* lib. II, cap. 29.

près *Dodecaschœni* et *Sacra-Sycaminus*, ne fournit-il pas encore un argument contre la supposition d'un emplacement unique pour le lieu appelé *Philæ?* car 20' équivalent à quatre fois la distance qu'il y a entre Syène et l'île aujourd'hui connue sous ce nom.

D'Anville a cherché à concilier Pline, Étienne et Ptolémée avec Hérodote, et pour cela il lui a fallu supposer qu'ils avaient commis des erreurs très-graves; mais il n'a pas fait attention à la position que Ptolémée donne à Metacompsos à l'égard de Syène : c'était de ce dernier point qu'il fallait partir, et non des points de Philæ ou d'Éléphantine, qui n'étaient pas aussi bien déterminés, j'entends géographiquement; car les deux îles qui contiennent des monumens, et qui font l'objet de nos descriptions, sont incontestablement celles qui ont eu de la célébrité chez les anciens.

Maintenant, si l'on admet cette application du nom d'*Éléphantine* à toutes les îles qui occupaient le cours du fleuve depuis Syène jusqu'aux limites de l'Éthiopie, on concevra que ces îles ont pu faire un petit gouvernement à part; les auteurs l'auront décoré du nom pompeux de royaume; et ce gouvernement, étant héréditaire, a pu donner lieu à ce qu'on a nommé dans la suite la *dynastie d'Éléphantine*.

CHAPITRE QUATRIÈME.

DESCRIPTION D'OMBOS ET DES ENVIRONS.

SECTION PREMIÈRE,

Par MM. CHABROL et E. JOMARD.

§. I. *De la route de Syène à Ombos.*

Quand on quitte la ville de Syène et qu'on redescend le fleuve, la navigation présente un spectacle tout nouveau pour le voyageur. Le vaisseau marche en travers, afin d'offrir au courant qui le pousse une plus grande surface; la mâture est changée entièrement; le grand mât est abattu, et remplacé par le petit; toutes les manœuvres sont différentes. N'ayant plus cette énorme voile latine qui l'élevait si haut, la *germe* semble nue; elle avance au moyen de quatre longues rames, dont le bruit égal et mesuré fatigue moins l'oreille que le claquement de la voile, violemment agitée par le vent du nord. Enfin, le chant des matelots accompagne les battemens de la rame, et délasse le voyageur, qui laisse derrière lui la zone torride et les cataractes. Mais une idée plus douce remplit son âme, et l'étonnement y fait place aux plus chers souvenirs; à chaque mouvement du vaisseau, il fait un pas vers sa patrie.

Après Syène, on ne trouve presque plus de culture sur la rive gauche. La chaîne arabique est très-haute, et à quelque distance du fleuve; son aspect est de couleur brune, rarement égayé par un peu de verdure: celui de la rive gauche est constamment d'un ton jaune, parce que les dunes de sables qui la recouvrent viennent jusqu'au bord du Nil. On voit s'élever hors des dunes les pointes noirâtres du rocher, divisées en blocs carrés et irréguliers: du fleuve, on ne distingue pas si c'est du granit, ou bien du grès de même couleur que lui. Le plus souvent, les deux montagnes sont rapprochées, et la vallée est réduite à une lisière étroite; il y a même quelques points où l'Égypte ne consiste plus que dans les seules eaux du fleuve. Le petit village de Koubanyeh, entouré de palmiers, est l'unique point où se repose la vue, fatiguée de l'aspect monotone du désert. Tel est le site aride qu'on observe dans le trajet de Syène à Ombos, où l'on arrive après huit heures de navigation.

§. II. *De la ville d'Ombos et de ses antiquités.*

Les ruines d'Ombos occupent une colline de sables placée sur la rive orientale du Nil, à l'embouchure d'une vallée, et à quatre myriamètres et demi[1] au nord de Syène : ce lieu porte aujourd'hui le nom de *Koum Omboû*, qui veut dire *la colline d'Omboû*. A ce point, le Nil fait un coude, et forme une espèce de port, dominé par une butte très-élevée.

Les sables charriés par les vents du désert, en recouvrant les débris de la ville et une grande partie des anciens monumens, ont aussi enseveli une vaste plaine qui s'étendait à près de deux lieues vers la chaîne arabique. Le village qui a succédé à Ombos n'a déjà plus d'habitans ; tout est aride et désert dans ce canton reculé de l'Égypte ; aucun arbre, aucun ombrage, ne s'offrent au voyageur : à peine y voit-on quelques traces humaines. C'est ainsi qu'une ville célèbre est devenue un lieu tout-à-fait inhabité, et qu'une riche campagne est enlevée sans retour à la culture.

Les bords eux-mêmes du fleuve, ainsi que la colline et tous les environs, sont couverts de sables fins et brûlans. Au milieu du jour, le sol y acquiert une température extraordinairement haute, bien supérieure à celle de Syène, où l'on sait que la chaleur est excessive et l'une des plus grandes qui soient connues sur le globe. Le thermomètre a marqué 54°[2] dans ces sables ardens. Si à midi, l'on demeure une minute dans la même place, ou que l'on marche avec lenteur, on éprouve à la plante des pieds une cuisson vive et insupportable, et l'on ne peut soulager la douleur qu'en marchant très-vite. Le Nil, qui est voisin, paraîtrait d'abord un excellent refuge ; mais

---

[1] Neuf lieues.
[2] Graduation de Réaumur : c'était le 12 septembre 1799.

il n'y a point de sentier sur la rive : le sable entre dans l'eau par une pente très-roide ; et l'on y souffre encore plus qu'ailleurs, ainsi que l'a éprouvé l'un de nous qui s'était engagé sur les bords du fleuve [1]. Si l'on veut gravir facilement la colline pour visiter les monumens qui restent de la ville d'Ombos, il faut suivre un sentier qui vient du midi et qui se dirige vers l'un des angles de l'enceinte.

Devant ce lieu est une grande île appelée *Mansouryeh*, qui paraît avoir tenu jadis au territoire d'Ombos. Cette ville était alors plus éloignée de la rive, et le Nil s'y rendait par un canal [2] ; la force du courant et la tendance des eaux vers l'est ont changé peu à peu ce canal en un bras du Nil, et ce bras est devenu lui-même le lit du fleuve. L'action des eaux s'est exercée avec tant de violence, qu'elle a entraîné en partie l'enceinte des monumens et une portion du petit temple lui-même. Il en est arrivé autant d'une grande porte qui fait face à ce dernier édifice. Aujourd'hui le terrain est coupé à pic, les eaux le rongent de plus en plus, et la rive est jonchée de pierres énormes, provenant des fondations démolies.

L'envahissement des sables et l'irruption du Nil ne sont pas les seules causes qui aient contribué à dégrader les monumens de la ville : on dirait que tous les élémens ont conspiré pour les détruire. Le feu paraît avoir con-

---

[1] Les militaires de notre escorte firent cuire des œufs sur le sol. Un jeune nègre, étant entré pieds nus dans le sable, poussa des cris si effrayans, que son maître fut obligé de courir à son secours, et de le transporter dans ses bras jusqu'au-dehors des sables.

[2] Ælian. *de nat. anim.* lib. x, cap. 21.

sumé les bâtimens voisins des deux temples et une partie de ces derniers édifices; les pierres renversées, et l'enceinte surtout, portent les marques d'un incendie. Au milieu des briques noires et crues qui composent cette enceinte, on aperçoit de grandes parties enfumées et d'autres d'un ton rouge, où les briques sont entièrement cuites, et pareilles à celles qui sortent des fourneaux. Il serait difficile d'attribuer cet effet à l'action du soleil; car toutes les briques seraient dans le même état, si elles n'avaient essuyé que cette chaleur, et les parties rouges de l'enceinte ne seraient pas distribuées inégalement comme elles le sont. D'où viendrait aussi ce ton de fumée que l'on voit sur les blocs de pierre à l'extrémité du grand temple, et qui tranche avec le grès jaune dont ce temple était bâti? L'incendie paraît avoir détruit tout le fond des monumens [1] : sans les sables qui recouvrent les débris des constructions voisines, cet incendie aurait laissé bien plus de traces de ses ravages.

Malgré tant de causes de destruction, deux temples sont encore en grande partie debout. Une enceinte d'environ huit mètres d'épaisseur est demeurée presque entière [2], elle a environ sept cent cinquante mètres de tour [3]. Les briques dont elle est formée sont d'une grosseur énorme, et prouvent que c'est un travail égyptien, ainsi que l'enceinte d'*Elethyia* et des autres villes égyptiennes : toutefois elle paraît postérieure à la construction des deux temples. Les parties saillantes de cette muraille sont dignes d'être remarquées pour leur forme

[1] *Voyez* pl. 41, fig. 1.
[2] *Voyez* pl. 39.
[3] Trois cent quatre-vingts toises.

bastionnée. On ne connaît pas la hauteur de l'enceinte : le pied en est caché sous les monticules de sables[1].

Du côté du sud, est une porte en pierre, aussi profonde que l'enceinte est large; ce qui fait juger que celle-ci est contemporaine de celle-là, laquelle est manifestement un ouvrage égyptien. Sur le penchant de la colline au sud-ouest, et sur le bord actuel du Nil, est le reste d'une autre porte beaucoup plus grande, qui était accompagnée de deux massifs. Il n'en est demeuré qu'une moitié; les débris de l'autre se voient encore en bas, sur le bord du Nil, qui les a précipités. Cette porte était décorée comme toutes les portes égyptiennes; elle a été bouchée par des briques, et rouverte postérieurement dans un endroit. Il faut remarquer que cette porte se dirige exactement sur l'entrée du petit temple. En suivant la rive du Nil, on trouve encore d'autres débris qui proviennent de ce dernier temple, et plus loin, une construction que l'on suppose avoir servi de nilomètre.

Au nord des temples et dans l'intérieur de l'enceinte, il y a une grande élévation formée par des restes de constructions en briques, et les environs sont pleins de vestiges pareils. Les sables venant du midi, du nord et de l'est, après avoir franchi l'enceinte, les ont presque entièrement recouverts, et sont descendus successivement vers le grand temple, qui par-là se trouve maintenant dans un fond[2].

L'enceinte dont nous venons de parler, quoiqu'assez étendue, ne l'est cependant pas suffisamment pour ré-

[1] *Voyez* pl. 39 et 40.   [2] *Voyez* pl. 39.

pondre à l'idée que les anciens nous donnent de la ville d'Ombos : il est probable qu'elle ne servait qu'à enfermer les deux temples. On peut affirmer qu'il est impossible de jamais découvrir les anciennes limites de cette ville; les sables du désert, poussés par les vents du sud et de l'est, s'accumuleront de plus en plus dans le site qu'elle occupait, et nul pouvoir humain ne saurait lutter contre une force aussi active, aussi constante; mais le voyageur et le géographe qui retrouvent le nom antique encore conservé et de grands édifices debout, ne peuvent douter qu'ils ne soient sur les ruines d'Ombos. En effet, selon Pline et Ptolémée, cette ville était située au même lieu où nous trouvons aujourd'hui Koum Omboû. Suivant l'Itinéraire d'Antonin, Ombos était à quarante *milles* d'*Apollinopolis magna*, aujourd'hui Edfoû, et à trente *milles* de Syène : or ces deux distances se retrouvent exactement depuis Koum Omboû jusqu'à Edfoû et jusqu'à Syène, aujourd'hui Asouân. Ajoutons que la position d'Ombos était demeurée jusqu'à présent incertaine dans l'ancienne géographie, et que le célèbre d'Anville s'était trompé de près de moitié sur la distance de cette ville à Syène [1].

§. III. *Du grand temple d'Ombos.*

Ce qui distingue absolument ce temple de tous les autres connus, c'est qu'il est divisé, dans le sens de sa

[1] D'Anville a fait une faute grave en soutenant, contre l'autorité de l'Itinéraire et celle de Ptolémée, qu'Ombos était plus éloignée de Syène que d'Apollinopolis, et en plaçant Ombos dans sa carte an-

largeur, en deux parties parfaitement symétriques. L'axe du monument, au lieu de passer par une suite d'ouvertures, traverse des colonnes et des massifs, à droite et à gauche desquels il y a deux suites de portes parallèles. Il en résulte que, dans chaque rangée de colonnes des deux portiques, il y a deux entre-colonnemens plus larges que les autres[1], et aussi que le nombre des colonnes est impair.

Cette disposition n'a point d'autre exemple dans toute l'architecture ancienne. Le temple du Soleil et de la Lune, à Rome, était divisé en deux parties par un mur, mais dans le sens de la longueur, et non dans celui de la largeur. La basilique de Pæstum ou Posidonia a aussi un rang de colonnes le long de l'axe; elle se rapproche davantage du temple d'Ombos par la distribution, comme le temple romain par son double culte; mais il était contraire à l'essence d'un temple égyptien d'avoir deux façades et deux entrées opposées, comme on les voit à Rome et à Posidonia.

Le premier portique avait quinze colonnes : celles des angles, sur le rang extérieur, sont abattues ainsi que les *antes*. Le second portique est composé de dix colonnes. On trouve encore, après ce dernier, trois salles subsistantes, et le reste est détruit ou enfoui sous les sables. La forme en est très-allongée, ce qui résulte de la disposition précédente; leur largeur et leur hauteur

cienne d'après cette fausse opinion (*Mémoires sur l'Égypte*). La position bien connue de ces trois points, déterminés astronomiquement, est parfaitement d'accord avec les anciens témoignages (*voyez* la *Carte ancienne de l'Égypte*, et le *Mémoire sur le système métrique des anciens Égyptiens*.

[1] C'est-à-dire de plus d'un diamètre et un sixième.

vont toujours en diminuant. Les deux sanctuaires ont disparu, et l'on ne peut rien conjecturer sur les dimensions qu'ils devaient avoir.

Ce qui subsiste du monument a environ quarante-deux mètres et demi de long [1] : la longueur totale devait avoir environ soixante mètres [2], d'après la restauration très-probable que fournit l'analogie des autres temples; la largeur devait être de trente-sept mètres [3]; et la hauteur des colonnes du premier portique, depuis le sol présumé jusqu'au soffite, devait avoir environ douze mètres [4]. Celles-ci peuvent se ranger parmi les plus grosses colonnes de l'Égypte; elles ont plus de six mètres de tour [5] : la circonférence de celles du second portique n'en fait guère que la moitié; leur diamètre est de plus d'un mètre, environ trois pieds et demi.

L'axe du grand temple fait un angle de cinquante-cinq degrés à l'est avec le méridien magnétique. On voit par le plan général, que le monument était tourné vers le fleuve; le petit temple est dans une direction perpendiculaire à celle-là.

La pierre dont le temple est bâti est d'un grès fin, d'un ton gris-jaunâtre, et très-propre à recevoir la sculpture. Il paraît qu'elle était également bien choisie pour la solidité de la construction : on peut en juger par les énormes pierres qui vont d'une colonne à l'autre dans les entre-colonnemens du milieu. La longueur de ces pierres est d'environ cinq mètres [6], sur une épaisseur

---

[1] Cent trente pieds.
[2] Cent quatre-vingt-cinq pieds.
[3] Cent quatorze pieds.
[4] Trente-sept pieds.
[5] Près de dix-neuf pieds.
[6] Quinze pieds.

d'un mètre et demi [1]; cinq pierres à elles seules occupent toute la longueur de ce portique : on en voit encore de plus grandes dans le monument. Toutefois plusieurs de ces pierres se sont écroulées sur le sol.

Nous avons trouvé entre les joints un ciment rougeâtre fort altéré, et aussi, parmi les pierres renversées, des tenons en bois de sycomore, taillés en queue d'aronde, que l'on croit avoir servi à maintenir l'appareil; ils paraissent enduits de bitume. Sur les terrasses et à l'extérieur, on voit beaucoup de vides laissés par les tenons que les *felláh* ou les Arabes ont enlevés partout : il y en avait à chaque pierre [2].

Bien que l'exécution du temple offre le même soin que les architectes d'Égypte ont mis partout dans leurs ouvrages, on serait porté à croire, au premier coup d'œil, qu'il renferme quelque vice de construction qui l'a fait se dégrader plus promptement que les autres, soit qu'il faille l'attribuer à la trop grande masse des architraves, soit que les fondations manquent de solidité; mais cet édifice a plus souffert encore des ravages des hommes que des injures du temps; l'incendie dont nous avons parlé a dû principalement contribuer à sa ruine. Il faut compter aussi pour beaucoup les efforts qu'ont faits les Arabes pour arracher les coins placés entre les pierres.

L'état où cet édifice est actuellement nous empêche d'avoir une idée complète des ornemens dont il était revêtu; cependant nous connaissons le motif principal de cette décoration : ce motif résulte de la double dis-

---

[1] Un peu plus de quatre pieds et demi.

[2] *Voyez* la Description de l'île de Philæ, *chap. I*, §. VIII.

tribution du temple, ainsi que nous le ferons voir plus loin. L'encombrement cache aussi une grande partie des sculptures, et l'on ne voit plus que le haut des chambranles des deux portes d'entrée. Plusieurs colonnes extérieures sont ensevelies sous le sable presque à moitié de leur hauteur; mais l'intérieur du portique n'est pas aussi encombré que le dehors. Le sable a également rempli les dernières salles du temple jusqu'à deux ou trois mètres des plafonds.

Les chapiteaux sont généralement tous d'une même forme; tous ceux de la façade sont absolument semblables; ils se distinguent des autres chapiteaux par leurs volutes. On voit dans le portique le chapiteau à feuilles de dattier, et d'autres espèces de chapiteaux décorés de palmettes, de fleurs et de calices de lotus[1].

Ce qui frappe le plus dans le portique, après en avoir examiné les colonnes, c'est une très-longue corniche qui en occupe toute la longueur : elle est formée par des serpens de ronde-bosse, qui se tiennent sur leur queue, et portent sur la tête un globe aplati. On a déjà décrit ailleurs ce couronnement singulier; mais peut-être n'est-il nulle part aussi remarquable et d'un aussi grand effet qu'à Ombos, où il a trois pieds de haut : le style de la sculpture en est ferme et bien caractérisé, et la tête de l'*ubœus* est travaillée avec soin; l'artiste a exprimé habilement cette forme assez compliquée que présente le serpent dressé debout, et dont le corps arrondi, s'aplatissant insensiblement, devient de plus en plus large en s'approchant de la tête.

[1] *Voyez* l'explication de la pl. 41.

Le plafond des portiques, dans l'entre-colonnement du milieu, est ordinairement décoré d'une suite de vautours gigantesques, ayant les ailes étendues et les pattes armées d'enseignes. A Ombos, il devait se trouver deux plafonds pareils, et c'est ce qu'on voit en effet. Tout le fond sur lequel ces vautours se détachent est peint en bleu; la couleur en est encore très-vive. On a également peint le reste du plafond et toutes les murailles du portique. Les figures et les hiéroglyphes sont peints en bleu, en rouge, en jaune et en vert, comme dans le grand temple de Philæ.

Les sujets que présentent les autres parties du plafond sont dignes d'être étudiés : on y voit des figures placées dans des barques et couronnées d'un disque dont une étoile occupe le centre; plusieurs sont accompagnées d'étoiles isolées, d'autres sont armées de flèches. Dans l'un des sujets que l'on a copiés[1], on remarque un personnage tenant un serpent de chaque main, et qui n'a point de tête, mais en place un globe avec deux serpens. Nous passons sous silence beaucoup d'autres tableaux, qui diffèrent peu de ceux que l'on a décrits ailleurs, et que, pour cette raison, nous n'avons pas dessinés. Il suffit de dire que toutes les parties du temple étaient également sculptées et coloriées.

Mais l'observation la plus piquante que ces sculptures présentent, c'est que le plafond n'ayant pas été achevé en entier, on y trouve plusieurs parties où les figures ne sont encore que dessinées en rouge. Le lecteur verra avec intérêt deux de ces figures, tracées à

[1] *Voyez* pl. 44, fig. 8.

travers des carreaux de même couleur[1] ; une d'elles paraît avoir été mise à la place de l'autre, laquelle était dans une attitude renversée. Ce fait précieux nous apprend que les Égyptiens dessinaient et réduisaient par le moyen des carreaux, et qu'ils suivaient des règles certaines pour proportionner leurs figures. On en trouve encore la preuve dans d'autres monumens, qui renferment aussi des figures d'hommes et d'animaux dessinées du premier trait, avec beaucoup de hardiesse et d'habileté : on peut citer en exemple le temple de Contra-Lato. Ce fait prouve que les artistes ne se servaient pas de panneaux, comme quelques-uns l'ont pensé; des figures pareilles et faisant partie d'une même frise ayant été mesurées au compas, nous les avons trouvées très-sensiblement différentes, quoique toujours dessinées dans l'esprit et avec le galbe convenables.

On sentira aisément ce que cette pratique ancienne a de curieux pour l'histoire de l'art; l'emploi d'un pareil procédé pour la réduction des figures confirme aussi très-bien la tradition qui attribue à l'Égypte l'invention de la géométrie, et qui lui fait honneur des premières projections géographiques[2]. On se rappelle que Sésos-

---

[1] *Voyez* pl. 44, fig. 3.
[2] C'est ce que témoigne Apollonius de Rhodes. Selon Clément d'Alexandrie, l'hiérogrammatiste, ou écrivain des choses sacrées, qui occupait le troisième rang parmi les prêtres des colléges d'Égypte, devait être instruit sur la cosmographie et la géographie générales, et en particulier sur la chorographie de l'Égypte et la description du Nil (*Strom.* l. v, p. 702; Paris, 1566). Les cartes que fit dresser Josué pour le partage des terres entre les tribus d'Israël, furent exécutées d'après les méthodes égyptiennes (Josué, c. XVIII, v. 4 et 9) Ce que Josèphe en rapporte suppose un véritable cadastre : *Moxque eos viros misit ad metiendam terram, adjunctis ad eos quibusdam geometriæ peritis;.... hisque mandata dedit ut æstimatio-*

tris fit exposer dans les temples une carte de l'Égypte et des contrées qu'il avait soumises depuis le Nil jusqu'à l'Indus; on sait aussi, d'après Diodore de Sicile, que Pythagore avait puisé en Égypte ses plus fameux théorèmes. Mais, quelque opinion que l'on se fasse à cet égard, le fait dont il s'agit met hors de doute que la connaissance des rapports des lignes semblables vient originairement de l'Égypte.

Nous ferons remarquer encore dans le temple d'Ombos une décoration qui prouve avec quelle intelligence les Égyptiens distribuaient leurs ornemens; c'est celle qui recouvre les colonnes du portique. Pour la bien faire connaître, on a, dans un dessin particulier, développé le fût de l'une de ces colonnes [1]. La partie inférieure, formée de coupes sur lesquelles reposent la croix à anse et le bâton augural symétriquement répétés, est, comme on peut le voir, composée parfaitement; l'ornement qui succède est plus détaillé; enfin, le dernier anneau l'est encore davantage, de manière que, du bas en haut, la richesse va en croissant. Les divers anneaux étaient encore séparés par des bandes d'hiéroglyphes; et cette sculpture si riche n'ôtait rien à la pureté du fût, parce qu'elle était en creux. Il faut, parmi les figures de cette colonne, remarquer le lion à tête d'épervier qui orne le second anneau, et qui est souvent répété dans les hiéroglyphes du temple [2].

---

nem agrorum juxta bonitatem terræ facerent (Joseph. *Ant. Jud.* lib. v). *Voyez* le Mémoire *sur le système métrique des Égyptiens.*

[1] *Voyez* pl. 44, fig. 1.

[2] Les inscriptions hiéroglyphiques recueillies dans le temple présentent des remarques intéressantes qui seront exposées ailleurs (*voyez* l'explication des planches d'Ombos, etc.).

Enfin, nous citerons une petite frise occupant le haut de la salle qui est la deuxième après le second portique. Il est facile de reconnaître combien cette frise est heureusement ajustée [1]; encore manque-t-il dans le dessin plusieurs colonnes d'hiéroglyphes qui rendaient plus égaux les intervalles des figures. C'est dans la même salle et sur le listel de la corniche qui couronne la porte de gauche, que l'on voit une inscription grecque du temps de Ptolémée Philométor, gravée avec beaucoup de soin; elle a été faite au nom des troupes stationnées à Ombos, pour témoigner leur reconnaissance envers les dieux de l'Égypte [2].

La corniche antérieure du temple renferme le globe ailé qui se voit partout; mais ce globe est répété deux fois, parce que, comme nous l'avons dit, la distribution de l'édifice est double. Chacun des deux globes correspond à l'une des deux entrées. Sous le portique, on trouve deux portes correspondantes, ornées de la même manière, et dont la décoration nous explique la séparation du temple en deux parties. En effet, si l'on coupe verticalement par le milieu l'une de ces portes [3], on observe, dans toute la partie droite, que le dieu qui reçoit les hommages a une tête d'*épervier;* et dans la partie gauche, que le dieu a une tête de *crocodile :* c'est une règle qui a été suivie dans tout le temple, autant qu'on en juge par ce qui reste debout [4]. On a copié complètement une des scènes où Osiris porte la tête du

---

[1] *Voyez* pl. 44, fig. 5.
[2] *Voyez* le Mém. de M. Jomard sur *les inscript. recueillies en Égypte.*
[3] *Voyez* pl. 43, fig. 20.
[4] *Voyez* pl. 44, fig. 5.

crocodile [1] ; l'étude de ce bas-relief avec tous ses hiéroglyphes sera utile aux savans qui font des recherches sur la langue sacrée.

Le globe ailé qui couronne également les scènes où se trouve l'épervier, et celles où figure le crocodile, fait voir qu'ils se rapportent l'un et l'autre à la même divinité, et que tous deux sont l'emblème d'un attribut particulier d'Osiris. L'épervier est, comme on le sait, le symbole du soleil, et le crocodile doit se rapporter à l'inondation, dont il était le symbole pour les habitans d'Ombos. En effet, les eaux du Nil n'arrivaient jadis à Ombos que par un canal, ainsi que nous l'avons déjà dit d'après les auteurs anciens [2] : le fleuve coulait alors beaucoup plus à l'ouest. Dès qu'il franchissait ses bords pour se répandre sur les terres et pénétrer dans les canaux intérieurs, alors les crocodiles, jusque-là bornés aux rives du fleuve, pouvaient suivre les eaux dans leur marche, et arriver jusqu'aux villes méditerranées. C'est ainsi que le peuple d'Ombos pouvait regarder le crocodile comme le signe et la mesure du débordement : c'en est assez pour concevoir comment on a donné une tête de crocodile au dieu symbole du fleuve.

Qu'on nous permette ici d'examiner en peu de mots ce que rapportent les anciens auteurs, sur le culte attribué aux habitans d'Ombos. C'est une opinion reçue d'après Élien, et surtout d'après Juvénal, qu'on y rendait les

---

[1] *Voyez* pl. 43, fig. 19.
[2] Strab. *Geogr.* lib. xvii. Ælian. *de nat. anim.* lib. x, cap. 21. M. de Pauw a supposé ce fait sans preuve, et la position actuelle des ruines sur la rive du fleuve semblerait d'abord le démentir ; mais l'examen attentif des localités confirme le témoignage des anciens.

honneurs divins au crocodile. Le poète, emporté par sa verve satirique, et sans égard aux lieux et aux temps, a représenté les gens de Tentyra et ceux d'Ombos comme des peuples voisins qui, à l'occasion de ce culte, se livraient de temps immémorial une guerre à mort; il a même voulu consacrer à la postérité les détails atroces de cette prétendue guerre, afin d'inspirer de l'indignation pour un culte aussi étrange que celui d'un reptile anthropophage.

Inter finitimos vetus atque antiqua simultas,
Immortale odium, et nunquam sanabile vulnus,
Ardet adhuc, Ombos et Tentyra[1].

Mais que penser de cette déclamation poétique, lorsque l'on sait que ces deux villes sont séparées par un intervalle de cinquante lieues? Déjà d'habiles critiques ont relevé cette erreur grossière; on l'a même rejetée sur les copistes [2]. Quoi qu'il en soit, il suffit d'avoir un peu étudié la religion égyptienne dans les auteurs qui l'ont mieux connue, tels que Diodore de Sicile, Hérodote, Plutarque, Porphyre, Jamblique, pour être convaincu que Juvénal s'est livré à l'exagération, et que, même à

---

[1] Juvenal. sat. xv.

[2] M. Villoteau a fait à ce sujet des recherches curieuses, dont il nous a permis de mettre ici le résultat sous les yeux du lecteur. Dans les meilleures et les plus anciennes éditions de Juvénal, on trouve *Combos*, et non pas *Ombos*, que les derniers éditeurs ont introduit dans le texte. Ce mot de *Combos* vient lui-même de celui de *Coptos*, altéré par les copistes, qui ont écrit négligemment les deux lettres *p* et *t*. Ce qui prouve ce fait, c'est qu'il existe à la Bibliothèque royale un manuscrit très-ancien, où, au lieu de *Combos*, on lit *Copos* avec une barre sur l'*o* et près du *p* : il est possible que ce trait d'abréviation ait été originairement placé sur le *p* lui-même; ce qui eût indiqué, comme on sait, le *t* joint au *p*. Au reste, dans presque tous les manuscrits, ce nom commence par un *c*.

le supposer témoin des horreurs qu'il décrit, il ne faudrait pas, du siècle où il a vécu, conclure pour les temps antérieurs où l'Égypte et sa religion étaient florissantes. Il ne paraît pas que les écrivains romains, si l'on excepte Cicéron et Sénèque, aient eu des idées justes sur l'esprit de cette religion tout emblématique, et presque toute fondée sur la connaissance des phénomènes naturels. Une des principales connaissances que les colléges d'Égypte avaient acquises et perfectionnées, était celle des habitudes des animaux du Nil, et en général des animaux propres à l'Égypte. Ils savaient que le crocodile, quoiqu'amphibie, ne s'enfonce jamais beaucoup dans les terres, si ce n'est à l'époque des hautes eaux. Cette observation, déjà faite par M. de Pauw, me semble expliquer très-bien pourquoi le crocodile était l'*emblème de l'eau potable* [1].

Par cette seule connaissance de la signification symbolique du crocodile, on devait voir ce qu'il faut entendre du culte des Ombites et de celui des autres nomes où les mêmes pratiques étaient en usage. Ce sont les figures gravées sur les temples, qui, à n'en pas douter, ont fait dire aux Grecs et aux Romains que le crocodile était un dieu adoré en Égypte. Quant aux guerres civiles dont les auteurs font mention, il est assez rai-

---

[1] C'est Eusèbe qui nous l'apprend dans un chapitre très-curieux, où il expose plusieurs symboles égyptiens. Voici la version latine du passage : *Iidem aliquando solem hominis cujusdam navigium crocodilo impositum conscendentis symbolo repræsentant : ac navigium quidem, institutum in humida mollique regione motum significat; crocodilus verò, aquam illam ad bibendum facilem* (πότιμον ὕδωρ) *per quam sol feratur*. Euseb. *Præparat. evang.* l. III, c. XI, p. 115; Paris, 1628. *Voyez* aussi Clément d'Alexandrie, *Strom.* lib. v, p. 632; Paris, 1566.

sonnable de les attribuer, comme a fait le critique déjà nommé plus haut, soit à des vues d'intérêt, soit à quelques prééminences ou à des avantages de commerce que des villes voisines ont pu se disputer à une époque récente. Ces sortes de rivalités ne sont pas sans exemple dans notre propre pays; et de nos jours même, en Égypte, on en voit souvent de pareilles qui amènent des combats très-acharnés.

§. IV. *Du petit temple d'Ombos.*

Le petit temple d'Ombos est situé au nord-ouest du précédent, à quarante mètres environ [1]; son entrée est tournée au midi. L'axe du temple fait un angle de trente-cinq degrés à l'ouest avec le méridien magnétique. Ces trente-cinq degrés joints aux cinquante-cinq dont l'axe du grand temple décline à l'est, font quatre-vingt-dix degrés : ainsi les axes de ces deux temples sont exactement à angle droit. La longueur du temple est d'environ vingt-trois mètres [2]; sa hauteur, de neuf mètres [3]; sa plus grande largeur présumée est de dix-huit mètres environ [4].

La pierre dont ce temple est bâti, est de grès pareil à celui du grand temple; la construction en paraît la même : mais il est dans un état de destruction beaucoup plus avancé; il n'en reste guère que quatre colonnes, six portions de murailles et trois portes; les murs extérieurs sont presque entièrement démolis; enfin les plafonds sont à jour.

[1] Vingt toises.
[2] Soixante-onze pieds.
[3] Vingt-huit pieds.
[4] Cinquante-six pieds.

Il ne faut pas douter que cette dégradation ne soit due au voisinage du fleuve, qui se porte de plus en plus à l'est, et qui a rongé les terres jusqu'aux murs du petit temple, soit que les eaux aient miné les fondemens, soit que des inondations extraordinaires aient pénétré sur le sol même de l'édifice.

Le portique n'avait de colonnes que celles de la façade, engagées, comme à l'ordinaire, dans des murs d'entre-colonnement. Il est suivi de deux salles oblongues, d'égales dimensions. Après, vient le sanctuaire, qui devait être accompagné de deux salles latérales. On a déjà fait remarquer que la grande porte du sud est dans l'axe de ce petit temple.

Le chapiteau des colonnes est formé de quatre têtes d'Isis, surmontées d'un massif qui a, en petit, la forme d'un temple. Ce chapiteau a déjà été décrit à Philæ fort en détail, et il ne fournit ici aucune observation nouvelle. Ce qu'il importe d'observer, c'est qu'on trouve encore, dans les salles et sur les colonnes, des peintures bien conservées, qui annoncent que l'édifice était revêtu de couleurs, ainsi que le grand temple.

Nous ne décrirons pas ici les tableaux sculptés sur les murailles, consistant principalement dans des offrandes à Isis, qui prouvent, ainsi que le chapiteau de la colonne, que ce temple lui était consacré. Un des attributs les plus fréquens dans les mains des figures d'hommes et de femmes, c'est une tige recourbée et armée de pointes semblables aux dents d'une scie [1].

---

[1] *Voyez* pl. 45, fig. 5. On en a déjà vu d'autres exemples dans les bas-reliefs de Philæ.

La décoration de l'édifice renferme principalement des représentations relatives à Isis et à Horus[1]; mais, dans une frise qui est sous le plafond de la dernière salle, on remarque une sorte de caricature qui est l'image de Typhon[2]; on le reconnaît à son large visage, à son air riant et grotesque, à ses membres courts et ramassés. Un sujet assez gracieux se remarque parmi ces différentes sculptures : deux femmes assises soutiennent d'une main un siége qui sert de trône à Horus; ce trône repose sur une tige que ces femmes paraissent tenir en équilibre au moyen de leurs pieds. Chacune des deux figures tient de l'autre main des lotus formant autour de cette tige des nœuds multipliés. Devant Horus, un sacrificateur armé d'une lance à deux pointes menace de tuer un serpent. Dans un autre tableau, l'on présente au même dieu une offrande consistant en trois oies.

Il est donc à présumer qu'Horus et Isis étaient les divinités du temple. Il serait aisé de faire voir que les attributs qu'on y voit se rapportent presque tous au phénomène de l'inondation; et l'on sait qu'Horus était l'emblème du soleil au solstice d'été, solstice qui est l'époque de la crue du Nil : mais nous n'insisterons pas sur ces rapprochemens, qui seront mieux placés ailleurs[3].

§. V. *De la route d'Ombos à Edfoû.*

Nous finirons cet écrit par quelques observations sur la route d'Ombos à Edfoû. Un lieu de cette route, assez

---

[1] *Voyez* pl. 45, fig. 1, 2, 5.
[2] *Voyez ibid.*, fig. 4.
[3] *Voyez* la Description d'Edfoû, chap. *V*, §. v.

remarquable, est la montagne appelée *Gebel Abou-cheger*, ou Montagne des tempêtes, et qui forme dans le Nil un cap avancé. Un violent ouragan nous y avait fait relâcher, lorsque nous remontions le fleuve. A cinq heures du soir[1], le ciel, jusque-là très-serein, se remplit de nuages en un instant. Un vent d'est, poussant devant lui des trombes de sable et de poussière, vint frapper tout d'un coup dans nos voiles avec une grande impétuosité. Chacun de nous eut la respiration coupée, et ressentit une chaleur cuisante, comme celle qu'on éprouve à la bouche d'une fournaise. Le *rays* ou pilote avait aperçu le grain; mais les matelots ne purent carguer la voile à temps; elle fut déchirée d'un bout à l'autre : la *germe* s'inclina si fort, qu'elle était sur le point de chavirer. Les vagues s'élevaient de deux et trois pieds, comme les flots de la mer. Le tonnerre grondait fortement, et retentissait d'une montagne à l'autre, comme sur un timbre sonore. C'est de la mer Rouge que venaient les éclairs; l'atmosphère était d'un rouge de feu, entrecoupé de taches noires. Livrés au désespoir, le rays et ses matelots poussaient des cris effroyables. Enfin, pendant qu'on faisait de vains efforts pour tenir le Nil, notre *germe* fut poussée par l'orage au pied de Gebel Abou-cheger.

Arrivés, sans autre accident, dans cette espèce de port, nous ne songeâmes plus qu'à observer le site affreux, mais pittoresque, où nous étions jetés : un seul arbre se remarquait aux alentours, c'était un *doum* à quatre bifurcations. Le rocher était à pic sur le fleuve.

[1] C'était le 10 septembre 1799.

Ce n'est pas sans surprise que nous vîmes le pied de ce rocher habité par un vieux solitaire, retiré là depuis trente ans, dans une cabane formée de nattes. Ce vieillard octogénaire était noir de visage, et portait une barbe blanche; il entendait à peine nos questions; la caducité, la frayeur surtout, le rendait presque insensible : cependant il pria l'un de nous de lui emplir d'eau un vase de terre, seul meuble de sa cabane. On lui demanda son âge; il répondit : *Dieu le sait*. Au coucher du soleil, il fit religieusement sa prière.

Chaque tempête qui se manifeste en ce lieu, y fait arriver quelque bateau, et procure au solitaire des aumônes, un peu de dourah, ou des dattes. Si l'on cherchait en lui un sage retiré du monde et vivant dans la contemplation, on se tromperait sans doute. Quand on connaît les mœurs du pays, on ne voit là qu'un homme qui, pour se débarrasser de la peine d'agir et de penser, a cherché un lieu où il pût vivre dans cette paresse et cet anéantissement d'idées qui font les délices de ce peuple. Cependant des gens aisés, venus de l'Europe à travers mille dangers, brisaient sous ses yeux les pointes du rocher qui faisait sa demeure, recueillaient les plantes sauvages qu'il arrachait pour les brûler, dessinaient et décrivaient ce site inhabité : étaient-ils beaucoup plus sages que lui?

Les rochers des environs sont taillés dans des formes bizarres; ils sont composés de grès noir, parsemé de filons ferrugineux, d'une couleur rougeâtre et d'un ton très-chaud. Près de là est une gorge aride qui ressemble au lit d'un torrent; le reste du désert est occupé par des collines de grès éparses çà et là et fort basses. On aperçut au loin quelques chameaux appartenant à des tribus arabes, et seuls êtres vivans dans ce lieu désert. Sur le bord du Nil, nous vîmes des coloquintes, une petite plantation de séné commun, ainsi qu'un champ de pourpier, qui, avec les fruits du doum, fournissait la nourriture habituelle du pieux solitaire.

Pendant que nous observions ce site, le tonnerre continuait à gronder, et les trombes se succédaient sans interruption; ce n'est qu'à la nuit que le temps devint plus calme : on en profita. Mais à peine eut-on mis à la voile, qu'un vent furieux, soufflant du nord, souleva les eaux du Nil, brisa notre vergue et cassa le mât d'un autre bâtiment. Sa force était si grande, qu'elle nous fit remonter le courant très-vite, pendant plus d'une heure, sans aucune espèce de voile : cependant le fleuve était parvenu à sa plus grande hauteur. L'obscurité de la nuit, le fond pierreux et les îles basses du Nil [1] dans ces parages voisins de Selseleh, nous forcèrent d'aborder au petit village de Hammâm, situé près de la rive gauche, et habité par des Arabes de la tribu des *A'bâbdeh*.

---

[1] Le cours du fleuve, dans les environs de Selseleh, est rempli d'îles sablonneuses submergées par l'inondation, et entièrement couvertes d'un arbrisseau appelé *tamarix*, dont les buissons touffus donnent à ces îlots une teinte cendrée.

SECTION DEUXIÈME,

Par M. ROZIÈRE, Ingénieur des mines.

Description de Gebel Selseleh et des carrières qui ont fourni les matériaux des principaux édifices de la Thébaïde.

Les anciennes carrières se trouvent répandues dans toute l'étendue des deux chaînes de montagnes qui bordent à l'orient et à l'occident la vallée du Nil; et le voyageur qui parcourt la haute Égypte en découvre déjà un nombre infini sans s'écarter des rives du fleuve : toutes n'ont pas les mêmes rapports avec les monumens subsistans aujourd'hui, et il faut entrer à cet égard dans quelques distinctions générales.

A ne considérer que la nature du sol des montagnes, la vallée du Nil se partage en trois régions distinctes; division, comme on sent, qui ne sauroit avoir de rapport avec les divisions politiques d'aucun temps, mais qui en a beaucoup avec l'aspect du pays et la nature de ses monumens.

1°. Dans la région plus méridionale, aux environs de l'île de Philæ, de Syène et de la cataracte, règne, avec un aspect varié et pittoresque, mais dans une étendue fort limitée, le terrain granitique qui a fourni aux Égyptiens les monolithes les plus remarquables dont ils aient décoré leurs édifices.

2°. Dans la partie septentrionale, et en remontant vers le sud jusqu'à plusieurs journées au-delà de Thèbes, les deux chaînes n'offrent qu'une longue suite de rochers et d'escarpemens calcaires de l'aspect le plus uniforme. Ce terrain, le plus considérable de tous, a fourni les matériaux d'une espèce de monumens fort célèbres de toute antiquité par leur masse, par leur forme régulière, et par les conjectures qu'on a faites sur leurs usages : je veux parler des pyramides. Quant aux autres monumens en pierre calcaire, tels que les temples, les palais, ils ont dû jadis être fort multipliés ; mais il n'en reste aujourd'hui que de faibles traces.

3°. Les matériaux des temples et des autres édifices encore subsistans sont tirés presque en totalité des montagnes qui s'étendent depuis Syène, en descendant vers le nord, jusqu'à une journée de marche avant d'arriver à l'ancienne Latopolis [1]. Ce terrain, qui comprend près d'un degré de latitude, est d'une nature particulière, et forme la transition entre le terrain calcaire et le terrain granitique ; c'est l'examen des carrières qu'il renferme et des matériaux qu'elles ont fournis, qui va nous occuper ici. Nous décrirons dans un Mémoire particulier les carrières de granit ; celles du pays calcaire seront l'objet d'un autre Mémoire [2].

§. I. *Observations topographiques.*

Quoique j'aie borné à un degré l'étendue des montagnes que nous considérons ici, ce n'est pas que l'on n'en découvre encore quelques-unes de même nature en

---

[1] Aujourd'hui Esné.
[2] *Voyez* les Mémoires d'antiquités.

descendant un peu plus au nord, principalement sur la rive orientale du Nil, de même que l'on en trouve aussi à l'est de Syène; mais cela n'a plus rien de suivi, et l'on y remarque peu de traces d'exploitation.

Dans tout cet intervalle, l'Égypte a très-peu de largeur; et il est à remarquer que les carrières sont toujours plus multipliées, plus considérables, à proportion que la montagne se trouve plus rapprochée du fleuve. C'est précisément à l'endroit le plus étroit de la vallée que se trouvent les plus vastes, les plus importantes de toutes; et les montagnes opposées s'y rapprochent tellement, qu'elles laissent à peine au fleuve l'intervalle nécessaire pour continuer son cours.

On voit par-là que les Égyptiens se sont attachés à choisir les matériaux de leurs édifices, non-seulement dans la vallée du Nil, mais encore le plus près du fleuve qu'il leur était possible; et ici, comme en toute circonstance, ils ont soigneusement évité d'augmenter par la difficulté des transports les longs travaux qu'ils s'étaient imposés: conduite fort naturelle sans doute, et qui ne vaudrait pas la peine d'être remarquée, si certaines circonstances n'en avaient souvent imposé, et n'avaient fait prévaloir une opinion fort différente.

Ce point si resserré dont je viens de parler, non moins remarquable pour la topographie du pays qu'à cause des anciens travaux qu'on y voit de toutes parts, est distant de Syène d'environ huit myriamètres [1], et de quatre de la ville d'Edfoû [2]. On le désigne dans le pays

---

[1] Seize lieues.
[2] L'ancienne *Apollinopolis magna*.

par le nom de *Gebel Selseleh*, qui signifie *montagne de la chaîne*.

La tradition veut qu'effectivement le Nil autrefois ait été barré ici par une chaîne de fer, dont les extrémités étaient fixées aux points les plus saillans des deux montagnes opposées. Peu de voyageurs ont négligé cette tradition singulière. Quelques-uns ont soigneusement recherché et ont cru avoir retrouvé les points du rocher où la chaîne avait été jadis attachée. D'autres ont tourné cette prétention en ridicule ; et, vu l'immense largeur du fleuve, vu le peu d'utilité d'une pareille précaution, ils ont pensé que ce fait, d'ailleurs dénué de preuves, devait être rejeté comme tout-à-fait invraisemblable, sinon comme absurde : cette opinion nous paraît la plus sage.

Nous ferons remarquer qu'une telle position a dû dans tous les temps former la démarcation entre les deux nomes ou les deux provinces contiguës. Dans les temps de trouble, elle a servi de limite aux différens partis : elle devenait un rempart naturel, que de part et d'autre il était dangereux de franchir, comme le montrent assez les faits de l'histoire moderne. Si l'on veut donc donner un sens raisonnable à la tradition, il faut croire que, cet endroit ayant servi de limite et de barrière aux habitans des provinces voisines, le nom de *chaîne* lui aura été appliqué en raison de cela seul, par une métaphore assez naturelle aux Orientaux.

Un peu au nord de Gebel Selseleh, à quatre myriamètres d'Edfoû, au milieu d'une petite plaine cultivée, on distingue l'emplacement d'une ancienne ville, à la couleur rougeâtre du terrain, à des buttes de décombres, à des monceaux de briques d'une grande dimension et à des débris de pierres polies et travaillées : car tels sont en Égypte les caractères communs des lieux anciennement habités. Ce qui rend le fait plus incontestable, ce sont les vestiges d'un édifice égyptien : ces ruines sont peu élevées au-dessus du niveau du sol, assez cependant pour que l'on reconnaisse qu'une partie au moins du monument était recouverte d'hiéroglyphes. Autant qu'on peut juger aujourd'hui, ce sont les restes d'un petit temple entouré d'une galerie ; disposition qui se rencontre aussi dans un des monumens les plus voisins. La galerie était, comme le temple, décorée d'hiéroglyphes : le portique, à la vérité, n'en laisse voir aucune trace ; mais, à plusieurs indices, on peut croire que cette partie est rajoutée et fort postérieure au reste de l'édifice.

Quelques voyageurs ont appliqué à cette ville le nom de *Selseleh* : cela suppose qu'il a existé une ville de ce nom, et cependant il n'en est pas mention chez les anciens.

La Notice de l'empire cite bien, parmi les postes de la Thébaïde, un lieu nommé *Silili;* et j'avoue qu'il est fort vraisemblable, comme l'a conjecturé d'Anville[1], que ce nom n'est qu'une altération de celui de *Silsili*[2] : mais il ne résulte pas de là encore qu'il doive s'appliquer à une ancienne ville égyptienne. D'Anville, qui, à la vérité, paraît n'avoir pas eu connaissance de ces

---

[1] D'Anville, Mém. sur l'Égypte ancienne.
[2] Quoique nous écrivions *Selseleh* selon l'orthographe adoptée pour l'ouvrage, nous devons remarquer cependant que la prononciation du pays se rapproche davantage de *Silsili*.

CH. IV, DESCRIPTION D'OMBOS

ruines, suppose au contraire que le poste romain dont il rectifie le nom, était placé dans le détroit, au sein de la montagne même. Je ne sais si l'on avait assez de données pour déterminer le point précis que ce poste occupait; mais il est constant qu'on ne doit pas le reporter jusqu'à une ville séparée du détroit par un intervalle considérable [1].

Quant aux ruines de la ville égyptienne, nous trouvons à leur appliquer un ancien nom dont on a été fort embarrassé jusqu'ici, et qui est véritablement égyptien; c'est *Phtontis*, que Ptolémée indique sur cette rive du Nil au sud d'*Apollinopolis magna* [2]. Le P. Sicard, dans ses Recherches sur la géographie ancienne, avait placé cette ville dans le détroit même de Gebel Selseleh : mais l'inexactitude de cette détermination est manifeste ; car la seule autorité sur laquelle on puisse s'appuyer ici, celle de Ptolémée, indique expressément Phtontis comme étant située au milieu des terres loin du Nil : or, une telle

[1] Les Romains s'étaient attachés à distribuer dans la Thébaïde leurs cohortes de la manière la plus avantageuse pour contenir le pays avec peu de monde ; toutes leurs positions étaient choisies dans cette vue : telle était celle de Syène, immédiatement au-dessous de la cataracte ; telle encore celle de Babylone, dans la partie inférieure de la vallée, à l'endroit où l'extrémité de la chaîne arabique forme en se rapprochant du fleuve une espèce de détroit. Les détails où entrent à ce sujet les anciens historiens[*], montrent trop quelle importance on attachait à ces positions, pour que nous puissions croire que celle de Silsili ait été négligée. Ces raisons, et la ressemblance frappante du nom avec celui qui est cité dans la Notice de l'empire, ne permettent guère de douter que le poste dont elle fait mention ne doive se rapporter ici. Antérieurement à d'Anville, Simler (*Not. ad Itiner.*) avait déjà voulu réformer le nom de *Silili* pour en faire le *Selinon* mentionné par l'Itinéraire dans la partie inférieure de la Thébaïde : cette correction est beaucoup moins heureuse, et l'on n'a pu l'appuyer que sur la faible analogie qui se trouve entre les deux mots.

[2] Aujourd'hui Edfoû.

[*] Strab. *Geogr.* lib. xvii.

situation ne peut avoir lieu dans le détroit, où la montagne se trouve bordée immédiatement par le fleuve; elle convient très-bien au contraire aux ruines que nous avons décrites. Cette observation éclaircit à-la-fois deux points de géographie ancienne, puisque, Phtontis étant rapportée à cette position, il ne reste plus que le poste romain que l'on puisse placer dans le détroit.

§. II. *Observations sur les matériaux tirés des environs de Selseleh, pour la construction des anciens édifices.*

Par leur situation sur les rives du Nil, l'examen des anciennes carrières devenait assez facile : elles ont été, malgré cela, comme tous les travaux des Égyptiens, le sujet de beaucoup d'erreurs. On avait peine à se persuader que des monumens aussi célèbres par leur longue durée, par la richesse et la multiplicité de leurs ornemens, fussent construits avec des matériaux communs et grossiers; et la plupart des voyageurs, consultant moins leurs yeux que leur imagination, ont cru voir, dans les couches du terrain et dans les monumens eux-mêmes, tantôt les granits durs et précieux des environs de Syène [1], tantôt les porphyres et les roches variées de l'Arabie, quelquefois même le basalte : d'autres se sont contentés d'y employer le marbre, à l'imitation de ce qu'ils avaient remarqué dans les anciens monumens

[1] Nous avons déjà dit que les granits ne se montraient plus sur les rives du Nil à une heure de marche au nord de Syène; et les Égyptiens, qui en ont travaillé une quantité si prodigieuse, en ont cependant fait peu d'usage pour les constructions de la Thébaïde.

de la Grèce et de l'Italie ¹. La vérité est que, dans ces carrières comme dans les édifices de la haute Thébaïde, il n'existe ni porphyres, ni basaltes, ni marbres, ni pierres calcaires d'aucune espèce ² : on ne trouve, dans toute cette étendue, sur les deux rives du Nil, que des couches de grès à grains quartzeux, liés par un gluten ordinairement calcaire; et c'est de cette pierre que sont construits, presque sans exception, tous les monumens encore existans depuis Syène jusqu'à Denderah ³.

Si l'on voulait donner en peu de mots, de ces grès, une idée que tout le monde pût saisir, on pourrait les

---

¹ La constitution physique de cette partie de la Thébaïde était si peu connue encore avant l'expédition, que les relations les plus récentes et d'ailleurs les plus exactes font remonter le terrain calcaire jusqu'à Syène.

² Il faut cependant excepter un petit édifice presque entièrement détruit, sur la rive gauche du Nil à Thèbes : il avait été construit avec la pierre calcaire des montagnes voisines. Les habitans des villages environnans ont établi des fours à chaux, qu'ils alimentent avec les matériaux de ce monument; ce qui leur épargne le trajet d'une demi-lieue qu'il faudrait faire pour se rendre jusqu'à la montagne.

³ J'ai fixé à une lieue au nord de Syène les carrières les plus méridionales, c'est-à-dire les premières que l'on rencontre sans sortir de la vallée; mais, pour peu que l'on s'enfonce dans la montagne, on ne tarde pas à découvrir des traces d'exploitation plus au sud, dans tous les endroits où le grès succède au granit.

Les carrières les plus septentrionales, observées sur la rive droite du fleuve, sont situées à cinq lieues au sud d'Esné, à l'embouchure d'une petite vallée où l'on exploite du natroun; les montagnes qui les renferment alternent avec les montagnes calcaires. Il est probable qu'un peu plus au nord on en découvrirait d'autres en s'enfonçant dans l'intérieur du désert, et l'on voit sur le bord du fleuve un grand nombre de blocs taillés et tout prêts à être embarqués : ceci fait conjecturer que ces carrières sont des moins anciennes qu'aient exploitées les Égyptiens. Ces matériaux étaient destinés, sans doute, à l'un de ces monumens dont la construction a été interrompue par la révolution qu'a produite en Égypte la conquête des Perses. Il paraît difficile d'expliquer autrement pourquoi des pierres toutes taillées et prêtes à être employées avaient été abandonnées sur ce rivage.

comparer à ceux qu'on emploie si communément pour paver les routes aux environs de Paris, et qui portent le nom de *grès de Fontainebleau ;* mais j'avoue que je ne hasarde ce rapprochement que faute d'avoir un terme de comparaison exact aussi généralement connu. Les grès qu'on désigne sous le nom de *molasses*, aux environs de Genève, conviendraient davantage. Dans les Alpes, dans les Vosges, et en général dans le voisinage des terrains granitiques, on voit des grès tout-à-fait semblables à ceux des monumens égyptiens. J'en ai rencontré plusieurs fois dont les échantillons ne sauraient se distinguer de ceux qui ont été recueillis en Égypte; mais, comme les grès de Fontainebleau sont plus connus, nous nous attacherons à faire connaître leurs différences.

D'abord les nuances de couleurs sont beaucoup plus variées dans les grès égyptiens, qui sont souvent marqués, outre cela, d'une multitude de petites taches noires, brunes ou jaunes, formées par quelques parties de terre argileuse et d'oxide de fer.

Plusieurs variétés renferment des lames de mica noir, jaune et argentin, quelquefois assez abondantes, mais si petites qu'il est souvent difficile de les distinguer. On sait que cette substance ne se trouve guère dans les grès des pays tertiaires, séparés par un grand intervalle des terrains primitifs.

Les variétés dont la couleur est uniforme, sont grises, ou jaunâtres, ou tout-à-fait blanches; d'autres offrent un léger ton rose local, ou des nuances de jaune très-diversifiées, et d'autres sont marquées de veines de la même couleur diversement contournées. Ces diverses teintes, en général assez faibles, n'empêchent pas que les monumens, éclairés, comme ils le sont presque toujours, d'une lumière vive, ne présentent pour la plupart un aspect gris ou blanchâtre : quelquefois les surfaces exposées à l'air sont altérées, et présentent une teinte sombre, fort différente de celle des surfaces nouvellement découvertes; altération due à quelques parties métalliques répandues dans le gluten de la pierre.

Il est à remarquer, au surplus, que les surfaces des temples ne sont pas dans leur état naturel; on a trouvé en plusieurs endroits des restes de couleurs, et il est vraisemblable qu'anciennement les édifices ont été colorés dans toute leur étendue.

Les grès de la Thébaïde sont formés de grains de sable généralement moins arrondis, plus anguleux, plus inégaux et plus également agrégés que ceux que nous leur comparons. La raison de ces différences est facile à saisir, dès que l'on sait que les montagnes primitives qui ont fourni les élémens de ces grès, sont situées dans le voisinage; mais, comme ces montagnes, sous les rapports géologiques, seront décrites ailleurs, nous nous bornerons ici à ce qui concerne immédiatement les antiquités.

La dureté des grès égyptiens est en général peu considérable, et ils se laissent souvent égrener par le frottement de l'ongle; cette dureté du moins est très-uniforme dans chaque bloc. Il en est de même de la résistance à la rupture; elle est faible, mais partout égale. Ces pierres ne renferment ni cavités ni soufflures; et la continuité des masses est rarement interrompue par ces accidens que l'on nomme *pailles*, ou par des fissures internes : avantages précieux pour l'architecture égyptienne, où les voûtes étaient inconnues et où les pierres qui forment les plafonds et les architraves, ont souvent sept à huit mètres de longueur [1]. Il faut avouer aussi que, sous ce rapport, les Égyptiens ont apporté beaucoup d'attention et de recherches dans le choix des couches qu'ils ont exploitées.

Depuis Esné jusque vers Edfoû, le grès est généralement plus tendre que dans la partie moyenne et dans la partie méridionale. Les couches supérieures sont ordinairement les plus friables : aussi elles ont été arrachées sans soin, et il est visible qu'en les enlevant on n'a eu d'autre objet que de dégager les couches inférieures, dont la pierre plus solide était plus propre aux usages de l'architecture. Les premières ont été brisées uniquement à l'aide de coins; car aucun de leurs débris, non plus que leur section dans la partie supérieure de la montagne, ne portent les traces d'outil qui recouvrent, au contraire, la partie inférieure des escarpemens.

Aucun vestige de constructions anciennes n'a pu faire soupçonner que les maisons particulières fussent construites en pierre; les ruines des anciennes villes n'offrent partout que des débris de poteries, des fragmens de briques crues, et des amas de poussière; d'où il faut conclure que les matériaux tirés des carrières de Selseleh ainsi que des autres carrières de grès des environs ont été employés en totalité à des édifices publics. On est

[1] Vingt à vingt-cinq pieds.

loin de connaître toutes les carrières de la Thébaïde ; cependant les aperçus sur la quantité des exploitations portent à croire qu'il a existé jadis un nombre de monumens bien supérieur à celui dont on retrouve aujourd'hui les ruines.

Il n'est pas difficile de deviner comment ont disparu les monumens construits en pierre calcaire, puisque partout on voit des fours à chaux sur leurs ruines, et que depuis nombre de siècles ces monumens sont exploités comme autant de carrières : mais le grès n'a pu être employé aux mêmes usages ; les habitans actuels de l'Égypte n'en tirent aucun parti ; ils ne dégradent point les édifices qui en sont formés ; et quand on songe, outre cela, que les mêmes blocs ont été employés successivement dans divers monumens, on a lieu de s'étonner que la quantité des matériaux extraits des carrières l'emporte autant sur la quantité de ceux dont on voit aujourd'hui l'emploi.

Faut-il attribuer cette différence à l'immense antiquité de l'usage de construire en grès ? C'est là une de ses causes sans doute : mais je crois qu'il y en a d'autres encore peu connues aujourd'hui ; et de ce nombre je mettrai la coutume où étaient les Grecs et les Romains de tirer de l'Éthiopie (c'est-à-dire de la haute Thébaïde) le sable qu'employaient les scieurs de pierre, et celui avec lequel les sculpteurs polissaient leurs ouvrages. Suivant Pline, il en partait du port d'Alexandrie des vaisseaux entièrement chargés. Ce sable devait être un *detritus* de grès. Les temples, les palais de la Thébaïde, construits d'une pierre facile à se désagréger, auront donc pu être convertis en sable, comme les monumens de l'Égypte moyenne l'ont été en chaux. Il y a plusieurs exemples, en effet, de monumens égyptiens détruits jusqu'à rase terre, dont la pierre était extrêmement friable.

On a vanté dans les monumens de l'architecture égyptienne le poli de leurs surfaces, et on l'a comparé quelquefois à celui du marbre. Il y a là au moins un peu de prévention : ces espèces de grès ne sont nullement susceptibles d'un poli parfait, et l'examen des monumens ne m'a jamais rien présenté de contraire à ce que j'avance ici ; bien loin de là, malgré le soin que l'on a mis à dresser et à unir les surfaces, elles ont conservé presque partout un aspect grenu, et sont très-âpres au toucher.

Les bas-reliefs et les sculptures qui recouvrent toutes les parties des temples ont été, avec plus de raison, un sujet de surprise et d'admiration pour tous les voyageurs, moins pour la perfection du travail que pour son immensité, qui effectivement passe toute croyance. On a fait valoir comme une difficulté de plus la nature de la matière : on l'a représentée comme rebelle aux travaux de la sculpture ; ce qui semblerait assez naturel, à ne considérer que sa nature siliceuse et son tissu grossier. Cependant la conjecture ne se trouve pas juste ; un peu de réflexion fera sentir qu'ayant une cohérence très-uniforme dans toutes ses parties, en même temps peu de dureté, et par-là, au lieu de s'éclater, s'égrenant facilement sous le tranchant de l'outil, elle offrait, au contraire, des facilités infinies pour l'exécution prompte et commode des détails délicats, des hiéroglyphes et des autres sculptures symboliques. Une fois les figures tracées, l'ouvrier le moins habile pouvait enlever rapidement la matière qui les environnait, les dégrossir et leur donner le faible relief prescrit par l'usage, sans courir aucun risque de les endommager. Pour m'en convaincre, j'ai eu recours à l'expérience; j'ai essayé d'imiter sur ces grès divers hiéroglyphes en grattant seulement la pierre à l'aide d'un fer tranchant, et j'ai toujours été surpris de la facilité, de la promptitude avec laquelle cette matière cède à l'effort de l'outil, se laisse entamer en tout sens, et reçoit les formes qu'on veut lui donner.

Je ne craindrai pas d'assurer que le temps et la dépense employés par les Égyptiens pour revêtir de sculpture tous les édifices de l'Égypte, auraient suffi à peine pour en couvrir la cinquième partie, s'ils eussent été construits en marbre comme ceux de la Grèce.

Ces considérations, sans doute, autant que les facilités de l'exploitation et de la coupe des pierres, auront décidé les Égyptiens à préférer cette matière à toute autre, à l'employer non-seulement dans toute l'étendue où règnent les montagnes de grès, mais encore pour des monumens distans de plus de cinquante lieues [1].

Ce que je viens d'exposer trouverait à plusieurs égards sa confirmation dans l'examen des sculptures comparées avec les duretés diverses des espèces de grès employées dans les monumens [2].

---

[1] On rencontre des monumens construits en grès jusqu'à Abydus, sous le parallèle de Girgeh.

[2] A Denderah, l'un des temples où la sculpture est la plus parfaite, la dureté de la pierre est peu considérable; à Ombos, au contraire, où le grès est dur, cassant, d'un tissu serré, et où le travail des ouvriers devenait par-là plus pénible, les

§. III. *Méthode d'exploitation des anciens Egyptiens.*

Les carrières les plus considérables sont à ciel découvert, offrant des escarpemens de quinze à seize mètres de hauteur [1], quelquefois coupés à pic dans toute leur hauteur, quelquefois divisés par grands degrés. Ces parois verticales sont toujours perpendiculaires entre elles, et partout recouvertes des traces de l'outil dont se servaient les Égyptiens.

On peut juger par-là, par les blocs épars aux environs, et par les travaux qui n'ont pas été entièrement achevés, de quelle manière se faisait l'exploitation [2].

Ces traces d'outil très-régulières et très-serrées, qui recouvrent les surfaces verticales des excavations, présentent de loin l'aspect d'un réseau : ce sont des stries parallèles, distantes de quatre à cinq millimètres [3], d'en-

bas-reliefs ont, en général, plus de roideur et quelque chose de plus lourd que dans la plupart des autres monumens.

Cette observation pourtant n'est pas applicable au petit temple de l'ouest de Philæ. Dans celui-ci, malgré la dureté du grès, les figures ont toute la perfection, toute l'élégance que pouvait comporter le style égyptien; mais, en toutes choses, l'exécution de ce monument est plus soignée que celle des autres. Ainsi, l'exception qu'il forme, la seule bien marquante pour la règle que j'établis, a sa cause et son explication dans le soin particulier qu'on a mis à son exécution.

Je pressens une objection : on ne manquera pas de nous opposer ici les monumens en granit, en trapp, et d'autres en pierres dures, où les sculptures sont exécutées avec une extrême précision et avec une liberté qui ne se ressent en aucune sorte de la dureté de la matière. Mais, quoiqu'assez spécieuse, cette objection manquerait tout-à-fait de justesse; car les procédés pour les roches dures n'étaient pas les mêmes que pour les grès : on n'y visait pas également à la célérité de l'exécution. Ainsi, il n'y a nul rapprochement à faire entre les divers monumens.

[1] Quarante-cinq à quarante-huit pieds.

[2] Ces travaux ont été observés dans plusieurs endroits, à Selseleh, au nord de Syène, etc.

[3] Deux ou trois lignes.

viron deux millimètres de relief, et longues d'environ un décimètre [1].

Nos pierres de taille tendres, équarries et dressées avec un certain outil tranchant dont se servent les tailleurs de pierre, offrent à peu près le même aspect, mais avec moins de régularité.

Quelquefois les stries sont horizontales, quelquefois légèrement inclinées, et toutes dans le même sens : mais le plus communément elles s'inclinent alternativement dans un sens différent, figurant, dans la direction horizontale, une suite de chevrons très-obtus; tandis qu'à les prendre dans le sens vertical, elles sont parallèles et descendent en longues colonnes distinctes et un peu sinueuses. Ces bandes se touchent par le côté, et les stries de chacune s'engagent, à droite et à gauche, entre les stries des bandes voisines [2].

De profondes entailles larges d'un doigt ou deux, et longues quelquefois de plus de trois mètres, cernent un bloc dans les parties qui adhéraient au rocher. Les deux parois de la fente sont tapissées de ces bandes de stries parallèles décrites plus haut.

On ne peut guère douter, après cela, que ces traces ne soient celles d'un long ciseau que l'on engageait verticalement dans ces entailles étroites et profondes. Chaque percussion produisait une strie dont la longueur égalait la largeur du tranchant.

Si l'on veut se rendre compte pourquoi les traces de

---

[1] Trois à quatre pouces.

[2] On n'a point gravé de dessins qui représentent, sur les carrières de grès, cette disposition; mais elle se trouve rendue dans le dessin d'un bloc de granit pris à Syène; elle y est même exprimée avec plus de régularité (*voyez* pl. 32).

l'outil sont disposées de manière à former une suite de chevrons dans le sens horizontal, qu'on se représente l'ouvrier en travail et placé au-dessus d'une de ces entailles : au lieu de tenir son outil exactement vertical, il l'incline un peu sur le côté; et présentant d'abord un de ses angles à la pierre, il l'entame plus aisément. Le tranchant, frappant à plat, aurait peu d'action; mais, après plusieurs coups successifs, pour ne pas engager l'outil trop profondément, l'ouvrier se recule un peu, frappe à côté de l'endroit qu'il vient d'attaquer; et alors il incline son outil dans un sens opposé, parce que la partie qui présente le moins de résistance est celle qui vient d'être dégagée; il faut que l'angle du ciseau agisse du côté qui adhère au rocher : de ces deux positions alternatives résulte une espèce de V renversé Λ, ou de chevron très-obtus. Le travail se continue ainsi jusqu'à l'extrémité de l'entaille; ce qui lui donne enfin cette figure en forme de zigzag dont nous avons parlé.

Examinons si les faits s'expliquent aussi bien en faisant agir l'outil horizontalement. D'abord on voit qu'au lieu d'être terminé par un ciseau à large tranchant, cet outil aurait dû l'être par une pointe qui, à chaque percussion, aurait tracé un sillon de trois ou quatre pouces de longueur. Mais quelle force immense il eût fallu employer! En second lieu, dans cette hypothèse, les stries seraient toutes plus ou moins sinueuses et inégales entre elles; tandis qu'elles sont toujours droites, égales et parallèles.

Par quel motif encore et par quel moyen leur aurait-on donné cette inclinaison alternative en forme de chevron? C'est ce qu'il serait impossible d'expliquer. Ajoutons à cela la difficulté de manœuvrer un tel outil dans une entaille de dix pieds de longueur, au lieu de deux ou trois qu'elle offrirait dans le sens vertical [1].

Sur les parois de quelques carrières, certaines irrégularités, à des intervalles à peu près égaux, semblent indiquer les endroits où le travail a été interrompu; et ces intervalles se rapportent assez avec les dimensions les plus ordinaires des blocs.

La disposition des carrières, relativement aux facilités de l'exploitation, n'offre rien de particulier : on voit seulement que les Égyptiens ont eu l'attention de tenir dégagé, autant que cela se pouvait, un des côtés de l'excavation, de manière que chaque bloc à couper présentât naturellement trois faces libres, la face horizontale supérieure, et deux faces verticales.

Nous venons de voir par quel procédé l'on séparait les deux faces verticales adhérentes au rocher. Ce procédé n'était pas applicable à la face horizontale : on profitait, pour celle-ci, de la facilité de la pierre à se diviser dans le sens des lits de la montagne, et le bloc était séparé de sa base uniquement à l'aide de coins. Je n'ai jamais pu retrouver de traces de ciseau sur aucune surface horizontale, et je ne sache pas que personne en ait remarqué.

Ces différens lits de la pierre n'offrent pas des joints fort sensibles dans les escarpemens des carrières où les surfaces sont bien dressées; mais ils sont bien prononcés

---

[1] Je pourrais demander aussi de quelle matière aurait été fait cet outil; car il n'est pas certain, malgré ce que l'on a pu dire sur ce sujet, que les Égyptiens aient connu le fer de toute antiquité. Je ferai même voir ailleurs qu'il y a de fortes raisons pour soupçonner le contraire.

dans toutes les parties non travaillées, comme on peut
en juger par le petit nombre de dessins qui représentent
ces rochers. Si, dans les édifices, quelques blocs sont
coupés obliquement par rapport au sens des couches,
c'est, comme je l'ai indiqué, une exception à la règle
commune, et qui vient probablement de ce que ces
pierres auront été taillées une seconde fois.

J'ajouterai une remarque propre à confirmer ce qui
vient d'être dit sur l'emploi des coins; les Égyptiens en
faisaient aussi usage lorsqu'il s'agissait de partager un
bloc en deux parties. Plusieurs pierres présentent encore
les entailles destinées à les recevoir; elles sont rangées
dans une même ligne qui traverse la pierre, et ont environ deux pouces de longueur sur un de largeur. J'en
ai compté six ou sept dans une étendue d'un mètre.

Il est à regretter que les Égyptiens, qui ont si souvent
représenté les divers travaux des arts dans les bas-reliefs
et dans les peintures qui décorent les grottes voisines,
n'aient jamais songé à peindre les procédés de l'exploitation : ces représentations nous auraient évité une
grande partie des détails dans lesquels nous avons été
forcés d'entrer.

§. IV. *Des exploitations souterraines et des grottes qui
sont aux environs de Gebel Selseleh.*

Indépendamment de ces carrières à ciel découvert, il
en est d'autres, bien moins considérables à la vérité,
taillées en forme de grottes, et décorées, soit à l'entrée,

soit dans leur intérieur, avec la même magnificence que les grottes consacrées aux sépultures. Les Égyptiens ont ainsi tiré parti de leurs exploitations pour former à peu de frais des monumens religieux. On en rencontre principalement sur la rive gauche du Nil.

Quelquefois l'entrée de ces grottes figure celle d'un temple, et en porte les ornemens caractéristiques : les globes ailés, accompagnés de serpens à cou renflé, sont placés au-dessus de la corniche de la porte. De longues bandes de figures hiéroglyphiques décorent aussi, comme dans les temples, les autres parties de la façade.

Quoique ces portiques soient taillés dans la masse du rocher, ainsi que les colonnes, leurs chapiteaux et leurs entablemens, les divisions naturelles des lits de la pierre, qui figurent des assises, leur donnent l'aspect d'une construction.

L'intérieur des grottes présente une suite de chambres assez vastes, et quelquefois décorées de bas-reliefs. Les portes de communication qui répondent à la porte d'entrée sont ornées, comme elle, de globes ailés accompagnés de serpens, et leurs corniches sont garnies des mêmes moulures.

La pl. 47, dessinée par M. Balzac, peut servir à donner une idée des portiques dont nous parlons; mais les ouvertures que l'on voit dans cette planche ne conduisent pas dans des grottes; elles sont pratiquées dans une masse de roches séparée de la montagne et percée à jour.

Non loin de là s'élève une espèce de pilier carré, surmonté d'un large chapiteau comprimé, grossièrement taillé, et offrant à peu près la forme d'un champignon. Cette forme bizarre attire l'attention. Plusieurs voyageurs ont voulu y reconnaître une de ces colonnes auxquelles se trouvait jadis attachée la chaîne de fer qui traversait le fleuve. Ce n'est autre chose qu'un pilier laissé lors de l'exploitation de cette portion de la montagne, dans la vue de servir de témoin de son état ancien. Sous ce rapport, c'est encore un monument intéressant, parce qu'il indique que, malgré l'immensité des exploitations dont nous retrouvons les traces, il peut y en avoir beaucoup d'autres dont on ne peut plus juger aujourd'hui : car combien de portions de montagne ont pu être ainsi enlevées, sans qu'on ait eu la précaution de laisser de pareils témoins! Derrière cet endroit même, une large voie ouverte au travers de la montagne offre une nouvelle preuve de la vérité de cette conjecture.

Un de ces portiques dont nous venons de parler, est percé de cinq ouvertures toutes semblables pour les dimensions; mais celle du milieu seulement est ornée de caractères hiéroglyphiques. Ces cinq portes servent d'entrée à une chambre, ou plutôt à une espèce de galerie parallèle à la façade. Sa longueur, dans ce sens, est de seize à dix-sept mètres, sur trois seulement de profondeur. Vers le milieu, et en face de la porte décorée d'hiéroglyphes, une porte intérieure conduit dans une grande chambre, au fond de laquelle sont sculptées sept figures debout et presque en ronde-bosse. Plusieurs grottes voisines offrent aussi quelques figures semblables, mais en nombre différent.

Ces figures sont, en général, travaillées fort grossièrement, et ont encore été mutilées par les anciens cénobites qui ont habité ces grottes; néanmoins c'est une chose fort remarquable dans les sculptures égyptiennes, où le relief est ordinairement très-bas. Nous n'avons rien vu de semblable ailleurs, si ce n'est dans d'anciennes grottes ruinées, à el-Kâb et à Syout. Nous renvoyons aux planches de ces deux endroits, pour se faire une idée de ce genre de sculpture.

Certaines grottes offrent quelques figures assises, ordinairement au nombre de deux ou trois, et des deux sexes : on distingue les hommes à leur barbe étroite et allongée, terminée carrément, ainsi qu'à leur coiffure, dont les extrémités descendent sur leurs épaules, tandis que celles de la coiffure des femmes descendent sur leur poitrine et cachent une partie de leur sein. Dans la plupart des groupes, une des figures, ordinairement celle de la femme, tient d'une main une fleur de lotus épanouie, et de l'autre elle embrasse la figure assise à côté d'elle. Il est bien vraisemblable qu'on a voulu représenter deux époux. La fleur de lotus épanouie, assez commune dans les grottes sépulcrales, et l'emblème de ce dernier trajet qu'on fait en quittant la vie, semble indiquer que ces représentations sont celles des individus enterrés dans ces grottes.

Un voyageur moderne, recommandable par son exactitude[1], a fait ici une remarque curieuse, mais que nous ne pouvons garantir, ne l'ayant pas constatée : c'est que les excavations en forme de tombes, pratiquées dans le sol de la grotte, sont toujours en même nombre que

[1] M. Denon.

les figures qui composent le groupe. Cela pourrait lever toute incertitude sur l'objet des représentations.

On trouve aussi des peintures dans l'intérieur de plusieurs grottes. Elles sont appliquées sur un enduit assez épais qui en recouvre toutes les parois, et représentent le plus souvent des offrandes faites aux dieux : on y distingue des amas de fruits et de parties d'animaux découpées, des oiseaux, des pains, des vases, des ustensiles de différentes formes. Ces peintures sont assez bien conservées, et, comme dans tous les édifices égyptiens, toujours appliquées par teintes plates, et n'offrant qu'un très-petit nombre de couleurs toujours les mêmes : une couleur rouge et une jaune pour les carnations d'hommes ou de femmes, une couleur verte et une bleue, qui formaient, avec le noir et le blanc, à peu près toutes les couleurs des peintres égyptiens[1].

§. V. *De l'aspect de la contrée.*

On a dû se peindre, à la suite d'une vallée riante et fertile, un défilé étroit, des chaînes de montagnes d'un aspect uniforme et dont rien ne voile la nudité; çà et là, des escarpemens taillés au ciseau; à leur pied, des sables, des amas de débris, des quartiers de rocher tantôt bruts et confusément entassés, tantôt à demi taillés et épars

---

[1] Les personnes qui n'ont pu étudier les couleurs des Égyptiens que sur les petits monumens transportés en Europe, les ont jugées beaucoup plus variées qu'elles ne le sont effectivement, parce qu'une grande partie de ces monumens sont des matières factices et cuites au feu, où les couleurs ont éprouvé des altérations chimiques, comme on le verra plus en détail dans un mémoire sur l'industrie des Égyptiens.

sur le sol ; entre ces montagnes, un fleuve large et rapide, qui, dans tout le reste de son cours, fait naître l'abondance, mais qui ne peut rien sur ces lieux frappés d'une éternelle stérilité. Tel est le site des principales carrières.

Les endroits où la vallée s'élargit renferment quelques terrains plus favorisés de la nature; quelques plaines, comme aux environs d'Edfoû, où la culture s'étend au loin ; mais plus souvent on n'aperçoit rien autre chose qu'un étroit ruban de verdure qui borde un des rivages, et un petit nombre de huttes en terre, au-dessus desquelles s'élèvent les tiges grêles de quelques dattiers.

Ce mélange de culture et d'aridité, qui produit quelquefois des sites assez pittoresques, a ici quelque chose de morne et de plus triste que le désert proprement dit; cependant la nouveauté du spectacle, son contraste avec le reste de l'Égypte, et les traces multipliées des anciens travaux des hommes dans ces lieux abandonnés, occupent l'esprit et jettent le voyageur dans des méditations qui ne sont pas sans attraits.

Sans doute, si l'on se trouvait transporté dans ces lieux reculés, n'ayant aucune connaissance des monumens de l'Égypte, aucune idée du génie du peuple qui l'habita, l'aspect de ces excavations, dénué alors de son principal intérêt, ne produirait qu'un sentiment vague d'étonnement, une froide admiration peut-être pour leur nombre, pour l'étendue de quelques-unes ; mais, lorsqu'on a visité pas à pas toute la Thébaïde, et reconnu par ses propres observations le nombre et l'étendue de ses monumens, les sculptures infinies dont ils sont couverts ; lorsque l'on est parvenu, par des rapprochemens multipliés, à constater leur âge, et que, familiarisé peu à peu avec ces formes étrangères, on a pu juger sans prévention du caractère propre de cette architecture, et démêler, à travers la bizarrerie apparente de sa décoration, l'accord qui règne entre l'ordonnance, les ornemens et la destination des édifices; accord qui en fait le mérite le plus grand, que l'on ne retrouve nulle part ailleurs, et qui est le cachet de l'antériorité de l'art dans cette contrée; alors, dis-je, rempli de l'intérêt qu'excitent ces anciens travaux, pénétré d'un sentiment de respect pour l'ancien peuple qui les exécuta, on recherche avec empressement et l'on aime à voir jusqu'aux lieux mêmes qui en ont fourni les matériaux; on les parcourt, sinon avec plus de fruit pour son instruction, peut-être avec plus d'émotion qu'aucun autre.

Ici, en effet, rien n'arrête la pensée, rien ne borne la réflexion, comme partout ailleurs, à des faits d'un intérêt local. Les travaux qu'on a sous les yeux appartiennent véritablement à toute la contrée, à tous les âges. De là sont sortis et les monumens qui subsistent aujourd'hui, et beaucoup d'autres encore qui les ont précédés, et dont les débris se voient dans les édifices actuels. On songe bientôt que, dans cette longue suite de siècles où se perd l'imagination, les travaux eurent toujours le même objet, le même caractère; que les procédés sont restés constamment les mêmes. Tout avait atteint déjà dès les temps les plus reculés ce degré de perfection qui convenait au but qu'on se proposait. C'est surtout au milieu des objets qui font naître ces réflexions et qui en attestent la vérité, que l'esprit se sent vivement frappé de l'extrême antiquité de la civilisation en Égypte, et de l'invariabilité inconcevable qu'eurent en toutes choses les institutions de cette contrée.

Pour peu qu'on voulût s'arrêter sur ce point, on sentirait bientôt pourquoi les Égyptiens diffèrent de tous les peuples, et pourquoi il est si important d'étudier leurs travaux, leur génie. Mais plus de détails nous écarteraient de notre sujet : il nous suffit d'avoir indiqué quelques-unes des réflexions que fait naître dans l'esprit du voyageur l'aspect de ces lieux, et d'avoir marqué le rapport des anciens travaux qu'on y rencontre, avec ceux qui sont répandus dans le reste de la Thébaïde.

CHAPITRE CINQUIEME.

DESCRIPTION
DES ANTIQUITÉS D'EDFOÛ,

Par E. JOMARD.

§. I. *Observations générales et historiques.*

Dans la partie la plus reculée de la Thébaïde, est un lieu presque inconnu en Europe, et qui renferme un des plus beaux ouvrages de l'antiquité. Cet ouvrage est le temple d'Edfoû, que l'on peut comparer, pour la conception du plan, pour la majesté de l'ordonnance, pour l'exécution et la richesse des ornemens, à ce qu'il y a de plus magnifique en architecture.

Edfoû est un assez gros village du Sa'yd, situé sur la rive gauche du Nil, entre Syène et Esné, à cinq myriamètres[1] au-dessus de ce dernier endroit. D'après les nouvelles observations astronomiques, ce village est à 24° 58′ 43″ de latitude boréale, à 30° 53′ 44″ de longitude à l'orient de Paris : il est éloigné du fleuve d'environ un kilomètre et demi[2]. Les habitans sont mahométans pour la plupart, et le reste est composé de

[1] Dix lieues.   [2] Un tiers de lieue.

chrétiens qobtes. Un grand nombre est occupé à la fabrication de plusieurs espèces de poteries, et principalement des *ballâs* [1], que l'on fait avec une terre argileuse tirée de la montagne voisine : pour certains vases, on se sert d'une argile plus fine, mêlée de limon et de cendre, et qui prend au feu une belle couleur rouge. Une industrie héréditaire a conservé chez ces pauvres gens les pratiques anciennes du pays et la tradition des belles formes de l'antiquité : en effet, le tour des potiers d'Edfoû, et le galbe des vases que j'y ai vu fabriquer, représentent fort bien ce qu'on a découvert d'analogue dans les peintures égyptiennes.

On rencontre à Edfoû beaucoup d'Arabes de la tribu des *A'bâbdeh*, l'une des plus remarquables de toutes celles qui fréquentent l'Égypte, soit par les mœurs de ces Arabes, soit par leur physionomie, soit enfin par l'usage des cheveux longs, presque inconnu dans l'Orient. J'en ai vu arriver à ce village de grandes troupes, voyageant sur le Nil, à cheval sur des faisceaux de joncs et de roseaux ou sur des troncs de dattier, et portant leurs habits et leurs armes sur la tête [2] : ce qui prouve (pour le dire en passant) que le danger des crocodiles n'est pas tel qu'on le pense communément; car les crocodiles abondent à Edfoû.

Ce petit bourg n'étant remarquable que par son commerce de poteries et par l'avantage d'être le premier lieu, après les cataractes, où l'on trouve abondamment des

---

[1] Sorte de jarre en usage par toute l'Égypte.

[2] Les *A'bâbdeh* affluent dans la Thébaïde, particulièrement près de Syène (*Voyez*, dans le mémoire de M. du Bois-Aymé, de plus grands détails sur les *A'bâbdeh*).

vivres, je ne m'arrêterai pas davantage à le décrire ; mais c'est un fait digne d'attention, que toutes les grandes villes de l'ancienne Égypte ont subi le même sort que celle qui nous occupe, et dont il nous reste un si grand monument ; leur population s'est dissipée ; aux cités qui furent les plus florissantes, à commencer par Thèbes, Memphis, Héliopolis, rien n'a succédé que des hameaux ou une solitude absolue.

La ville qui a fleuri au lieu où est Edfoû, a laissé quelques traces de son existence ; mais la tradition ne nous en a conservé presque aucun souvenir, et ce qu'en disent les anciens se réduit à peu de mots. Nous devons aux Grecs qui ont occupé l'Égypte, le seul nom que l'antiquité nous en ait conservé : elle fut nommée par eux la grande ville d'Apollon, *Apollinopolis magna ;* ce qui la distingue d'*Apollinopolis parva,* située à deux myriamètres et demi [1] au-dessous de Thèbes. Mais cette dénomination et toutes les autres dénominations semblables ne retracent point les vrais noms antiques des lieux de l'Égypte [2]. Les Grecs, qui rapportaient tout à leur mythologie, voyaient leurs dieux partout ; c'est ainsi qu'ils ont distribué, pour ainsi dire, entre les villes égyptiennes, presque toutes leurs divinités.

La ville d'*Apollinopolis magna* était située, suivant Strabon, entre Latopolis et Syène, au-dessus de la ville des *Éperviers.* Pline la met au rang des plus célèbres villes de la Thébaïde, et il fait mention du nome *Apol-*

---

[1] Cinq lieues.
[2] Je ne ferai pas ici la recherche de l'ancien nom d'Edfoû : ce point sera traité dans un travail général sur la *géographie comparée.*

lopolites, auquel elle donnait son nom. Elle est désignée sous le nom d'*Apollonos superioris* dans l'Itinéraire d'Antonin, à trente-deux *milles* de Lato ou Latopolis[1], et, dans la Notice d'Hiérocles, sous le nom d'*Apollonias*, entre Latopolis et Ombos[2]. Enfin, dans la Notice de l'empire, elle est indiquée sous le même nom que dans l'Itinéraire d'Antonin, et placée entre Syène et Contra-Lato.

Toutes ces positions conviennent fort bien à Edfoû ; la distance marquée dans l'Itinéraire s'y rapporte avec une précision remarquable. Les trente-deux *milles* reviennent à 47,400 mètres[3] : c'est effectivement la distance exacte d'Edfoû à Esné, l'ancienne *Latopolis*[4].

Ptolémée, dans sa Géographie, place *Apollinopolis magna* par les 24° 40′ de latitude. Toutes ses latitudes étaient calculées à partir de Syène : or, il supposait Syène sous le tropique, c'est-à-dire à 23° 50′ de latitude ; obliquité qu'on attribuait de son temps à l'écliptique ; mais, comme la latitude de Syène est de 24° 5′ 23″, c'est environ 15′ qu'il faudrait ajouter à la latitude d'*Apollinopolis* donnée par Ptolémée. Son observation ne différerait alors que de trois à quatre minutes de la plus récente ; or, on sait qu'une différence de quatre minutes, pour les positions géographiques de Ptolémée, est de peu d'importance.

---

[1] Dans la Table de Peutinger, vulgairement appelée théodosienne, on trouve écrit *Tentyra*, entre Ombos et Lato : il faut lire *Apollinopolis*. Les distances marquées sont d'ailleurs fort défectueuses.

[2] Le texte porte Λάτων et Ὄμβροι.

[3] Dans un Mémoire sur le *système métrique des anciens Égyptiens*, je donne une évaluation précise du *mille* de l'Itinéraire.

[4] *Voyez* la carte d'Égypte.

DES ANTIQUITÉS D'EDFOU.

Il n'y a donc aucun doute que l'ancienne *Apollinopolis magna* n'ait existé au lieu même où est aujourd'hui le village d'Edfoû ; ce fait avait été jusqu'ici supposé plutôt que prouvé par les géographes. Au temps d'Adrien, cette ville avait encore assez d'importance pour qu'on y eût frappé une médaille en l'honneur de cet empereur, sous le nom des habitans du nome d'*Apollinopolis* : elle est de l'an onzième d'Adrien, et représente, d'un côté, la tête du prince, ceinte de lauriers ; de l'autre, la figure d'*Apollon* un arc à la main [1]. Mais, vers la fin du quatrième siècle, à l'époque où Ammien Marcellin composa son histoire, cette cité était déchue de son rang, et les trois principales villes de la Thébaïde étaient Coptos, Hermopolis et Antinoé [2].

Hérodote n'a pas connu la ville d'*Apollinopolis*, ou a négligé d'en faire mention. On s'étonnerait qu'il eût passé sous silence un temple aussi ancien et aussi important que celui d'Edfoû, si l'on ne savait qu'il a également omis de parler des temples magnifiques de Philæ, de Tentyra, de Latopolis et d'Ombos : de toute la Thébaïde, Hérodote ne paraît avoir connu que Thèbes, bien qu'il dise être allé jusqu'à Éléphantine ; et sa description de l'Égypte n'est véritablement complète que pour le Delta et le pays inférieur. Diodore de Sicile ne fait non plus aucune mention du temple qu'on voit à Edfoû. Il a fallu que les armes romaines assujettissent tous les bords du Nil, pour que l'Égypte fût connue ou du moins visitée d'un bout à l'autre ; tant ce peuple

---

[1] *Voyez* l'Histoire des Ptolémées, par Vaillant.

[2] Ammien Marcellin, lib. xxii, pag. 340 ; Paris, 1681.

avait opposé de barrières à la curiosité des étrangers, et tant les mœurs nationales avaient conservé d'empire, lors même que les institutions n'étaient plus.

L'état où est tombée l'Égypte sous le Bas-Empire et sous les Arabes, a enfin permis de l'*explorer* toute entière. Depuis la renaissance des lettres, l'Europe savante y a fait passer une foule de voyageurs; mais une autre religion, d'autres mœurs non moins intolérantes que les anciennes, avaient toujours mis obstacle aux découvertes, jusqu'à ce qu'un peuple aussi puissant que les Romains envoyât sur les rives du Nil une armée d'élite, accompagnée d'observateurs qui ont porté leurs pas jusque dans les parties les plus secrètes et les plus reculées du pays. Alors la Thébaïde a offert à leurs regards des merveilles presque inconnues; les conjectures des savans et des écrivains les plus illustres ont été confirmées, leurs espérances justifiées, et leurs vœux accomplis [1]. Peut-être les monumens d'Edfoû sont-ils une des conquêtes les plus précieuses de cette expédition littéraire.

Le village d'Edfoû renferme deux anciens édifices d'une proportion bien différente, mais tous deux si bien conservés, qu'on en donnerait une idée fausse en leur appliquant le nom de ruines; car il suffirait d'en ôter les décombres qui les embarrassent, pour voir paraître des monumens presque intacts [2].

Ces deux temples sont à peu près à angle droit; la

---

[1] *Voy.* Bossuet, Discours sur l'histoire universelle; Rollin, Histoire ancienne; d'Anville et la Nauze, Mémoires de l'Académie des inscriptions, tom. XLIII, in-12.

[2] J'appellerai celui du nord *le grand temple*, et l'autre *le petit temple*.

DES ANTIQUITÉS D'EDFOU.

distance de l'un à l'autre est peu considérable : ils se trouvent tous deux au nord-ouest du village, au pied d'une chaîne de monticules formés par les ruines de l'ancienne ville et recouverts de sables. Ces hauteurs sont parsemées, comme partout ailleurs, de poteries brisées, de briques pilées, et de toutes sortes de débris. L'étendue qu'elles occupent n'a pas été mesurée; mais elle paraît fort grande, quand on jette la vue au couchant. On trouve aussi sur la rive du Nil des vestiges qui annoncent l'ancien état de la ville : ce sont les restes d'un quai en pierre et d'escaliers qui conduisaient au fleuve.

Le grand temple domine au loin le village et tout le pays : c'est pour cela que les habitans l'appellent *Qala'h*, c'est-à-dire la citadelle. Des ruines d'*Elethyia*, qui se trouvent à plus de deux lieues, j'ai aperçu ce temple s'élevant ainsi au-dessus d'Edfoû. Mais ce qui est digne de remarque, c'est qu'une grande partie du village est bâtie sur la terrasse même du monument : cette observation, que l'on a également faite à Philæ, à Denderah, ainsi qu'en d'autres lieux, est plus frappante à Edfoû qu'ailleurs, à cause de la grande élévation de l'édifice. De loin et au premier abord, il est impossible de se figurer que les constructions modernes, bâties au pied et sur le toit du temple, soient de véritables habitations [1] : mais, quand le voyageur est assez près pour s'en convaincre, quand il voit les misérables *fellâh* qui les habitent, aller et venir d'une masure à l'autre, et qu'il aperçoit les ruelles tracées sur la plate-forme [2], il ne sait plus que penser d'un tel contraste; l'illusion s'empare de

[1] *Voyez* pl. 48.   [2] *Voyez* pl. 49.

son esprit, et de si grands travaux paraissent à son imagination l'ouvrage d'un pouvoir surnaturel : il ne saurait se persuader que les aïeux de ces pauvres gens aient su élever cette façade plus haute d'un tiers que notre Louvre, ces majestueuses colonnades, ce portique, cette enceinte; qu'ils aient sculpté cette merveilleuse profusion d'ornemens qui frappent la vue de toutes parts; enfin, qu'il se soit trouvé parmi eux un esprit capable de concevoir un plan d'un ensemble aussi parfait [1], et des hommes assez puissans, assez constans, pour l'exécuter. Cependant les indigènes occupent encore le même sol, le climat n'a point changé, le Nil inonde encore le territoire, enfin une nature abondante y prodigue toujours ses bienfaits; mais l'Égypte a perdu ses lois, et les Égyptiens n'ont plus de patrie.

Le spectateur, déjà familiarisé avec les beautés supérieures de l'architecture égyptienne, trouve encore à Edfoû de quoi exciter en lui une attention nouvelle. C'est là, plus qu'ailleurs, qu'il se fait une idée de l'harmonie et de la régularité des plans; car ce monument, un des plus grands de ceux de la Thébaïde, est encore le plus complet et le mieux conservé de tous : on saisit donc avec empressement cette occasion d'étudier l'art de la disposition, art dans lequel les architectes de l'antiquité semblent n'avoir rien laissé à désirer; enfin, on parcourt avec une vive curiosité toutes les parties de cet édifice, et, par la connaissance de ses détails si bien coordonnés entre eux, on acquiert de l'ensemble une idée générale et complète.

[1] *Voyez* pl. 5o.

§. II. *Description du grand temple. De son état actuel et de sa construction.*

J'ai dit que le grand temple est placé vers le nord-ouest du village. L'entrée en est masquée par une multitude de maisons de *fellâh*, ainsi que par des amas de poussière qui s'élèvent jusqu'au niveau supérieur du mur d'enceinte, c'est-à-dire jusqu'au tiers de la hauteur de la façade : ces décombres cachent de grandes figures colossales jusqu'à la tête, et l'on voit sortir de terre d'immenses coiffures qui leur appartiennent [1]. La porte elle-même est fermée par de grands ais mal unis. On ne peut donc de ce côté pénétrer dans l'édifice; c'est par le côté du levant qu'on s'y introduit, en montant une rampe douce qui est formée par les décombres, et qui arrive au niveau de la partie supérieure du mur d'enceinte : on en descend de même par une pareille pente qui arrive à l'angle du portique.

Ainsi le temple est environné, au levant et au midi, par les constructions modernes; au couchant et au nord, par les ruines de l'ancienne ville : ce qui forme autour de lui comme un cadre brunâtre qui le fait ressortir en lumière. C'est de la même manière que l'on voit presque tous les monumens égyptiens se détacher des masses qui les environnent.

Le grand temple est orienté assez exactement : en appliquant le côté de la boussole sur la façade du por-

---

[1] *Voyez* pl. 49.

tique, on a observé que l'aiguille marquait 15° à l'ouest ; ce qui est à peu près la déclinaison magnétique : mais il faudrait se garder d'en tirer aucune conséquence. Les monumens égyptiens ne sont pas orientés ; la seule règle un peu générale que l'on ait aperçue, règle qui souffre encore des exceptions, c'est qu'ils sont ordinairement tournés vers le Nil.

La longueur totale du temple, y compris les massifs de la façade, est de cent trente-sept à cent trente-huit mètres [1] ; la largeur de cette façade est de soixante-neuf mètres [2], c'est-à-dire que la longueur est double de la largeur ; la plus grande hauteur est d'environ trente-cinq mètres [3], et celle du temple, prise au premier portique, est de plus de dix-sept mètres [4] ; enfin, la plus grande largeur du temple est de quarante-sept mètres [5]. Les plus grosses colonnes ont plus de deux mètres à la base (près de vingt pieds de tour), et, de hauteur sous les soffites, près de treize mètres [6]. Le chapiteau a plus de douze mètres ou trente-sept pieds de circonférence.

Je ne dirai rien de plus sur les dimensions générales du temple, parce que l'inspection des planches les fait beaucoup mieux et plus exactement connaître ; ce qui précède suffit pour donner une idée de leur grandeur peu ordinaire : j'y reviendrai seulement à la fin de cette description, en parlant des mesures principales qui présentent des rapports très-remarquables.

Le monument est bâti avec un grès dont l'espèce est

---

[1] Envir. quatre cent vingt-quatre pieds. Consultez la pl. 50 pour la connaissance exacte des mesures.
[2] Environ deux cent douze pieds.
[3] Cent sept pieds.
[4] Cinquante-trois pieds.
[5] Cent quarante-cinq pieds.
[6] Quarante pieds.

d'un grain fin et assez dur, susceptible de recevoir une sorte de poli et un travail ferme et moelleux : aussi la sculpture de cet édifice, principalement celle du portique, nous a-t-elle paru encore plus fine et plus délicate qu'ailleurs.

L'encombrement, qui est, pour ainsi dire, total dans l'intérieur du temple, est peu considérable dans la cour qui le précède; le sol des colonnades et le tour du temple sont également peu enfouis; on voit même encore l'ancien sol derrière l'enceinte, et le socle peu élevé sur lequel reposait la muraille : ainsi, à l'intérieur, l'œil aperçoit encore presque entièrement la hauteur de la grande porte d'entrée, aussi bien que tout l'ensemble de ces deux masses pyramidales et de ce péristyle de trente-deux colonnes qui forment la plus magnifique perspective. Pour jouir de ce spectacle, tel qu'on l'a figuré dans l'atlas [1], il suffirait de faire disparaître quelques masures en briques, bâties dans les entre-colonnemens, et où les habitans s'entassent avec leurs troupeaux. L'état actuel des choses donne même, en quelque sorte, un plus grand effet à ce tableau, par l'inconcevable opposition de ces étables poudreuses avec des colonnes richement sculptées, de ces briques noires et mesquines avec les énormes pierres qui composent les entablemens, et aussi par le contraste des sensations qui agitent l'ame du voyageur, avec l'indifférence apathique où sont plongés ces *fellâh*, successeurs des anciens prêtres qu'on se représente logés dans le temple, se promenant sous ces hautes galeries et livrés à leurs savantes spéculations.

[1] *Voyez* pl. 61.

Voici un mot qui fera mieux saisir cette opposition de la misère et de la magnificence, qui frappe vivement l'observateur, mais que le discours sait mal exprimer.

L'un de nous entra dans une des masures bâties sous la galerie, et vit une famille de Barâbras[1] réfugiés, que la guerre avait chassés de leurs montagnes. Cette masure était une étable, ornée de colonnes et de sculptures, où les hommes, les femmes et les enfans nus logeaient pêle-mêle avec le bétail. Le père raconta que son champ venait d'être ravagé par Oo'smân-bey et Haçan-bey, dans leur fuite au-delà des cataractes. Comme on lui demandait s'il était commodément dans son nouvel asile, pour réponse il montra un bloc de granit qui se trouvait au milieu et qu'il ne pouvait déplacer, et il dit ensuite qu'il n'y avait que cette pierre qui le gênât.

L'intérieur des deux massifs de la façade et les escaliers eux-mêmes sont obstrués de débris dont il est malaisé de deviner l'origine, et cela surtout du côté du levant; on y pénètre de l'autre côté par une porte qui donne sous la galerie. Dans les chambres, dans les escaliers, on a trouvé des langes, des ossemens et des restes de momies : ce fait curieux a été aussi observé à Philæ[2].

Pour se bien représenter l'état d'enfouissement de cet édifice, il faut se transporter sur les terrasses du temple; c'est là qu'on aperçoit un petit village bâti de boue, établi depuis des siècles et renouvelé sans doute

---

[1] Nubiens qui habitent au-dessus de Syène.
[2] Voyez *chap. I*, §. IV.

bien des fois : chaque génération y a accumulé les débris
de ces demeures si fragiles ; et ces débris auraient déjà
formé sur les terrasses une sorte de montagne, si les
felláh n'eussent trouvé le moyen de s'en débarrasser
d'une autre façon. Les salles du temple d'Edfoû étaient
éclairées par des fenêtres percées au plafond et en forme
de soupirail : c'est par ces fenêtres qu'on fait journelle-
ment passer les cendres, les fumiers et toutes les ordures
des étables, tellement que les salles et les deux portiques se sont peu à peu encombrés de presque toute leur
hauteur, et que les issues se trouvent entièrement obs-
truées, sans que ces débris se soient introduits par les
portes. Quelques-unes de ces salles servent aussi aux
habitans de la terrasse, de magasins secrets et de re-
fuges pour eux, leurs femmes, leurs enfans, leurs bestiaux, et tout ce qu'ils veulent soustraire à l'avidité des
gouverneurs, aux violences des Arabes ; ils s'enferment
avec eux dans ces réduits privés d'air et de jour, au
risque d'y étouffer de chaleur et d'infection. C'est ainsi
que les *felláh* ont transformé en étables, et, ce qui est
encore plus singulier, en véritables souterrains, de
vastes portiques et des appartemens de dix mètres [1] de
haut.

On concevra sans peine quelles difficultés devait
éprouver un Européen pour pénétrer dans cette forte-
resse souterraine. Il me fallait découvrir la place que
devaient occuper les fenêtres dont j'ai parlé ; cette place,
que m'indiquait l'analogie des autres temples, était à la
partie droite de la terrasse, à la suite d'un petit escalier

[1] Trente-un pieds.

que l'on y voit [1] : mais des murailles de briques m'en cachaient l'issue ; il fallut forcer l'entrée au milieu des cris des femmes et des enfans. Je descendis par un jour percé au plancher, de largeur à passer le corps, ayant une bougie à la bouche et une mesure à la main, et je me trouvai dans une salle toute remplie de chauve-souris et qui n'avait plus qu'un mètre et demi [2] de hauteur : de là, et par une autre ouverture forcée, je pénétrai dans le second portique ; il était enfoui jusqu'au-dessus des chapiteaux. Comme toutes les portes de communication sont bouchées, on ne peut visiter les salles qu'une à une, et en entrant par les différens jours, ainsi que par des trous pratiqués sur la plate-forme, qui a été violée en plusieurs endroits.

Le premier portique, ou portique extérieur, est moins encombré proportionnellement que l'autre, surtout au couchant, quoiqu'il s'y trouve encore, de l'autre côté, plus de dix mètres de haut de poussière et de débris. La porte du temple est entièrement obstruée ; la corniche seule en est découverte. Les chapiteaux sont également découverts du côté du levant ; mais on a peine à passer sous les soffites. Plusieurs de ces belles colonnes sont donc presque ensevelies. Pour en connaître la hauteur et la décoration, il a fallu, autour de l'une d'elles, qui était la moins enfouie, faire une fouille profonde de six à sept mètres [3]. Qu'on se représente ici un voyageur qui se fait descendre dans ce puits, soutenu par une corde, et qui, muni d'un crayon, d'une règle et d'un flambeau,

---

[1] *Voyez* pl. 5o, fig. 1, aux points O, P.
[2] Cinq pieds environ.
[3] Quinze à vingt pieds.

mesure et dessine toutes les parties d'une circonférence de six mètres et demi [1] d'étendue.

L'effet de ce portique ainsi enfoui est aussi difficile à décrire qu'il est frappant pour celui qui le voit, parce qu'au plaisir de cet aspect se joint une vive curiosité de connaître ce qui est dérobé à l'œil, sans l'espoir de la satisfaire : une des planches de l'atlas fera mieux juger que le discours, de l'état du portique et de l'impression qu'il produit [2]. Que peut-on imaginer de plus magnifique et de plus simple à-la-fois, de plus riche et de moins chargé, que cette belle ordonnance d'architraves, de dés et de chapiteaux, si bien assortis pour les proportions, sculptés avec tant de finesse, décorés d'ornemens si légers et si bien entendus, et dont toutes les lignes enfin se balancent avec tant d'harmonie? Ces chapiteaux gigantesques semblent tirer plus de valeur encore de l'amas de poussière d'où ils sortent : le spectateur qui les eût aperçus du sol, c'est-à-dire de trente pieds plus bas, n'eût pas joui de leurs détails et de leur grande proportion, comme ici sur ce monceau de décombres qui élève l'œil jusqu'à leur niveau. C'est là, plus qu'ailleurs, qu'on admire à loisir cette tête du palmier, qui, dans la nature, est si magnifique, et que l'art égyptien a si heureusement transportée dans l'architecture, pour en faire un chapiteau vraiment national. On sait que les belles feuilles qui composent la touffe du dattier ont quelquefois vingt à vingt-cinq pieds de haut [3]; la partie basse est légère-

---

[1] Vingt pieds.

[2] *Voyez* pl. 55.

[3] J'en ai mesuré une dans la province de Qelyoub qui avait près de trente pieds.

ment inclinée, parfaitement plane et droite, et la sommité fléchit sous le poids. Il fallait d'aussi grands chapiteaux que ceux d'Edfoû pour donner une idée de tous ces détails. Mais voyez comme l'artiste a su habilement copier son modèle [1]. Cette courbure du sommet de la branche, on la retrouve ici dans le haut du chapiteau ; c'est elle qui lui donne ce contour si gracieux, que la perspective embellissait encore en le développant davantage, comme le savaient très-bien les architectes d'Égypte. La feuille du dattier est naturellement plus large vers le haut que dans la partie inférieure; c'est encore ce que retrace la copie, et ce qui a donné l'idée et le moyen de joindre ensemble toutes les feuilles en forme de corbeille. Enfin, le nombre des rameaux, les régimes de dattes, et jusqu'aux écailles de la tige [2], tout a été l'objet de l'imitation, mais de l'imitation conduite par le goût et l'intelligence. On sent trop bien la beauté de ces chapiteaux pour que je m'arrête à les décrire plus long-temps.

J'ai dit que le monument était peu dégradé : en effet, on ne peut citer que les murs d'entre-colonnement du portique et le couronnement des deux massifs de la façade extérieure qui soient altérés d'une manière notable; et, ce qui est rare, la sculpture elle-même a aussi peu souffert que l'architecture [3]. Ces masses si étendues en superficie, et qui ont près de trente-trois mètres de hau-

---

[1] Consultez aussi les planches 75, fig. 5, et 89, fig. 5.

[2] Restes des branches que l'on coupe chaque année.

[3] Dans la pl. 49, qui est d'ailleurs fidèle pour l'aspect général et pour la vérité pittoresque, le graveur a indiqué trop de parties ruinées ou dégradées.

teur¹, ont tellement conservé leur assiette, qu'une pierre ne passe pas l'autre, que pas une assise n'est dérangée. Quand on est au sommet et qu'on place l'œil dans le prolongement des faces, on n'aperçoit qu'un plan parfaitement dressé : je dis un plan, bien qu'elles soient couvertes de sculptures, parce que ces sculptures sont taillées en relief dans le creux². Enfin, ces longues arêtes, garnies d'un gros tore ou cordon, sont encore à l'état de lignes parfaitement droites. Ce seul fait donnera une idée du soin et de l'adresse des constructeurs de l'ancienne Égypte.

Si l'appareil n'eût pas été aussi pur, et la coupe des pierres très-perfectionnée chez les Égyptiens, comment, après tant de siècles, trouverions-nous encore ces longues lignes, ces vastes surfaces, dans l'état où elles sont sorties du ciseau des sculpteurs, quand nous voyons nos édifices d'Europe s'ébranler au bout de quelques siècles, et quand les bâtimens des Grecs et des Romains, bien plus solides que les nôtres, offrent si peu d'assises, si peu de pierres intactes? C'est à tort qu'on attribuerait au climat seul une si grande différence : les Grecs et les Romains ont bâti en Égypte, et leurs ouvrages ne sont plus.

On a traité ailleurs avec quelque détail de la *construction* chez les Égyptiens³ ; je dois me borner ici à ce qui est propre au monument d'Edfoû.

Les deux masses pyramidales qui le précèdent sont

---

¹ Cent dix pieds.

² On a expliqué cette espèce de sculpture égyptienne dans le *chapitre I*, §. IV.

³ *Voyez* le *chapitre I*, §. VIII.

dignes d'être étudiées, surtout à cause de la disposition parfaite et de la pureté d'exécution qu'on remarque dans leurs deux escaliers : ce sont des vis rectangulaires, formées de onze révolutions, ayant huit marches dans un sens, et cinq dans l'autre. Il y a quatre étages de chambres[1] et quarante-deux paliers, éclairés par des jours étroits, en forme de soupirail : les chambres sont aussi éclairées par des fenêtres de même forme et plus grandes; mais la lumière qui en provient, est très-affaiblie à raison de la grande épaisseur des murailles. Nous avons pénétré dans ces escaliers par l'une des portes qui se trouvent à l'extrémité des galeries, au niveau de la terrasse. La hauteur de chaque degré est d'environ douze centimètres, ou quatre pouces et demi : aussi rien n'est plus facile que d'arriver rapidement au sommet, malgré sa grande élévation; le voyageur éprouve même un sentiment d'aise et trouve une sorte de plaisir à monter ces escaliers, parce qu'habitué à en parcourir de plus roides, il y fait pourtant l'effort accoutumé; d'où résultent pour lui un excès de force et une légèreté apparente.

Les assises de pierre qui composent ces massifs règnent d'un bout à l'autre et de chaque côté de la porte; on les retrouve encore dans les escaliers avec la même

---

[1] *Voyez* pl. 52. Pococke suppose six étages de chambres. Il est possible qu'il y en eût effectivement plus de quatre; mais on ne les a pas vus, peut-être à cause de l'encombrement des parties inférieures. Je doute que Pococke y ait pu réussir mieux que nous; c'est probablement l'analogie qui l'aura déterminé. Il faut remarquer du moins que les deux étages du bas n'auraient pas été éclairés; car on n'aperçoit à cette hauteur aucune ouverture à la muraille, soit en dedans, soit en dehors, comme on en voit aux autres.

élévation, qui est de cinq décimètres[1]. A l'exception de quelques irrégularités qu'on a vues dans l'appareil, le même soin se montre partout[2]; toutes les arêtes sont également vives, et les joints parfaitement fermés, bien qu'ils soient tous unis par un ciment. Ce qui est le plus digne de remarque, c'est la pente qu'on a donnée aux deux massifs de la porte; cette pente est telle, que les arêtes intérieures, prolongées jusqu'au sol, arriveraient précisément au pied des jambages, et non dans le vide de l'ouverture[3]. Les Égyptiens ont toujours évité, avec un soin extrême, jusqu'à l'apparence d'un porte-à-faux.

Le lecteur aura déjà été frappé, en parcourant les planches, de ces grandes cavités prismatiques, placées à droite et à gauche de la porte d'entrée[4], et dont le fond est vertical. La forme, si bizarre en apparence, de ces longues rainures qui se voient à presque toutes les façades extérieures, a reçu une explication qui satisfait pleinement la curiosité; car nous la tenons de la main des Égyptiens eux-mêmes. On a trouvé à Thèbes, dans le plus ancien temple, un bas-relief qui représente une entrée pareille: devant chacune de ces cavités, est figuré un grand arbre semblable à un pin dépouillé de ses branches, surmonté d'une très-longue pique et de banderoles, et s'élevant encore au-dessus de ces masses gigantesques. En décrivant Thèbes, on parlera plus en détail de cette espèce de mât triomphal.

---

[1] Dix-huit pouces et demi.
[2] On a observé quelques dés qui ne sont pas à-plomb de leurs chapiteaux, et quelques inégalités dans le diamètre des colonnes.
[3] *Voyez* pl. 52, et l'explication de la planche: la pente de ces massifs est à peu près de 1 pour 11.
[4] *Voyez* pl. 51.

Ce qui peut donner une idée du soin qu'on a mis dans la disposition et l'exécution de ces rainures, c'est que la face verticale du fond, étant prolongée, passe précisément près du listel de la corniche supérieure : ainsi les mâts que l'on y plaçait venaient s'appliquer contre cette corniche[1]. Il est facile de se figurer le bel effet de ces quatre pavillons qui enrichissaient les longues lignes de l'architecture, et dont la hauteur, à Edfoû, devait excéder cent cinquante pieds : je me bornerai à faire observer que deux fenêtres sont *à-plomb* de chacune des rainures; ce sont les fenêtres mêmes des grandes chambres intérieures. Elles fournissaient le moyen de dresser et de maintenir contre la muraille ces tiges colossales; ce qui se faisait avec deux tourillons mobiles sur un axe, et se joignant en avant par des clavettes[2].

La correspondance des rainures et des fenêtres était une chose importante à faire remarquer, surtout en ce qu'elle résout une question intéressante et difficile qui se présente au sujet de ces dernières. Celles-ci paraissent taillées à travers les sculptures, et, au premier coup d'œil, on les jugerait de beaucoup postérieures au reste de l'édifice : mais cette opinion ne serait pas fondée. En effet, tous les petits jours qui éclairent les escaliers, les portes même qui entrent dans les massifs, seraient tous dans le même cas : or, il répugne à la raison de croire

---

[1] Pour s'assurer de ce fait, il faut prendre, dans la pl. 51, la hauteur du sommet de ces rainures, la porter perpendiculairement sur une des arêtes obliques dans la pl. 54, puis élever une verticale par le point de rencontre. On trouve que cette verticale passe à trois décimètres du listel, intervalle nécessaire pour la manœuvre des mâts.

[2] Une planche de bas-reliefs du *vieux temple de Karnak* fera connaître ces détails. Voy. *A.*, vol. III, pl. 57.

DES ANTIQUITES D'EDFOU. 285

que ces fenêtres, ces jours, ces portes, si utiles, si indispensables au dessein primitif du monument, n'aient été imaginés qu'après coup, et exécutés à une époque plus récente, au risque d'endommager une décoration si dispendieuse. D'un autre côté, l'on y reconnaît le même ciseau qu'ailleurs : les arêtes y sont aussi fines, aussi pures; les faces des pierres coupées portent la même teinte de vétusté; enfin, les bords des figures et des ornemens sont tranchés net : on ne saurait douter que ces ouvertures ne soient du même temps et de la même main que tout le reste.

Mais comment expliquer l'état de ces figures de dieux fragmentées, état si contraire aux idées que l'on a de l'esprit religieux des Égyptiens? Il n'y a, je crois, qu'une manière de le concevoir : c'est d'imaginer des portes en bois ou en métal que l'on ouvrait et fermait à volonté. Ces portes étaient sans doute décorées et sculptées de manière à faire suite aux parties voisines de la muraille, et il est inutile d'ajouter qu'elles devaient être parfaitement raccordées pour la vue; car on connaît l'adresse qu'ont déployée partout les ouvriers égyptiens. Personne ne demandera ce que ces portes sont devenues dans un pays qui manque de bois et de métaux; je pencherais à croire qu'elles étaient plutôt de cette dernière matière : on sait avec quelle avidité les *felláh* et les Arabes ont soustrait les moindres parcelles de métal dans les anciens monumens, témoin les pénibles démolitions qu'ils ont faites pour enlever les tenons qui liaient les pierres.

Je me suis arrêté sur la description de ces fenêtres,

parce qu'en général on sait peu de chose sur la manière dont les anciens éclairaient leurs temples; mais ces jours masqués, s'ouvrant ou se fermant au besoin, ne sont pas sans exemple dans l'antiquité. Il paraît que, dans les temples grecs, la frise était quelquefois percée d'ouvertures qui pouvaient remplir cet office. Dans le premier acte d'*Iphigénie en Tauride*, on trouve ces paroles que Pylade adresse à Oreste, en lui montrant le temple de Diane, dont ils viennent enlever la statue : « Regarde ces triglyphes; il faut nous glisser à travers le vide qui s'y trouve. »

"Ορα δὲ γ' εἴσω τριγλύφων, ὅποι κενὸν
Δέμας καθεῖναι.
Eurip. *Iphig. in Taur.* act. 1, sc. 2[1].

Si l'on passe à l'examen des deux portiques, on voit que l'épais massif qui les sépare contenait un vide ou couloir destiné à alléger la construction; des pierres transversales formant bandeaux servaient à unir les deux côtés de la muraille. Ces couloirs sont communs dans les monumens d'Égypte; et quoique je n'aie pu en découvrir dans les murs latéraux du grand portique, je ne doute pas qu'il n'y en existe également. C'est par une

---

[1] Il n'est guère probable que le poëte entendit par-là des trous formés par les *canaux* des triglyphes, espace trop étroit pour pouvoir y passer; peut-être est-il question des intervalles eux-mêmes des triglyphes, c'est-à-dire des métopes. Remarquons que le mot de *métope*, qui vient de μετὰ et d'ὀπὴ, peut signifier aussi bien *un trou intermédiaire*, que *l'intervalle entre deux ouvertures*, comme on l'a interprété: ce sens est plus conforme à l'origine de la frise dorique, origine qui suppose que les triglyphes ne sont que les extrémités des solives appuyées sur la poutre principale ou architrave.

ouverture fort étroite que j'ai pénétré dans celui qu'on voit dans la gravure [1] : or des trous pareils peuvent s'être bouchés ailleurs.

Je finirai ces remarques sur la *construction* du grand temple d'Edfoû, en faisant observer la grande proportion des pierres des plafonds : celles de trois mètres de long [2] sont les moindres de toutes; celles du second portique, à l'entre-colonnement du milieu, ont près de cinq mètres [3]; enfin, celles du grand portique ont six mètres [4], et leur épaisseur en a près de deux [5] : le poids de l'une de ces dernières équivaut à plus de soixante-dix milliers. Nulle de ces masses énormes n'a quitté sa place, nulle fente ne se voit sous les soffites, nul joint n'est ouvert : tant le choix des pierres était parfait, la coupe soignée, les fondations bien assises.

§. III. *De la disposition du grand temple.*

La *disposition* du temple, malgré son étendue et ses distributions, n'a cependant rien de compliqué : le plan est simple, parce que la symétrie en est parfaite, et que la succession des parties est bien ordonnée.

Il faut se figurer un sanctuaire entouré de corridors et précédé par deux salles et deux portiques : voilà *le temple*. Toute cette masse est environnée d'une *enceinte* générale, au bout de laquelle est une porte comprise

---

[1] *Voy.* pl. 50, fig. 3, au point ee, et fig. 4, au point gg.
[2] Neuf pieds.
[3] Quinze pieds.
[4] Dix-huit pieds.
[5] Six pieds.

entre deux grandes masses pyramidales. Entre cette porte et celle du portique, il existe ainsi un grand espace vide dont on a fait un péristyle, en plaçant des colonnes tout autour. Ces deux grandes parties, renfermées l'une dans l'autre, savoir, *le temple* et *l'enceinte*, sont de même figure, et en forme de T; c'est-à-dire que le portique dépasse *le temple* en largeur, de la même façon que la grande façade dépasse *l'enceinte :* leurs longueurs sont à peu près dans le rapport de 1 à 2.

Il résulte de cette disposition de *l'enceinte* et de *la façade du portique*, que la cour est environnée de colonnes sur les quatre côtés : la façade du portique en a six, qui sont les plus grandes; le côté opposé, dix, et les deux parties latérales, douze; en tout trente-huit, à cause des colonnes des angles, qui sont communes à deux rangées : ces colonnades forment une galerie couverte, fort spacieuse, et continue hormis à l'entrée [1]. De pareilles promenades étaient indispensables dans un climat brûlant; et ce qui nous paraît uniquement destiné à flatter l'œil par la richesse des formes et des proportions, n'était pour les Égyptiens qu'une condition remplie : mais quel temps, quel art n'avait-il pas fallu pour combiner des plans si heureusement, que nous doutions aujourd'hui si l'artiste n'a songé qu'à un but d'utilité, ou s'il n'a eu en vue que la magnificence de l'architecture?

Ce qu'il faut remarquer dans cette cour et dans cette galerie, c'est que chaque colonne, en allant vers le portique, a sa base plus élevée que la précédente. Ainsi tout cet espace, qui a près de quarante-trois mètres de

[1] L'entre-colonnement est d'un diamètre et cinq sixièmes.

largeur¹, est divisé en douze degrés aussi larges que l'entre-colonnement, c'est-à-dire de quatre mètres ou douze pieds, sans avoir plus de quatre pouces et demi de haut; le dernier de ces degrés reçoit le portique et sert de parvis au temple².

Quoi de plus grand en architecture que ce majestueux perron! On chercherait vainement quelque chose de semblable, soit chez les Grecs, soit chez les Romains, qui, bien plus que les premiers, ont sacrifié à la magnificence. Pour apprécier le mérite de cette disposition, il faut se reporter vers les temps anciens, et se représenter une des imposantes cérémonies que nous décrit le père de l'histoire. Voici le moment où le fleuve, ayant quitté son lit, va inonder l'Égypte : c'est la fête du Nil³. Le prince, suivi des prêtres du collége et des principaux personnages, tous richement vêtus, va rendre aux dieux des actions de grâces : déjà il a touché le seuil du portique; une foule d'initiés occupent les degrés inférieurs; les guerriers les suivent, et le peuple remplit le reste du péristyle. Maintenant, qu'on se figure, sur ces larges degrés, cette immense procession s'avançant lentement, dans un ordre parfait, et dans un silence profond, qui n'est interrompu que par la mélodie des hymnes sacrées et par les accords des instrumens. Cette multitude, partagée ainsi régulièrement et distribuée en douze étages, ne devait-elle pas donner au tableau un effet magique,

---

[1] Cent trente-deux pieds.

[2] *Voyez* pl. 53 et 54. La différence de niveau qu'on a trouvée entre le sol de la grande entrée et le seuil du portique a motivé ces degrés successifs représentés dans les planches, et dont on a d'ailleurs un exemple à Thèbes.

[3] *Voyez* Herod. *Hist.* l. II; Heliod. *Æthiop.* l. IX, etc.

en permettant à tous les spectateurs de l'embrasser d'un coup d'œil ?

Avant de quitter cette cour et d'entrer dans le temple, jetons un dernier regard sur la porte qui la précède. Cette porte était garnie de deux battans; on voit encore les entailles des gonds qui devaient les soutenir. Qu'on imagine deux portes battantes qui n'avaient pas moins de seize mètres de haut chacune[1], sur près de trois mètres et demi de largeur[2]. Pourquoi faut-il qu'il ne reste aucune parcelle de ces portes colossales ? Étaient-elles de métal ou de bois ? c'est ce qu'on ignore. Les deux renfoncemens pratiqués au milieu de l'épaisseur de la construction servaient à les recevoir; car la longueur de ces renfoncemens est parfaitement égale à la moitié de leur distance, à l'épaisseur près nécessaire aux tourillons[3]. Dans d'autres portes, il n'y avait qu'un seul battant; et dans ce dernier cas, j'ai fait l'observation analogue, c'est-à-dire que la longueur des deux renfoncemens est précisément égale à leur distance. Tel est le soin qu'offrent partout les constructions égyptiennes.

Cette porte a de haut trois fois sa largeur. Avec une largeur moindre, une pareille proportion serait beaucoup trop grêle et insupportable à la vue, et l'on serait moins tenté ici de reprocher aux Égyptiens le manque d'élégance que le défaut contraire; mais les règles communes ne sont pas applicables à de très-grandes dimensions; ce n'est plus alors ces règles qu'il faut consulter, c'est la perspective. Les Égyptiens savaient que l'œil ne

[1] Cinquante pieds environ.
[2] Dix pieds et demi.
[3] *Voyez* pl. 50, fig. 1, au point *II*.

juge que par des rapports, et qu'en donnant à cette porte, déjà si élevée, une largeur trois fois moindre que la hauteur, celle-ci en semblerait plus grande; et en effet, bien que la porte ait environ seize mètres[1], une illusion d'optique la fait paraître plus haute[2]. Ce qui concourt beaucoup à cet effet, c'est la galerie placée au-devant, et dont le couronnement n'atteint qu'aux trois quarts du pied-droit. La très-haute corniche qui surmonte la porte, y contribue encore, et aussi l'écartement des deux massifs supérieurs, qui est bien plus grand que la porte n'est large. Tel est l'effet combiné de cette succession de parties et de leurs savantes proportions, qui se balancent toutes parfaitement, et qui concourent à un effet unique, celui d'imprimer à cette première entrée le caractère de la grandeur[3].

La hauteur du *premier portique*, depuis le seuil jusqu'au listel de la corniche, est de près de seize mètres[4]. C'est précisément la même que celle de la porte dont je viens de parler. Son entrée est moins large que celle de cette même porte, et l'entrée du *second portique* l'est encore moins. Les épaisseurs des murs diminuent de même successivement: il en est ainsi des colonnes, et par conséquent des hauteurs des salles. Enfin les trois portes qui suivent le second portique diminuent aussi de plus en plus de hauteur: la dernière, qui est la sixième, introduit dans le *sanctuaire*, qui intérieu-

---

[1] Près de cinquante pieds.
[2] *Voyez* pl 61.
[3] Ces portes d'entrée sont les seules dans les monumens d'Égypte qui aient une hauteur relative aussi grande et une corniche aussi élevée; ordinairement les portes n'ont de haut que deux fois leur largeur.
[4] Cinquante pieds environ.

rement. a dix mètres environ[1] sur cinq mètres de large[2].

Deux circonstances sont remarquables dans ce sanctuaire : l'une est que sa direction est en sens contraire de toutes les pièces qui précèdent, c'est-à-dire que sa longueur est dans le sens de l'axe; l'autre, c'est qu'il est isolé de toutes parts, au moyen de plusieurs corridors, dont le premier est fort étroit. A cet isolement parfait il faut ajouter la grande épaisseur des murs. Ainsi le sanctuaire était garanti de l'approche des profanes, d'un côté, par six portes de suite, et, sur les trois autres côtés, par quatre murailles, en y comprenant la grande enceinte. L'obscurité graduelle des pièces qui le précèdent était à peu près complète dans cet asile des mystères, sauf les jours du plafond, qui sans doute s'ouvraient et se fermaient à volonté[3].

Je ne m'arrête pas à décrire les salles, les corridors et les couloirs du temple, dont plusieurs ont deux étages; un coup d'œil sur la planche les fera mieux connaître. L'escalier que l'on voit au bout du temple, à droite, servait à monter sur la plate-forme. Je renvoie de même à l'atlas pour la disposition des deux portiques : les colonnes du premier ont plus de deux mètres[4] à la base, ainsi que je l'ai dit; les autres ont un mètre et demi[5] : celles de la cour n'ont qu'environ un décimètre de moins[6]. Les deux portiques ont cela de commun,

---

[1]. Trente-un pieds.
[2] Quinze pieds et demi.
[3] Je suis forcé de supprimer ici toute espèce de détails sur ces sanctuaires égyptiens, dont la disposition est propre à piquer la curiosité. Ces détails seront mieux placés ailleurs.
[4] Six pieds.
[5] Quatre pieds et demi.
[6] Quatre pouces.

que les entre-colonnemens du milieu sont plus larges que les autres[1] : cette différence donne plus de variété, plus de mouvement au jeu des colonnes, que ne feraient des entre-colonnemens tous égaux : il en résulte que les dix-huit colonnes du premier portique se partagent en deux groupes carrés, qui sont plus distincts, et en plaisent davantage à la vue.

Ce qui s'offre d'assez remarquable dans cette disposition, c'est sa conformité avec celle qu'un ancien auteur nous a transmise, comme propre aux temples d'Égypte. Voici en abrégé la description que Strabon donne de ces temples dans le dix-septième livre de sa Géographie :

« Après le *dromos*, on trouve un grand *propylon* suivi de deux autres; ensuite le *naos*, précédé d'un grand et magnifique *pronaos*; puis le *sécos*, qui a peu d'étendue. De chaque côté du *pronaos*, il y a des ailes. En avant sont deux *murs inclinés*, aussi hauts que le temple : leur distance initiale excède un peu la largeur de ce dernier, et ils se prolongent ensuite, de cinquante à soixante coudées[2]. »

---

[1] L'entre-colonnement est d'un diamètre et trois cinquièmes dans le premier portique, et d'un diamètre et demi dans le second.

[2] La version de Xylander et les autres sont également défectueuses. Pour entendre parfaitement les descriptions des anciens, il faudrait avoir vu les monumens qu'ils décrivent Il me semble qu'on s'est trompé surtout dans la traduction de ces mots, ἔστι δὲ ταῦτα ἰσοΰψη τῷ ναῷ τείχη δύο. En effet, ταῦτα ne se rapporte pas au mot πτερὰ qui précède : ce n'est pas ici un pronom, mais un adverbe, qui veut dire *proinde*; et ces mots appartiennent à une autre phrase. Ce qui prouve bien qu'il ne faut pas entendre par *les deux murs* (τείχη δύο) les mêmes parties que celles nommées πτερὰ, mais bien les deux grands massifs, c'est qu'on voit plus bas que ces deux murs (τοῖχοι οὗτοι) sont chargés d'images colossales; ce qui ne peut s'entendre que des grandes figures sculptées sur ces massifs. Au surplus, les commentateurs font plusieurs corrections à ce passage, et l'interprètent diversement.

Si l'on excepte le *dromos* et les deux portes qui ont disparu, ou qu'on n'avait pas encore exécutés [1], il est facile de reconnaître la justesse de cette description générale appliquée au temple actuel : le plan d'Edfoû à la main, Strabon ne l'eût pas faite autrement. Je crois qu'il faut entendre par *propylon* l'ensemble de la cour et de la grande porte avec ses deux massifs. En effet, l'expression de *grand propylon* (πρόπυλον μέγα) ne peut signifier que *la porte antérieure*, *l'entrée principale*, d'après l'étymologie du mot.

Ce sens est conforme à la disposition des célèbres *propylées* d'Athènes, dont Strabon ne pouvait mieux faire que d'emprunter le nom, n'en ayant pas pour exprimer ces entrées pyramidales, suivies de longues colonnades, et qui sont propres à l'Égypte. Les propylées, sans les comparer avec celles-ci, étaient également des constructions antérieures : c'était une porte avec une avenue de colonnes et de bâtimens, en un mot une première entrée qui conduisait à la citadelle; les grands paliers qu'on y voit ont peut-être aussi quelque analogie avec ces montées successives de colonne en colonne, que j'ai décrites à Edfoû. Il faut donc reconnaître ici le *propylon* de Strabon. Le *naos* est le temple proprement dit, qui succède à la cour [2]; le *pronaos* est le portique de dix-huit colonnes; le *sécos* est le sanctuaire qui est au bout du temple, et qui est relativement de petite dimension, comme le dit notre auteur. Les *ailes* sont

---

[1] On trouve à Thèbes les avenues de sphinx du *dromos* et les deux *propylon* qui manquent à Edfoû.
[2] *Voyez* l'explication de la pl. 50.

les corridors placés à droite et à gauche du temple. Les Grecs décoraient ces ailes de colonnes; les Égyptiens l'ont fait aussi fréquemment, mais dans un autre genre de temple que celui-ci [1].

Enfin, qui ne reconnaîtra dans ces deux *murs inclinés* de Strabon les deux massifs de l'entrée? Il se trouve à Edfoû que la hauteur de ces massifs, prise au-dessus de la porte, est effectivement égale à celle qu'a le temple, après le premier portique: leur distance supérieure est plus grande de trois mètres environ que le sanctuaire n'est large; ce qui est encore conforme au passage de notre auteur [2]. Enfin, si l'on en prolonge les cordons depuis le haut de la *porte* jusqu'en bas, on trouve une longueur d'un peu plus de vingt-trois mètres; ce qui répond à cinquante coudées [3], comme Strabon l'indique.

Ainsi nous tenons de la main même des anciens la description d'un temple d'Égypte, et le temple d'Edfoû nous la retrace avec ses principales circonstances. Tous les temples un peu grands nous auraient fourni un résultat analogue; mais l'exemple d'Edfoû a l'avantage de la précision des mesures et de l'ensemble du plan, surtout à cause des galeries qui ont disparu ailleurs, ou qui ne sont pas si bien conservées. Un rapprochement aussi remarquable mériterait plus de développement et des recherches plus approfondies: mais il faut réserver

---

[1] *Voyez* le petit temple d'Edfoû, pl. 62. On peut en voir d'autres exemples; entre autres, dans les pl. 20, 35, 38, 71 et 94.

[2] Il faut entendre par les mots de Strabon τοῦ ναὼ le sanctuaire du temple. La distance des deux massifs est prise ici au niveau du cordon supérieur.

[3] *Voyez* le Mém. *sur le système métrique des anciens Égyptiens.*

une place pour un pareil trait de ressemblance, que me fournit un auteur non moins grave que Strabon.

Diodore de Sicile a décrit avec soin le monument d'Osymandyas à Thèbes : on sait que cet édifice est encore en grande partie debout, et que l'on peut, Diodore à la main, le parcourir sans autre guide. Il n'est pas de mon sujet de faire voir cette conformité de l'édifice avec la description ; elle sera démontrée rigoureusement ailleurs[1] : je me bornerai à citer les noms qu'a employés cet ancien auteur, pour désigner les mêmes parties de l'édifice que je viens d'examiner à Edfoû ; savoir, la cour et la porte pyramidale.

« On trouve d'abord un *pylôn* (πυλὼν) long de deux plèthres et haut de quarante-cinq coudées ; ensuite un *péristyle* de quatre plèthres, environné de colonnes portant des figures de seize coudées ; puis un autre *pylôn* semblable au premier, et un autre péristyle. »

Il est manifeste, premièrement, que le mot de *pylôn* exprime ici la grande entrée, c'est-à-dire les deux massifs comprenant une porte au milieu ; secondement, que le *péristyle* est la cour garnie de colonnes : c'est exactement ce que signifie *peristylion* (περιϛύλιον), qui veut dire un lieu ceint de colonnes de toutes parts, comme est la cour d'Edfoû, ainsi que les autres cours semblables ; cela est tellement sensible à l'inspection des lieux, que toute discussion est, pour ainsi dire, superflue. Si l'on entendait autrement ces deux mots, la description de Diodore, qui est si exacte, deviendrait absolument inintelligible ; c'est ce qui est arrivé quand les traduc-

[1] *Voyez* la Descript. de Thèbes, par MM. Jollois et Devilliers.

teurs ont rendu πυλῶν par *atrium*, faute de connaître les lieux dont ils parlaient.

Ce mot, fort peu commun chez les auteurs, a été choisi par l'historien pour peindre une construction absolument étrangère aux Grecs : il n'eût pas trouvé dans sa langue de mot propre à exprimer ces portes colossales, et il a choisi, au lieu de πύλη, celui de πυλῶν, qui en est formé, et qui est un augmentatif; c'est à peu près comme nous avons fait du mot *porte* le mot de *portail*, pour désigner la grande entrée d'une église.

On trouve dans Aristote le même mot de πυλῶν, et il y est employé au même objet; car c'est en parlant des palais de Persépolis : or, ces monumens de la Perse étaient, comme ceux d'Égypte, précédés par des portes gigantesques [1]. Ces deux pays sont les seuls où l'on en trouve de pareilles, et la Perse est aussi le seul qui offre dans ses monumens quelque analogie avec ceux des bords du Nil [2].

Si l'on doutait de la justesse de l'application que je viens de faire du mot πυλῶν, il suffirait d'examiner les mesures que donne Diodore. En effet, la façade de l'édifice a soixante-quatre mètres environ de longueur; ce qui fait, en nombre rond, deux plèthres; et la hauteur répond à quarante-cinq coudées [3]. Quant au péristyle, on le trouve, sur deux côtés, composé de colonnes, et

---

[1] *Voyez* les Voyages de Tavernier, le Bruyn, Niebuhr, etc.

[2] On ne veut pas ici comparer les systèmes d'architecture de ces deux peuples, car leur ressemblance est à peu près comme celle d'une caricature avec un tableau, du moins autant qu'on peut en juger par les gravures que nous possédons des antiquités de Tchelminar.

[3] *Voyez* le Mém. *sur le système métrique*, etc.

sur les deux autres, de piliers décorés de figures dont la hauteur répond encore à seize coudées.

Dans la version grecque de la Bible, j'ai vu aussi le mot de πυλών employé assez fréquemment et dans la même acception que je lui donne ici [1]. Enfin, Clément d'Alexandrie s'en sert également. Il est, je pense, impossible, après ces rapprochemens, de révoquer en doute le sens de πυλών; et je crois que l'avantage d'indiquer par une seule expression, puisée dans de bonnes autorités, ce que l'on ne saurait exprimer que par plusieurs mots, doit engager à adopter cette expression et à la franciser : on n'a donc pas fait difficulté de consacrer dans les planches le mot de *pylône*, pour désigner l'ensemble des deux masses pyramidales et de la porte comprise entre elles; à l'avenir, je n'en emploierai pas d'autre.

Si l'on rapproche maintenant ce résultat de celui que j'ai tiré de Strabon, l'on sera fondé à donner le nom de *pylône* à la grande entrée, celui de *péristyle* à la cour garnie de colonnes, et enfin à l'ensemble du pylône et du péristyle celui de *propylon* ou *propylée* : une autorité irrécusable a d'ailleurs consacré ce dernier nom; ce sont des inscriptions grecques, tracées sur plusieurs portes d'Égypte, et contenant le nom de προπυλών [2].

---

[1] Voyez *Exod.* c. XXVI, v. 36; *ibid.* c. XXIX, v. 32; *Levit.* c. VIII, v. 31; *Act. Apost.* c. XII, v. 13, et c. XIV, v. 12, etc. Dans ce dernier passage on trouve τὴν θύραν τοῦ πυλῶνος. Le mot de θύρα, *porte*, est donc distinct de celui de πυλών, qui veut dire ainsi, *la construction dans laquelle la porte est percée*.

[2] *Voyez* le Mémoire sur les inscriptions recueillies en Égypte.

§. IV. *De la décoration du grand temple.*

Après avoir traité de la *construction* et de la *disposition* du grand temple d'Edfoû, et avoir montré la conformité de celle-ci avec les descriptions des anciens, je parlerai de sa *décoration*. Si le lecteur a lu avec attention les chapitres précédens, il a déjà des idées générales sur le système de la décoration égyptienne; système si invariable dans chaque espèce de monument et si diversifié dans ses détails, mais toujours soumis à la *disposition*, en quoi les Égyptiens ont fait preuve de savoir et de goût. Qu'est-ce, en effet, qu'une architecture subordonnée à la décoration, comme on en voit tant d'exemples chez les peuples modernes? Ici les formes et les lignes générales ne sont masquées par rien, bien que les surfaces entières soient sculptées en mille façons; les monumens du monde les plus chargés d'ornemens sont ceux où la décoration s'aperçoit le moins, et où l'architecture paraît lisse, quoique nulle de ses parties ne soit nue [1].

Que l'on examine la façade du portique d'Edfoû (pl. 55) : depuis le seuil de la porte jusqu'au couronnement, colonnes, chapiteaux, dés, murailles, pieds-droits, cordons, corniches, tout est couvert de sculptures [2], et cependant les lignes de ces colonnes et de ces

---

[1] Il faut en excepter les listels des corniches, les dessus des chapiteaux, les bases des colonnes, toutes parties étroites où la sculpture eût produit un mauvais effet.

[2] Les deux colonnes de devant étaient aussi décorées; mais on n'a pu en copier les ornemens.

architraves, les galbes de ces corniches, de ces chapiteaux, sont intacts; à la distance où la grande proportion du monument commande que l'œil soit placé, l'on n'aperçoit que les formes générales.

Ce caractère de l'architecture égyptienne me paraît un de ceux qui la distinguent éminemment : les hommes qui ont su concilier des conditions si difficiles, sont les mêmes qui avaient imaginé de revêtir un édifice entier de couleurs; idée hardie, et qui offrait le même genre de difficulté à vaincre : il fallait choisir et distribuer si bien ces couleurs, que l'attention ne fût pas distraite, et que l'harmonie des proportions ne fût pas troublée[1]; c'est ce qu'ils ont su faire partout pour la décoration, et le monument d'Edfoû n'a d'autre avantage que d'en être un exemple complet.

Il suffit d'une attention légère pour expliquer cette heureuse alliance de la décoration avec l'architecture proprement dite. Les sculptures, étant peu profondes et de peu de saillie, se détachent doucement sur un fond qui est parfaitement lisse; en second lieu, la plus parfaite symétrie règne dans la distribution des ornemens. Ce sont des tableaux tous de même hauteur, tous encadrés et placés parallèlement sur les faces des murs, ou bien des sujets qui se répètent d'espace en espace sur les frises, les colonnes et les corniches, ou enfin des colonnes d'hiéroglyphes également espacés, qui remplissent les intervalles des figures : toutes sculptures extérieures, et presque superficielles, eu égard à la masse du monument : c'est à leur succession bien en-

[1] *Voyez* pl. 18.

tendue, à leur diminution graduelle de bas en haut, à la richesse et à la finesse des détails, qui vont toujours en croissant, enfin au travail doux et moelleux du ciseau, qu'il faut attribuer leur parfaite harmonie avec l'architecture.

Si l'on jette la vue sur les deux élévations du pylône (pl. 51 et 52), sur la façade du portique (pl. 53), sur le péristyle (pl. 54), on voit à toutes ces parties le même couronnement, c'est-à-dire un gros tore ou cordon qui les encadre et redescend sur les côtés, et une corniche creusée en gorge, dont le profil est simple, mais pur et gracieux ; au centre, un grand disque ailé, accompagné, à droite et à gauche, de l'espèce de serpent appelée *ubœus* : les ailes sont à trois rangs de plumes, et représentent celles de l'épervier. Cet ornement, qu'il faut regarder comme l'emblème du dieu de la chaleur et de la lumière, est du plus grand effet sur toutes les portes égyptiennes [1]. Ses proportions sont si belles et tellement en harmonie avec le reste, qu'on n'est pas choqué de le voir continuellement reproduit. Ce qui le fait valoir encore, ce sont les distributions d'hiéroglyphes, de cannelures et d'ornemens délicats qui forment contraste avec son développement souvent gigantesque ; c'est aussi le petit listel qui surmonte la corniche et qui est constamment nu, ce qui repose la vue et fait que la corniche se dessine mieux sur le ciel. Il est à observer que toujours ce disque et ses ailes sont sculptés en relief, tandis que les cannelures et les autres ornemens de la corniche le sont en creux. Enfin, le tore qui la

---

[1] *Voyez* pl. 27, fig. 1 et 2 ; pl. 43, fig. 20, etc.

sépare de l'architrave est toujours garni d'un ruban enroulé, et son profil est un demi-cercle allongé.

A Edfoû, comme je l'ai dit, la décoration se voit complète, et il y est plus facile qu'ailleurs de se faire une idée des règles égyptiennes : si ce monument n'existait pas, on ne pourrait les connaître que par le rapprochement de tous les autres. C'est surtout là qu'on peut étudier les chapiteaux des péristyles. Ces chapiteaux sont différemment ornés ; mais la différence n'a rien qui choque, parce que le galbe est généralement le même. Lorsqu'on est placé de manière à embrasser la galerie, on ne leur voit qu'une forme générale à tous : quand on approche assez pour distinguer les détails, alors on n'aperçoit plus qu'un ou deux de ces chapiteaux, et l'œil est récréé par la variété des ornemens.

En second lieu, ces chapiteaux, qui, dans une même rangée, diffèrent tous d'une colonne à l'autre, se répètent symétriquement en face, et chacun d'eux à son pendant ; c'est ce qu'on peut observer dans la vue perspective de la cour [1]. Cette symétrie variée a peut-être plus de mérite et de charme qu'une égalité parfaite.

Le portique d'Edfoû offre la même circonstance. A droite et à gauche de l'axe, les chapiteaux sont symétriquement pareils, comme on le voit dans les six colonnes de la façade ; il en est de même des douze autres chapiteaux [2].

Un même chapiteau se répète aussi d'espace en espace. Le chapiteau à feuilles de dattier, que j'appellerai *dactyliforme* [3], n'est qu'une fois dans chaque côté de la cour,

---

[1] *Voyez* pl. 61.
[2] *Voyez* pl. 54 et 56.
[3] *Voyez* page 279.

et une fois dans chaque moitié du premier portique, en tout quatre fois : à partir de celui-ci, c'est le neuvième de la colonnade. Le septième chapiteau de la galerie est le même que celui de l'angle du portique; il est répété huit fois en tout : c'est un des plus fréquens et des plus simples; il se distingue par quatre grandes palmettes qui sortent de larges gaînes et qui répondent aux quatre angles du dé.

Le quatrième de la galerie s'y trouve répété six fois; il est, comme le précédent, décoré de quatre palmettes : ces palmettes sont placées sur un fond tout cannelé de côtes. Le plus fréquent de tous est le premier de la galerie, qui est aussi le premier du portique en entrant; on le trouve répété quatorze fois dans la cour : il se retrouve encore dans le second portique. C'est un chapiteau orné de quatre étages de calices de lotus, dont chaque tête est soutenue par trois volutes. Le second et le sixième de la galerie sont les seuls de leur espèce, et ne sont répétés que par leur pendant [1].

Les dix-huit chapiteaux du premier portique sont dans le même cas; mais, comme on l'a vu, trois d'entre eux se retrouvent dans la cour; il est à remarquer que ce sont précisément les trois de la façade. Tous ces divers chapiteaux sont d'une exécution parfaite, malgré leur énorme proportion : tous les ornemens dont ils sont enrichis ont été sculptés avec une extrême délicatesse.

---

[1] Voici l'ordre dans lequel les divers chapiteaux de la galerie se répètent en partant du portique et allant vers la porte du pylône : le 1er, le 3e, le 5e, le 8e, le 11e, le 13e et le 15e sont pareils; le 4e, le 12e et le 16e sont pareils; le 7e, le 10e et le 14e le sont aussi.

Le galbe général des trente-deux chapiteaux du péristyle et des trente chapiteaux des deux portiques est le même, ainsi que je l'ai dit, c'est-à-dire en gorge ou en cloche renversée, forme imitée du calice du lotus ou nénuphar. Il n'y a d'exception que pour le chapiteau *dactyliforme* ou à feuilles de dattier, et pour celui qui est le second du péristyle.

Ce dernier a déjà sans doute été remarqué à Philæ, à cause de sa figure en ovale tronqué, tout-à-fait différente du galbe ordinaire. On n'en a pas jusqu'ici reconnu l'origine; mais il est aisé de voir qu'il est, comme les autres, puisé dans la nature : c'est l'image du *ciborium*, ou fruit du lotus, décrit par Hérodote, Athénée et Théophraste. Il est impossible d'en douter, quand on voit qu'Athénée compare le *ciborium* aux rayons de miel des abeilles [1].

Ce qui prouve encore parfaitement que ce chapiteau en forme de coupe est bien l'imitation de la capsule du lotus, c'est qu'on le voit recouvert tantôt de folioles étroites et aiguës [2], tantôt de folioles ovoïdes et inégales [3] : or, ces deux caractères appartiennent exactement aux fruits du *nymphœa lotus* et du *nymphœa cœrulea* [4]. Au reste, cette dernière plante est celle que les Égyptiens ont le plus souvent représentée, comme on s'en assure

---

[1] Athen. *Deipnos.* l. III, cap. II. Il faut κηρίοις et non κρίνοις, comme l'a fait voir Schweighaeuser.
[2] *Voyez* pl. 21, fig. 2.
[3] Voyez *ibid.* fig. 8, et pl. 54.
[4] *Voyez* le Mémoire de M. Sa-vigny sur le *nymphœa cœrulea* (Décade égyptienne. t. 1, p. 73), et les Observations sur les lotus d'Égypte par M. Delile (*Annales du Muséum d'histoire naturelle*).

dans les monumens encore chargés de couleurs, dans les peintures des tombeaux, et dans les papyrus[1].

Un passage précieux que j'ai trouvé dans Athénée, pourra fixer les idées du lecteur à l'égard de l'imitation tirée du lotus. En décrivant le *Thalamegon*, vaisseau construit par Ptolémée Philopator, il arrive à la description d'une salle exécutée dans le style égyptien et ornée de colonnes. « Tout le tour des chapiteaux, dit-il, est semblable à des roses qui s'entr'ouvrent : au lieu de volutes et de feuilles saillantes, à la manière des Grecs, on y voit les calices du lotus aquatique et les jeunes fruits du palmier, souvent aussi beaucoup d'espèces différentes de fleurs; à la base, on a sculpté les fleurs des lotus (κιβώριον) et des feuilles entrelacées, etc.[2]. » Cette description curieuse peut se vérifier dans les planches de détails.

Il n'y a donc point de doute sur l'origine de ces deux chapiteaux. L'un, en forme de coupe, est imité du fruit du lotus, comme l'autre, creusé en gorge, est imité du calice. Celui-ci peut s'appeler *lotiforme* ou *lotoïde*, les anciens ayant spécialement donné le nom de *lotus* à la fleur de la plante; et l'autre, *cratériforme* ou *cratéroïde*, d'après le nom de *vase* qu'ils ont donné à la capsule[3].

---

[1] *Voyez* surtout le papyrus de M. Marcel, *A.*, vol. II, pl. 72 à 75.

[2] Athen. *Deipnos*. l. v.

[3] En étudiant attentivement dans les anciens la description des plantes appelées *ciborium, lotus, faba ægyptiaca*, etc., pour découvrir les modèles qui ont servi aux artistes égyptiens, j'ai cru reconnaître que tous ces noms appartiennent à une même plante.

Le nom de *ciborium* (κιβώριον) me paraît devoir s'entendre plus particulièrement de la capsule ou fruit de la plante, dont les Égyptiens faisaient un vase ou *ciboire*, imaginant que l'eau du Nil y devenait délicieuse.

Le nom de *faba* (κύαμος) pour-

Ce chapiteau lotoïde, quels que soient les ornemens accessoires qui le recouvrent, est d'une forme invariable, c'est-à-dire en cloche renversée : c'est le plus général de tous; il est propre à l'Égypte, et mérite le nom de chapiteau national, ainsi que celui dont le dattier est le type. C'est du lotus que la religion astronomique des Égyptiens a tiré tant d'emblèmes; l'architecture des modèles, la décoration les plus heureux motifs; et les monumens d'Edfoû, comme tous les autres, sont couverts des feuilles, de la tige, des boutons, des fleurs, des calices et des fruits de cette plante sacrée.

Je dois rappeler ici une décoration simple et d'un grand style, qui se voit au dos du temple et au-dedans de l'enceinte [1] : ce sont deux corps de lions qui semblent sortir de la muraille; ils sont assis sur leurs pattes, entre lesquelles est une gouttière. La taille en est colossale, et

rait s'appliquer aux graines ou fèves contenues dans les loges de la capsule.

Colocasion (κολοκάσιον) est le nom de la racine : on sait que ce nom appartient aujourd'hui à une plante bien différente, l'*arum colocasia* de Linné.

Enfin, *lotus* (λωτὸς) est proprement, selon moi, le nom de la fleur : de là vient le nom des *couronnes de lotus*.

Il n'est pas étonnant que la plupart des auteurs modernes aient confondu ces différentes dénominations, et supposé plusieurs genres de plantes là où il ne s'agit que d'une seule, puisque les anciens eux-mêmes, qui avaient donné divers noms aux diverses parties du *nymphæa*, le désignaient indifféremment par l'un d'eux.

Quant au *lotus rose* des auteurs, on l'a comparé d'une manière absolue au nélumbo de l'Inde, et l'on a pensé que celui-ci avait disparu de l'Égypte : cette opinion est appuyée sur des preuves et des vraisemblances; mais il reste encore à expliquer comment Hérodote et tous les auteurs, à l'exception d'Athénée (liv. XV), ont oublié le *nymphæa* azuré, si ancien dans l'Égypte, et si fréquent sur les monumens, où il est peint avec ses couleurs. La célèbre mosaïque de Palestrine renferme distinctement le nélumbo, comme l'a remarqué M. Delile. Voyez *suprà*, page 304, note 4.

[1] *Voyez* pl. 50, fig. 1, et pl. 54.

la sculpture très-belle : on sait avec quelle habileté les Égyptiens ont sculpté les figures d'animaux. Ces deux lions sont à une distance égale à la largeur du sanctuaire; la hauteur où ils sont placés, et la gouttière comprise entre leurs pattes, doivent faire croire qu'ils servaient à l'écoulement des eaux de la plate-forme; mais je n'en parle ici que sous le rapport de la décoration.

J'ai dit que tout le temple d'Edfoû est couvert de sculptures. Il n'y a que la vue des lieux qui puisse donner une idée vraie de cette profusion d'ornemens. Cette longue enceinte, surtout, ornée de bas-reliefs d'un bout à l'autre, au-dedans et au-dehors, est du plus bel effet; plus basse que le temple, elle paraît de loin lui servir de base. Au-dedans, l'on se promène entre elle et le temple dans un espace de près de cent quatre-vingt-quinze mètres de tour [1], ayant sous les yeux, à droite et à gauche, un mur de treize mètres [2] de haut, couvert de représentations symboliques et de sujets de toute espèce accompagnés d'une multitude innombrable d'hiéroglyphes, tous d'une exécution soignée, d'un travail fini et précieux [3].

Si l'on entre dans le portique, on trouve dans toutes les sculptures ce même soin qui ne se dément jamais [4]; toutes les figures y étant d'une plus petite échelle, le ciseau y est même encore plus délicat. Que l'on observe, par exemple, les architraves qui reposent sur les co-

[1] Plus de six cents pieds.
[2] Quarante pieds.
[3] L'intérieur seul de cette enceinte contient près de cinquante mille pieds carrés de sculptures.

[4] On a observé, sur le pylône, quelques figures d'un travail moins soigné, et quelques lignes qui ne sont pas droites.

lonnes ; elles sont décorées de quarante figures d'Isis, dont la tête est surmontée d'une charmante coiffure formée par le corps et les ailes du vautour[1]. Le relief en est bas, et les mouvemens souples et naturels; les proportions, les contours de ces figures, et l'air de tête surtout, sont pleins de grâce : ce qui ajoute peut-être un charme de plus, c'est la couleur égale et grise que la poussière des ruines y a répandue, tellement que les reliefs éclairés ne renvoient qu'un reflet doux à l'œil, au lieu de réfléchir une lumière trop vive, comme il arriverait d'une pierre blanche.

Ce même portique si riche d'ornemens, et dont toutes les architraves sont décorées, même les soffites et les dés des chapiteaux, n'a pas son plafond sculpté comme ceux des autres édifices. Il est très-vraisemblable qu'il devait l'être, et l'achèvement parfait de toutes les autres parties ne prouverait pas le contraire : déjà l'on a remarqué à Philæ des portions à peine ébauchées, tout à côté de sculptures finies et même revêtues de couleurs. Ici même, dans le portique d'Edfoû, quelques figures ne sont qu'à l'état d'ébauche, et la corniche de la cour n'est pas non plus entièrement achevée. On doit regretter que ce plafond n'ait pas été fini; car on a lieu de penser qu'il était destiné à recevoir des sculptures astronomiques, ainsi qu'on le fera voir plus loin.

Parmi cette multitude de scènes, le voyageur a peine à fixer son attention : si son œil s'arrête sur un sujet, il est distrait par un autre; c'est un costume, c'est une

---

[1] *Voyez* pl. 55, et 57, fig. 6. On sait que le *vautour* était consacré à la déesse Isis, comme l'*épervier* à Osiris son époux.

DES ANTIQUITÉS D'EDFOU.   309

riche coiffure, ce sont des attributs variés, mille détails enfin qui l'occupent; et ce n'est qu'après avoir satisfait la première vue, qu'il est en état d'étudier un tableau. L'embarras est le même s'il veut copier ce qu'il a devant les yeux : comment choisir dans cette foule d'objets, tous également neufs pour lui? et quand le choix est fait, quel temps, quel soin minutieux ne lui faut-il pas pour dessiner fidèlement une scène complète, avec tous ces hiéroglyphes si petits, si multipliés, qui l'accompagnent?

On a copié à Edfoû vingt-trois sujets particuliers [1], sans parler des faces entières de murailles qui sont figurées dans les façades du pylône et du portique [2] et dans les détails de ce dernier [3]. Parmi ces vingt-trois sujets, il y en a dix avec tous leurs hiéroglyphes, indépendamment d'une vingtaine d'inscriptions hiéroglyphiques [4]. Le principal a été dessiné complétement; c'est une grande frise qui occupe toute la longueur du fond du portique, au-dessus de la corniche de la porte d'entrée [5], et dont la longueur est de trente-quatre mètres [6]. Nous nous partageâmes entre plusieurs cette tâche difficile, qui l'eût encore été davantage sans l'encombrement du portique, la frise étant à plus de douze mètres [7] du sol antique, et masquée par la saillie de la corniche : les décombres nous servirent à monter sur cette étroite saillie, large de vingt pouces seulement, et où il fallut se traîner d'un bout à l'autre, dans l'attitude d'un homme accroupi.

Cette frise est composée de cent cinq personnages ou

[1] *Voyez* pl. 57, 58, 59, 60.
[2] *Voyez* pl. 51, 53, 61.
[3] *Voyez* pl. 55, 56.
[4] *Voyez* pl. 60.
[5] *Voyez* pl. 58, fig. 2.
[6] Cent quatre pieds.
[7] Trente-sept pieds.

objets différens; le sens en paraît astronomique, si l'on en juge par les étoiles qui accompagnent ces figures, et par ces figures elles-mêmes, dont plusieurs font partie des zodiaques de Denderah et d'Esné. On remarque, au milieu même de la frise, et par conséquent du *portique*, un escalier de quatorze marches, sur la dernière desquelles une figure a le pied ; cette figure est la première de quatorze personnages qui s'avancent vers les degrés : il faut observer que ce nombre de quatorze est fréquemment reproduit dans les sculptures du temple.

Je ferai remarquer encore, parmi ces bas-reliefs, une autre frise renfermant un disque où se trouvent quatorze figures assises, divisées en deux groupes [1], des sacrifices de tortues, de gazelles, de serpens [2]; un cheval, animal rarement représenté dans les temples, quoique très-fréquent dans les bas-reliefs dont les palais sont ornés [3]; sur le *pylône*, à la seconde des trois grandes rangées de figures, un prêtre qui tient deux obélisques avec une chaîne, et qui paraît les élever en l'honneur des dieux; un autre jetant des grains d'encens sur la flamme qui sort d'un vase [4]; enfin, sur la face extérieure du même pylône, des personnages de près de douze mètres de haut, qui paraissent prêts à frapper trente autres figures plus petites. On a donné déjà, dans la description de Philæ, les raisons qui font croire que ces sacrifices sont purement symboliques : j'en pourrais fournir ici une explication qui repose sur les phénomènes du climat d'Égypte; mais elle trouvera sa place ailleurs.

[1] *Voyez* pl. 58, fig. 1.
[2] *Voyez* pl. 57, et 59, fig. 5 et 6.
[3] *Voyez* pl. 57, fig. 8.
[4] *Voyez* pl. 61.

DES ANTIQUITÉS D'EDFOU.

Un des sujets les plus répétés dans le temple, c'est l'image d'un œil porté en offrande, ou placé en évidence. Mais remarquons, avant de passer à un autre objet, ces deux groupes formés par trois longues tiges de lotus, et placés aux deux angles du fond du portique, à droite et à gauche de l'avant-corps de la porte[1]. La tige du milieu est enveloppée par les circonvolutions d'un serpent ailé, qui pose sur le calice, et dont les ailes s'étendent vers la corniche voisine : ces ailes sont celles de l'épervier. Le petit espace qui sépare l'angle du portique d'avec l'avant-corps est parfaitement rempli par ces colonnes de lotus, longues de douze mètres[2], et avec d'autant plus de goût et d'élégance, que les ailes du serpent chimérique occupent le vide plus grand qui résulte de l'inclinaison du cordon. Les Égyptiens ont excellé dans cet art d'ajuster entre eux les ornemens, de manière à balancer également les pleins et les vides, en les subordonnant toujours aux formes et aux conditions de l'architecture, et cela sans que jamais l'on y aperçoive la moindre gêne. Tout l'ouvrage qu'on publie prouvera la vérité de cette observation.

Ils n'ont pas moins excellé à combiner ensemble les parties de diverses figures d'animaux, pour en composer des êtres chimériques, exprimant sans doute la réunion des propriétés attribuées à chacune de ces figures[3]. Tantôt c'est un lion à tête d'épervier ou de belier (pl. 64), tantôt un épervier à tête de lion, de belier

---

[1] *Voyez* pl. 58, fig. 3 et 4.
[2] Trente-sept pieds.
[3] Dans l'*Essai sur l'art en Égypte*, j'exposerai les principaux exemples et les remarques les plus saillantes que fournit l'étude des monumens sous le rapport du dessin et du système de la décoration égyptienne.

ou de taureau (pl. 57), un serpent à pieds et bras d'homme (pl. 58, etc.), un scarabée avec des ailes, ayant une tête de belier et une d'épervier (pl. 60), un épervier à tête humaine, un belier à tête de lion; enfin, des figures d'hommes avec vingt têtes diverses d'oiseaux, de chacal, de lion, d'ibis, de taureau, de chien, de crocodile, de lièvre, de belier, de serpent, de cynocéphale, et d'autres combinaisons sans nombre. Ces combinaisons sont faites avec tant d'art, que l'on ne s'aperçoit pas tout de suite de la dissemblance des parties, et que l'ensemble, qui devrait paraître monstrueux et incohérent, a l'air d'un tout bien conçu, d'un être possible qui aurait son modèle dans la nature. Les imitateurs des Égyptiens ont fait aussi de ces assemblages que l'on nomme communément *chimères;* mais quelle différence et dans la pensée et dans l'exécution!

Je ne finirais pas, si je voulais décrire les corniches, les frises et toutes les décorations de l'édifice; le lecteur peut jeter les yeux sur les gravures pour en prendre une idée : je n'en citerai plus qu'un exemple qui m'est fourni par les colonnes du portique. Ces colonnes étaient décorées par anneaux : vers la base, la sculpture en était fort simple, et la richesse augmentait en s'élevant. On a copié le développement de l'anneau supérieur [1]. Quoi de plus riche et de plus simple à-la-fois que cette frise! On peut remarquer l'attitude gracieuse de ces figures de femmes qui alternent avec des figures d'éperviers : les hiéroglyphes ajoutent beaucoup à la richesse de l'or-

[1] *Voyez* pl. 57, fig. 1.

nement par leur multiplicité sans confusion, et par la manière dont ils sont distribués.

Au fond de l'enceinte, et près de l'angle nord-ouest, j'ai observé un tableau intéressant, que sa trop grande étendue m'a empêché de dessiner. Un personnage à tête d'ibis a le doigt sur une colonne d'hiéroglyphes, qui est la quarante-troisième d'une série de colonnes pareilles. Il est dans l'action d'écrire; car, dans cette dernière colonne, il n'y a pas de caractères plus bas que sa main. Cette figure est placée à gauche du tableau; ce qui fait voir qu'on écrivait les hiéroglyphes de droite à gauche et du haut en bas. Les caractères de ces quarante-trois colonnes sont bien conservés, et ils auraient mérité d'être copiés entièrement.

Toutes les figures humaines dont je viens de parler sont dessinées dans des poses excessivement simples : le mouvement était banni de ces représentations religieuses. Une offrande, un sacrifice, la marche d'une procession, un prêtre qui adresse un hommage aux dieux, une divinité assise qui le reçoit, rien de tout cela ne comportait d'action, de gestes ou d'attitudes animés. Les Égyptiens n'ont jamais peint de traits passionnés dans les figures de leurs temples, les têtes expriment toujours le repos; et il faut aller voir à Thèbes les peintures militaires, pour trouver plus de chaleur dans l'expression.

Ce choix de poses, fixé dans les premiers temps de la religion, n'admettait pas non plus de perspective, peut-être pour que l'imitation fût plus sensible et plus claire. Je ne veux pas justifier ce défaut; mais, si la perspective a l'avantage de produire plus d'illusion, en présentant à-la-fois toutes les parties d'une scène avec l'aspect qu'elles ont dans un même instant, elle entraîne aussi dans la nécessité d'en masquer plusieurs : sans le coloris et la perspective aérienne, l'effet n'en serait pas heureux; et les modernes en ont fait l'expérience dans les compositions de bas-reliefs un peu compliqués. On ne peut du moins disconvenir que les raccourcis ne soient très-difficiles, pour ne pas dire impossibles à exprimer par la sculpture.

Les Égyptiens qui représentaient des sujets religieux, s'embarrassaient donc peu de figurer les raccourcis des épaules et des mains. Ils supposaient toujours les membres parallèles au plan du bas-relief, ainsi qu'on le voit dans plusieurs bas-reliefs grecs : seulement ils s'attachaient à leur donner leurs justes proportions, leurs formes, leurs vrais contours[1]; et quand ils voulaient représenter un homme debout, les bras élevés, ils faisaient voir les épaules de face, la tête de profil, enfin le corps de profil ou de trois quarts. A la rigueur, cette attitude ne se trouverait pas sans modèle; car c'est assez exactement la pose ordinaire de l'escrime. Ainsi, bien que cette disposition des figures humaines ait au premier abord quelque chose de roide et de choquant à quoi l'on n'est pas habitué, il faut y reconnaître une règle invariable, anciennement tracée aux artistes, règle dont ils ne pouvaient se départir pour ce qui touchait à la reli-

---

[1] Consultez principalement les planches 16, fig. 2; 44, fig. 8; 57, fig. 1; 80, fig. 6; 82, fig. 1, etc. : il n'a pas été possible de conserver dans toutes les planches le même caractère aux figures égyptiennes.

gion, parce que l'une et l'autre étaient nées ensemble, et que celle-ci ne devait souffrir nulle atteinte; mais, dans la sculpture proprement dite ou de ronde-bosse (et Thèbes en offre maintes preuves), les mêmes Égyptiens ont fait voir une assez grande habileté : c'est leur *statuaire* qui doit expliquer et justifier leurs *bas-reliefs*[1]; distinction importante qui mérite d'être faite, et qui jusqu'ici ne l'a pas encore été.

Quant aux physionomies de ces figures, elles ont toutes quelque chose de doux et de gracieux, dont les figures d'Isis au portique d'Edfoû[2] peuvent donner une idée. Pour peu qu'on examine le caractère de tête soit dans les figures d'hommes, soit dans les figures de femmes, on reconnaîtra combien il s'éloigne, surtout par les traits du nez et de la bouche, du profil nègre, qu'on a si mal-à-propos attribué aux anciens Égyptiens[3].

---

[1] Voy. l'*Essai sur l'art en Égypte*, cité plus haut. Le défaut de perspective dans les bas-reliefs, et l'incorrection des antiques répandues dans les cabinets d'Europe, ont généralement fait accuser les Égyptiens de barbarie dans l'exécution de la figure; mais on est, à cet égard, dans une opinion mal fondée : c'est comme si l'on jugeait nos arts d'après les ouvrages de nos plus grossiers artisans. Le fragment d'*Elethyia*, représenté pl. 69, ne peut donner qu'une faible idée de ce que les Égyptiens ont fait en statues de ronde-bosse, soit de granit, soit d'albâtre, soit de brèche, soit de porphyre. Il existe à la Bibliothèque royale un torse trouvé près des ruines de l'ancienne *Sebennytus*, et digne d'être cité pour le choix des formes autant que pour le travail : nous avons aussi rapporté d'*Abydus* un fragment très-précieux, dont les formes sont pures, et les muscles extérieurs soigneusement exprimés. *Voyez* ce que dit Macrobe des connaissances anatomiques des Égyptiens (Saturn. lib. VII, c. 13). On trouve dans Aulu-Gelle ces paroles : *Quòd insectis apertisque humanis corporibus, ut mos in Ægypto fuit, quas Græci* ἀναλομὰς *appellant*.... (Noct. Attic. l. x, c. 10). Selon Manéthon, un roi d'Égypte avait composé un livre sur l'anatomie.

[2] *Voyez* pl. 57, fig. 6.

[3] Consultez principalement les pl. 16, fig. 2; 80, fig. 6; 82, fig. 1, et, parmi les bas-reliefs de Karnak, la pl. 67, *A.*, vol. III.

S'il restait quelque doute après avoir vu les nombreuses figures que nous avons copiées sur les monumens, on pourrait citer les têtes de momies, observées et recueillies dans les plus anciennes catacombes de la ville de Thèbes, et dont la forme est parfaitement d'accord avec les sculptures antiques. Ajoutons que ce même caractère se retrouve chez les Arabes, et même encore chez les naturels, dans le fond de la Thébaïde, là où le sang européen s'est moins mêlé avec le sang national.

§. V. *Recherches sur l'objet du grand temple et sur l'époque de sa fondation, appuyées par l'examen des tableaux symboliques.*

Nous avons décrit en détail toutes les parties du grand temple d'Edfoû, et nous n'avons rien dit de son objet. Quel était le culte qu'on y observait ? à laquelle des divinités de l'Égypte était-il consacré ? quel était l'usage de tous ces couloirs mystérieux ? Le lecteur s'est déjà fait toutes ces questions; mais comment aurions-nous la témérité d'y répondre, et l'espérance d'y satisfaire, s'il est vrai que, pour faire juger de la religion de l'ancienne Égypte, et en faire concevoir une opinion saine, il faudrait exposer tout l'ensemble des lois, de la philosophie et des mœurs du pays ? Ainsi qu'il y avait un lien commun entre toutes ces choses, que le même esprit, les mêmes arts, les mêmes principes, ont fait élever partout (quoiqu'à des époques très-éloignées) des monumens tout semblables, ainsi je pense qu'on ne saurait expliquer le culte d'un temple sans expliquer le culte de

DES ANTIQUITÉS D'EDFOU.

tous. Rien ne me semble plus absurde, quoi qu'on ait dit à ce sujet, que de voir uniquement dans cette religion le culte le plus grossier rendu aux animaux, et d'imaginer qu'ici un crocodile était l'objet de l'adoration, là un chacal, plus loin un singe, et ainsi de province en province. A qui persuadera-t-on que le magnifique temple que je viens de décrire ait été élevé en l'honneur d'une brute, sans autre objet que d'y brûler perpétuellement de l'encens devant elle, et de faire tomber une province entière à ses pieds? Quoi! les mêmes hommes qui avaient perfectionné la civilisation à un si haut degré, qui avaient des notions étendues sur le système cosmique, et qui cultivaient toutes les sciences naturelles, auraient été livrés à une aussi vile superstition, que désavouerait la plus profonde ignorance[1]?

Sans chercher ici à lever le voile qui enveloppe ces antiques mystères, et pour revenir à mon sujet, je me bornerai à dire que le temple d'Edfoû, comme tous les grands temples d'Égypte, me semble un véritable Panthéon, où étaient honorés tous les dieux du pays, c'est-à-dire tous les attributs qui caractérisent les deux grandes divinités: *Osiris*, emblème à-la-fois du feu, de l'air et de l'eau, image de l'astre du jour et du Nil régénérateur; *Isis*, symbole de la terre féconde et image de l'astre des nuits, sœur d'Apollon chez les Grecs, et, chez les Égyptiens, femme et sœur d'Osiris.

Je m'abstiens d'examiner ici le passage de Strabon[2]

---

[1] *Voyez* le premier livre de Diodore de Sicile, et le Discours sur l'histoire universelle, par Bossuet.
[2] Strab. liv. xvii, p. 817.

sur le culte des habitans d'Apollinopolis, parce qu'on n'a pas assez de lumières sur les anciennes cérémonies de l'Égypte, sur leur but et leur sens caché. De ce que les habitans de la contrée, ainsi que ceux de *Tentyra*, faisaient la guerre aux crocodiles, et que, si l'on veut en croire Élien, ils les suspendaient à des arbres, puis les coupaient par morceaux et les mangeaient[1], faut-il en conclure que c'était par une horreur religieuse, et par suite d'une opposition fanatique entre eux et les habitans d'*Ombos*, où cet animal était protégé? Cette prétendue aversion pour le crocodile ne peut être admise par un esprit sensé; ou bien, si l'on y croit, il faut la rapporter à des temps récens, tels que ceux où écrivaient Strabon, Élien et Juvénal. Au reste, l'affluence des crocodiles dans la Thébaïde a pu jadis faire chercher des moyens de les poursuivre; peut-être y avait-il des hommes exercés à ce genre de chasse et chargés de les détruire. Hérodote et Pline rapportent les différentes manières dont on s'y prenait en Égypte[2], et aujourd'hui les habitans ont encore des procédés analogues à ceux qu'ont décrits les anciens.

Le nom d'*Apollinopolis*, que les Grecs ont donné à l'ancienne ville d'Edfoû, porterait à croire que ce temple était principalement consacré à Horus[3], dont les Grecs ont fait leur Apollon, comme le témoignent Hérodote,

---

[1] Æl. *De nat. anim.* l. x, c. 21. Plutarque, dans son *Traité d'Isis et Osiris*, rapporte que chaque citoyen de la ville d'*Apollon* était contraint de manger de la chair de crocodile un certain jour de l'année. Il ajoute que l'on tuait le plus possible de ces animaux, et qu'on les jetait devant le temple.

[2] Herod. l. ii, c. 70; Plin. l. viii, c. 25.

[3] J'ai trouvé dans Eusèbe cette conjecture confirmée : il dit positivement qu'Horus est la divinité d'Apollinopolis (*Præp. evang.* l. iii, c. xi, p. 117; Paris, 1628).

Diodore et Plutarque. *Apollon* s'appelait *Horus* en langue égyptienne, et les Grecs traduisaient *Horus* par *Apollon*. Celui-ci avait tué le serpent Python; celui-là était le vainqueur de Typhon. Lorsque, arrivé au plus haut de sa course, le soleil répand le plus de chaleur et de lumière, et manifeste sa puissance en faisant sortir le fleuve de son lit[1], alors toutes les influences malfaisantes sont détruites, et Typhon, emblème de la contagion et de la stérilité, est anéanti; l'Égypte renaît, les campagnes sont inondées par des eaux salutaires et productrices, et tous ces bienfaits sont l'ouvrage d'Horus, ou du soleil *au solstice d'été*[2].

En étudiant avec soin les sculptures du temple d'Edfoû, on y découvrirait beaucoup d'emblèmes appartenant à cette mythologie naturelle; mais une pareille étude entraînerait trop loin, et elle conviendra mieux à un ouvrage plus général. Je me bornerai à l'examen des figures principales de la grande frise déjà citée[3]. J'ai dit que le sujet qui domine dans cette frise est un escalier de quatorze marches : il faut remarquer à son extrémité une colonne de *lotus* qui en a toute la hauteur; au-dessus pose un *croissant*, et le tout est couronné par un *œil*;

---

[1] L'extrême chaleur de l'Égypte et de l'Éthiopie, pendant les derniers mois du printemps, a pour effet de raréfier l'atmosphère à un haut degré. Alors l'air plus dense des régions septentrionales doit y affluer, ainsi que les nuages qui, à cette époque même, couvrent le nord de l'Europe et les contrées polaires : de là, vers le solstice d'été, ce changement de température en Égypte, et les pluies de l'Abyssinie qui font croître le Nil.

[2] Selon Macrobe (*Saturn.* l. 1, c. 18), les Grecs donnaient au soleil le nom d'*Apollon* quand il était dans l'hémisphère supérieur.

Quant au nom d'*Horus*, je conjecture qu'il est formé d'un ancien mot égyptien, répondant au mot arabe *harr*, qui signifie *grande chaleur*.

[3] *Voyez* pl. 58, fig. 2.

derrière est une petite figure à tête d'*ibis*. Je vois là tous les signes de la néoménie du solstice d'été, ou du premier mois de l'année : le *lotus*, qui indique la crue du Nil; le soleil ou Osiris (dont l'*œil* est l'emblème, suivant Plutarque), au sommet de sa course; l'*ibis*, signe de l'inondation[1]; enfin le *croissant* ayant les pointes tournées en haut, ce qui marque la nouvelle lune, suivant Horapollon[2].

Le *premier personnage* de toute la frise est encore une figure à tête d'ibis, offrant le vase, emblème de l'inondation, le *vas aquarium* d'Horapollon; le même se retrouve encore au quinzième rang après l'escalier, et aussi au vingt-septième : il tient dans la main le même objet qui est sur le croissant, c'est-à-dire l'*œil* d'Osiris; devant lui sont des caractères non moins expressifs de l'inondation et du solstice d'été, savoir, l'ibis, l'hiéroglyphe de l'eau, et le soleil avec trois jets de rayons, ce qui peint la lumière dans toute sa force; enfin un petit *verseau* qui est l'emblème le moins équivoque. Ce même verseau se remarque devant la vingt-cinquième figure avec le soleil rayonnant, et aussi devant la trente-neuvième. Enfin la vingt-sixième figure a parmi ses hiéroglyphes deux groupes de lotus, et au-dessous, deux *phallus*, signe de la virilité, de la fécondation. Je pourrais montrer l'ibis, le lotus, le vase d'où l'eau s'épanche, et le signe de l'eau lui-même, partout répétés; mais l'examen de la gravure les fera aisément reconnaître au lecteur.

---

[1] *Voyez* l'Histoire naturelle et mythologique de l'ibis, par J. C. Savigny.

[2] Quatrième hiéroglyphe d'Horapollon, liv. 1.

Il est donc extrêmement probable que cette frise représente les circonstances du solstice d'été [1] et l'instant de la nouvelle lune du solstice. Mais, après avoir reconnu de quelle époque de l'année il s'agit, il resterait à rechercher l'époque céleste, et, par suite, l'âge qu'elle doit exprimer. Une figure de femme à tête de lion, répétée fréquemment au commencement de la frise, me paraît propre à résoudre cette question. Si le solstice d'été, par sa marche rétrograde, était déjà entré dans la constellation du *lion;* que, pendant le premier mois de l'année, le soleil eût, par exemple, à parcourir les cinq derniers degrés du *lion* et les vingt-cinq premiers de la *vierge*, et que l'artiste eût voulu exprimer ces circonstances par une figure unique, il aurait ajouté à un corps de *femme* quelque partie d'un corps de *lion*, et les convenances de la sculpture devaient lui faire choisir la tête plutôt que toute autre partie. Or, telle est, en effet, la figure que je viens de désigner [2]. Cette figure de la *vierge* à tête de *lion* a dans la main une tige de *lotus*, autre signe du solstice d'été. On voit encore plusieurs personnages à tête de lion, tous accompagnés du *vas aquarium*. Je pense donc qu'on peut reconnaître ici l'époque de l'ouverture de l'année, au temps où le solstice d'été, ayant quitté la *vierge*, avait atteint les pre-

---

[1] L'exposition du monument tourné au midi est peut-être encore une circonstance qui appuie cette idée.

[2] Le solstice, en entrant dans le lion, était dans les étoiles de la *queue*, et non dans celles de la *tête;* mais il était impossible de composer une figure humaine avec la queue du lion, sans blesser les règles de goût que s'étaient faites les artistes. Ailleurs, ils ont exprimé une époque voisine, en employant la *queue* du lion, mais en dessinant deux figures séparées, comme j'aurai occasion de le faire voir.

mières étoiles du *lion*, c'est-à-dire les derniers degrés. L'importance du temple d'Edfoû me porte à croire qu'il date du renouvellement d'une période sothique, époque à laquelle je conjecture que l'on consacrait de grands monumens, ainsi que je l'exposerai ailleurs : or, une de ces révolutions a précisément expiré lorsque le solstice d'été a touché le vingt-cinquième degré du lion. On sait de quelle importance était pour les Égyptiens une époque pareille *qui conciliait, au bout de quatorze cent soixante-un ans, l'année fixe ou rurale avec l'année vague ou religieuse*, époque d'abondance et de joie pour le peuple, et précieuse pour les astronomes égyptiens, dont le plus beau titre de gloire est la découverte de la période sothique[1].

§. VI. *De l'image du phénix trouvée parmi les sculptures du grand temple et dans d'autres monumens.*

La période sothique avait son emblème dans l'oiseau célèbre et fabuleux que l'on nomme *phénix*. Il me semble qu'il n'est guère permis d'en douter, quand on sait que la durée de sa vie passait pour être la même que celle de cette période, c'est-à-dire de quatorze cent soixante-un ans[2]. Or, il est curieux de trouver à Edfoû l'image de

---

[1] M. Fourier expose en détail la nature et l'histoire de cette période dans son Mémoire sur les monumens astronomiques.

[2] Le savant et ingénieux auteur du Mémoire sur l'origine des constellations vient d'émettre cette idée dans un nouvel ouvrage, dont je n'ai pu avoir connaissance quand j'ai composé cet écrit, il y a plusieurs années : il a eu le mérite de la présenter avec beaucoup de vraisemblance, bien que privé du secours des monumens, et trompé par de fausses analogies.

DES ANTIQUITÉS D'EDFOU.   323

cet oiseau, et je ne sache pas que personne l'ait encore remarquée dans aucun monument[1]. Si la figure que je cite est bien celle du phénix, et que celui ci soit en effet le symbole de la période sothique, ma conjecture sur l'âge du temple sera presque changée en certitude.

En premier lieu, Hérodote affirme avoir vu le phénix peint sur les monumens, ayant la figure et la grandeur de l'aigle; il ajoute qu'il ne l'a jamais vu qu'en peinture. Il est donc certain que cette figure existe parmi les peintures égyptiennes. Cet oiseau, dit-on, parvenu à la fin de sa vie, formait un nid d'encens et de myrrhe, quittait l'Inde sa patrie, et venait mourir dans le sanctuaire du temple d'*Heliopolis*, où il renaissait de ses propres cendres au bout de quelques jours[2]. Bien que le dessin recueilli à Edfoû soit imparfait[3], on y reconnaît l'oiseau naissant, encore informe, et sortant de son bûcher. Les mots de Pline, *inde fieri pullum*, s'y appliquent fort bien. Dans un monument égyptien qui est incontestablement astronomique, j'ai vu une autre image du phénix déjà reformé, ayant le bec et la figure de l'aigle bien caractérisés. Cet exemple curieux sera traité à part; mais je vais tout-à-l'heure en montrer d'autres qui sont frappans.

En second lieu, Solin ne laisse pas douter que cet

---

[1] *Voyez* pl. 60, fig. 22, au bas d'une légende hiéroglyphique.
[2] Consultez Hérodote, liv. II, chap. 73; Pline, liv. X, chap. 2; Horapollon, S. Épiphane, etc.
[3] Je n'aurais pas donné comme exemple cette figure seule, qui a été dessinée incorrectement, mais d'une manière très-naïve : c'est parce qu'elle m'a conduit à examiner les autres figures dont je parlerai plus bas, et qu'elle m'a offert dans mes recherches la première image du phénix, que j'ai cru pouvoir la citer ici.

oiseau ne soit l'emblème de la *grande année*, nom que l'on donnait à la période sothique. Voici ses expressions : *Cum hujus vita magni anni fieri conversionem, rata fides est inter auctores* [1]. Pline dit que sa vie coïncide avec la révolution de la grande année, qui ramène les mêmes saisons : or, c'est là une propriété de la même période. Le phénix, dit Horapollon, désigne le rétablissement qui s'opère après un long temps. Enfin, en donnant quatorze cent soixante-un ans à la vie du phénix, Tacite lève toutes les difficultés [2], bien que les auteurs ne s'accordent pas sur cette durée : car il est impossible qu'une pareille coïncidence dans les nombres soit purement fortuite.

Mais il est important de montrer que cette même figure du phénix est répétée dans tous les grands monumens d'Égypte, où jusqu'ici on ne l'a pas aperçue; elle se trouve généralement au-dessus des bases des colonnes et sur les socles des siéges, ayant toujours les pattes ouvertes et étendues, et une grande étoile en avant : cette étoile désigne sans doute *Sirius*, dont le lever héliaque annonçait à-la-fois le renouvellement de la période, la crue du Nil et le solstice d'été. On doit encore observer qu'il est presque toujours sur une *coupe*, signe de l'inondation. Les colonnes d'Edfoû doivent sans doute contenir cette image; mais on n'aurait pu s'en assurer qu'en dessinant leurs fûts dans tous les détails : c'est dans les temples de Philæ et d'Esné qu'on peut la voir assez fréquemment. Je citerai principalement deux bas-reliefs du grand temple de Philæ, parce qu'ils sont

---

[1] Solin. *Polyhist.* c. xxxvi.   [2] Tacit. *Annal.* l. vi.

DES ANTIQUITÉS D'EDFOU. 325

en couleur, et qu'ils portent les principaux caractères qu'Hérodote, Pline et Solin attribuent au phénix[1]. Le principal de ces caractères est d'avoir une crête ou huppe sur la tête. Pline dit, *caput plumeo apice cohonestante;* Solin, *capite honorato.* Cette *huppe* est marquée ici parfaitement. Selon Hérodote, ses ailes étaient en partie *dorées* et en partie *rouges :* c'est ce qu'on voit dans le bas-relief inférieur. Il en est de même des plumes *roses* de la queue, et aussi du *cou doré* que Pline et Solin décrivent. Enfin, les trois auteurs s'accordent à lui donner la figure de *l'aigle,* et il est difficile de méconnaître le bec de l'aigle dans l'oiseau que j'ai montré. Outre ses longues pattes, cet oiseau a fort souvent des bras humains levés en l'air. Je ne chercherai point à expliquer cette circonstance; mais je citerai une figure d'homme que j'ai dessinée à Medynet-Abou, qui est agenouillée sur une coupe comme le phénix, ayant comme lui les bras élevés, une grande étoile en avant et des ailes déployées; enfin, pour dernier trait de ressemblance, une huppe sur la tête, absolument pareille à celle que j'ai décrite. Ce génie ailé a évidemment les plus grands rapports avec le phénix.

Les monumens de Thèbes et de Denderah renferment encore une foule d'images de cet oiseau, que le lecteur trouvera dans les volumes suivans.

Que penser maintenant de l'absurdité qu'on a reprochée aux Égyptiens pour la fable du phénix ? Que penser

---

[1] *Voyez* pl. 16, fig. 2. Dans la fig. 1, on n'a pas coloré le corps de l'oiseau. *Voyez* aussi pl. 18; pl. 22, fig. 5; pl. 23, fig. 3; pl. 78, fig. 16; pl. 80, fig. 17.

de ceux qui niaient également et l'existence et l'image de cet oiseau? Est-ce la faute des Égyptiens, si des voyageurs grecs et romains, si des Pères de l'Église ont pris à la lettre cette fiction qu'ils n'entendaient pas, et ont sérieusement recherché si un oiseau pouvait vivre tant de siècles et renaître de ses cendres? Ingénieuse allégorie, dont le sort a été jusqu'ici bien étrange, puisque la plupart n'y ont vu qu'une extravagance digne de pitié, et d'autres un argument solide en faveur des mystères de la religion[1].

Il me semble que le phénix allant de l'Inde en Égypte pour y mourir et recommencer une nouvelle vie, exprime, en langage métaphorique, le retour de l'*année fixe*, qui était la seule en usage chez les Indiens, et qui, pour ainsi parler, revenait tous les quatorze cent soixante ans, concilier en Égypte le calcul du temps avec la marche du soleil : la vie, le voyage, la mort, la résurrection, le départ de cet oiseau, symbole du soleil[2], tout s'accorde avec cette idée : ce nid fait d'encens et de myrrhe désigne l'orient; enfin son entrée à *Heliopolis* rappelle le fameux collége qui s'y occupait d'astronomie, et qui, de temps immémorial, observait la vraie longueur de l'année solaire.

Concluons que le phénix, symbole de la période so-

---

[1] Les Pères n'ont pas fait difficulté de citer le phénix comme une preuve de la résurrection et de l'incarnation.

[2] *Voyez* Horapollon, trente-quatrième hiéroglyphe. Ce même auteur, dans le cinquante-unième hiéroglyphe, s'exprime ainsi : « Dès que les ailes du nouveau phénix sont formées, il vole avec son père vers Héliopolis d'Égypte, où, sitôt à leur arrivée, le père meurt au lever du soleil : après sa mort, les prêtres d'Égypte l'enterrent, et le nouveau phénix retourne au lieu où il est né. »

thique, marquait le concours de l'année fixe avec l'année vague chez les Égyptiens, qu'il a été figuré dans leurs principaux temples, qu'il indiquait probablement l'érection de ces temples à l'époque d'un renouvellement de période, et qu'enfin le monument d'Edfoû doit dater d'une pareille époque [1].

§. VII. *Du petit temple.*

J'ai dit que le petit temple est situé à peu de distance du grand : on a mesuré cent quatre-vingt-quatre mètres [2] entre le milieu de la porte d'entrée du premier et l'angle sud-est du pylône. L'axe de ce petit temple fait un angle de 66° à l'ouest avec le méridien magnétique. Sa longueur est de vingt-quatre mètres [3]; sa largeur, de quatorze mètres et demi [4]; et sa hauteur, de sept mètres et demi [5]. Il est composé de deux salles, et environné des quatre côtés par une galerie de colonnes. Aux angles sont des piliers massifs; les façades latérales ont six colonnes, et les autres deux; mais les entre-colonnemens de ces dernières sont plus larges, ce qui résulte de la disposition générale; on voit qu'ils ont été déterminés par la largeur du temple, dont ils font le tiers.

Un escalier fort étroit, qui débouche dans le massif de la seconde porte, et qui a deux rampes, servait à

---

[1] Obligé par mon sujet de me renfermer dans des limites étroites, j'ai reservé pour un autre Mémoire de plus grands développemens sur la figure et sur la fable si curieuse du phénix, dont Tacite a dit, *plura ambigua, sed cognitu non absurda.*

[2] Cinq cent soixante-sept pieds environ.

[3] Soixante-quatorze pieds environ.

[4] Quarante-cinq pieds.

[5] Vingt-trois pieds et demi environ.

monter sur la plate-forme : sa largeur n'excède guère un demi-mètre[1]. Il est bien exécuté; mais, l'une des rampes étant appliquée contre le mur du temple, au lieu d'être prise dans l'épaisseur de la muraille, il suit de là que la première salle manque un peu de symétrie, et que les portes ne sont pas au milieu.

Le temple est considérablement enfoui à l'extérieur. Les colonnes latérales sont enterrées jusqu'au-dessus des chapiteaux, et les galeries sont encombrées de quatre mètres et demi[2]; l'entrée et les salles du temple le sont beaucoup moins. C'est principalement dans la galerie du nord que le sol est le plus exhaussé; entre les décombres et le plafond, il n'y a pas la hauteur d'un homme. Ayant remarqué que la frise qui décore intérieurement l'architrave de cette galerie était parfaitement conservée d'un bout à l'autre, je voulus la dessiner complétement; travail qui était facilité par ces mêmes buttes de décombres, lesquelles m'élevaient à la hauteur du bas-relief. Je trouvai le sol si exhaussé vers l'extrémité, que l'architrave posait sur la poussière, et par conséquent il n'y avait point de jour : il me fallut, dans cette portion de la galerie, me traîner sur le ventre, à la lueur d'une bougie; et je ne parvins à copier exactement cette longue bande de figures qu'avec les plus grandes fatigues[3].

La disposition que je viens de décrire retrace fort bien celle d'un temple *périptère*, sorte de temple qui était environné de colonnes sur les quatre côtés. Les

---

[1] Dix-neuf pouces.
[2] Quatorze pieds.
[3] *Voyez* pl. 62, fig. 1, côté á b, et pl. 64.

massifs qui occupent les angles répondent aux *antes* ou *parastates*, qui étaient, selon Vitruve, des pilastres angulaires tenant lieu de colonnes.

Le diamètre des colonnes de ce temple est d'un peu plus de huit décimètres et demi [1]; la colonne a environ cinq diamètres et demi. Si l'on divise en dix parties la hauteur totale du temple, la colonne entière en fait six, et sans le chapiteau, cinq; le dé, deux, et l'entablement, deux : c'est-à-dire que la hauteur des colonnes, depuis le sol jusqu'à l'architrave, fait quatre fois celle de l'entablement.

A quatorze mètres [2] de l'entrée du temple, on trouve deux colonnes enterrées, dont on ne voit plus que les chapiteaux : plus loin encore sont des restes d'édifices presque entièrement cachés sous les décombres. Il paraît qu'il y avait là des constructions assez étendues; mais il est difficile de dire si elles étaient liées au plan du temple; il n'y a qu'une fouille qui aurait pu nous l'apprendre, et l'on n'a pas eu le temps de l'exécuter.

Les petits édifices qui accompagnent ordinairement les grands temples, comme ici à Edfoû, ainsi qu'à Denderah et en d'autres lieux, ont tous une disposition constante qui diffère tout-à-fait de la disposition ordinaire : c'est toujours une ou plusieurs salles entourées de galeries de colonnes ou de piliers. Cette partie était précédée d'une enceinte de colonnes plus élevées et à jour : tantôt cette enceinte a disparu, ou même n'a pas été construite, comme on l'observe à Edfoû, à Denderah, etc.; tantôt cette enceinte est debout, et c'est le temple qui manque,

---

[1] Deux pieds huit pouces. [2] Quarante-trois pieds.

ainsi qu'on le voit à Philæ; mais on trouve à Hermonthis l'une et l'autre, et cet exemple fait voir ce qu'était la disposition complète d'un *typhonium*[1].

La dénomination de *typhonium* convient bien à ces petits temples; car l'image de Typhon et les figures typhoniennes y sont perpétuellement répétées : Strabon d'ailleurs a consacré ce nom[2]. La figure de Typhon y est représentée au-dessus des chapiteaux des colonnes, et presque en ronde-bosse, sur un dé fort allongé, qui a la même largeur que le fût. Cette décoration d'un style particulier, et ces dés d'une hauteur extraordinaire, constituent l'un des caractères principaux des *typhonium*, et leur donnent une physionomie propre. On a essayé d'en fournir une idée complète, en représentant le petit temple d'Edfoû entièrement déblayé et chargé de tous ses ornemens[3].

Une autre remarque générale qui est propre aux petits temples, c'est que leur direction est perpendiculaire à celle des grands édifices qu'ils accompagnent : cette particularité est digne d'attention[4]. Ici, à Edfoû, l'angle formé par les axes des deux temples est de 99°. Comme le grand temple est tourné exactement au midi, le *typhonium* regarde le levant. Il n'y a pas de doute que cette différence d'exposition n'eût un motif : il serait intéressant de le découvrir; mais je ne m'arrêterai point à à cette recherche.

Le dé allongé qui surmonte les colonnes n'est pas

[1] *Voyez* pl. 94, et la Description d'Hermonthis.
[2] Strab. l. XVII, p. 815.
[3] *Voyez* pl. 65.
[4] *Voyez* les plans d'Ombos et de Philæ : il en est de même à Karnak, à Denderah.

toujours sculpté ; mais, dans ce cas, il est manifeste que cela est dû au défaut d'achèvement, et que ce dé devait contenir sur les quatre faces une figure de Typhon, semblable à celle qui se voit à Edfoû[1]. La taille de cette dernière figure est un peu au-dessous de la stature humaine. Son attitude a quelque chose de pénible; elle a les jambes écartées, et les mains appuyées sur les hanches; une ceinture nouée derrière le dos descend entre les jambes : ses membres sont courts; la grosseur en est disproportionnée, mais celle de la tête l'est encore davantage. Cette tête, presque sans front, extraordinairement large et barbue, a un caractère encore plus bizarre que monstrueux, et ne ressemble pas mal à une caricature. La physionomie est riante ; les yeux, les coins de la bouche et les joues sont tirés en haut, et les dents sont à découvert. Tous ces traits ont été sculptés d'un ciseau ferme, et font voir quelque connaissance de l'anatomie extérieure[2]; les sourcilières qui rident les sourcils, l'orbiculaire qui ferme la paupière, les pyramidaux qui dilatent le nez, les muscles qui relèvent et tirent la lèvre supérieure vers l'oreille, en un mot tous les muscles qui concourent à l'expression du rire, sont fortement exprimés. La gravure n'a pu rendre tous ces détails, à cause de l'échelle; on trouvera de ces figures en grand dans les planches de la collection[3].

La saillie de ces figures de Typhon est, comme je l'ai dit, plus qu'en demi-relief; leurs pieds posent sur le

---

[1] *Voyez* pl. 62.
[2] Voyez *suprà*, p. 315, note [1].
[3] Consultez les pl. 96, fig. 3, et 97, fig. 1, ainsi que celles du *typhonium* de Denderah, pl. 32, 33, *A*., vol. IV.

dessus du chapiteau. Ce chapiteau est de l'espèce la plus fréquente, la même que j'ai montrée dans le grand temple, surtout dans le second portique, où elle supporte la figure d'Isis. En général, les temples dédiés à Isis, et les portions des autres temples consacrées particulièrement à cette divinité, ont dans leur décoration la plus grande analogie avec les temples de Typhon; c'est ce qu'on verra par la suite de cet ouvrage. Les ornemens du *typhonium* d'Edfoû vont en servir de preuve et d'exemple.

Toutes les sculptures, en effet, renferment ou l'image de Typhon, ou celles d'Isis et de son fils Horus. La frise qui règne en haut de la grande salle est composée des figures de Typhon et de Nephthys, alternativement répétées avec celles d'Horus ou Harpocrate assis sur une fleur de lotus[1]. Partout on voit Isis et son fils qui semblent repousser les influences du mauvais génie. Dans un de ces sujets, dont le temps n'a permis de copier qu'une portion, on remarque Isis au milieu et comme enveloppée d'une multitude de tiges de lotus; le plus souvent elle allaite son fils ou le tient dans ses bras. Une figure à tête de *crocodile* et à bras humains, ayant le corps d'une truie et la gueule béante, se tient à côté d'Horus : cette image est celle de Nephthys, sœur de Typhon dans la mythologie égyptienne; c'est l'emblème de la terre stérile, opposée à Isis, qui est le symbole de la terre féconde. Elle varie souvent par la tête et par les attributs; mais le corps est toujours le même : quelquefois sa tête est celle d'un *hippopotame*.

[1] *Voyez* pl. 63, fig. 5.

Ce monstrueux quadrupède est lui-même représenté en entier dans la frise de la galerie du sud[1], placé sur un cube, avec une gerbe ou faisceau de plantes derrière lui. On le reconnaît à ses jambes grosses et courtes, à sa tête démesurée et semblable à celle du buffle, à son pied fendu en quatre ongles et à sa queue très-courte[2]. Il est curieux de trouver sur les monumens la figure de cet animal qui a disparu de l'Égypte : on en verra dans l'atlas d'autres figures encore mieux caractérisées. On sait que l'hippopotame était consacré à Typhon, ainsi que le crocodile[3]. Je citerai ici un passage d'Eusèbe, qui semble être la traduction d'une partie de cette même frise. « Dans la ville d'Apollon ou Horus, dit-il, ce dieu a pour symbole un homme à tête d'épervier, armé d'une pique, et poursuivant Typhon, représenté sous la forme d'un hippopotame[4]. » Il est aisé au lecteur qui a le bas-relief sous les yeux, d'y reconnaître cette description; Horus à tête d'épervier est la seconde figure derrière l'autel de l'hippopotame. Un rapprochement aussi curieux méritait place dans cette description.

On remarque dans le temple une frise où sept femmes tiennent des disques à la main, et une autre composée de six femmes assises, tenant le jeune Harpocrate dans leurs bras; dans l'un des bas-reliefs, il est debout sur les genoux d'un personnage à tête d'épervier.

La frise de la galerie du midi et celle de la galerie du nord, dont j'ai déjà parlé, se distinguent des autres sujets

---

[1] *Voyez* pl. 63, fig. 6.
[2] *Voyez* l'Hist. nat. de Buffon, in-12, 1769, t. X, p. 187.
[3] Plut. *de Iside et Osiride*.
[4] Euseb. *Præp. evang.* l. III, c. XI, p. 117.

par le grand nombre de figures qui les composent et qui forment une sorte de procession; derrière elles sont de nombreuses tiges de lotus. Beaucoup de ces figures ont des couteaux, des piques, des arcs ou des flèches à la main; dans la frise du nord, on voit même deux lions debout et armés de deux couteaux. La frise du midi n'a été copiée qu'en partie; mais celle du nord l'a été d'un bout à l'autre, à l'exception des colonnes d'hiéroglyphes de la fin, qu'on a figurées dans la planche en arrachement[1]. Il y avait soixante-quinze de ces colonnes, toutes conservées, et il est bien à regretter que le temps ait manqué pour recueillir cette longue inscription.

La procession de cette frise du nord est composée de quarante-cinq figures, dont les dix premières marchent vers le derrière du temple, toutes décorées de la croix à anse, emblème de la puissance et de la divinité; les autres leur tournent le dos, et sont généralement armées comme je l'ai dit. La plupart ont devant elles une petite phrase hiéroglyphique, formée de quatre à cinq caractères, quelquefois seulement de deux, ou même d'un seul. Les personnages ont des têtes de belier, de serpent, de chien, de vautour, de bœuf, de lion, de lièvre, etc. Sous le rapport du dessin, il faut remarquer une enseigne fort bien ajustée, composée d'un chacal ayant l'*ubœus* devant lui; on remarque aussi le lion à tête d'épervier, assis au-dessus d'un serpent, qui se reploie sous le poids du corps de ce lion chimérique. Cette dernière figure est une espèce de sphinx qui n'était pas décrite, et que j'ai déjà fait remarquer sur

[1] *Voyez* pl. 64.

les colonnes d'Ombos. On remarque aussi vers le milieu de la frise un cygne placé sur un cube et précédé de quatre serpens. Je finirai par citer un groupe de figures assises que l'on voit dans l'intérieur, et dont le contour a été répété trois fois, pour indiquer trois figures. Les Égyptiens avaient coutume de représenter ainsi une multitude; le peuple en adoration est figuré par trois personnages de suite agenouillés, ou par un seul dont le galbe est triplé.

J'en ai dit assez sur les sculptures du *typhonium* d'Edfoû, pour aider à découvrir leur objet principal. On y reconnaît, comme dans le grand temple, la représentation des cérémonies relatives au solstice d'été. La figure d'Isis, tout environnée de lotus[1], désigne clairement *la terre couverte par les eaux de l'inondation*. Les *lotus* qui forment le fond des deux longues frises dont j'ai parlé, indiquent la même époque de l'année. On a déjà fait remarquer ce lion à tête d'épervier, qui pose sur les replis d'un serpent[2] : il est couronné des attributs de la force et de la divinité. L'épervier, symbole du soleil, désigne ici la toute-puissance de cet astre arrivé à son apogée; et le serpent que la figure écrase, est l'emblème des influences malfaisantes qui sont détruites au renouvellement de l'année.

Le premier personnage de cette même frise est une figure à tête d'ibis : il est très-remarquable que c'est la même qui commence la frise du portique du grand temple[3]; elle y indique également le premier mois de

---

[1] *Voyez* pl. 63, fig. 4.
[2] *Voyez* pl. 64.
[3] *Voyez* pl. 68, fig. 2, et ci-dessus, page 320.

l'année ou le mois du solstice d'été. Toutes ces figures armées de flèches rappellent le sagittaire, qui désigne dans le zodiaque la fin du printemps et l'approche du solstice. Quant à l'époque à laquelle se rapportent ces peintures, elle me paraît marquée par la figure du lion, très-commune dans la frise, notamment par les deux lions debout armés de couteaux. Pour exprimer symboliquement que sous le signe du *lion* les influences nuisibles étaient anéanties, pouvait-on imaginer rien de mieux que d'armer la figure même de cet animal? Mais ce qui annonce parfaitement la même époque, c'est encore ce lion qui occupe le milieu de la galerie[1]; cette figure est principale dans la frise, et par sa place, et par sa proportion. En joignant au corps du lion la tête de l'épervier, l'artiste me semble avoir indiqué fort bien que le soleil était alors dans la constellation du lion; car l'épervier était l'emblème du soleil. C'est ainsi que ces figures complexes, qui ne semblent au premier coup d'œil que des compositions fantasques, ou qui ne sont remarquées que pour l'art et le goût du dessin, avaient été imaginées par les Égyptiens pour peindre les phénomènes naturels, et en fournir en quelque sorte une image sensible[2]. Si donc cette conjecture est fondée, et si l'on convient que les auteurs du temple ont voulu marquer dans les sculptures le temps de son érection, on sera porté à conclure que cet édifice date de l'époque où le solstice d'été avait lieu dans la constellation du

---

[1] En restituant dans la planche les soixante-quinze colonnes d'hiéroglyphes, on verra que cette figure était au milieu de la frise.

[2] Ce n'est pas ici le lieu d'étendre cette remarque: on se propose de le faire dans l'*Essai sur l'art en Égypte*.

lion, et qu'on y a peint l'instant du renouvellement des saisons; mais l'on ne trouve pas ici une limite, comme dans le grand temple, ni des indices suffisans pour assigner un temps déterminé.

§. VIII. *Rapports des principales dimensions du grand temple.*

Je terminerai cet écrit par quelques rapprochemens sur les proportions du grand temple d'Edfoû. Il ne sera pas sans quelque intérêt de voir le soin qu'ont mis les Égyptiens dans cette partie de la disposition, et les règles qui les ont guidés. On y reconnaît aussi les élémens de leur système de mesures, qui a fait chez les modernes l'objet de tant de recherches, et que je tâcherai d'exposer dans un écrit spécial, auquel j'ai déjà renvoyé dans le cours de ce Mémoire.

Pour plus de brièveté et de netteté, je vais rapporter ci-dessous, en deux colonnes, les mesures des principales dimensions, et les nombres qui indiquent leurs rapports.

	Longueurs en mètres.	Rapports approchés.
Longueur totale du temple............	137^m 38.	300.
Largeur postérieure.................	47. 048.	100.
Pylône: longueur[1].................	69. 028.	150.
— hauteur.......................	34. 974.	75.
— largeur.......................	10. 99.	24.
— saillie hors de l'enceinte.........	10. 99.	24.
— profondeur de la porte..........	11. 261.	25.
— largeur de la porte.............	5. 36.	12.

[1] Cette dimension fait la largeur totale du temple.

CH. V, DESCRIPTION

	Longueurs en mètres.	Rapports approchés.
Pylône : hauteur de la porte jusqu'au listel..	22. 631.	50.
— hauteur de la porte sous le linteau..	15. 432.	33 ⅓.
Largeur de la *cour*, d'une colonnade à l'autre..	34. 46.	75.
Diamètre des colonnes de la cour..........	1. 381.	3.
Entre-colonnement de la cour............	2. 56.	5 ⅐.
Hauteur de l'enceinte..................	11. 48.	25.
Largeur du dos du temple, en face du mur d'enceinte............................	33. 134.	72.
Premier portique : façade.................	40. 55.	90.
— côté extérieur................	18. 705.	40.
— saillie hors du temple....	3. 71.	8.
— longueur intérieure.......	34. 87.	75.
— largeur entre l'avant-corps et les murs d'entre-colonnement[1].........	14. 05.	30.
— hauteur au-dessus du seuil.	15. 674.	33 ⅓.
— hauteur au-dessus du sol extérieur.............	17. 164.	37 ½.
Second portique : longueur................	20. 41.	45.
— largeur.................	13. 345.	30.
Longueur de la salle qui suit le second portique...............................	20. 41.	45.
Longueur de la salle qui précède le sanctuaire.	13. 535.	30.
Largeur de la même depuis l'avant-corps....	4. 51.	10.
Distance des deux lions, répondant au dos du sanctuaire.............................	11. 3.	25.

On remarque, au premier coup d'œil, dans ce tableau, que les rapports simples sont les plus fréquens, comme 25, 30, 75 et 90, qui sont répétés trois fois chacun. Voici les proportions relatives qui sont les mêmes :

1°. La saillie du pylône sur l'enceinte est précisément égale à sa largeur.

2°. La profondeur de la porte est la même que la hauteur de l'enceinte, et que la distance des deux lions adossés au temple.

[1] Cette largeur est pareille à celle du côté même du portique.

3°. La hauteur totale du pylône est égale à la largeur de la cour et à la longueur intérieure du premier portique.

4°. La longueur de la cour, depuis la première jusqu'à la dernière colonne, est égale à la largeur du temple en dedans de l'enceinte.

5°. La hauteur du portique est la même que celle de la porte du pylône sous le linteau.

6°. La largeur du sanctuaire est la même que celle de la salle qui suit le second portique.

7°. Enfin, les deux portiques ont une même largeur.

Ainsi la longueur du temple, tout compris, est double de sa largeur, et celle-ci est double de la hauteur.

On remarque encore que la largeur du pylône est double de celle de la porte, la hauteur de celle-ci quadruple, et la largeur du dos du temple, sextuple.

La longueur totale du temple contient huit fois la hauteur du portique, quatre fois la hauteur du pylône, et deux fois sa longueur.

La longueur du pylône est, par conséquent, double de sa hauteur.

La hauteur de la galerie ou enceinte est le tiers de la hauteur du pylône; elle est le quart de la largeur postérieure du temple, et la hauteur du portique en est le tiers.

La saillie du portique est le tiers de celle du pylône.

La largeur du portique en dedans est le tiers de sa façade.

La longueur du sanctuaire est double de sa largeur.

Le demi-diamètre ou module des colonnes de la cour

divise la plupart des dimensions que je viens d'énumérer. La première des colonnes a de hauteur quatorze de ces demi-diamètres avec le dé, et la dernière, douze; l'entablement, trois; le chapiteau, deux. Les colonnes des deux portiques ont également douze demi-diamètres.

Enfin, si l'on prend pour module la hauteur de l'architrave, qui, avec le cordon, fait toujours la moitié de l'entablement, on trouve que, dans la cour, la première colonne, compris le dé, contient neuf de ces modules, et que les colonnes du premier portique en renferment huit.

Il me serait facile, mais fastidieux pour le lecteur, de multiplier ces rapprochemens. J'en ai dit assez pour prouver que les Égyptiens savaient balancer avec art les masses de leurs édifices, et suivaient des règles certaines pour en proportionner toutes les parties. Par-là, j'ai peut-être expliqué la cause de l'harmonie que présente à l'œil le grand temple d'Edfoû.

CHAPITRE SIXIÈME.

DESCRIPTION
DES RUINES D'EL-KÂB
OU ELETHYIA,

Par M. SAINT-GENIS,

INGÉNIEUR EN CHEF DES PONTS ET CHAUSSÉES.

LE célèbre géographe d'Anville, en discutant avec sa sagacité ordinaire les autorités des anciens géographes, a parfaitement déterminé la position d'*Elethyia*, ou la ville de *Lucine*: il la place, sur sa carte de l'ancienne Égypte, en un point correspondant au village moderne d'*el-Kâb*. Nous avons appris, en effet, qu'auprès de ce village, qui est situé sur la rive droite du Nil, à deux lieues environ au-dessous d'Edfoû (l'antique *Apollinopolis magna*), il existe des ruines assez considérables.

La rive sur laquelle ces ruines sont situées présente le même aspect qu'on retrouve presque partout sur les bords de ce fleuve au-dessus du Delta; une plaine rase, dont la lisière voisine du Nil est cultivée, et le reste stérile et desséché, depuis que les canaux d'irrigation, la culture des champs et les plantations d'arbres ne s'opposent plus à l'invasion des sables du désert. Cette plaine est bordée dans le fond par un rideau peu élevé de rochers calcaires absolument nus et d'une blancheur uniforme, quelquefois entrecoupés par de sombres catacombes. En débarquant un peu au-dessous d'el-Kâb, le voyageur aperçoit devant lui une vaste enceinte carrée [1], qui lui paraît être une espèce de *retranchement* en terre, au milieu duquel s'élèvent les chapiteaux d'un groupe de colonnes, et quelques pans de murs épais et comme distribués au hasard. Le sentier [2] qui conduit du village d'el-Kâb [3] à celui d'el-Mahammed, divise la plaine par son milieu, et sépare du désert le terrain cultivé [4].

Vers le milieu de la distance qui se trouve entre l'enceinte et le village d'el-Mahammed, on découvre un petit temple isolé [5]; plus loin, l'œil indécis cherche à deviner ce que peut être une énorme masse de pierre [6] si singulièrement percée, qu'elle lui présente la forme d'une porte gigantesque. La montagne qui sert de fond à ce tableau paraît criblée d'ouvertures; et le voyageur y reconnaît bien vite ces grottes sépulcrales qui, dans la haute Égypte, accompagnent les ruines des villes antiques. Les anciens Égyptiens semblent partout avoir mis autant d'importance et employé les mêmes efforts à creuser la demeure des morts, qu'à élever celle des vivans : les unes occupaient le bord du fleuve ou le milieu de la vallée; les autres, le bord du désert au pied de la montagne.

---

[1] *Voyez* a, pl. 66, fig. 1.
[2] *Voyez* b c, *même figure.*
[3] *Voyez* d, *ibid.*
[4] *Voyez* e, pl. 66, fig. 1.
[5] *Voyez* f, *ibid.*
[6] *Voyez* g, *ibid.*

D'EL-KAB OU ELETHYIA. 343

En examinant en détail les objets que je viens d'indiquer, on trouve que la grande enceinte[1] est un carré d'environ 640 mètres de côté, 9 mètres de hauteur, et 11^m.50 d'épaisseur (plus de trente-quatre pieds). Elle est construite en briques qui ont 0^m.38 de hauteur (plus de quatorze pouces) sur 0^m.20 et 0^m.18. Ces briques ne sont point cuites; elles sont composées de terre forte du pays, ou limon du Nil, simplement pétri et séché au soleil, ou du moins à un feu très-doux. Ce limon a conservé sa couleur naturelle d'un brun cendré. Comme il fallait, pour des constructions aussi vastes, des quantités énormes de briques, et qu'il ne s'agissait probablement, en les employant, que de former une simple barrière, propre à marquer les limites de l'espace interdit aux profanes, ou à arrêter les incursions des peuples nomades du désert, on a dû user des procédés *en grand*, et les plus simples, pour la fabrication de ces matériaux. La chaleur naturelle du soleil, dans ce climat, a donc dû suffire pour la cuisson de ces briques. Nous avons remarqué, en effet, que le thermomètre (*de Réaumur*), placé *sur le sol, à cette latitude*, s'élevait à 50 degrés au mois de septembre. Il faut donc croire que les Égyptiens, qui d'ailleurs ont bien prouvé qu'ils n'étaient pas avares de grands travaux, soit pour l'exploitation, soit pour l'emploi des matériaux les plus gros et les plus durs, ne faisaient usage de ceux-ci que dans le cas où ils n'avaient besoin d'élever qu'un simple *retranchement en terre;* et la brique crue avait, sur les terrasses, l'avantage de pouvoir s'arranger en forme de maçonnerie et avec un

[1] *Voyez* g h i k, pl. 66, fig. 2.

médiocre talus. Ce procédé s'est conservé par toute l'Égypte, dans la construction des villages modernes.

Les grandes enceintes en briques crues servaient ordinairement à entourer un temple, un palais, ou un vaste ensemble d'édifices de ce genre. Au milieu de l'un ou de plusieurs des côtés de la clôture, s'élevait une de ces portes colossales en pierre, qui sont quelquefois accompagnées de môles énormes, et qui souvent nous paraissent, au premier abord, si bizarrement isolées, parce que l'enceinte, facile à détruire, a totalement disparu : ici, au contraire, la clôture subsiste, et la porte principale n'existe plus. On voit par le plan, qu'elle a pu être sur le côté en face de la montagne, au point l [1]; position singulière, puisqu'elle est opposée au fleuve. Il serait plus naturel de supposer qu'elle se trouvait en face de la porte m [2] que nous examinerons, et que sa place a été depuis encombrée. Peut-être a-t-il existé une autre porte au point o [3] du côté du petit temple qui est isolé dans la plaine, et dont je parlerai plus tard.

Je serais porté à croire que cette grande enceinte était celle de la ville même d'*Elethyia*, quoiqu'ailleurs ces clôtures m'aient paru en général, comme je l'ai dit, se borner à renfermer un ensemble de monumens ou d'édifices publics. Une ville qui aurait 2560 mètres de circuit, ne serait pas très-petite; et nos villes d'Europe de 10,000 âmes n'ont pas plus d'étendue. On ne trouve point, dans la plaine environnante, de ruines qui présentent une aussi grande surface, et qu'on puisse sup-

---

[1] *Voyez* g h i k, pl. 66, fig. 2.   [3] *Ibid.*
[2] *Voyez* pl. 66, fig. 2.

poser être celles de la ville d'*Elethyia* : on n'aperçoit pas même, autour et au-dehors de la grande enceinte, ces monticules de décombres qui attestent ordinairement l'existence de maisons particulières même entièrement démolies; on les retrouve, au contraire, en-dedans de la clôture, et c'est là que ces habitations me paraissent avoir existé. Elles ont pu être détruites depuis par la suite des temps et des révolutions, comme il est arrivé dans toute l'Égypte, où l'on n'en trouve plus de traces; tandis que les temples, les palais et les autres grands édifices, plus difficiles à renverser, et dont les matériaux énormes étaient moins propres aux constructions particulières, subsistent en partie, et laissent toujours paraître, au moins, quelques restes en pierre.

C'est vraisemblablement par une suite de l'existence de la ville dans cette enceinte, que l'usage d'y habiter se sera conservé jusque dans ces derniers temps. On voit encore le long de la face du *nord* de cette clôture, et dans l'intérieur, les restes d'un assez grand nombre de maisons[1]; elles présentent exactement l'aspect des ruines des villages modernes. On y trouve beaucoup de débris de poteries actuellement en usage dans le pays, et des voûtes, dont on peut assurer, aujourd'hui plus que jamais, que les anciens Égyptiens ignoraient la construction[2]. Toutes ces maisons paraissent avoir été bâties principalement avec les briques crues qui composent les murs de la grande enceinte, dont on a facilement démoli quelques parties. Aujourd'hui, les sables de la montagne

---

[1] *Voyez* p, p, p, pl. 66, fig. 2.

[2] Les voûtes qu'on a trouvées à *Elethyia* sont en briques.

pénètrent dans l'intérieur par les deux grandes ouvertures que j'ai indiquées, et ils encombrent la plus grande partie de ces masures.

Il subsiste encore, comme je l'ai dit, quelques restes des édifices publics de l'ancienne *Elethyia* : mais il est à remarquer qu'on n'en aperçoit pas dans l'espace que j'attribue aux maisons particulières; on les voit tous rassemblés dans une seconde enceinte carrée[1] qui a le même centre que la première, et dont les côtés lui sont parallèles. On y retrouve bien sur le côté *sud-ouest*, opposé au Nil, les fondations[2] d'une de ces principales portes en pierre qui s'ajustaient, comme je l'ai observé, aux murs d'enceinte en briques: L'existence de cette seconde clôture confirme ce que j'ai dit de la première : l'une était celle de la ville, et l'autre celle du temple. Il est donc très-vraisemblable que les anciens habitans de la haute Égypte étaient dans l'usage de clore non-seulement leurs monumens publics, mais encore leurs villes, avec des murs de briques crues; et si communément nous ne retrouvons encore subsistantes que les clôtures des temples et des palais, c'est, sans doute, parce que celles des villes étaient plus exposées à tous les ravages, et qu'elles ont dû servir de bonne heure à construire les habitations modernes, qui se sont, peu à peu, réduites à l'enceinte des temples eux-mêmes. D'ailleurs, l'existence de ces dernières clôtures a dû naturellement se prolonger davantage avec celle de ces grands édifices dont elles faisaient plus essentiellement partie.

Tout l'espace renfermé dans la seconde enceinte est

[1] *Voyez* q r s t, pl. 66, fig. 2.   [2] *Voyez* m, *même figure.*

plus élevé que le terrain environnant, et forme, dans son milieu, une petite colline de sables et de décombres. La plupart des édifices marqués sur le plan particulier [1] sont rasés, et l'on n'en trouve que les fondations ou les traces à la superficie du terrain. Il ne subsiste plus aujourd'hui que la partie *u* du bâtiment *v* [2], qui est indiqué sur ce plan par une teinte plus noire, et les deux rangs *x*, de trois colonnes chacun, désignés de la même manière. Ce sont ces deux ruines, encore debout, qui sont représentées dans la *vue pittoresque* [3], prise au point A du plan des monumens. Le pan de mur *b c* [4] qui, sur ce plan, paraît plus long que ceux des salles voisines, n'est point une espèce de mur de terrasse, comme on pourrait se le figurer d'après une inspection trop rapide de la *vue* : cette illusion est occasionée par l'encombrement de toutes ces constructions. On voit en effet à son extrémité gauche une assise de plus [5]. On aperçoit encore sur les autres murs, et à la hauteur où se trouve aujourd'hui le dessus de celui-ci, des figures sculptées qui sont cachées jusqu'aux reins par les décombres, et coupées par le niveau supérieur de ce mur. Ce niveau lui-même varie de plusieurs assises en quelques endroits, et indique bien une démolition commencée. Il paraît donc que ce mur servait seulement d'*enveloppe* aux distributions intérieures; et d'ailleurs il ne portait point d'hiéroglyphes, tandis que toutes les faces des autres murailles en sont couvertes. Les pierres qui recouvrent la salle subsistante

---

[1] *Voyez* pl. 66, fig. 4.
[2] *Ibid.*
[3] *Voyez* pl. 66, fig. 3.
[4] *Voyez* pl. 66, fig. 4.
[5] *Ibid.* fig. 3, au point 2.

ont quatre mètres de longueur, et terminaient certainement l'édifice : on en peut juger par la corniche sculptée qui règne au-dessous de ce plafond, dans l'intérieur de la pièce, et parce que, dans aucun temple égyptien, on ne trouve d'étage proprement dit au-dessus d'un autre. Ce temple est couronné, comme tous ceux que nous avons vus, par un lit de pierres plates, au-dessus duquel on pratiquait quelquefois une terrasse bordée d'un parapet.

Sur la droite de la *vue*[1], et un peu plus loin que la salle, se trouvent les six colonnes que j'ai fait reconnaître sur le *plan;* elles sont encore recouvertes de leurs énormes architraves. Les chapiteaux sont tous semblables ; ce qui n'a pas toujours lieu dans les plus beaux monumens égyptiens. Ces six colonnes devaient appartenir à quelque vaste salle *intérieure* dont elles formaient le parvis, et être accompagnées de plusieurs autres colonnes, comme l'annoncent assez les compartimens de leurs architraves. D'ailleurs elles ne sont point liées par leurs fûts ; et dans tous les monumens égyptiens, lorsque les colonnes sont *extérieures* et forment péristyle, elles se trouvent engagées, jusqu'au tiers ou à la moitié de leur hauteur, dans des murs de même épaisseur qu'elles, et qui constituent une clôture particulière au bâtiment qu'elles décorent. On doit conclure de ces observations, et de ce qu'on trouve à d'assez grandes distances les unes des autres, des traces de compartimens isolés, de murailles, et de colonnes rasées, que l'édifice dont les restes subsistent aujourd'hui ne formait point la partie prin-

[1] *Voyez* pl. 66, fig. 3.

cipale des monumens d'*Elethyia,* et n'en était qu'un accessoire; que le bâtiment à douze colonnes [1] qui se présente en face de la porte d'entrée de la seconde enceinte se trouvait sur la ligne principale du plan général de ces constructions, et qu'il y avait, sur le côté opposé aux ruines encore debout, d'autres masses aussi considérables qui leur correspondaient : car les *plans* des architectes de l'ancienne Égypte sont ordinairement très-symétriques, et d'une simplicité, d'une pureté admirables.

On voit encore, au-devant du temple conservé, les restes d'un bassin carré, comme on en trouve un à Hermonthis. Ces bassins sont placés assez loin des sanctuaires, qui subsistent encore. Ils étaient sans doute destinés à fournir de l'eau pour les sacrifices, ou plutôt pour les ablutions préparatoires, puisqu'ils sont *en dehors* de ces sanctuaires. Le bassin d'*Elethyia* contient encore de l'eau; mais elle est fortement saumâtre, comme toute celle qui se trouve en Égypte à la surface du sol, couvert partout de cristallisations et d'efflorescences salines.

On rencontre, dans une fouille auprès du bassin, un sphinx formé d'un bloc de pierre calcaire compacte, brillante, et qu'on prendrait pour de l'albâtre.

On a trouvé, près des monumens qui sont encore debout, deux fragmens de statues en granit noir, dont l'une est vue de profil et *en trois quarts* (pl. 69, fig. 5 et 7); elle est d'environ six mètres de proportion : l'autre (fig. 6) est de proportion humaine. Ces figures ne sont

[1] *Voyez* e, pl. 66, fig. 4.

pas très-incorrectes, ni pour le dessin, ni pour l'exécution : il y a même une certaine vérité dans leur pose, et quelque chose d'élégant et de gracieux dans leurs contours. Il est à remarquer qu'en général les statues égyptiennes sont mieux faites que les sculptures en petit relief, et surtout que les peintures. Cette différence est conforme à la marche de l'esprit humain : dans l'enfance des arts, il est facile, en ciselant un bloc de pierre autour duquel l'artiste peut tourner dans tous les sens, d'imiter un modèle qu'il peut aussi considérer sur tous les points, et copier, pour ainsi dire, pièce à pièce, en se servant à chaque instant de mesures exactes; il n'en est pas de même du dessin et surtout de la peinture, pour lesquels il faut que l'art s'élève jusqu'aux combinaisons de la perspective, des effets de la lumière et du coloris.

Le petit temple isolé qu'on rencontre en marchant au *nord* des ruines d'*Elethyia* vers la montagne arabique[1], a environ 15 mètres de longueur, sur $9^m.3$ de largeur, et $4^m.7$ de hauteur. On y entre maintenant par les deux extrémités; mais on s'assure, à l'inspection des démolitions, qu'il n'y avait autrefois qu'une seule entrée à ce temple. Elle est d'ailleurs bien distinguée par deux colonnes formant une opposition avec les piliers élevés au-dessus du soubassement qui règne en dehors à hauteur d'appui. Ces piliers et leur soubassement sont en partie renversés; mais il a été facile de restaurer, comme on le voit ici, ce monument, d'ailleurs presque entièrement semblable aux temples d'Éléphantine. Les piliers forment une galerie bien éclairée autour du sanctuaire,

[1] *Voyez* f, pl. 66, fig. 1, et pl. 71, fig. 1, 2, 3, 4.

lequel est absolument sans autre jour que celui de la porte.

Les murs du sanctuaire sont couverts, en dehors et en dedans, d'hiéroglyphes et de figures sculptés, représentant des cérémonies religieuses. L'ensemble de ce petit monument est aussi pur dans son plan, qu'il est simple dans son exécution.

Le caractère de solidité que les Égyptiens ont imprimé à tous leurs ouvrages, se montre encore ici dans le talus des murs du sanctuaire, et aussi dans l'épaisseur qu'on leur a donnée pour un aussi petit édifice, si l'on compare cette dimension avec leur hauteur et leur peu d'étendue. Ces murs sont bâtis, comme ceux des grands monumens, en grosses pierres de taille.

Parmi toutes ces ruines, où reconnaître le temple de Lucine? On sait que cette déesse présidait aux accouchemens, et que c'était Junon, que les Latins adoraient sous ce nom, et les Grecs sous celui d'*Eileithyia* : mais on ne retrouve ici aucun de ses attributs; et il est plus naturel de penser que son temple était le grand monument placé au centre de la ville consacrée à cette divinité, et dont elle portait le nom.

En s'approchant de la chaîne *arabique* vers le nord et près du village d'el-Mahammed, on s'aperçoit que cette grande masse[1] qu'on avait prise d'abord pour une porte colossale, n'est qu'un rocher distinct du corps de la montagne, et dont on a exploité le pourtour et le centre, pour en tirer de la pierre qui a vraisemblablement servi à la construction des édifices que nous venons de par-

[1] *Voyez* g, pl. 66, fig. 1, et pl. 67, fig. 1.

courir. Cette exploitation a été conduite de manière que le grand rocher saille de tous côtés perpendiculairement au niveau de la plaine. On a ensuite vidé l'intérieur, et ménagé deux énormes pieds-droits, pour supporter les parties supérieures qu'on ne pouvait extraire facilement. On a encore conservé dans le milieu un fort pilier pour soutenir davantage le ciel. Les formes régulières de chaque partie, celle de la masse en général, et les effets du jour qui la traverse, lui donnent, aux yeux du voyageur qui parcourt le Nil, l'apparence d'un monument d'architecture. C'est cet objet remarquable au loin, qui, lorsque nous descendions le fleuve, fixa particulièrement notre attention sur cette plaine, où nous cherchions les ruines d'*Elethyia*, et nous reconnûmes bientôt l'enceinte auprès de laquelle nous débarquâmes. En s'approchant de plus en plus de cette masse singulière, l'illusion qu'on avait éprouvée renaît quelquefois, et le doute augmente encore à l'aspect des couches ou lits du rocher, qui se trouvent assez égaux entre eux, parallèles à l'horizon, et par conséquent se correspondent très-bien d'un pied-droit à l'autre.

Après avoir examiné tous les objets que la plaine offrait à ma curiosité, je commençai à parcourir la montagne en revenant sur mes pas; j'y trouvai plusieurs grottes qui sont indiquées sur le plan général des ruines[1], et parmi lesquelles on en remarque deux principales. Je fus vivement frappé d'y voir un très-grand nombre de tableaux de la vie civile des anciens Égyptiens; chose unique jusqu'alors parmi les ruines

[1] *Voyez* m, pl. 66, fig. 1.

de l'Égypte, où nous n'avions rien trouvé que des
temples couverts de représentations religieuses, ou des
palais décorés de scènes militaires. On trouve ailleurs,
parmi de grands tableaux religieux, quelques détails
isolés de la vie domestique, mais point de description
suivie des usages et des procédés des arts, tandis qu'on
voit ici tous les détails de la culture des grains, le labou-
rage à bras d'homme ou avec des bœufs, le passage du
cylindre sur les sillons, les semailles, l'emploi de la
herse, la moisson, le glanage, le dépiquage du grain
sous les pieds des bœufs, le vannage, l'emmagasinement
et l'enregistrement des récoltes (et, par suite, l'écriture);
la pêche au filet et la salaison du poisson; la chasse aux
toiles, et la préparation du gibier pour le conserver;
la vendange et le logement des vins; la méthode encore
usitée en Égypte pour faire rafraîchir les boissons; la
rentrée des troupeaux; le chargement des barques, et la
navigation à la voile et à la rame; le pesage des animaux
vivans à la vente, et la préparation des viandes; une
offrande domestique[1]; l'embaumement et les funérailles
des particuliers depuis leur mort jusqu'à la translation
de leurs corps dans les puits ou caveaux des momies;
enfin la danse et la musique[2]. On remarque, presque
partout, un chef pour chaque travail particulier. On y
voit les femmes mêlées, sans voile, avec les ouvriers;
ce qui indique assez que l'usage qu'elles ont, en Égypte,

---

[1] *Voyez* pl. 68, et pl. 69, fig. 1, 2, 3, 4. Tout ceci se trouve dans la première des deux grottes : le repas et les offrandes que l'on fait au maître du logis sont les seuls objets qui aient quelque ressemblance avec les cérémonies religieuses.

[2] *Voyez* pl. 70 et 71. Ces sujets se trouvent dans la seconde grotte.

de se cacher le visage, n'avait pas lieu dans l'antiquité. On voit encore, dans ces tableaux, la part que les enfans prenaient dans ces diverses occupations; et l'on y trouve les costumes de plusieurs classes de la société. Tous ces sujets sont sculptés dans le rocher, peints de couleurs variées, à teintes plates, et encadrés d'hiéroglyphes[1].

A la nouvelle de cette intéressante découverte, qui excita parmi nous un enthousiasme général, la moitié des membres de la commission, qui était descendue dans la plaine d'*Elethyia*, accourut; l'autre moitié, qui s'était déjà rendue à Esné ou *Latopolis*, distante de sept lieues, remonta le Nil pendant la nuit, et se réunit aux grottes. Tous travaillèrent à recueillir le plus grand nombre possible des tableaux qu'elles renfermaient. Je pris des calques de ceux qui ne pouvaient être dessinés, pour servir à compléter la description, ou à donner aux dessins un plus grand caractère de vérité et d'exactitude. M. Costaz, qui vint immédiatement après moi dans les grottes, s'occupa à recueillir des observations sur plusieurs de ces scènes, dont il a déjà donné une description dans le second cahier du troisième volume de la Décade égyptienne[2].

Les deux grottes dont il s'agit sont taillées dans le roc, ainsi que toutes les autres. La première est d'une forme très-simple, et il y en a peu d'aussi petites dans le reste de l'Égypte[3] : elle a environ $7^m.8$ (vingt-quatre pieds) de longueur, sur $3^m.7$ (onze pieds six pouces)

---

[1] Il est vraisemblable que ces inscriptions ont un sens analogue aux tableaux qu'elles entourent.

[2] *Voyez* le Mémoire de M. Costaz sur les grottes d'*Elethyia*.

[3] *Voyez* pl. 71, fig. 16, 17, 18.

de largeur, et son ciel est coupé en voûte surbaissée. Cet espace est distribué en deux parties; la première est la seule ornée de sculptures peintes. Dans le fond, à droite, est une porte[1] qui doit avoir été pratiquée postérieurement à la confection de la première salle et des sculptures qui la décorent, car elle coupe ces sculptures. Cette porte communique à une seconde chambre où est un puits; et c'est, sans doute, celui où l'on déposa les corps des personnes dont cette grotte était le tombeau. Ce sont elles, vraisemblablement, dont on voit la représentation dans le groupe situé au fond de la première salle. Ces trois figures sont sculptées presque en ronde-bosse, et fort endommagées; les têtes principalement sont mutilées. Le personnage du milieu est un homme, et probablement le chef de la famille; la partie inférieure de son corps est couverte d'une draperie serrée. On reconnaît par le dessin des deux autres figures, que ce sont des femmes. Elles paraissent embrasser ou soutenir le personnage principal; et leur attitude indique une certaine intimité avec lui, et fait présumer que c'étaient ses femmes, ou ses filles, ou ses esclaves. Du reste, on ne voit pas d'attributs de divinités, prêtres ou rois, dans cette grotte. Ce caractère, joint à la petitesse et au peu d'apparence de ces catacombes, aux scènes qui y sont représentées, porte à croire que c'était là le tombeau d'un simple particulier, peut-être d'un agriculteur riche et puissant.

La seconde grotte, située près de celle-ci, est à peu près des mêmes dimensions, mais moins belle, moins

[1] *Voyez* pl. 71, a, fig. 16.

décorée; et c'est pour cette raison, ou par suite de quelque tradition, que les habitans d'el-Kâb la nomment, suivant leurs idées, *grotte du vizir*, et l'autre, *grotte du sultan*.

On rencontre aux environs beaucoup de restes de momies brisées, et l'on a trouvé, parmi ces ossemens, une mâchoire de crocodile. Auprès de ces deux grottes, du côté du grand rocher, on en trouve deux autres[1], aussi taillées dans la montagne; mais leur entrée est, en grande partie, comblée par le sable, qui abonde en cet endroit. En suivant le pied de la chaîne arabique, on découvre encore beaucoup d'autres grottes[2] plus ou moins intéressantes, mais presque toutes remplies de décombres. Elles se trouvent en plus grand nombre en face de l'enceinte d'*Elethyia*.

Ce grand ensemble de ruines et de catacombes indique assez que ce quartier de l'Égypte était jadis très-peuplé, et qu'*Elethyia* était une ville de quelque importance.

---

[1] *Voyez* h, pl. 66, fig. 1.   [2] *Voyez* l, l, l, *même figure*.

CHAPITRE SEPTIÈME.

DESCRIPTION

D'ESNÉ ET DE SES ENVIRONS,

Par MM. JOLLOIS et DEVILLIERS,

Ingénieurs des Ponts et Chaussées.

Esné[1], ville principale de la province la plus méridionale de l'Égypte, est située sur la rive gauche du Nil, entre Thèbes et la première cataracte. Suivant les observations de M. Nouet, elle est sous le 30° 14′ 41″ de longitude, et le 25° 17′ 38″ de latitude septentrionale.

A la hauteur d'Esné, la vallée du Nil a environ huit mille mètres de largeur. Au-delà de la plaine cultivable, le terrain est sablonneux, et s'élève en pente douce jusqu'aux montagnes calcaires, qui, de part et d'autre, bornent l'horizon. On aperçoit, dans la chaîne arabique, l'ouverture d'une vallée qui conduit, dit-on, à la mer

---

[1] La province d'Esné est bornée à l'est et à l'ouest par les deux chaînes de montagnes qui forment la vallée du Nil. Elle a pour limites naturelles, au sud la cataracte, et au nord Gibeleyn, où les deux montagnes se rapprochent tellement du fleuve, que l'on ne peut passer qu'en faisant un détour dans le désert.

Rouge. La campagne d'Esné n'est plus arrosée par les inondations ordinaires du Nil : son sol, trop exhaussé, reste souvent en friche. Au sud, à quelque distance de la ville, les bords du fleuve paraissent avoir conservé moins d'élévation, et offrent une assez belle culture. Au nord se trouvent quelques jardins, dans lesquels, à force de bras, et par des arrosemens dispendieux, on entretient un peu de fraîcheur. Ces témoins irrécusables de la bonté du sol, et la campagne inculte qui les environne, présentent un contraste affligeant, et prouvent combien il aurait été facile de conserver la fertilité à toute la province, si un ancien canal, dont l'embouchure est à quelque distance au-dessus de la ville, et dont on voit les traces dans la campagne, avait été entretenu : son rétablissement serait encore d'un grand avantage; mais l'indifférence des gens du pays est extrême. Au lieu de chercher à rendre à leur province son ancienne fertilité, ils l'abandonnent, et vont cultiver ailleurs des terres plus basses et plus fréquemment arrosées par les inondations du fleuve. Ces émigrations dépeuplent la contrée, et les moyens de remédier au mal diminuent à mesure que le mal lui-même augmente ses ravages.

Au sud, l'aspect de la ville est assez pittoresque. C'est, comme nous l'avons dit, le côté qui reçoit le plus fréquemment les eaux de l'inondation, et où la terre répond le mieux aux soins des cultivateurs. La végétation y est belle et vigoureuse. La campagne est dominée par un monticule de décombres de huit à dix mètres de hauteur, sur lequel la ville d'Esné présente ses maisons de briques, à moitié démolies. Le rivage est quelquefois bordé d'un assez grand nombre de barques, et offre le spectacle d'un port animé par un commerce actif.

Esné est bâtie sur le bord du fleuve, dont le courant en cet endroit, se portant avec rapidité contre le rivage, mine et fait ébouler la berge, ainsi que les maisons qui la surmontent. Les habitans de ces maisons, forcés de les abandonner, refluent dans l'intérieur de la ville, qu'ils encombrent, en attendant que la peste vienne enlever l'excédant de la population. Ce fléau y pénètre à peu près tous les dix ou douze ans; il suit assez ordinairement les grandes inondations, et y fait alors d'affreux ravages [1].

A l'époque de l'arrivée des Français, la ville d'Esné était la résidence ordinaire des beys Haçan, O'smân et Sâleh, ennemis irréconciliables de Mourâd-bey. Dans les guerres continuelles que se livraient les gouverneurs de l'Égypte, Esné a presque toujours été le refuge et l'espèce d'apanage des vaincus. La grande distance à laquelle cette ville se trouve de la capitale, rendait les exilés qu'elle renfermait peu dangereux pour les beys du Kaire, qui, ne se sentant pas le pouvoir de dicter des lois absolues à cent cinquante lieues de leur résidence, leur abandonnaient la jouissance d'une souveraineté à laquelle ils attachaient peu d'importance. Les véritables richesses des beys exilés et de leurs Mamlouks n'étaient pas de nature à pouvoir leur être facilement enlevées; leur courage, et le despotisme qu'ils exerçaient

---

[1] Pendant la dernière année de notre séjour en Égypte, en 1801, tout le Sa'yd en a cruellement souffert: des villages entiers ont été dépeuplés.

sur le peuple, en étaient la source intarissable : ils savaient bientôt se rendre maîtres du lieu de leur exil, et arrachaient, à force d'exactions, le fruit du travail pénible des malheureux cultivateurs. Mais, leur luxe et leur prodigalité étant excessifs, tout ce qu'ils avaient acquis par la violence passait rapidement entre les mains industrieuses des habitans de la ville, qui fournissaient à leurs plaisirs. La campagne était désolée, et la ville avait acquis une sorte de magnificence et une population nombreuse. Esné offre plus de luxe et une industrie plus recherchée que les autres villes de la haute Égypte. Il s'y fabrique une grande quantité d'étoffes de coton bleu très-fines, et de schals appelés *meláyeh*[1], dont on fait un grand usage en Égypte. Il y existe une vingtaine de fabriques d'huile de khass, et cinq ou six poteries. Les Barâbras y vendent beaucoup de paniers et de petits ouvrages en feuilles de palmier peintes de différentes couleurs. Enfin la caravane de *Sennar*[2] y apporte tous les objets de son commerce, qui consiste particulièrement en gomme arabique, en plumes d'au-

---

[1] Ce vêtement est un de ceux qui sont le plus nécessaires aux habitans de l'Égypte, surtout à ceux qui sont exposés à voyager : c'est en même temps leur lit, leur manteau et leur tente. En arrivant dans les villes, ils s'en parent d'une manière assez grotesque, en s'en enveloppant le cou. La première récompense à donner à un domestique dont on est satisfait, est de le revêtir du melâyeh.

[2] Cette caravane était reçue dans le désert par le cheykh de Daraou, village au-dessus d'Esné, qui était chargé de veiller aux intérêts du gouvernement de l'Égypte, afin qu'aucune marchandise ne pût entrer en contrebande. Il l'escortait jusqu'à Esné, où elle payait les droits d'usage sur les marchandises, et prenait des passavants pour toute l'Égypte. On trouvera tous les détails que l'on peut désirer sur cette caravane, dans le mémoire que M. Lapanouse a publié dans le quatrième volume des Mémoires sur l'Égypte, imprimés chez Didot.

truche, et en dents d'éléphant. Il existe à Esné environ trois cents familles qobtes qui contribuent beaucoup à son commerce et à son industrie.

La ville a la forme d'un ovale. Sa plus grande longueur est de neuf cents mètres du sud au nord, et sa largeur est de quatre cents mètres. La partie méridionale est composée de maisons à moitié démolies et de l'aspect le plus misérable. C'est le quartier qu'habitent les cultivateurs, qui sont dans la plus affreuse misère, ou du moins ont grand intérêt à le faire supposer. Dans le milieu de la ville se trouvent les plus belles maisons, et particulièrement celle d'Haçan-bey. La grande place est décorée d'édifices assez réguliers; ils sont construits en briques de différentes couleurs, disposées en compartimens qui forment des dessins agréables. On y remarque aussi un beau minaret. Dans l'intérieur de la ville, beaucoup de maisons sont surmontées de colombiers carrés en forme de pyramide tronquée dans la partie supérieure. Ces colombiers, que l'on enduit de chaux pour détruire les insectes, sont d'une blancheur éclatante, qui contraste singulièrement avec la couleur noire des maisons.

A l'extrémité septentrionale de la ville, se trouve un jardin qui appartenait à Haçan-bey; il avait été adopté par les Français, qui en avaient fait le lieu ordinaire de leurs réunions et le but de leurs promenades. Ce jardin, planté d'une manière bien conforme au goût des Orientaux, était presque impraticable; mais nous l'eûmes bientôt approprié à nos usages, et il prit alors le nom de *jardin français*, qu'il conservera peut-être long-temps.

Pendant notre séjour à Esné, les principaux cheykhs

de la ville nous donnèrent dans ce jardin un repas, que sa singularité, et la franche gaieté qui y régnait, ne nous permettent pas d'oublier : il nous a rappelé très-exactement les descriptions qui nous sont parvenues de ces sortes de fêtes chez les peuples les plus anciens de l'Orient, et nous a mis à portée de juger combien les Égyptiens sont de fidèles conservateurs des usages de l'antiquité.

Tous les officiers de la garnison et les principaux habitans de la ville furent convoqués dans le jardin français. La grande allée, dans toute sa longueur, était couverte de tapis sur lesquels le dîner fut servi. Autour de ces tapis s'assirent à terre, et pêle-mêle, les Français et les musulmans; et quelque peu instruits que fussent les Égyptiens de la langue française et les Français de la langue arabe, la conversation ne languit dans aucune partie de la table. Le repas consistait en plusieurs moutons entiers bouillis et farcis de riz, et en une multitude de petits plats de sucreries, qui, par leur exiguité, contrastaient avec les mets principaux. Les domestiques, chargés de faire le service, se placèrent de distance en distance, debout, et une jambe de chaque côté de la table : leurs costumes n'étaient point élégans, mais ils travaillaient avec ardeur. Ils se servaient autant de leurs doigts que de leurs mauvais couteaux, et déchiraient plutôt qu'ils ne découpaient les quartiers de viande : ils les offraient ensuite avec tant d'instances, qu'il était difficile de les refuser. Le café pris, les convives se levèrent, et les serviteurs du premier rang les remplacèrent immédiatement; à ceux-ci succédèrent leurs subalternes : les places furent ainsi occupées quatre fois par de nouveaux convives, avant que la table pût être entièrement dégarnie de toutes les viandes dont elle était couverte. Une très-belle citerne, qu'Haçan-bey avait fait bâtir près de son jardin, fournit en abondance les seuls rafraîchissemens qui pussent nous être offerts.

Les habitans d'Esné sont naturellement doux. Nous avons habité cette ville pendant près de deux mois consécutifs; nous y sommes revenus à différentes époques, et c'est la ville d'Égypte dont nous conservons le souvenir le plus agréable [1].

---

[1] Partis du Kaire le 29 ventôse de l'an 7 (19 mars 1799) avec MM. Girard, ingénieur en chef des ponts et chaussées; du Bois-Aymé et Duchanoy, ingénieurs ordinaires; Descotils, Roziere et Dupuis, ingénieurs des mines, et Castex, sculpteur, nous formions une commission chargée par le général en chef de prendre sur la haute Égypte tous les renseignemens que l'on pouvait désirer, tant sur le commerce, l'agriculture et les arts, que sur l'histoire naturelle et les antiquités de cette contrée. Une des parties les plus importantes de la mission des ingénieurs des ponts et chaussées, était d'examiner le régime du Nil depuis la première cataracte, et d'étudier le système d'irrigation de la haute Égypte (*voyez* le Mémoire de M. Girard, ingénieur en chef, sur le commerce et l'agriculture de la haute Égypte).

Notre marche fut souvent ralentie par les opérations de l'armée, qui n'avait point encore achevé la conquête de la haute Égypte. Néanmoins, à force de persévérance, et en nous mettant sous la protection des détachemens envoyés à la poursuite des Mamlouks, nous parvînmes jusqu'à l'île de *Philæ*, et nous parcourûmes plusieurs fois les deux rives du fleuve.

Nos compagnons de voyage nous quittèrent successivement, soit pour remplir des missions particulières, soit pour porter au Kaire le fruit de leurs travaux et de leurs recherches. Quant à nous, ayant trouvé dans l'étude des monumens de la haute Égypte une source inépuisable d'observations intéressantes, nous avions fixé notre séjour dans cette contrée. Nous profitions de toutes les occasions qui se présentaient de faire de nouveaux voyages; souvent même nous nous établissions sur les ruines des villes anciennes. C'est ainsi que, dans un premier voyage, nous sommes restés à Thèbes vingt-cinq jours de suite.

Nous étions à Esné lorsque nous fûmes rencontrés par nos collègues réunis en deux commissions chargées par le général en chef de visiter

Une partie de la brave 21me demi-brigade légère, après avoir vaincu et dispersé les Mamlouks, jouissait à Esné de la paix qu'elle avait conquise, et beaucoup de ses soldats trouvaient autant de plaisir que de profit à y exercer leurs anciens métiers. De tous côtés s'élevaient des établissemens français : les habitans d'Esné les voyaient avec plaisir, et en profitaient; les jeunes Égyptiens se mettaient en apprentissage chez les ouvriers français : les usages, les costumes, le langage, se mêlaient de manière à faire croire qu'ils se seraient bientôt confondus.

Le lieu ordinaire du débarquement, ou ce que l'on appelle le port d'Esné, est à peu de distance de la maison d'Haçan-bey, vers le milieu de la ville. En mettant pied à terre, on voit à sa droite une longue suite de maisons bâties sans uniformité; elles sont protégées contre le fleuve par les restes d'un ancien quai, que l'on aperçoit encore au milieu des décombres. A gauche du port, le Nil est bordé de maisons, dont quelques pans ont été entièrement emportés par le fleuve. Dans cette espèce de tranchée, faite par le Nil, on aperçoit des restes de constructions de différens âges, élevées les unes sur les autres : les matériaux que, de tout temps, on a employés à la construction des maisons particulières, n'étaient pas assez précieux pour être recueillis; les débris d'une maison servaient de fondation à celle qui lui succédait,

---

la haute Égypte. Nous revîmes avec eux tous les monumens que nous avions déjà relevés, et un nouveau séjour sur les ruines de Thèbes nous fournit tous les renseignemens que nous pouvions désirer sur les antiquités de cette ville célèbre, qui renferme à elle seule plus de monumens que le reste de l'Égypte.

et le sol de la ville s'exhaussait rapidement. Au milieu des décombres qui bordent le fleuve de ce côté, on voit aussi des restes de l'ancien quai, qui devait être fort étendu ; il paraît avoir été élevé successivement, et à des époques éloignées les unes des autres. On y reconnaît les travaux des anciens Égyptiens, ceux des Romains et des Arabes. Depuis long-temps il n'y a été fait aucune réparation ; les habitans d'Esné ne connaissent actuellement d'autres moyens pour se défendre contre les envahissemens du fleuve, que de jeter sur la rive menacée les débris des maisons ruinées.

Au fond de la petite place qui est devant le port, on trouve à gauche une rue de dix à douze mètres de largeur, et de cinquante à soixante mètres de longueur, qui se dirige parallèlement au Nil. En face de cette rue est la maison d'Haçan-bey, où étaient réunis les principaux établissemens de la garnison française. La rue tourne ensuite à angle droit vers l'ouest, s'élargit successivement, et conduit à la grande place, qui est à quatre-vingts mètres de la maison d'Haçan-bey. La grande place a une forme rectangulaire de quatre-vingts mètres de longueur, du nord au sud, sur quarante mètres de largeur. Les côtés de l'est, du sud et du nord, présentent des bâtimens modernes d'une construction assez régulière ; le côté du nord est surtout remarquable, parce qu'il est presque entièrement formé de la façade d'un *okel* très-bien construit : cet okel est composé d'une grande cour, environnée d'une galerie qui donne issue à tous les magasins ; au-dessus est une galerie semblable qui conduit aux logemens des marchands et des voyageurs[1]. Le côté occidental de la place est composé de maisons en très-mauvais état et peu élevées : leur délabrement permet d'apercevoir une partie de la corniche d'un temple qui, sans cette circonstance, serait peut-être resté long-temps inconnu aux voyageurs modernes, car ses abords sont à peu près impraticables. On ne peut, en effet, pénétrer dans ce monument que par une ruelle fort étroite, que l'on trouve à l'angle sud-ouest de la place, et qui est même presque totalement encombrée par les immondices apportées des maisons voisines : les habitans de ces maisons n'ont heureusement pas pris la peine de transporter ces immondices jusqu'à l'extrémité du portique, ils les ont déposées dans la partie qui s'est d'abord présentée à eux; et la moitié du monument a été protégée par le rempart infect qu'ils ont eux-mêmes élevé. C'est cet obstacle qu'il nous fallut franchir, après nous être assurés que ce passage était le seul qui pût nous conduire dans l'intérieur du monument.

GRAND TEMPLE D'ESNÉ.

Il serait difficile de peindre l'effet que produisit sur nous l'aspect intérieur du portique d'Esné. Son architecture, dont les autres monumens de l'Égypte ne nous avaient donné qu'une faible idée, fit sur chacun de nous la même impression : nous étions saisis d'une certaine

---

[1] C'est à peu près la distribution de tous les okels de l'Égypte. La simplicité des plans et de la distribution de ces bâtimens est très-remarquable : on n'y trouve point le désordre et l'irrégularité qui existent dans les plans des maisons modernes de l'Égypte.

admiration confuse, que nous n'osions en quelque sorte avouer; et, jetant alternativement les yeux sur le monument et sur nos compagnons de voyage, chacun de nous cherchait à s'assurer s'il était trompé par sa vue ou par son esprit, s'il avait perdu tout-à-coup le goût et les principes qu'il avait puisés dans l'étude des monumens grecs; enfin, si son erreur était partagée, ou son jugement confirmé. Cette lutte de la beauté réelle de l'architecture que nous avions sous les yeux, contre nos préjugés en faveur des proportions et des formes grecques, nous tint quelque temps en suspens; mais bientôt nous fûmes entraînés par un mouvement unanime d'admiration. On s'empressait de se communiquer les beautés dont on était plus particulièrement frappé, soit en considérant l'ensemble de l'édifice, soit en examinant de près la pureté et l'élégance des détails d'architecture, le fini des sculptures, et la précison des plus petits hiéroglyphes.

Une description simple, fidèle et détaillée du monument d'Esné, est, à notre avis, le plus bel éloge que l'on puisse en faire : aussi n'emploierons-nous aucun autre moyen pour faire partager aux lecteurs les sentimens que nous avons éprouvés.

Le portique d'Esné est soutenu par vingt-quatre colonnes de $5^m.40$ de circonférence, sur $11^m.30$ de hauteur, en y comprenant le chapiteau. Ces vingt-quatre colonnes, disposées sur quatre rangs, sont surmontées de dés, et réunies par des architraves qui portent les pierres du plafond. Les entre-colonnemens sont d'une fois et demie le diamètre de la colonne : celui du milieu est double des autres; il conduit de la porte principale à celle du temple, dont la façade se dessine en saillie dans le fond du portique. A gauche et à droite, dans les renfoncemens formés par la saillie du temple, on aperçoit deux portes, qui sont, ainsi que celle du milieu, tellement encombrées, qu'elles ne laissent aucun moyen de s'assurer si les parties de l'édifice, auxquelles elles conduisaient, existent encore.

Le portique a seize mètres cinquante centimètres de profondeur, sur une largeur double; il est fermé latéralement par des murs verticaux qui s'élèvent jusqu'au plafond, et n'est éclairé que par les entre-colonnemens de la façade. Le jour qui pourrait pénétrer par ces entre-colonnemens est encore diminué par des murs dans lesquels les colonnes sont engagées jusqu'au tiers de leur hauteur. Les battans de la porte d'entrée s'élevaient aussi à la même hauteur, en sorte que tout l'intérieur était éclairé d'une manière uniforme et mystérieuse, entièrement conforme aux cérémonies que l'on y célébrait, et que l'on dérobait aux yeux de la multitude.

La porte du milieu, dans le fond, est, comme nous l'avons dit, tellement encombrée, qu'il nous a été impossible de nous y frayer un passage : elle conduisait dans l'intérieur du temple, qui devait répondre à la magnificence de son portique. Nous avons essayé de donner une idée de son plan (*voyez* planche 72, tome 1), en le restaurant d'après ceux des temples d'Edfoû et de Denderah. Un second portique décoré de colonnes moins élevées que celles du premier, quelques salles successives, enfin le sanctuaire, qui était isolé au milieu du temple lui-même, telles sont les parties de cet édifice auxquelles nous avons étendu notre restauration, et dont nous pourrions presque garantir l'exactitude, d'après la connaissance que nous avons acquise de l'architecture égyptienne.

Les deux autres portes au fond du portique nous ont conduits à une restauration qui éprouvera peut-être plus de contradiction de la part des personnes peu accoutumées à la magnificence des monumens de l'Égypte. Nous convenons que cette belle colonnade dont nous environnons le temple d'Esné serait d'un effet si majestueux, qu'elle paraîtrait étonnante, même au milieu des monumens les plus imposans de la Thébaïde; mais nous n'aurions pas hasardé de la rétablir, si nous ne l'avions jugée entièrement dans le style égyptien, et si nous n'avions pas eu, pour appuyer notre opinion, de fortes autorités, que les ravages des hommes et des temps n'ont pu anéantir.

Ces deux portes latérales ne pouvaient communiquer avec l'intérieur du temple, puisqu'elles sont en dehors de sa façade. Communiquaient-elles à l'extérieur? on ne peut le supposer; le mystère qui régnait dans les cérémonies égyptiennes ne permet pas d'admettre cette multiplicité d'issues inutiles, comme trop voisines et trop difficiles à garder. Quel était donc leur usage?

Il existe dans l'île de Philæ un petit monument représenté pl. 20, tome 1, dans lequel on remarque une distribution semblable à celle du portique d'Esné. La porte du milieu communique directement avec l'intérieur du temple, et les deux autres conduisent sous une galerie qui fait le tour de l'édifice. Les entre-colonnemens de cette galerie paraissent avoir été fermés par des murs semblables à ceux dans lesquels sont engagées les colonnes de la façade.

Le plan de ce petit monument a dirigé notre restauration, qui donne aux deux portes, dont nous n'avions pas reconnu d'abord l'utilité, une destination très-convenable. En effet, ces deux portes servaient de communication avec la galerie qui fait le tour du temple, et donnaient aux prêtres la facilité de faire dans l'intérieur les processions solennelles que l'on sait avoir été très en usage chez les Égyptiens. Il est remarquable que la marche que ces processions avaient à suivre, est précisément celle dont on retrouve l'indication dans les décorations des plafonds des portiques. Cette marche est particulièrement évidente dans la suite et la disposition des signes du zodiaque que l'on a retrouvés sur ces plafonds. On voit toujours la figure qui ouvre la marche sortir du temple en tournant le dos à l'intérieur, ainsi que toutes celles qui font partie du même tableau, tandis que dans celui qui en fait la suite, et qui se trouve de l'autre côté, les figures paraissent entrer dans le temple en tournant le dos à l'extérieur. Les décorations de ces plafonds ne seraient donc point de simples tableaux dans lesquels les objets seraient rangés sans ordre et sans suite; mais elles seraient réellement l'indication d'une marche de figures assujetties à entrer dans le temple d'un côté, pour en sortir de l'autre, après avoir fait le tour entier du monument.

On nous reprochera peut-être de nous appesantir sur

une discussion qui, au premier coup d'œil, peut paraître d'une faible importance : mais nous ferons observer que la distribution des temples devait avoir une liaison intime avec les cérémonies que l'on y célébrait, et, par conséquent, avec la religion elle-même ; l'étude de la religion et des usages des anciens Égyptiens est d'un intérêt si vif, que rien de ce qui peut la faciliter ne doit être négligé.

Malgré toutes les recherches que nous avons faites, nous n'avons pu découvrir dans les rues adjacentes aucun indice des parties du monument dont nous donnons la restauration ; mais nous avons remarqué que le sol des maisons, derrière le portique, est à la hauteur des deux tiers des colonnes. On trouve, de plus, quelques grosses pierres disposées sans ordre, au pied de ces maisons, et un escalier qui conduisait des terrasses du temple sur celles du portique. Il est donc probable que le temple entier est enseveli, presque intact, sous les maisons actuelles ; la parfaite conservation de la partie que nous avons retrouvée porterait à le croire. En effet, comment supposer que le temple a été démoli, tandis que son portique aurait été tellement respecté qu'il n'y manque pas, pour ainsi dire, un seul fragment ? Il est plus naturel de penser que les deux parties de ce monument auront la même destinée. Déjà la terrasse du portique est recouverte de démolitions de maisons qui, en s'accumulant, l'envelopperont bientôt : il disparaîtra comme le temple lui-même, et subira le sort qui est infailliblement réservé à tous les monumens anciens renfermés dans les villes modernes de l'Égypte.

Le temple fait face au Nil; son axe est dans la direction nord-est, faisant un angle de 60° avec la boussole.

Dans l'état actuel du monument d'Esné, il est impossible de juger, sur les lieux, de l'effet qu'il devait produire à l'extérieur : il est tellement encombré, et tellement resserré par les maisons qui l'environnent, que l'on ne peut, d'un même coup d'œil, embrasser l'ensemble de son élévation. Afin de nous en rendre compte, nous l'avons dessiné, en faisant usage de toutes les mesures que nous avons pu recueillir, et nous avons exprimé, autant qu'il a été possible, le caractère du monument, en copiant une grande partie des décorations, et en suppléant, pour l'effet architectural, à celles que nous n'avons pas eu le temps ou la facilité de dessiner.

Il résulte des mesures que nous avons rassemblées, que la façade du monument a $14^m.88$ de hauteur, sur une largeur, à la base, de $37^m.36$. Elle présente six colonnes et deux antes inclinées à l'extérieur d'un vingtième, et surmontées d'une architrave et d'une corniche élégante.

En prenant pour module le diamètre du bas de la colonne, les différentes parties de l'élévation ont, à peu près, les proportions suivantes :

Base de la colonne..........................	»	$\frac{1}{4}$	
Fût de la colonne..........................	5	»	
Chapiteau.................................	1	»	
Dé..	»	$\frac{1}{2}$	
Architrave.................................	»	$\frac{1}{2}$	
Baguette..................................	»	»	$\frac{1}{6}$
Corniche..................................	»	»	$\frac{5}{6}$
Total....................	8	$\frac{1}{4}$	

Le diamètre de la colonne, dans la partie supérieure, a un huitième de moins que dans la partie voisine de la base. Les corniches et les chapiteaux ont beaucoup d'élégance, et donnent à tout l'édifice une grande légèreté. La base a, sur le fût de la colonne, une saillie d'un huitième de module; la campane du chapiteau, à sa naissance, un seizième, et à la partie supérieure, un demi-module : en sorte que le chapiteau a deux modules ou $3^m.60$ de diamètre, environ $10^m.80$ de circonférence.

La baguette saille de la moitié de son diamètre; et la corniche, de la moitié de sa hauteur.

La baguette qui sépare la corniche d'avec l'architrave court le long de tous les angles, et produit un effet plus agréable que ne feraient de simples arêtes sujettes à se briser : elle forme un encadrement à tous les tableaux hiéroglyphiques.

Quelles que soient la grandeur, la richesse et l'élégance de la porte d'entrée du portique, on n'en sera pas moins choqué de sa disposition, et de celle des murs d'entre-colonnement dans lesquels les colonnes sont engagées; car on ne peut nier qu'ils ne cachent et ne déforment en partie les colonnes de la façade. Les architectes égyptiens ont, sans doute, été déterminés à prendre ce parti, par l'exactitude scrupuleuse avec laquelle ils s'attachaient à suivre les règles des convenances. En effet, les portiques égyptiens n'avaient pas la même destination que les portiques des temples grecs. Ceux-ci n'étaient pas uniquement destinés à recevoir le peuple dans les cérémonies religieuses; c'étaient encore des lieux de refuge momentané contre les ardeurs du soleil et les intempéries des saisons : ils devaient être accessibles de toutes parts, et les colonnes dégagées se voyaient dans toute leur élégance. Ils différaient donc essentiellement des portiques égyptiens, qui n'étaient ouverts que pendant quelques jours de l'année, lorsque le peuple était admis à y pratiquer le culte de la divinité adorée dans le temple : les prêtres y offraient quelquefois le simulacre du dieu à la vénération de la multitude; c'était un lieu intermédiaire entre les prêtres et le peuple, un lieu sacré, que l'on devait interdire aux regards même des étrangers.

Toute la surface intérieure et extérieure du monument est décorée de tableaux hiéroglyphiques. La corniche de la façade est ornée de cannelures et de phrases hiéroglyphiques alternées. Un disque ailé occupe toute la largeur de l'entre-colonnement du milieu. L'architrave, les dés des chapiteaux, les colonnes et la porte principale, sont couverts d'hiéroglyphes disposés par bandes horizontales et verticales. Les murs d'entre-colonnement et les antes sont décorés de tableaux représentant des offrandes à diverses divinités. Ces divinités sont généralement assises, et devant elles sont placés les porteurs d'offrandes, qui paraissent arriver de l'extérieur. A la partie supérieure des murs d'entre-colonnement sont sculptés de face des serpens renflés, dont les têtes sont surmontées de disques. Les décorations des murs extérieurs sont aussi composées de grands tableaux, dans lesquels se trouve fréquemment représenté le dieu à tête de belier. Les sculptures de la face exposée au sud sont extrêmement dégradées; ce que l'on doit attribuer au peu de largeur de la rue assez fréquentée dont elle borde un des côtés. Dans toutes les parties de l'édifice qui touchent au sol, nous avons trouvé la décoration de fleurs et de boutons de lotus.

Toutes les décorations de l'extérieur sont sculptées en relief dans le creux; toutes celles de l'intérieur sont en relief. Les six colonnes de la façade ont été considérées comme appartenant à l'extérieur, et sculptées en relief dans le creux. Cette différence dans la manière de sculpter les décorations à l'extérieur et dans l'intérieur montre jusqu'à quel point les Égyptiens ont poussé la prévoyance pour la conservation de leurs monumens; car il est certain que le genre de sculpture, qu'ils ont adopté pour l'extérieur, était le plus propre à préserver les figures hiéroglyphiques des inconvéniens auxquels leur position les exposait, et qui n'étaient pas à craindre dans l'intérieur.

Ces deux genres de sculpture conviennent mieux aussi à la manière dont les tableaux sont éclairés. A l'extérieur, où la lumière est toujours extrêmement vive, les ombres vigoureuses et les arêtes brillantes donnent beaucoup d'éclat à la décoration : dans l'intérieur, qui ne reçoit, au contraire, qu'une lumière de reflet, les ombres n'offrent presque aucune opposition, et les contours des sculptures sont conservés dans toute leur pureté.

L'intérieur du portique d'Esné n'est pas moins richement décoré que son extérieur. La pl. 74 représente une partie de cette décoration : l'idée qu'elle en donne n'est encore que très-imparfaite, puisque les tableaux ne sont pas accompagnés de leurs hiéroglyphes, que nous n'avons pas eu le temps de dessiner complétement. L'échelle de ce dessin est proportionnée aux détails qu'il renferme. Nous ne nous attacherons pas à décrire ces bas-reliefs; nous ferons seulement remarquer le tableau qui se trouve au milieu de la première rangée en bas. Il représente une chasse d'oiseaux au filet : ce filet renferme des oiseaux de toute espèce, bien caractérisés; et les personnages qui le font mouvoir sont bien en action. Quelques parties de la décoration ont été données plus en grand dans les pl. 78, 80, 81 et 82, parce qu'elles contiennent plus de détails, et particulièrement tous les hiéroglyphes copiés exactement; tout le plafond est couvert de sculptures intéressantes.

Dans toutes les sculptures du portique d'Esné, on trouve très-fréquemment représenté le dieu à tête de belier, qui est devenu le Jupiter Ammon des Grecs. On le remarque particulièrement au-dessus de la porte d'entrée du temple; il est placé dans un grand disque : à droite et à gauche sont des prêtres en adoration (*voyez* pl. 80, fig. 4). La position de cette divinité dans la place la plus remarquable du monument, et sa fréquente répétition dans les décorations emblématiques de tout le portique, ne permettent pas de douter que le temple ne lui fût consacré. Les murs d'entre-colonnement, qui ferment la façade du portique, sont décorés à l'intérieur de tableaux semblables à celui qui est représenté pl. 81. Les murs n'ont point de corniche dans l'intérieur, et ils n'ont d'épaisseur que le demi-diamètre de la colonne : les fig. 1 et 2 de la pl. 80 en représentent la coupe et l'élévation. La fig. 4 de la pl. 72 représente la coupe décorée du portique d'Esné : on peut mieux juger, par ce dessin, de la proportion de la colonne, qui n'est pas engagée et déformée comme dans l'élévation.

Les bases des colonnes ne portent aucune décoration.

Les décorations des fûts des colonnes se composent de trois parties, savoir : 1°. la partie inférieure, qui diffère dans presque toutes les colonnes, et dont on peut voir le développement dans la pl. 78, fig. 14, 15, 16, 17, 18, 19; 2°. le milieu, qui est à peu près semblable pour toutes les colonnes; 3°. la partie supérieure, qui diffère dans presque toutes les colonnes, et dont les détails sont développés pl. 78, fig. 8, 9, 10, 11, 12, 13.

Quant aux chapiteaux, leur richesse et leur variété méritent que nous entrions dans quelques détails.

Ces chapiteaux sont au nombre de quinze différens; et comme il y a vingt-quatre colonnes, il en résulte que plusieurs de ces chapiteaux doivent se répéter quelquefois. La symétrie, qui est très-bien observée pour les six chapiteaux de la façade, n'est pas aussi exactement suivie dans l'intérieur du portique. On trouvera dans l'index des planches l'indication des places qu'occupent ces divers chapiteaux, ainsi que les décorations des parties supérieures et inférieures des colonnes. Tous les chapiteaux, excepté celui qui est représenté pl. 78, fig. 5, ont la même hauteur, et la même saillie sur le fût de la colonne. A une certaine distance, ils paraissent tous semblables : on n'aperçoit que leur galbe élégant, et la diversité de leurs décorations est insensible; mais, en les examinant de plus près, on reconnaît sur chacun d'eux une multitude de détails intéressans. Ce sont en quelque sorte des bouquets de plantes indigènes, parmi lesquels on distingue particulièrement le régime, la feuille et la fleur du palmier, la vigne et son fruit, le lotus et le jonc : ces plantes paraissent attachées par cinq liens horizontaux qui forment une partie de la décoration du fût de la colonne.

Le chapiteau, pl. 78, fig. 3, a plus de hauteur que les autres, en conservant la même saillie; ce qui lui donne beaucoup plus de légèreté et d'élégance. Il est composé de huit branches de palmier attachées autour de la campane. La simplicité et la pureté de ce chapiteau se réunissent à ses autres qualités, pour lui assurer le premier rang parmi ceux que les Égyptiens ont composés. Quoique les dessins des voyageurs modernes, qui semblent avoir pris à tâche de le défigurer, n'aient pu en donner qu'une bien faible idée, il a pourtant fixé l'attention de quelques architectes, qui l'ont employé dans des édifices particuliers : son extrême beauté doit faire concevoir l'espérance de le voir un jour embellir de grands monumens, et contribuer à donner un nouveau caractère à l'architecture du xixe. siècle.

Il n'en sera pas de même du chapiteau représenté pl. 78, fig. 5; cependant on ne pourra s'empêcher de remarquer, en jetant les yeux sur notre dessin, que les Grecs y ont évidemment pris le goût des volutes du chapiteau ionique. La multiplicité des détails de sculpture de ce chapiteau en rendait l'exécution difficile; néanmoins les Égyptiens y ont mis beaucoup de précision.

Au-dessus de ces chapiteaux on a tracé des sections

faites à différentes hauteurs, pour indiquer les saillies de leurs diverses parties. Quelques-uns de ces chapiteaux sont composés d'une campane régulière et continue; d'autres sont découpés en quatre ou huit parties. La campane du chapiteau à feuilles de palmier est découpée en autant de parties qu'il y a de palmes.

Dans le dessin géométral, la partie supérieure du chapiteau paraît un peu lourde; mais il est facile de voir que la perspective devait faire disparaître entièrement ce défaut. Il suffira, pour s'en convaincre, d'examiner les dessins représentés pl. 75, en observant que le point de vue d'où ils ont été pris n'est pas encore le plus favorable, à cause de l'encombrement du portique. On doit même admirer l'adresse avec laquelle les Égyptiens ont su voiler un défaut que la solidité de la construction ne permettait pas d'éviter; car on n'aurait pu diminuer l'épaisseur de cette partie supérieure du chapiteau sans l'exposer à être promptement brisée.

Toutes les sculptures du portique d'Esné sont faites avec précision et facilité. Les figures d'animaux, et particulièrement celles d'épervier, de belier, de lion et de crocodile, qui sont souvent répétées, sont parfaitement dessinées. L'effet général de ces sculptures est fort agréable; le ton noir qu'a pris la pierre, et la poussière grise qui s'est déposée sur les parties saillantes, contribuent à les faire ressortir, sans que l'œil soit fatigué de la multiplicité des détails.

Si l'on réunit toutes les parties du monument que nous venons de décrire; si l'on se transporte par la pensée au milieu de ces colonnes majestueuses, sous ces chapiteaux dont la masse colossale serait effrayante, sans l'attention qu'ont eue les architectes de la voiler, en quelque sorte, sous les proportions les plus élégantes; enfin, si l'on se représente ces murs couverts intérieurement et extérieurement, dans toute leur étendue, de tableaux emblématiques aussi remarquables par la beauté de leurs sculptures que par l'éclat des brillantes couleurs dont elles sont encore enrichies, on ne pourra refuser aux architectes égyptiens un juste tribut d'admiration. Les habitans de l'Égypte, ceux même qui vivent au milieu de ces anciens monumens, les voient toujours avec un étonnement que le temps n'affaiblit pas, et qui les porte à attribuer leur origine à des puissances surnaturelles.

Pour présenter l'ensemble de toutes les parties du portique d'Esné que nous avons données séparément, pour les faire juger comparativement et faire sentir le jeu de la lumière et des ombres au milieu des colonnes de ce lieu mystérieux, en un mot, pour rendre l'effet général de ce monument, nous avons pensé qu'il était nécessaire d'offrir la vue perspective représentée pl. 83 : si elle produit quelque impression, qu'on juge des sensations que nous éprouvions, lorsqu'à chaque pas des points de vue aussi étonnans que celui-là s'offraient à nos regards.

Cette perspective est prise à la hauteur de deux mètres au-dessus du sol; toutes les parties du monument qui se trouvaient entre l'œil du spectateur et le plan du tableau ont été supprimées. On a employé dans les décorations tous les détails donnés dans les planches précédentes, en suppléant à ceux qui manquaient ; ce qui ne peut entraîner dans aucune méprise, et contribue à produire l'effet général et vrai de toutes les parties de l'édifice, en les mettant en harmonie. Enfin l'on a supposé qu'une procession solennelle entrait dans le temple, et l'on s'est servi, pour l'ensemble des personnages de cette procession et pour leurs costumes, d'un dessin recueilli dans un des édifices de Thèbes, à Medynet-Abou.

La ligne du tableau a été choisie de manière que le zodiaque sculpté dans un des soffites se trouvât sur le premier plan ; ce qui donne le moyen de juger de la disposition et de la marche des douze signes. Leur ordre est parfaitement observé : ils sont disposés sur deux bandes dans le sens de la longueur du soffite. Toutes les figures d'une même bande ont le visage tourné du même côté, et la tête vers le milieu du portique : le taureau et le belier sont en travers du plafond ; le scorpion et le cancer sont représentés marchant sur le plafond, en suivant le reste de la procession ; les poissons sont dressés sur la queue ; enfin le sagittaire est entièrement renversé les pieds en haut, mais suivant toujours dans sa marche la même direction que les autres signes.

C'est le seul zodiaque égyptien qui se trouve en entier dans le même entre-colonnement ; mais il est à remarquer qu'il y conserve une disposition analogue à celle des zodiaques placés dans deux entre-colonnemens différens. Les six premiers signes paraissent entrer dans le temple, pendant que les six autres en sortent ; et ils sont séparés les uns des autres par une bande d'hiéroglyphes qui partage le tableau dans toute sa longueur.

Dans la perspective que nous donnons, le dessin du zodiaque n'est pas suffisamment détaillé. On trouvera ce monument astronomique représenté avec la plus grande exactitude pl. 79; mais il est indispensable, pour faciliter l'intelligence du travail auquel il donnera lieu [1], de bien faire concevoir sa position dans le plafond du portique. Ce tableau étant d'ailleurs un de ceux que l'on a pu le mieux interpréter jusqu'à présent, il était naturel de lui réserver une place qui le mît en évidence. Si l'on pouvait rendre un compte aussi satisfaisant des autres tableaux hiéroglyphiques qui décorent la perspective que nous donnons, elle acquerrait pour nous-mêmes, qui sommes étrangers aux mœurs et aux lois des anciens Égyptiens, un intérêt inappréciable. Combien donc ce temple devait-il inspirer de vénération aux hommes qui de tous côtés y voyaient tracés en caractères ineffaçables leurs lois, les principes et les beaux résultats de leurs sciences, les préceptes de leur morale et de leur religion!

Le portique d'Esné est entièrement construit en grès. Les pierres du plafond ont jusqu'à sept à huit mètres de longueur, sur deux de largeur : elles étaient retenues entre elles par des tenons dont on voit encore les traces. Ces pierres étaient simplement rapprochées les unes contre les autres, et se joignaient parfaitement dans toute leur longueur, sans le secours d'aucun mortier [2].

---

[1] *Voyez* le Mémoire sur les monumens astronomiques, par M. Fourier.

[2] Nous parlerons avec détail de la construction des édifices, et des matériaux qui y sont employés, dans le Mémoire général que nous nous proposons de publier sur l'architecture égyptienne.

La surface intérieure et extérieure du portique d'Esné est d'environ cinq mille mètres carrés. Elle est entièrement couverte d'hiéroglyphes : ainsi, en admettant qu'un sculpteur ait pu exécuter par jour un dixième de mètre carré de cette décoration, il a fallu cinquante mille journées pour l'achever entièrement. Il entre dans la construction de ce portique environ 3,500 mètres cubes de pierre.

Nous ne pouvons donner aucun détail sur la manière dont le monument était fondé; nous pouvons seulement assurer que ses fondations n'ont fléchi dans aucune partie, et qu'il a parfaitement conservé son aplomb. Pour donner des renseignemens plus satisfaisans à cet égard, il aurait fallu faire des fouilles considérables : mais le temps nous a manqué pour les exécuter. Elles se liaient à un projet plus vaste, qui était de démolir toutes les maisons qui environnent le temple : on l'aurait ensuite débarrassé de tous les décombres qui y ont été accumulés. La position de ce monument, au milieu d'une des villes les plus peuplées de la haute Égypte, et qui était devenue un quartier des Français, aurait beaucoup facilité cette entreprise; on aurait trouvé autant d'ouvriers qu'on aurait pu en désirer; ils auraient été continuellement surveillés; et il ne leur aurait pas été possible de combler successivement nos fouilles, comme cela est souvent arrivé dans les lieux où les mouvemens de l'armée ne permettaient pas de laisser de garnison : mais les circonstances de la guerre obligèrent le général en chef à concentrer toutes les forces aux environs du Kaire, et à laisser le gouvernement de la province d'Esné à Mourâd-bey. La ville d'Esné fut évacuée, et avec elle nous perdîmes l'espoir de voir le temple sortir, pour ainsi dire, des décombres, d'examiner ses fondations, son élévation au-dessus de la plaine et du Nil, et d'acquérir, sur l'art de bâtir des Égyptiens, des renseignemens précieux.

Nos regrets étaient d'autant plus vifs que nous ne pouvions nous dissimuler que ce monument, qui s'ensevelit tous les jours davantage, aura bientôt disparu pour jamais.

Un jour peut-être quelque nouveau voyageur tournera ses pas vers la haute Égypte. Si, profitant des avantages que peuvent lui offrir et nos premiers travaux et la position d'un monument placé au milieu d'une ville considérable, il se livre à de nouvelles recherches, nous ne doutons pas qu'il n'obtienne encore de précieux résultats. Il trouverait à Esné des ressources qu'il chercherait vainement ailleurs.

TEMPLE AU NORD D'ESNÉ.

A trois quarts de lieue au nord d'Esné, et à deux mille cinq cents mètres environ du fleuve, nous avons trouvé les restes d'un temple égyptien. Ce monument, beaucoup moins considérable que celui qui existe dans l'intérieur de la ville, est aussi d'une conservation moins parfaite. Ses ruines ne portent pas l'empreinte d'une dégradation ancienne : l'état dans lequel il se trouve ne paraît point être un effet de sa vétusté; il semble plutôt provenir d'un travail récent, auquel ont échappé plusieurs parties de l'édifice. Les habitans d'Esné nous ont effectivement assuré qu'on devait l'attribuer aux fouilles multipliées faites dans ses fondations par les ordres d'Ismây'l-bey, qui avait conçu l'espoir d'y trouver des trésors. Les mêmes habitans d'Esné nous ont dit qu'avant cette époque le temple était presque entier, et que les couleurs dont les sculptures sont encore en partie couvertes, étaient très-brillantes et très-bien conservées.

Ce temple doit avoir été construit sur une butte factice, assez élevée, puisque, malgré l'exhaussement considérable de la vallée du Nil, son sol est encore un peu supérieur à celui de la plaine ; il est entouré de pierres qui proviennent de la démolition des parties supérieures de l'édifice, et de débris de briques et de poteries. Tous ces débris doivent être aussi anciens que le monument ; car ses environs ne paraissent pas avoir été habités postérieurement à l'époque où il était en vénération. Sa position, à une distance éloignée du fleuve et sur la lisière du terrain cultivé, n'a jamais pu, sous aucun rapport, être avantageuse pour l'établissement d'une ville : c'était sans doute un lieu de dévotion, que quelque circonstance religieuse aura consacré, où peut-être il se rendait des oracles, et que les prêtres du grand temple d'Esné avaient intérêt d'entretenir avec soin. A cette époque, les prêtres pouvaient, soit par un canal, soit par tout autre moyen, y faire arriver une assez grande quantité d'eau pour l'usage des conservateurs de ce lieu révéré, et des caravanes qui s'y rendaient en pélerinage ; mais, depuis l'anéantissement de la religion égyptienne, ses environs ne sont plus habités. Des Arabes qui ont leurs camps dans les environs, près de la chaîne libyque, y font seulement quelquefois des excursions.

Le temple dont nous nous occupons, paraît avoir été construit à la hâte et avec beaucoup de négligence. Il a été mal fondé : l'appareil des pierres est on ne peut plus irrégulier; les assises ne sont pas toujours dans le même plan, et les joints ne sont presque jamais verticaux. Dans l'épaisseur des murs, on avait pratiqué sans précaution, entre la quatrième et la huitième assise, dont les pierres forment parpaing [1], des couloirs qui ont beaucoup nui à la solidité : les pierres n'ayant point assez de liaison entre elles, plusieurs de ces murs se sont partagés dans toute leur longueur.

Dans l'intérieur du portique, une colonne s'est enfoncée verticalement de près d'un mètre. Les pierres du plafond ont encore trouvé un aplomb suffisant, et restent ainsi suspendues. Deux colonnes de la façade n'ont pas conservé le même équilibre, et leur chute a entraîné celle d'une partie du plafond. La corniche et l'architrave sont tombées, et forment, devant le temple, un amas considérable de grosses pierres, sur lesquelles on retrouve les décorations de ces diverses parties de l'édifice, et particulièrement le disque ailé de l'entre-colonnement du milieu. Enfin ce séjour, autrefois si mystérieux, est actuellement accessible de tous côtés, par des ouvertures nouvellement faites et par des brèches multipliées.

Devant le temple, à quelques mètres de distance,

---

[1] On appelle *parpaing*, dans les constructions, les pierres qui présentent un parement à l'intérieur et à l'extérieur du mur dont elles font partie.

nous avons trouvé des restes de constructions en grosses pierres de grès, qui ont été mises à découvert depuis peu de temps. Nous avons cru d'abord que c'était une partie de la fondation d'un propylée; mais la position de ces constructions, et leur direction vers le Nil, nous ont fait soupçonner ensuite que ce pouvait être l'extrémité d'un aqueduc qui aurait amené les eaux du Nil. Toutefois nous avouons que les recherches que nous avons faites sur les lieux, pour éclairer notre opinion à ce sujet, ne nous ont procuré aucun résultat satisfaisant. Nous avons poussé des fouilles jusque par-dessous ces constructions, et nous avons seulement reconnu qu'elles sont posées sur un lit de décombres et de débris de poteries.

Le portique du temple est soutenu par huit colonnes de 1^m.23 de diamètre, sur 5^m.65 de hauteur, en y comprenant le chapiteau. Ces colonnes sont disposées sur deux rangs parallèlement à la façade. La campane du chapiteau est plus écrasée qu'à Esné : le dé qui la surmonte a aussi moins d'épaisseur. Sur le dé pose l'architrave qui soutient les pierres du plafond; les entre-colonnemens sont tous d'une fois et demie le diamètre de la colonne, excepté celui du milieu, qui est double des autres. La largeur intérieure du portique est de dix-sept mètres; et la profondeur, de sept mètres et demi.

Les quatre colonnes de la façade étaient engagées dans des murs d'entre-colonnement et dans la porte d'entrée. Ces murs et la porte fermaient le portique à la hauteur des deux tiers des colonnes. Il en reste peu de chose, et nous avons eu beaucoup de peine à retrouver les mesures que nous en donnons. La longueur totale de la façade est de vingt mètres; et sa hauteur, de sept mètres et demi.

En prenant pour module le demi-diamètre de la partie inférieure de la colonne, voici à peu près les proportions des différentes parties de l'élévation :

Base...	»	$\frac{1}{3}$
Fût..	7	»
Chapiteau......................................	1	$\frac{2}{3}$
Dé...	»	$\frac{2}{3}$
Architrave.....................................	1	$\frac{1}{3}$
Corniche.......................................	1	$\frac{1}{3}$
Total...................	12	$\frac{2}{3}$

Le diamètre de la colonne, dans la partie supérieure, a un douzième de moins qu'à la base. Ainsi qu'au grand temple d'Esné, une baguette sépare l'architrave d'avec la corniche, et descend le long des angles du monument, en formant une espèce d'encadrement aux tableaux hiéroglyphiques. Les saillies des chapiteaux et de la corniche n'ont pas de proportions aussi élégantes que dans le grand temple d'Esné. Les murs d'entre-colonnement diffèrent aussi; ils ont ici la même épaisseur que les colonnes, et leurs corniches existent à l'intérieur comme à l'extérieur.

Les murs du portique sont verticaux dans l'intérieur, et à l'extérieur ils ont un talus d'un vingtième de leur hauteur; ils sont actuellement enfoncés dans plusieurs endroits. Dans leur épaisseur, on avait pratiqué des couloirs, ainsi que nous l'avons dit plus haut. Ces couloirs, que l'on retrouve dans beaucoup de temples de l'Égypte, servaient sans doute à quelques cérémonies secrètes, au moyen desquelles les prêtres entretenaient le peuple dans la crainte et le respect dont leur puissance dépendait.

La façade du temple se dessine en saillie dans le fond du portique. La porte est au milieu, et conduit dans une première salle de huit mètres sur trois mètres et demi. Indépendamment de la porte d'entrée, cette salle a trois issues; l'une à droite, l'autre à gauche, et la troisième en face de la première. Celle-ci conduit dans une seconde salle de $9^m.23$ sur $3^m.39$, dont la plus grande longueur est dans le sens de la largeur du temple, qu'elle occupe toute entière. On peut aussi pénétrer dans cette seconde salle en passant par la porte qui est à gauche dans la première, et par deux petites pièces qui donnent l'une dans l'autre et conduisent jusqu'à cette seconde salle. La première de ces petites pièces communique à l'extérieur par une ouverture nouvellement pratiquée. A la suite de la seconde salle du temple, on en trouve une troisième, dont les murs sont presque entièrement détruits, et qui devait renfermer le sanctuaire. *Voyez* pl. 85.

La porte à droite, dans la première salle du temple, conduit à un escalier par lequel on montait sur les terrasses, et à une petite pièce placée derrière. Cet escalier tournait carrément dans une cage de $2^m.79$ de côté, et dont le noyau avait $1^m.09$ carré. On ne commençait à y monter qu'après une demi-révolution faite de plain-pied : il était fort roide, contre l'ordinaire des escaliers égyptiens. Il est presque entièrement détruit et tout-à-fait impraticable; mais on peut facilement monter sur les terrasses, encore existantes, du temple et du portique, au moyen des dégradations du mur latéral au nord.

Les sculptures de ce monument sont moins soignées que celles du portique d'Esné; elles ne sont ni d'un dessin aussi correct, ni d'un fini aussi précieux : elles ont, de plus, considérablement souffert. Le portique a été entièrement décoré : le temple, proprement dit, ne l'a point été. On ne trouve de sculptures que sur la porte qui conduit de la première salle à la seconde : elles sont beaucoup mieux exécutées que celles du portique. Toutes les sculptures étaient peintes; et ce monument a conservé, plus qu'aucun autre, des couleurs fraîches et brillantes, parmi lesquelles on remarque particulièrement le rouge, le bleu, et le jaune d'or.

Les murs latéraux du portique sont décorés dans le même système que ceux du grand portique d'Esné. Nous n'avons pu dessiner que quelques parties isolées de ces décorations. On y remarque des hiéroglyphes assez singuliers; des serpens auxquels on a ajusté des bras et des jambes, y sont très-fréquemment représentés. Les colonnes sont couvertes de sculptures dans toute leur hauteur : à la partie inférieure, on reconnaît les fleurs, les boutons et même les feuilles de lotus, très-bien caractérisés. Nous avons dessiné avec soin tous les chapiteaux, qui sont au nombre de six; ils sont particulièrement décorés de lotus diversement assemblés et dans différens états, et sont analogues à ceux du portique d'Esné, dont les campanes ne sont pas découpées. Pour donner une idée parfaite de ces chapiteaux, nous les avons dessinés dans différentes positions; et nous les avons mis en perspective, afin de faire juger combien la représentation géométrale leur fait perdre d'élégance (pl. 85 et 86). Les sculptures qui ont le plus attiré notre attention, sont celles qui se trouvent au plafond du portique, entre les colonnes et les murs latéraux : elles représentent en deux parties un zodiaque. Nous avons dessiné tout le tableau qui se trouve à gauche en entrant. Malgré quelques accidens qui sont arrivés aux pierres du plafond, toutes les figures se distinguent suffisamment. On trouve dans cette partie les signes du lion, du cancer, des gémeaux, du taureau, du belier et des poissons. Le lion est le premier signe que l'on voit en entrant dans le portique; il tourne le dos à l'extérieur: les poissons sont dans le fond, et tous les signes suivent exactement l'ordre dans lequel nous les avons nommés. De l'autre côté du portique, les pierres sur lesquelles sont sculptés le capricorne et le verseau, sont encore en place et dans le fond; on voit même la moitié du sagittaire. La pierre sur laquelle se trouve l'autre partie de ce signe, s'est brisée par le milieu, et est tombée : nous en avons rapproché les morceaux, et nous les avons dessinés. Les trois autres signes, savoir, le scorpion, la balance et la vierge, étaient sculptés sur les pierres qui suivaient, et qui ont été entraînées dans la chute d'une colonne de la façade. Ces pierres se trouvent en monceau à l'entrée du temple; elles sont d'un trop gros volume pour que nous ayons pu les rapprocher et les dessiner, comme nous l'avons fait pour compléter le signe du sagittaire; mais nous pouvons assurer qu'il ne serait pas impossible de réunir ces fragmens; car, en regardant à travers les jours que le hasard a laissés entre les pierres, nous avons aperçu une portion de la queue du scorpion, un plateau de la balance et l'épi de la vierge. Ces objets n'avaient malheureusement pas assez de suite pour que nous pussions les ajouter à notre dessin. On doit croire que ces trois signes marchaient dans le même ordre que les trois autres : ainsi ce zodiaque commence, comme celui du portique d'Esné, par la vierge, et finit par le lion. Les signes à droite sortent du temple, et les autres y entrent; d'où il résulte que les figures des deux suites sont tournées tête à tête, et semblent former une marche religieuse continue, qui fait le tour du portique.

Indépendamment des douze signes du zodiaque, il y a dans ce tableau beaucoup d'autres figures que l'on retrouve pour la plupart dans le monument astronomique du portique d'Esné. *Voyez* pl. 87.

TEMPLE A L'EST D'ESNÉ,

Sur la rive droite du Nil.

A l'est d'Esné, sur la rive droite du Nil, à un quart de lieue environ du fleuve, existent encore les ruines d'un petit temple égyptien. Il est situé sur un monticule de décombres peu élevé au-dessus de la plaine, et composé de débris de briques et de poteries, qui lui donnent un aspect rougeâtre et le font apercevoir de très-loin. La grande dimension des briques que l'on trouve dans cet emplacement, et leur forme, ne permettent pas de douter de leur antiquité. Quelques-unes paraissent avoir subi une demi-cuisson; d'autres sont parfaitement rouges; d'autres enfin ne paraissent que séchées au soleil. Il est probable que, dans les constructions, les briques que l'on employait étaient toutes dans ce dernier état. La différence qui existe entre celles que nous avons trouvées, ne peut s'expliquer que par la supposition d'un incendie qui aurait détruit la ville. Dans cette catastrophe, quelques briques isolées, et même celles qui se trouvaient à la surface des murs, auront été plus ou moins cuites; d'autres, dans l'épaisseur des murs, n'auront éprouvé aucun changement, et font encore connaître l'état dans lequel on les employait : telle est du moins l'idée qui nous est venue sur les lieux. Les décombres, seuls restes de l'ancienne ville, s'étendent assez loin, surtout vers la montagne. On ne remarque dans les environs du temple aucune trace de constructions modernes.

Le temple est un peu moins grand que celui qui se trouve sur la rive gauche du Nil, au nord d'Esné. Il ne paraît pas avoir été achevé; les sculptures du moins ne l'ont point été. Ce qui subsiste encore de ce monument, consiste en un portique de huit colonnes, et deux petites salles qui peuvent avoir appartenu au temple. Intérieurement, le portique a $13^m.51$ de largeur sur $7^m.28$ de profondeur. La largeur de la façade est de $15^m.79$, et la hauteur de 8 à 9 mètres. Une baguette qui sépare l'architrave d'avec la corniche, descend le long des angles de l'édifice, et forme encadrement.

On ne pénétrait dans le portique que par l'entre-colonnement du milieu : les autres entre-colonnemens étaient fermés par des murs qui s'élevaient à peu près à la hauteur de la moitié des colonnes. Ces murs sont beaucoup mieux conservés que ceux du portique du temple au nord d'Esné : nous avons pu facilement en mesurer toutes les parties. Leur hauteur totale est la seule mesure qu'il nous ait été impossible de prendre, à cause de l'encombrement de l'édifice. Nous n'avons pas pu faire de fouilles assez considérables pour trouver le sol du monument. Ce que nous donnons pl. 89, fig. 2 et 3, doit être considéré comme une restauration qui approche beaucoup de la vérité, parce qu'elle coïncide avec les proportions des colonnes et des murs d'entre-colonnement, relevés dans d'autres monumens : d'après cette restauration, les colonnes auraient 6^m.75 de hauteur, en y comprenant le chapiteau; leur diamètre est d'un mètre. En prenant pour module le demi-diamètre de la colonne, voici les proportions des différentes parties de l'élévation, que nous avons mesurées :

Du dessus du mur d'entre-colonnement au-dessus du chapiteau à tête d'Isis.........	3 $\frac{1}{7}$
Chapiteau à tête d'Isis,	
1re partie.............................	2 »
2e partie.............................	2 »
	7 $\frac{1}{7}$

Du dessus du mur d'entre-colonnement au-dessous des chapiteaux à campane.......	5	$\frac{1}{6}$
Chapiteau..	2	$\frac{1}{6}$
Dé.	»	$\frac{1}{2}$
Architrave et baguette..	1	$\frac{1}{3}$
Corniche et listel.	2	»
	11	$\frac{1}{3}$
Corniche des murs d'entre-colonnement depuis le dessous de la baguette jusqu'au-dessus des disques des serpens.	2	»
Jusqu'au sol de restauration.	4	$\frac{1}{3}$
	17	$\frac{2}{3}$

Le plafond du portique est en grande partie détruit. Les entre-colonnemens sont tous d'une fois et demie le diamètre de la colonne, excepté celui du milieu, qui est une demi-fois plus considérable.

La façade du temple se dessine en saillie dans le fond du portique. Le mur qui sépare ces deux parties du monument est extrêmement épais : nous avons découvert dans son intérieur un couloir qui passe par-dessus la porte du temple, et règne dans toute l'étendue de la muraille ; et nous avons trouvé un autre couloir semblable dans l'arrachement d'un des murs adjacens. Enfin, dans le mur latéral du portique à droite en entrant, nous avons reconnu une ouverture carrée, tellement remplie de décombres, que nous n'avons pu y pénétrer. Il nous a été facile de nous assurer qu'elle ne communique pas à l'extérieur : peut-être servait-elle à pénétrer dans les couloirs qui sont distribués dans presque tous les murs ; ils étaient assez grands pour laisser passer facilement un homme, et leurs parois étaient presque partout très-bien dressées.

La salle dans laquelle on entre en sortant du portique, a $3^m.23$ de longueur sur $4^m.77$ de largeur. Indépendamment de cette issue, elle en a deux autres, l'une en face de la première et dans l'axe du temple, et la seconde à gauche en entrant. Celle-ci conduit dans une seconde salle de $2^m.78$ sur $3^m.80$. Derrière ces deux salles, on ne trouve plus que des arrachemens de murs qui indiquent que l'édifice avait plus d'étendue, mais qui ne fournissent aucun moyen de restaurer les parties du plan qui manquent. Ces arrachemens n'offrent ni ordonnance ni symétrie : on peut même remarquer, en jetant les yeux sur le plan, que la façade du temple qui se dessine dans l'intérieur du portique ne correspond pas avec les constructions qui existent derrière. Cette bizarrerie, dont on ne trouve nulle part un autre exemple, nous fait soupçonner que quelques parties de l'édifice pourraient bien avoir été reconstruites dans des temps postérieurs.

Les décorations de ce temple, ainsi que nous l'avons dit plus haut, n'ont point été achevées. Celles de la façade ont été commencées. On remarque sur l'architrave au-dessus de l'entre-colonnement du milieu, un scarabée ailé, porté dans une barque, devant lequel plusieurs figures sont en adoration. Les plafonds ne sont point sculptés. Le chambranle de la porte qui conduit du portique dans le temple est décoré; on a donné, pl. 89, fig. 8, une partie de sa décoration. Dans l'intérieur de la porte, sur la partie à droite en entrant, sont esquissées en rouge, et sans carreaux, plusieurs figures. Nous avons remarqué particulièrement la représentation d'un taureau dont les formes sont hardiment dessinées. On trouve dans ces esquisses, faites du premier trait, un sentiment et une fermeté rares, qui prouvent que les artistes qui les ont tracées avaient dans ce genre beaucoup d'habitude et une exécution extrêmement facile.

Les chapiteaux étaient entièrement sculptés. Ceux qui se trouvent à droite et à gauche de la porte d'entrée du portique diffèrent des autres : ils sont composés de quatre figures de femmes coiffées de grandes draperies, et adossées contre les fûts des colonnes. Ces figures sont surmontées d'un dé carré contre lequel sont appuyés quatre tableaux hiéroglyphiques ; c'est une imitation très-imparfaite du chapiteau du temple de Denderah : il est même beaucoup moins agréable que celui qui a été employé dans les monumens de l'île de Philæ. Les autres chapiteaux sont analogues à ceux du portique d'Esné : l'un d'eux est une imitation du palmier, plus parfaite encore que celle que présente le chapiteau du grand temple d'Esné. On s'est attaché à y représenter les feuilles et les régimes du dattier, et même les extrémités des branches du palmier, qui restent ordinairement autour du tronc de l'arbre lorsque l'on exploite ses feuilles.

Les montagnes de la chaîne arabique sont à deux mille mètres environ à l'est du temple.

COUVENT QOBTE,

Au sud d'Esné.

Nous avons été conduits par des chrétiens qobtes,

habitans d'Esné, à leur église, qui est à trois quarts de lieue au sud de la ville. Cette église, et le couvent dont elle dépend, sont célèbres par le massacre épouvantable de chrétiens qui y fut fait sous Dioclétien ; c'est un lieu de pèlerinage extrêmement fréquenté. Ce couvent est très-considérable, et il paraît l'avoir été bien davantage : les voyageurs qui nous ont précédés s'accordent assez sur ce point ; et les ruines que l'on voit encore dans ses environs viennent à l'appui de leurs témoignages. Ce qui subsistait à l'époque de notre voyage, était entretenu à grands frais ; mais depuis long-temps le bon goût ne préside pas aux travaux que l'on y exécute. Quand nous y avons été, on était fort occupé à réparer les dégâts que les Mamlouks y avaient faits récemment, lorsque nous étions à leur poursuite.

GÉOGRAPHIE COMPARÉE.

C'est du martyre que plusieurs milliers de chrétiens subirent à-la-fois dans les environs d'Esné, lors de la persécution ordonnée par Dioclétien, que d'Anville fait dériver le nom d'*Esné* ou *Assena*, qui veut dire *la brillante*.

Nous ne connaissons aucun témoignage historique qui puisse faire croire que les chrétiens aient jamais été assez puissans en Égypte pour changer les noms de villes aussi considérables qu'Esné. Il nous paraît plus probable que le nom d'*Esné* est l'ancienne dénomination égyptienne, qui s'est conservée comme celles de *Tentyra*, *Ombos*, *Erment*, et tant d'autres, tandis que toutes celles données par les Grecs ont été oubliées. Il n'est même pas douteux que toutes ces dénominations grecques n'ont jamais été employées par les gens de la campagne, qui, dans tous les pays, sont plus particulièrement, par leur isolement et la simplicité de leurs mœurs, les conservateurs des noms et des usages anciens.

D'Anville place Latopolis à Esné. Ce qui paraît surtout l'y déterminer, est la coïncidence des latitudes de Latopolis et d'Assena, données l'une par Ptolémée, et l'autre par Ebn-Younis.

Suivant eux, ces deux villes sont sous le 25ᵉ. degré.

Cependant la latitude d'Esné est, comme nous l'avons dit, de 25° 17′ 38″.

Il est donc certain qu'Ebn-Younis s'est trompé de 17′ 38″.

En n'admettant aucune erreur dans Ptolémée, la latitude d'Esné fournie par M. Nouet se trouve être à peu près la même que celle d'Hermonthis, suivant Ptolémée, puisque ces latitudes ne diffèrent que de 2′ 22″. D'un autre côté, Strabon annonce positivement que l'on adorait Jupiter à Hermonthis, tandis qu'il est certain que le temple d'Esné était, comme nous l'avons dit, dédié à la seule divinité égyptienne qui ait pu donner aux Grecs l'idée de leur Jupiter Ammon, ou avec laquelle ils aient pu la confondre. Ces circonstances se réuniraient pour faire croire que la ville d'Esné est l'ancienne Hermonthis, et que Latopolis doit être située plus au sud; mais cette opinion conduit à des conséquences trop absurdes pour qu'elle puisse se défendre. Il en résulterait, en effet, que le village d'Erment, où nous avons trouvé des ruines considérables, et qui est situé un peu au-dessus de Thèbes, ne serait pas l'emplacement de l'ancienne Hermonthis : cependant la conformité des noms est telle, que c'est une très-forte prévention en faveur de l'opinion contraire, si même elle permet d'hésiter; mais il ne restera aucun doute, si l'on considère que la table antonine, qui est à peu près du même temps que Ptolémée, place Hermonthis à cinquante milles, ou 73,000 mètres environ, de Tentyra, en suivant les contours du Nil, et qu'il résulte des opérations de M. Nouet, qu'il y a 63,000 mètres en ligne directe des ruines de Denderah au village d'Erment. Par cette coïncidence presque parfaite, l'erreur de Ptolémée dans la détermination d'Hermonthis devient évidente; elle est de 17′ environ.

Si les latitudes de Ptolémée avaient été relevées astronomiquement, l'erreur qu'il a commise en déterminant celle d'Hermonthis, n'influerait en rien sur la position des villes supérieures; mais on sait que Ptolémée calculait souvent ses longitudes et ses latitudes d'après des distances mesurées sur la terre. L'erreur dans laquelle il est tombé pour Hermonthis, a dû par conséquent se propager. En faisant dans la carte de Ptolémée, pour la position de la ville d'Hermonthis et de celles qui sont au-dessus, la correction de 17′ environ, Latopolis se trouve reportée à la latitude déterminée par M. Nouet; et les distances données par la table antonine, Ptolémée et M. Nouet, entre Hermonthis ou Erment, et Latopolis ou Esné, coïncident assez bien pour autoriser à placer Latopolis à Esné, ainsi que l'a fait d'Anville. Il

ET DE SES ENVIRONS.

est assez extraordinaire que ces deux autorités de d'Anville, savoir, Ptolémée et Ebn-Younis, qui toutes deux l'ont induit en erreur pour la véritable latitude d'Esné, l'aient pourtant conduit à un résultat exact, en commettant deux erreurs absolument semblables.

Strabon, en faisant connaître les villes anciennes au-dessus de Thèbes, ne donne pas les distances de ces villes entre elles; mais il les place dans un ordre qui peut servir à faire connaître leurs positions relatives. Voici ses expressions :

« Après la ville d'Apollon vient Thèbes, qui est maintenant appelée *Diospolis*. Après Thèbes on trouve la ville d'Hermonthis, où l'on adore Apollon et Jupiter. On y nourrit aussi un bœuf sacré. Ensuite vient la ville des Crocodiles, où l'on rend un culte à ces animaux; puis la ville de Vénus, et ensuite celle de Latopolis, où l'on adore Pallas et le poisson Latus. On trouve à la suite la ville de Lucine et son temple[1]. »

Il ne peut actuellement rester aucun doute sur la position de Thèbes; l'emplacement de cette ville se fait assez connaître par l'immensité des ruines que l'on

---

[1] Μετὰ δὲ τὴν Ἀπόλλωνος πόλιν, αἱ Θῆϐαι καλεῖται δὲ νῦν Διὸς πόλις... Μετὰ δὲ Θήϐας Ἑρμονθὶς πόλις, ἐν ᾗ ὅ τε Ἀπόλλων τιμᾶται, καὶ ὁ Ζεὺς· τρέφεται δὲ καὶ ἐνταῦθα βοῦς. Ἔπειτα Κροκοδείλων πόλις, τιμῶσα τὸ θηρίον· εἶτα Ἀφροδίτης πόλις, καὶ μετὰ ταῦτα Λατόπολις, τιμῶσα Ἀθηνᾶν καὶ τὸν Λάτον· εἶτα Εἰληθυίας πόλις, καὶ ἱερὸν ἐν.

Post Apollinis urbem sunt Thebœ, quœ nunc Diospolis vocatur...... Post Thebas et Hermonthis civitas, in quá Apollo et Jupiter coluntur : hic etiam bos alitur. Deindè est Crocodilorum urbs, quœ eam belluam colit. Hinc Veneris urbs, et postea Latopolis, quœ Palladem et Latum colit. Postea Lucinœ civitas, et ejus templum (Strabonis Rerum geographicarum libri XVII, cum Gulielmi Xylandri versione à Casaubono recognita; *Lutetiœ Parisiorum, typis regiis*, 1620, in-fol.; lib. XVII, p. 815 et 817).

trouve à Louqsor, Karnak, Medynet-Abou et Qournah.

Au-dessus de Thèbes, Strabon place Hermonthis, Crocodilopolis, Aphroditopolis et Latopolis.

Esné est située à peu de distance au-dessus de l'emplacement de Thèbes.

La position de la ville d'Esné, les constructions égyptiennes, grecques, romaines et arabes que l'on retrouve le long du fleuve ; l'élévation de la butte de décombres sur laquelle la ville est bâtie, et plusieurs autres indices, ne permettent pas de douter que, de tout temps, cette ville n'ait été une des capitales de la haute Égypte ; elle renferme un des plus beaux temples égyptiens, un de ceux qui portent le caractère le mieux constaté d'une haute antiquité : cette ville doit donc avoir été connue de Strabon, et doit être alors une de celles que nous avons nommées.

Strabon n'entre dans aucun détail qui puisse nous déterminer à placer à Esné une de ces villes plutôt que les autres ; mais ce qu'il dit ne contrarie pas l'opinion de d'Anville, et viendrait plutôt à l'appui de ce que nous avons conclu de l'examen comparé de Ptolémée, de la table antonine, et des observations de M. Nouet.

Les ruines que nous avons trouvées sur la rive droite du Nil, en face d'Esné, démontreraient encore, par leur situation, qu'elles appartiennent à la ville de Contra-Lato, nommée par l'Itinéraire, et qu'Esné est l'ancienne Latopolis ; car, dans cette partie de la haute Égypte, on ne trouve que ces ruines et celles d'Esné qui soient assez directement opposées sur les rives du fleuve pour convenir aux situations respectives de ces deux villes anciennes.

Quelque concluantes que soient les raisons que nous avons apportées pour démontrer qu'Esné est l'ancienne Latopolis, nous ne négligerons pas de rendre cette opinion encore bien plus vraisemblable, en recherchant et fixant les positions qui conviennent aux villes placées, par les géographes anciens, entre Latopolis et Thèbes. Ces villes sont Aphroditopolis et Crocodilopolis, dont Strabon fait mention; Asphynis, dont parle la Notice de l'Empire, comme étant voisine d'Hermonthis; et Tuphium, citée par Ptolémée.

D'Anville a fort justement observé que la ville d'Asphynis trouvait naturellement sa place au village d'Asfoun, dont le nom est le même, à la terminaison grecque près, et qui est situé à trois lieues au nord d'Esné. Le P. Sicard dit avoir trouvé à Asfoun les restes d'un temple : nous n'y avons vu que des monceaux de décombres; mais ils sont si considérables, qu'ils ne peuvent provenir que des ruines d'une ville ancienne; et il est probable que les monumens vus par le P. Sicard y sont enfouis. Strabon ne fait aucune mention d'Asphynis, quoiqu'il paraisse avoir très-bien connu la nomenclature des villes de la haute Égypte. On doit donc croire que cette ville est une de celles que Strabon a fait connaître sous un autre nom. Le mot *Asphynis* n'est point grec : c'est évidemment le nom égyptien *Asfoun,* auquel les Grecs ont donné une terminaison conforme aux désinences des mots de leur langue. Ils ne s'en seront pas tenus là : ils auront donné à Asfoun un nom entièrement grec; et c'est celui d'*Aphroditopolis,* que Strabon a rapporté. *Asfoun* est évidemment le même mot que *Esfoung*, qui, en arabe, signifie *éponge*; il peut aussi dériver de *Souf*, qui, en hébreu, a une signification analogue à *Esfoung* en arabe, et à *Aphrodite* en grec, et veut dire *production des eaux*[1]. La langue hébraïque est celle qui se rapproche le plus de l'ancien égyptien; et même, sans faire dériver *Asfoun* de *Souf*, on peut très-bien croire que ces deux mots ont une origine commune dans la langue égyptienne. D'Anville[2], par un raisonnement à peu près semblable, démontre que l'île de *Suphange el-Bahari*[3] est l'ancienne île d'Aphroditis[4]. Nous conclurons aussi qu'Aphrodito-

[1] Le nom hébreu d'*Yam-Souf* a été donné à la mer Rouge à cause de ses productions marines, qui sont très-remarquables : ce sont les coraux, que l'on y trouve en grande abondance.

[2] *Voyez* la Description du golfe arabique, page 22.

[3] *Soufing el-bahary*.

[4] M. Bruce, dans son Voyage de la haute Égypte, fait mention d'un pays appelé *Woodan*, situé un peu au nord d'Atfieh, sur la même rive orientale du fleuve, et en face de plusieurs îles. Plus bas il dit que le nom entier de ce pays est *Suf el-Woodan*; enfin, plus loin, il sépare ces deux noms et en fait deux villages, en rapportant que, sur la rive occidentale du Nil, il y a une pyramide placée entre Suf et Woodan. M. Bruce dit ensuite qu'à l'occident de ce village il existe des ruines, et il ajoute : « Je pense que c'étaient les restes d'Aphroditopolis, dont le nome s'étendait à l'est. »

On trouvera dans la carte de cette province de la haute Égypte, au nord d'Atfyheh, plusieurs des villages cités par M. Bruce; entre autres, *Nezeleh*, une île remarquable, et deux villages sur la rive orientale du Nil, dont l'un est désigné sous le nom d'*el-Sof*, et l'autre sous celui d'*Oûdy*. Entre ces deux villages, et un peu plus à l'occident, sont indiquées des ruines. Il est évident que ce sont là les ruines et les deux villages désignés par M. Bruce.

La position d'Aphroditopolis nous paraît beaucoup plus convenablement déterminée par M. Bruce que par M. d'Anville, qui ne connaissait pas les ruines d'*el-Sof*, et qui a été obligé de reporter ces ruines à la première ville remarquable, c'est-à-dire à Atfyhyeh. L'Itinéraire d'Antonin, en partant de Babylone, place *Scenas Mandras* à douze milles, et vingt milles plus loin Aphroditopolis. Cette distance convient parfaitement à la position d'el-Sof par rapport au vieux Kaire. Le village de *Sof* ou *Suph*, dont le nom se trouve encore ici correspondre à celui d'*Aphroditopolis*, vient à l'appui de notre opinion sur Asphynis et Asfoun.

polis nommée par Strabon est la même ville qu'Asphynis dont on voit les ruines au village d'Asfoun.

Ptolémée, à qui nous devons la connaissance de Tuphium, ne parle point de Crocodilopolis; et Strabon, en nommant Crocodilopolis, ne parle point de Tuphium; mais ils placent ces deux villes à peu près à la même hauteur. Il est donc probable que la même ville a été désignée par Ptolémée sous le nom de *Tuphium*, et par Strabon sous celui de *Crocodilopolis*. D'Esné à Asfoun et d'Asfoun à Erment, nous n'avons aperçu sur la rive gauche du fleuve aucun autre vestige de villes anciennes qui pût correspondre à cette position de Tuphium ou de Crocodilopolis; mais sur la rive droite, entre Erment et Asfoun, nous avons trouvé les restes d'un temple égyptien, dans les décorations duquel on voit représentés beaucoup de crocodiles. Ce lieu, que les gens du pays appellent *Taud*, et qui est marqué sous ce nom dans la carte de d'Anville, est, selon lui, le *Tuphium* de Ptolémée. Cette position convient en effet assez bien, et les décorations du temple annoncent que le crocodile y était en grande vénération. Cela deviendrait certain, si, ce qui n'a pas lieu, le nom de *Taud* avait quelque rapport avec celui de *crocodile* en arabe ou en hébreu; mais il est possible que le nom égyptien de la ville n'ait pas eu avec le culte du crocodile l'analogie que les Grecs ont établie en la nommant *Crocodilopolis*.

De ce qui précède, il résulte que toutes les positions dont nous avons parlé se trouvent très-convenablement fixées; savoir, Hermonthis à Erment, Crocodilopolis ou Tuphium à Taud, Aphroditopolis ou Asphynis à Asfoun, Contra-Lato aux ruines qui sont en face d'Esné, et Látopolis à Esné.

ANTIQUITÉ RELATIVE DES MONUMENS.

Il est sans doute impossible de fixer l'époque précise à laquelle fut bâtie la ville que les Grecs nous ont fait connaître sous le nom de *Latopolis*, et dont nous avons retrouvé les ruines à Esné. Le siècle où cette ville florissait, celui qui vit s'élever les temples dont nous avons décrit les ruines, est d'autant plus difficile à assigner qu'il est plus éloigné de nous. Si, dans cette matière, on ne peut obtenir rien de positif, ni même faire de calculs approximatifs sans être effrayé de leurs résultats, on peut, du moins, en comparant les monumens entre eux, les ranger dans un ordre d'ancienneté qui, sans rien préjuger sur leur antiquité réelle, doit cependant être d'une grande utilité, puisqu'il servira à suivre les progrès et la décadence de l'art chez les Égyptiens.

Si l'on considère les ruines d'Esné sous ce point de vue, et si on les compare à toutes celles de la haute Égypte, on reconnaîtra sans peine que cette ville doit être une des plus anciennes.

Elle se trouve dans la partie de la haute Égypte qui a dû être la première habitée : c'est, en descendant de la Nubie, le premier endroit où la vallée du Nil, prenant une certaine largeur, offre un espace assez vaste de terrain susceptible de culture.

L'élévation considérable de la butte de décombres

sur laquelle la ville moderne est bâtie, et l'enfouissement du temple, prouvent non-seulement qu'elle a existé sans interruption, mais encore qu'elle a existé fort anciennement.

Si l'on considère attentivement l'architecture du temple d'Esné, on la trouvera plus rapprochée de la nature, plus simple, et d'une imitation plus naïve : on trouvera dans l'exécution des sculptures qui décorent ce monument, moins de grâce et de moelleux, et surtout moins de richesses de détail, qu'à Denderah et dans quelques autres temples de l'Égypte; ce que l'on doit attribuer à une méthode d'exécution qui n'était point encore portée à sa perfection.

Enfin, soit que les monumens astronomiques indiquent précisément l'époque de la construction des temples qui les renferment, soit qu'ils constatent seulement l'état des connaissances acquises par toutes les observations faites antérieurement au temps de leur érection; comme le zodiaque d'Esné indique évidemment une époque antérieure à celle des zodiaques de Denderah[1] et des bas-reliefs astronomiques de Thèbes, on doit en conclure que le temple d'Esné est antérieur à celui de Denderah et à la plus grande partie de ceux de Thèbes.

En admettant, ce qui est très-vraisemblable, que tous les monumens ont été élevés sur des buttes factices d'une hauteur fixe, déterminée par l'expérience, afin de les garantir des inondations et de prévenir les accidens qui auraient pu résulter de l'exhaussement du sol de la val-

[1] *Voyez* le Mémoire sur les monumens astronomiques, par M. Fourier.

lée, phénomène que les Égyptiens avaient certainement observé, on devra conclure que les monumens, dont le sol est le plus près d'être atteint par les dépôts du Nil, sont aussi les plus anciens. Cette hypothèse est appuyée d'observations faites sur différens points de l'Égypte. Quant à la hauteur à laquelle les Égyptiens avaient jugé convenable d'élever leurs monumens au-dessus de la plaine, on doit croire qu'ils avaient poussé la prévoyance fort loin, puisqu'il résulte d'un nivellement fait avec beaucoup de soin à Denderah, que le sol du temple est encore de trois mètres, ou quinze pieds environ, supérieur au niveau de la plaine environnante.

Il nous a été impossible de constater la hauteur du sol du temple d'Esné; mais nous avons observé que celui du petit temple, au nord, est à peine supérieur au niveau de la plaine. Il est donc certain que le sol de la vallée s'est considérablement exhaussé depuis l'époque de l'érection de ce petit monument, et, par conséquent, que cette époque est fort ancienne.

De plus, ce temple renferme un zodiaque qui retrace le même état du ciel que celui du portique d'Esné.

Ces considérations ne permettent pas de croire que ce petit temple ait une antiquité moindre que celle du portique d'Esné.

Nous ne pensons pas que toutes les parties du temple de Contra-Lato soient du même temps : le désordre de son plan nous fait présumer, au contraire, que les constructions qui sont derrière le portique sont moins anciennes que le portique lui-même; mais cela ne doit rien faire préjuger pour ou contre l'antiquité de la ville, qui peut être de la même époque que Latopolis.

CHAPITRE HUITIÈME.

DESCRIPTION

D'ERMENT OU HERMONTHIS,

Par E. JOMARD.

§. I. *De la ville d'Hermonthis.*

Les antiquités d'Hermonthis n'offrent rien d'aussi grand que les temples de Philæ, d'Esné ou d'Edfoû. C'est par une disposition particulière au temple qu'elles renferment, par l'élégance de ses colonnes, par les sculptures dont il est couvert, enfin par un bassin qu'on croit avoir servi de nilomètre, que ces ruines se recommandent à l'attention du voyageur.

Le village d'Erment, qui a succédé à la ville d'Hermonthis, et qui en a aussi retenu le nom [1], est situé dans une grande plaine, à six cents mètres [2] à l'orient du Nil, et à un myriamètre [3] au-dessus de la ville de Thèbes. On le distingue, à quelque distance, par un minaret élevé qui a la forme d'une tour, et qui est placé au-

---

[1] On a aussi donné à ce lieu le nom de *beled Moụsā*, c'est-à-dire patrie de Moïse.
[2] Trois cents toises.
[3] Deux lieues.

dessous du village, c'est-à-dire, à l'est; car, à cet endroit, le Nil ne coule pas au nord, mais au levant.

A quatre cents mètres[1] au nord de ce minaret, on trouve le temple égyptien, non loin d'un hameau qui dépend du village d'Erment. Ce temple est le seul qui subsiste au milieu d'une grande étendue de décombres, dont la longueur est d'environ un kilomètre, ou un petit quart de lieue. Les autres édifices que la ville a possédés, sont aujourd'hui enfouis ou détruits de fond en comble. Çà et là on aperçoit des débris de colonnes et de chapiteaux.

Autour du temple sont les vestiges d'un ancien mur d'enceinte; et au midi, un bassin oblong qui était revêtu en pierres. Dans le prolongement de l'axe de ce bassin, est une large route bordée de chaque côté par les décombres, avec les fondations d'une porte à son extrémité : ce chemin m'a paru le reste d'une rue principale d'Hermonthis. Enfin, à deux cents mètres[2] au sud du temple, et à pareille distance du village, on trouve les restes d'un édifice plus récent, qui paraît avoir servi d'église aux premiers chrétiens.

La ville d'Hermonthis, dans l'ancienne Égypte, était le chef-lieu d'un nome distinct de celui de Thèbes, malgré la proximité de la capitale. Pline et Ptolémée font mention de ce nome. Strabon place immédiatement cette ville après Thèbes, et dit qu'on y adorait Apollon et Jupiter. Sous les empereurs, on y a frappé des médailles, comme dans les autres métropoles; témoin une médaille de l'an 126 de J. C., portant le nom de

---

[1] Deux cents toises.   [2] Cent toises.

cette préfecture, avec la marque de l'an xi du règne d'Adrien[1] : d'un côté est la tête de ce prince, couronnée de lauriers; de l'autre, une figure tenant une pique et un lion. Une légion romaine était stationnée dans ce lieu[2], qui, dans la suite, conserva encore assez d'importance pour être une ville épiscopale. L'histoire chrétienne rapporte les noms de plusieurs évêques d'Hermonthis[3].

La population d'Erment est encore, en partie, composée de chrétiens; et l'on y fait voir le prétendu tombeau de *Mâry-Girgès* ou S. George, qui est en grande vénération parmi eux. Je demandai à voir ce tombeau; mais, par mégarde, je m'adressai à un musulman, qui, au lieu de me répondre, me fit en riant cette question : *Qu'est-ce que Mâry-Girgès ?* La haine la plus envenimée règne à Erment entre les deux sectes. Les qobtes s'imaginaient, en nous voyant, que nous étions venus tout exprès pour exterminer les mahométans du village; l'un d'eux me dit d'un grand sang-froid : *Quand donc les Français tueront-ils tous ces misérables ?* Nous ne trouvâmes d'accord les uns et les autres que pour nous vendre des antiques et des médailles qu'ils sont continuellement occupés à tirer des décombres. Ayant eu besoin de quelques hommes pour faire des fouilles dans le temple, je vis chrétiens et musulmans accourir pêle-mêle, et travailler de concert pour gagner quelques petites pièces de monnaie; tant l'amour de l'argent a

---

[1] Mémoires de l'Académie des inscriptions, in-12, t. XLIX, p. 82.

[2] *Notitia utraque dignitatum ;* Venetiis, 1602, p. 90.

[3] *Oriens Christianus*, t. II, p. 609, 610.

de force et d'empire sur les autres passions, même sur l'esprit de secte.

§. II. *Du temple d'Hermonthis.*

L'aspect de ce temple a quelque chose qui le distingue de tous ceux de la Thébaïde, qui généralement sont enfouis ou placés dans un fond. Celui-ci, au contraire, est isolé parfaitement, et n'est dominé par aucune éminence; l'encombrement du sol est presque nul, et ses colonnes élancées se dessinent sur le ciel avec toute leur élévation[1] : c'est le seul qui, au premier coup d'œil, rappelle aux voyageurs européens les proportions d'architecture qui leur sont familières.

L'emplacement du temple est environné, au midi, par des constructions de briques et par des tombes modernes, rondes ou carrées, et divisées par gradins, dont une est assez considérable pour masquer la partie postérieure de l'édifice. Le temple est tourné au couchant, à peu près parallèlement au Nil, et son axe fait un angle de soixante-quatre degrés à l'est avec le méridien magnétique. Sa longueur, y compris l'enceinte de colonnes, est d'un peu plus de quarante-six mètres[2]; et sa largeur, de plus de dix-huit mètres[3]. Les plus grandes des colonnes ont treize mètres et demi[4] de hauteur, et plus d'un mètre six dixièmes[5] de diamètre.

Le temple est bâti de grès, comme les autres monumens déjà décrits; mais ce grès est compacte, et paraît

---

[1] *Voyez* pl. 91.
[2] Cent quarante-trois pieds environ.
[3] Cinquante-cinq pieds.
[4] Quarante-deux pieds environ.
[5] Près de cinq pieds.

avoir été choisi dans la carrière avec soin ; car les plafonds sont composés de pierres énormes qui n'ont pas bougé de place. La longueur d'une seule de ces pierres suffit pour couvrir toute la largeur de la terrasse, c'est-à-dire plus de cinq mètres d'étendue; leur largeur est de deux mètres.

Parmi les matériaux dont la partie antérieure du temple est construite, il est important de remarquer que l'on trouve des pierres qui avaient déjà servi à d'autres constructions égyptiennes; on y trouve, sur les joints intérieurs, des hiéroglyphes bien exécutés. Déjà l'on a cité à Philæ un fait pareil; et l'on en verra encore d'autres exemples, qui prouveront de plus en plus que l'art égyptien remonte à une époque très-reculée. Ce temple d'Hermonthis, en partie bâti des débris d'un autre, est lui-même en ruines, et la couleur de ses murailles, aussi bien que son état de destruction, attestent que c'est un des temples les plus anciennement construits.

Au-dedans, l'édifice semble entièrement conservé; les murailles, et les sculptures qui les recouvrent, sont presque intactes, depuis les plafonds jusqu'au sol, qui est fort peu enfoui. Au-dehors, au contraire, la dégradation paraît considérable, parce que le temple était jadis entouré d'une galerie, dont toutes les colonnes sont rasées, les architraves et les corniches renversées. Le plafond de cette galerie s'est aussi écroulé sur le sol, qui est jonché de pierres. Ainsi dépouillé de ses colonnes et de son entablement, le massif du temple offre à l'œil un aspect nu et inaccoutumé.

En avant du temple était une enceinte de colonnes, dont les six extérieures, plus élevées que les autres, n'ont jamais été achevées; cependant il n'y en a plus qu'une de celles-ci qui soit debout dans toute sa hauteur. Une partie des murs d'entre-colonnement qui fermaient cette enceinte, est également brisée ou dégradée. Enfin quatre colonnes intérieures qui en faisaient partie, sont renversées entièrement ; je n'en ai reconnu l'existence que par les fouilles [1].

Il ne faut pas qu'on attribue aux ravages du temps ni à une construction défectueuse l'état actuel du temple d'Hermonthis; car ce qui subsiste debout ne porte pas la marque d'une dégradation commencée : tout est démoli, ou intact. Cette destruction est l'ouvrage de la main des hommes. En effet, les murailles sont pleines de trous que les Arabes et les *felláh* ont creusés pour en retirer les tenons qui servaient à lier les pierres; le jour qu'on voit au mur du sanctuaire, du côté du nord, a été pratiqué dans le même dessein : dans un petit espace, on a compté plus de cinquante de ces trous. Ce fait porte à conclure que les tenons étaient quelquefois de métal : assurément les Arabes ne se seraient pas donné tant de soins pour démolir des constructions solides ou percer des pierres dures, si ces tenons n'eussent été que de bois. Il faut, en quelque sorte, savoir gré aux Égyptiens d'avoir épargné le fer dans leurs monumens : dans un pays où il est si rare, et avec des hommes tels que les Arabes, tous ces monumens seraient peut-être aujourd'hui démolis.

[1] *Voyez* pl. 94, fig. 1, aux points a a.

Quel que soit l'état actuel de destruction du temple d'Hermonthis, on retrouve cependant très-bien toutes les parties de son plan. La disposition est simple, mais digne d'être étudiée, parce qu'elle offre un exemple complet de celle qui était propre aux petits temples, c'est-à-dire aux édifices où le temple proprement dit ne consistait qu'en deux ou trois salles. Cette espèce de temple est ici visiblement un *typhonium* : ses colonnes antérieures sont surmontées d'un dé élevé, qui devait recevoir sur chaque face l'image de Typhon en relief [1].

Ce qui sans doute est le plus remarquable dans cette disposition, ce sont les trois ordres de colonnes [2] que l'on ne retrouve dans aucun autre édifice. Celui de la galerie est le plus petit; celui du dehors est le plus grand : l'ordre de l'enceinte intermédiaire est aussi moyen entre les deux autres. La galerie était composée de dix-huit colonnes [3]; l'enceinte moyenne en avait quatorze; la partie extérieure en avait six. Il fallait beaucoup d'art pour ajuster une enceinte au portique, aussi bien qu'on l'a fait dans ce temple.

Les entre-colonnemens de l'entrée et de la partie postérieure du temple sont plus larges que les entre-colonnemens latéraux, qui ont un diamètre et demi; c'est ce qu'on remarque partout; mais ce qu'on ne voit nulle part, c'est une galerie aussi étroite sur les côtés. Sa largeur par le bas n'est guère que d'un mètre [4]. Il est

---

[1] *Voyez* pl. 91, 92 et 94.

[2] Il ne faut pas attacher ici à ce mot l'idée qu'on y attache communément en architecture; je veux désigner par-là seulement les trois différentes proportions des colonnes de l'édifice.

[3] *Voyez* pl. 94, fig. 1, l'espace renfermé entre les lettres p et b.

[4] Trois pieds.

difficile de deviner le motif de l'extrême différence de cette largeur avec celle du portique. La partie circonscrite par cette galerie forme le temple proprement dit, et retrace fort bien un temple périptère, ainsi que je l'ai fait remarquer pour le petit temple d'Edfoû (Voyez *chap. V*, §. VII).

Trois salles forment le dedans du temple; leur hauteur est d'environ sept mètres [1]. Dans la première, à gauche, au haut de la muraille, il y a un jour en forme de soupirail, d'environ un mètre de large, et qui se rétrécit dans la partie inférieure, où il a moins d'un décimètre. A droite, est un escalier très-étroit en trois rampes, pratiqué dans le massif de la muraille, et qui nous a servi à monter sur la terrasse : sa largeur est d'environ six décimètres [2]; les degrés sont fort peu élevés, comme à Edfoû et dans tous les escaliers égyptiens. La salle qui suit est la plus grande; elle a une niche au fond, peu enfoncée, et surmontée d'une corniche. La troisième salle, que j'appellerai *le sanctuaire*, est plus petite que la première; il est remarquable, et sans exemple, que sa porte soit tout-à-fait de côté et touche à la muraille latérale. Au mur du fond, et au sommet, on voit une petite fenêtre carrée qui éclairait faiblement cette salle; aujourd'hui la lumière y pénètre plus abondamment par le trou dont j'ai parlé plus haut.

La largeur de l'enceinte extérieure ne permet pas de croire qu'elle ait jamais été recouverte : elle formait un édifice à jour, ainsi que l'édifice de l'est à Philæ. J'ai d'ailleurs constaté par des fouilles faites au-devant du temple,

---

[1] Vingt-un pieds.   [2] Vingt pouces.

que l'espace du milieu ne renferme point de colonnes¹ : ce n'est donc pas là un premier portique, dont la plateforme aurait disparu. Il faut regarder ces enceintes découvertes comme des vestibules particuliers aux petits temples, vestibules qui étaient nécessaires aux cérémonies égyptiennes, et qui, dans les grands temples, étaient formés par les péristyles. L'ensemble de cette double enceinte et du temple devait produire un effet agréable, surtout par la succession des parties dont la hauteur allait en croissant, du dedans au dehors. Une dernière enceinte générale enfermait ces diverses constructions, si l'on en juge par les restes d'une muraille dont j'ai parlé au commencement, et qui était à deux ou trois mètres du temple² ; on doit surtout le penser d'après les portes latérales, qui, sans cela, auraient permis de pénétrer dans les vestibules, et de là dans le temple.

Je devais entrer dans ce détail, afin de faire concevoir toute la disposition du monument, qu'au premier abord on ne saisit pas bien sur les lieux. Il fallait, pour la reconnaître, des fouilles et des mesures précises, et un plan qui réunît toutes les lignes partielles des arrachemens de constructions. J'ai cru aussi à propos d'exposer les proportions relatives des trois ordres du temple : le lecteur jugera de l'harmonie qui règne entre elles par les résultats suivans. On trouve que,

1°. Dans le temple proprement dit, à partir du socle,

---

¹ *Voyez* pl. 94, fig. 1, au point p.   ² *Voyez* pl. 93.

418   CH. VIII, DESCRIPTION D'ERMENT

Module
ou
demi-diamètre inférieur.

Le fût de la colonne contient........... 9.
Le chapiteau........................ 2.
Le dé............................. 2.
L'architrave........................ 3.
La colonne et le dé................. 13.
Et l'ordre entier.................... 16.

2°. Dans l'ordre intermédiaire,

Le fût............................. 12.
Le chapiteau........................ 2.
Le dé............................. 2.
La colonne et le dé................. 16.
L'architrave........................ 2.
Et l'ordre entier.................... 20 [1].

3°. Dans l'ordre extérieur,

Le fût............................. 11.
Le chapiteau........................ 2.
Le dé............................. 3.
La colonne et le dé................. 16.

On n'a pas de donnée pour savoir quelles devaient être l'architrave et la corniche de l'ordre extérieur. Il est probable qu'elles étaient chacune de deux modules, comme dans l'ordre intermédiaire. Ainsi ces deux ordres ne différaient pas par la proportion totale, mais par le fût, qui, dans celui de l'extérieur, avait un module de moins, et le dé, un module de plus. Il n'y a que la grandeur du module qui différait dans le rapport de $1^m.581$ à $1^m.624$, c'est-à-dire d'un sixième environ.

Si l'on prend pour module la hauteur de l'architrave

[1] *Voyez* l'explication de la pl. 94, fig. 3.

(y compris le cordon), hauteur qui est toujours égale à la moitié de l'entablement, comme j'en ai fait la remarque à Edfoû [1], on trouve que,

Dans le temple proprement dit,

	Module ou demi-diamètre inférieur.
Le fût contient, de ces modules........	5 et $\frac{1}{2}$.
La corniche...........................	1.
La colonne et le dé...................	5.
Et l'ordre entier.....................	10.

Et dans l'ordre intermédiaire,

Le fût............................	12.
Le chapiteau......................	2.
Le dé.............................	2.
Le diamètre.......................	1.
La colonne et le dé...............	16.
Et l'ordre entier.................	20.

C'est-à-dire que, dans ce dernier cas, le diamètre de la colonne est égal à l'architrave. Ce module de l'ordre intermédiaire est très-répété dans le temple; le tiers en est contenu cent fois dans la longueur totale. Je ferai connaître ailleurs les résultats très-remarquables qui découlent de ces proportions régulières.

§. III. *Des sculptures du temple.*

Le système d'ornement du temple d'Hermonthis est fort simple. Pour le temple proprement dit, il est absolument conforme au *typhonium* d'Edfoû. Ce qu'il y a

[1] *Voyez chap. V*, §. VIII.

de plus remarquable dans la décoration extérieure du temple, c'est le couronnement d'*ubœus* qui surmonte la corniche de la porte, couronnement qui ne se voit jamais que dans les intérieurs : aujourd'hui la chute du plafond qui recouvrait le portique l'a mis entièrement à découvert.

Les grandes colonnes du devant n'ont pas été sculptées; les chapiteaux ne sont qu'ébauchés; et les dés, où l'on devait tailler, comme je l'ai dit, des figures de Typhon, sont au même état. Il en est de même des murs d'entre-colonnement et des portes qui s'y trouvent : ajoutons que la pierre de ces diverses constructions est moins colorée. Il n'est donc pas douteux qu'elles ne soient postérieures au temple lui-même. C'est un fait digne de remarque, qu'une construction pareille qui est à Philæ (l'édifice de l'est) soit dans le même cas, c'est-à-dire qu'elle soit demeurée imparfaite, que la sculpture y soit à l'état d'ébauche, et qu'il ne reste rien du temple lui-même, comme si ces enceintes à jour eussent toutes été bâties dans des temps postérieurs.

Les quatre colonnes de l'enceinte intermédiaire ont des chapiteaux qui diffèrent par les ornemens; mais chacun d'eux est répété symétriquement en face. On a cru y remarquer la feuille du palmier doûm au milieu des tiges de lotus; sur les fûts des colonnes sont des figures faisant ou recevant des offrandes, et accompagnées de bandes d'hiéroglyphes.

Si l'on entre dans le temple, on trouve une grande régularité dans la distribution des trois rangs de tableaux qui en couvrent les murailles. Moins encombrées, moins dégradées qu'ailleurs, elles permettent d'étudier complétement toutes les scènes d'un temple égyptien du second ordre. Les frises sont richement sculptées; les figures et les attributs groupés simplement, mais non sans élégance (*Voyez* pl. 94, fig. 8; 96, fig. 3; 97, fig. 1). L'épervier posé sur un cube, les ailes déployées au milieu d'une multitude de tiges de lotus, offre un tableau d'une heureuse composition. Mais ce qui est ajusté avec le plus de goût, ce sont des lits de repos soutenus par des pieds de lion : la tête de l'animal est à une extrémité; les pieds de derrière et la queue, à l'autre (pl. 96, fig. 3). On attribuait aux Grecs l'invention de cette espèce de lit, dont le goût s'est introduit en Europe depuis que nos artistes ont consenti à puiser des modèles dans l'étude de l'antique; mais les Grecs avaient été devancés par les Égyptiens. Parmi les monumens vulgairement appelés *Étrusques*, et qui se rapprochent à bien des égards du style égyptien, on trouve des exemples de cette forme de meubles. Dans les temps héroïques, celui qui avait tué quelque bête féroce en portait la dépouille : quand il s'asseyait, il rejetait cette dépouille sous lui, et les quatre pattes du lion venaient s'appliquer contre les pieds du siége. De là sera venue l'idée, dans des temps moins grossiers, de sculpter ces pieds eux-mêmes suivant la forme de ceux du lion; cela me paraît sensible, à l'inspection d'une des planches de la collection de Tischbein[1]. Toutefois je pense que les Égyptiens, qui les premiers ont imaginé cette forme de lit, ne l'ont pas employée arbitrairement, et que les

[1] Vol. III, pl. 30.

formes du lion sont significatives dans les tableaux d'Hermonthis; c'est ce qui sera développé plus loin : je passe à la description des sculptures qui ornent les trois salles du temple.

Dans la première, on voit différentes scènes, telles qu'Isis allaitant son fils Harpocrate, et recevant des sistres et différentes offrandes; Osiris à tête d'épervier, devant qui l'on remarque un bœuf couronné d'un disque; Isis à tête de lion, et Horus ayant des cornes de belier[1].

La seconde salle, qui est la plus grande, est pleine de représentations variées. Au-dessus de la porte d'entrée, est un grand sujet, dont le centre est occupé par un épervier qui a les ailes déployées, et la tête couronnée d'une coiffure symbolique; il se dessine au milieu d'une multitude de tiges de lotus disposées comme les branches d'un éventail; deux femmes se tiennent devant et derrière lui, les mains élevées; ensuite deux figures typhoniennes armées de couteaux; enfin deux figures d'Harpocrate, l'une tenant le fléau, l'autre revêtue d'un riche collier et tenant le bâton augural uni à la croix à anse. Je renvoie au dessin pour étudier les divers attributs de cette scène (pl. 94, fig. 8).

Au-dessous est un tableau curieux : quatre femmes allaitent chacune un enfant; l'une d'elles regarde les trois autres; dans l'intervalle est, d'un côté, une génisse tournée dans le même sens que cette figure, ayant un enfant placé entre les cornes, et, de l'autre, Harpocrate

---

[1] Extrait du Journal de voyage de M. Villoteau. Pococke dit avoir vu au plafond de cette première salle cinq éperviers qui ont les ailes étendues.

assis sur une grande fleur de lotus, et regardant la génisse. J'ai déjà cité, sous le rapport de la composition, cette scène remarquable, qui est agréablement terminée et comme encadrée de part et d'autre par deux figures de femmes portant de grandes ailes déployées.

Sur les deux côtés de la salle, on voit une grande quantité de tableaux qu'il est impossible de décrire en détail. On en a copié quatorze, parmi lesquels il y a cinq grandes scènes complétement dessinées. Je me bornerai à en indiquer quelques-uns.

Le tableau le plus répété est celui où l'on allaite Harpocrate. On le voit aussi debout sur les genoux d'Osiris, qui le tient de la main droite; ailleurs il est embrassé par Isis, qui lui offre un faisceau de tiges dentelées en scie : un prêtre lui présente un enfant dans une espèce de corbeille. Osiris, dans ces divers tableaux, a tantôt une tête d'épervier, tantôt une tête humaine.

Harpocrate paraissant sortir d'un lotus, avec les cheveux tressés et un fléau sur l'épaule, Isis lui prêtant la main, et une autre figure de femme lui donnant l'attribut de la divinité, forment un tableau curieux, dont le sens symbolique mérite d'être étudié (*Voyez* pl. 95, fig. 1). Sur le côté droit de la salle, on remarque une suite de figures d'animaux posés sur des socles, tels qu'un serpent, un cynocéphale, et aussi un chat, espèce d'animal que l'on voit rarement sculpté[1] (*Ibid.* fig. 4 et 6). Une autre figure de chat est aussi représentée en relief sur l'image d'un petit temple, et reçoit l'offrande

---

[1] J'ai trouvé dans les tombeaux de Memphis une figure de chat en bronze, assez bien exécutée; on y trouve aussi cet animal embaumé.

d'un homme à tête d'ibis, qui a un vase en main (*Ibid.* fig. 5). Sur des tables dressées, on remarque des offrandes variées, consistant en fruits, en liqueurs, en gâteaux ou pains de différentes formes, en oiseaux et en quadrupèdes (*Ibid.* fig. 6).

On trouve deux fois un lion à tête d'épervier, assis sur un autel et coiffé des attributs de la puissance : cette figure, déjà décrite à Ombos et à Edfoû, porte ici une queue de crocodile (*voyez* pl. 95, fig. 2, *et* pl. 97, fig. 1); et l'autel est orné d'une figure d'homme en buste, ce qui ne se voit nulle part. Dans l'un de ces sujets, Typhon se tient derrière l'autel dans une attitude lascive.

Il faut remarquer un tableau où Harpocrate est porté comme en triomphe par douze personnages : l'estrade est recouverte d'une draperie richement brodée de fleurs de lotus; on n'aperçoit des douze figures que les pieds et la tête (pl. 97, fig. 3 et 4). Dans une frise complète, on voit quatre figures qui se tiennent la main; l'une est un homme à tête d'épervier, et les trois autres sont des femmes, dont celle du milieu a une tête de lion : toute cette scène est digne d'être examinée, soit pour l'ajustement et la composition, soit pour la nature des attributs, parmi lesquels il faut distinguer principalement un obélisque. Typhon y est dans la même action que dans le tableau décrit précédemment [1].

Avant de passer à la troisième salle ou sanctuaire, j'arrêterai le lecteur sur une figure de girafe, animal

---

[1] Selon Pococke, il y a au plafond de cette seconde salle sept éperviers qui ont les ailes étendues, avec deux beliers face à face; et le reste du plafond est orné d'étoiles et de figures hiéroglyphiques.

dont le seul temple d'Hermonthis, dans toute l'Égypte, nous a présenté l'image (pl. 95, fig. 7). Elle est sculptée, au dehors du temple, sur la partie postérieure; sa grandeur est proportionnée à celle des figures humaines qui sont sur cette face. A sa taille élevée, à ses jambes antérieures si hautes, à son cou si allongé, à sa queue très-courte, enfin à ses deux petites cornes, il est impossible de méconnaître ce quadrupède gigantesque, l'un des plus extraordinaires de l'ancien continent [1]. On sait que sa hauteur, y compris la tête, atteint quelquefois jusqu'à dix-sept pieds; et sa longueur totale, jusqu'à vingt-deux. La mosaïque de Palestrine en renferme une figure qui ressemble beaucoup à celle d'Hermonthis : celle-ci, par la forme de sa tête et la longueur de son cou, a de l'analogie avec le *chameau;* mais nous ne l'avons pas vue marquée de ces taches vives qui l'ont fait nommer chez les anciens *chameau-léopard.*

C'est aux naturalistes à rechercher comment la girafe, aujourd'hui inconnue en Égypte, et qui paraît reléguée dans les déserts de l'Afrique méridionale, était connue des anciens Égyptiens, et comment ils l'ont figurée dans leurs sculptures, tandis que le chameau ne s'y voit nulle part. Son extrême douceur, sa taille élevée et la force de son corps les avaient-elles portés à l'apprivoiser et à en faire un animal domestique, au défaut du chameau? Cela est douteux, d'après ce que rapportent de la nature de la girafe les anciens auteurs, tels qu'Héliodore et

---

[1] J'ai mesuré les différentes proportions de cette figure, et je les ai trouvées d'accord avec celles que citent Belon et les autres voyageurs qui ont vu la girafe en Égypte.

Strabon, et aussi la plupart des voyageurs modernes. « La disproportion énorme de ses jambes, dit Buffon, fait obstacle à l'exercice de ses forces; son corps n'a point d'assiette, sa démarche est vacillante, ses mouvemens sont lents et contraints : elle ne peut ni fuir ses ennemis dans l'état de liberté, ni servir ses maîtres dans celui de domesticité[1]. »

Il est plus probable qu'on avait choisi la girafe comme un emblème de quelque faculté, de quelque habitude physique. Ce serait trop hasarder que de proposer à cet égard une opinion quelconque; le silence des anciens ne permettrait pas de l'appuyer : il me suffisait d'appeler ici l'attention des savans sur un fait neuf et digne de leurs recherches.

J'ajouterai que le temple d'Hermonthis renferme une seconde image de girafe, que j'ai dessinée dans le sanctuaire (pl. 96, fig. 3). Ici elle est couchée; mais on la reconnaît aux deux petites cornes qu'elle a sur la tête. Le tableau où elle figure, serait bien propre à fournir des lumières sur le rôle qu'elle devait jouer dans les emblèmes égyptiens. En face d'elle est un chacal debout; au-dessous, est une figure de Typhon, qui a un lion en face de lui. Ces quatre figures enferment un autel tout environné et couronné de tiges de lotus, et où pose un épervier qui a les ailes déployées, comme dans le dessus de porte de la première salle.

Ce tableau, placé au-dessus de la porte du sanctuaire, fait partie d'une grande scène qui en occupe toute la longueur; on y voit Isis allaitant Harpocrate, soit sous

---

[1] Histoire naturelle, in-12, t. XI, p. 27; Paris, de l'imprimerie royale.

une figure humaine, soit avec la tête d'une génisse, ainsi que plusieurs figures de femmes tenant un enfant dans les bras ou prêtes à donner leurs soins à Isis. Déjà j'ai fait remarquer la forme du lit qu'on voit dans ce tableau; sa double décoration à tête et à pieds de lion suppose un lit épais et garni de coussins. Il faut remarquer au-dessous du lit, à droite et à gauche du support du milieu, une génisse dont un jeune enfant suce les mamelles. L'attitude de ces génisses et la manière dont chacune d'elles tourne sa tête vers cette petite figure, sont pleines de naïveté.

En face de cette scène en est une autre plus simple, mais non moins intéressante : c'est Isis elle-même qui accouche d'Harpocrate, environnée de plusieurs femmes qui lui offrent leurs secours : parmi elles on distingue une nourrice. Un scarabée, les ailes déployées, avec un globe devant lui, paraît s'élever au-dessus de l'enfant. Le haut du tableau est occupé par quatorze éperviers à tête de femme, dont sept d'un côté et sept de l'autre, précédés d'un vautour qui a les pattes armées. Combien il est à regretter qu'un sujet aussi curieux, et qui n'a pas son analogue dans toutes les représentations égyptiennes dont nous ayons connaissance, n'ait pas été copié avec toutes ses inscriptions hiéroglyphiques!

Mais le tableau le plus précieux de tout le temple, est celui qui occupe le plafond du sanctuaire (pl. 96, fig. 2). A gauche, on voit une figure de taureau; à droite, un scorpion : ces deux figures dominent sur toutes les autres. Entre elles deux et au centre du tableau, est un homme dans une barque, le visage tourné vers le taureau, ayant un bras élevé et l'autre abaissé; devant et derrière lui sont deux béliers allant en sens inverse l'un de l'autre, un épervier à tête de belier, un double scarabée ayant des ailes d'épervier ouvertes, enfin, une petite figure assise dans une barque. Tout ce tableau est environné sur trois côtés par une figure de femme reployée sur elle-même, et les bras pendans; son corps est une simple bande sur laquelle sont distribués des globes et des figures à genou. Je ne décrirai pas ce tableau plus en détail, parce qu'ailleurs on en trouvera une description complète.

Pour peu que l'on connaisse le zodiaque céleste, on en distingue plusieurs constellations dès le premier coup d'œil qu'on jette sur ce tableau; on remarque ensuite que les deux placées en évidence, savoir, le *taureau* et le *scorpion*, sont précisément des constellations diamétralement opposées dans l'écliptique, c'est-à-dire que si le taureau répond à un des équinoxes, le scorpion répond nécessairement à l'autre. Ce n'est pas ici le lieu de faire voir que ce plafond est, en effet, consacré à la peinture de deux équinoxes; M. Fourier le démontre dans son Mémoire sur les monumens astronomiques. Je m'abstiendrai aussi de faire remarquer combien toutes les circonstances de cette peinture concourent au même résultat, parce que cette recherche me conduirait trop loin[1] : je me bornerai à quelques observations sur les deux autres tableaux du sanctuaire, dont l'un représente la naissance, et l'autre l'allaitement d'Horus.

[1] Voyez les *Observations sur le plafond astronomique de l'un des tombeaux des rois.*

On sait qu'Isis était, chez les Égyptiens, l'emblème
de la terre féconde, et Horus ou Harpocrate, celui des
productions terrestres, fruit de l'union d'Isis avec Osiris :
il n'est donc pas douteux que l'accouchement d'Isis,
figuré sur le fond du sanctuaire (pl. 96, fig. 1), ne soit
le symbole de l'apparition des plantes, sortant du sein
de la terre que le Nil a fertilisée, phénomène qui a lieu
vers le solstice d'hiver. Le scarabée roulant sa boule,
qui, comme on le sait, désigne la génération, confirme
très-bien cette idée. Quant aux ailes d'épervier déployées
dont cet insecte est pourvu, elles se rapportent à un
autre sens dont Harpocrate était le symbole. En Égypte,
à l'époque même de la germination, c'est-à-dire au solstice d'hiver, les jours sont les plus courts de l'année,
et le soleil est au plus bas de sa course : les Égyptiens
représentaient alors cet astre par un jeune enfant[1].
Comme, depuis cette époque, le soleil s'élève de plus
en plus vers l'hémisphère supérieur, on avait pu choisir
les ailes de l'épervier, emblème du soleil, pour indiquer
sa marche qui commence à devenir plus rapide.

Il ne sera pas hors de propos de mettre ici sous les
yeux du lecteur un passage du précieux Traité d'Isis et
Osiris, qu'on peut regarder comme la traduction de
cette peinture; on ne verra pas sans intérêt l'accord qui
règne entre les monumens eux-mêmes et l'auteur qui a
le mieux connu la religion philosophique des Égyptiens.
« On ensepvelit Osiris, quand on couvre la semence dedans la terre, et. . . . derechef il ressuscite et retourne
en vie, quand il commence à germer. . . . . C'est pour

[1] Plut. *de Iside et Osiride.*

ce que l'on dit que quand Isis se sentit enceinte, elle s'attacha au col un préservatif le sixieme jour du mois qu'ils appellent *Phaophi*, et qu'elle enfanta Harpocrates environ le solstice d'hiver, n'estant pas encore à terme, avec les premières fleurs et premiers germes [1]. » L'accouchement d'Isis est donc en effet le symbole du solstice d'hiver et de la germination des plantes.

L'allaitement d'Horus (pl. 93, fig. 3), représenté en face de l'accouchement d'Isis, est à-la-fois la peinture de l'accroissement des plantes *nourries dans le sein de la terre*, et de l'accroissement des jours après le solstice d'hiver. Ce tableau présente Horus d'abord extrêmement petit et allaité par des génisses, ensuite plus grand et sur les genoux d'Isis qui lui donne le sein, puis allaité par deux femmes à tête de génisse, enfin sur les genoux de quatre autres femmes, déjà plus grand, ayant le doigt sur la bouche et un collier sur la poitrine; c'est-à-dire qu'on le voit passer par les divers degrés de l'enfance.

Les quatre femmes que je viens de citer, sont coiffées de deux attributs dont il serait intéressant de découvrir la signification; celui de gauche ne se voit dans aucun autre tableau que celui-ci. Quant à la scène qui est au-dessus de la porte du sanctuaire, elle paraît relative au solstice d'été. L'épervier, emblème du soleil, a les ailes déployées : la coiffure qu'il porte est l'attribut ordinaire de la puissance; c'est le signe du soleil dans toute sa force. Les rayons de lotus annoncent la crue du Nil, qui s'opère au solstice d'été. Enfin le lion armé en est le signe

[1] Traduction d'Amyot.

évident [1] ; car si, à l'époque d'Hermonthis, l'équinoxe du printemps avait lieu sous le signe du taureau, et l'équinoxe d'automne sous le scorpion, il s'ensuit que le solstice d'été répondait au lion. Le couteau qui est dans ses griffes ne menace pas les lotus, comme les deux dont Typhon a les mains armées. Celui-ci a déjà une main au milieu des tiges de lotus, qu'il est dans l'action de couper ; le lion paraît les défendre, et l'épervier étend sur eux ses ailes protectrices. Je ne me permettrai aucune conjecture sur la girafe et le chacal qui sont au-dessus de Typhon et du lion.

Ces deux tableaux, le dernier surtout, concourent donc avec celui du plafond pour marquer une même époque astronomique; savoir, celle où le taureau céleste était le siége d'un équinoxe, et le lion celui du solstice d'été. Cette époque est encore confirmée par différentes images du lion qu'on a trouvées dans le temple. Je citerai, 1°. la peau de lion qui revêt les lits de repos dont j'ai parlé; 2°. plusieurs figures de femmes à tête de lion dans divers tableaux (pl. 95 et 97, *et ailleurs*); 3°. surtout un lion à tête d'épervier avec une queue de crocodile, figure complexe répétée deux fois (ibid.), et qui exprime fort bien la présence du solstice d'été dans le lion céleste : car l'épervier était l'emblème du soleil; et le crocodile, celui de l'inondation [2].

Deux autres tableaux peignent encore le solstice d'été : l'un est celui où l'on voit quatre personnages qui se

---

[1] *Voyez* la Description d'Edfoû, chap. *V*, §. vii. cap. xi. *Voyez* la Description d'Ombos, *chap. IV*, §. iii.

[2] Euseb. *Præpar. evang.* lib. III,

tiennent la main, et dont l'un a une tête de lion (pl. 97, fig. 1), l'ibis derrière deux éperviers, une grande tige de lotus, la croix à anse et divers attributs significatifs, enfin l'œil d'Osiris qui plane sur la scène[1]; l'autre, où Harpocrate est porté en triomphe (*ibid.* fig. 3). Le signe de la virilité, qui distingue cette figure, est l'emblème de la fécondation; et les fleurs de lotus dont la draperie est brodée annoncent la crue du Nil.

J'ai dit que la scène de l'allaitement d'Harpocrate est un symbole du solstice d'hiver : voici une nouvelle raison de le croire. Dans le tableau du dessus de porte déjà décrit (pl. 95, fig. 8), on voit quatre figures de femmes qui présentent le sein au jeune dieu, et, au milieu du tableau, Harpocrate assis sur des fleurs de lotus, le doigt sur la bouche. Or, Plutarque dit positivement[2] qu'Harpocrate, sous la figure d'un enfant, assis sur un lotus et le doigt sur la bouche, est le soleil au solstice d'hiver, éteint et engourdi.

Le tableau qui est au-dessus du précédent est tout entier consacré au solstice d'été, comme l'annoncent l'épervier qui déploie ses ailes au milieu d'une multitude de lotus, et surtout la figure d'Harpocrate en état d'érection, symbole de la puissance génératrice que développe alors le soleil en faisant déborder le Nil.

Cet accord entre tous les tableaux du temple d'Hermonthis prouve, d'une manière sensible, qu'ils étaient destinés à peindre allégoriquement les quatre principales époques de l'année astronomique. L'étude que nous ve-

---

[1] *Voyez* la Description d'Edfoû, chap. *V*, §. v. [2] Plut. *de Iside et Osiride.*

nons de faire de ce temple par les sculptures dont il est orné, en apprend bien plus sur sa destination, que les passages transmis par les auteurs au sujet de cette ancienne ville.

Voici comment s'exprime Strabon : « Après Thèbes est la ville d'Hermonthis, où l'on adore Apollon et Jupiter, et où l'on nourrit un bœuf[1]. »

Macrobe, voulant prouver que, dans le culte égyptien, la figure du taureau, comme celle des autres signes du zodiaque, se rapporte au soleil, dit que, dans le magnifique temple d'Apollon à Hermonthis, on honore le taureau consacré au soleil et surnommé *Pacis*[2]; et il en apporte des raisons que je passerai ici sous silence. Ce seul exemple fait voir combien les anciens ont peu connu les temples d'Égypte; mais doit-on s'en étonner, quand on se rappelle que l'intérieur de ces temples a toujours été inaccessible aux étrangers ?

Jablonski conjecture que le nom de *Pacis* est corrompu, et doit se lire *Pabacis*, qui, selon lui, veut dire, en ancien égyptien, *civicus*, autrement *tutélaire*; mais tout ce qu'il a écrit au sujet du *taurus Hermonthites*, qu'il croit le même qu'Onuphis, sans en apporter

---

[1] Strab. lib. xvii, pag. 816.

[2] *Taurum verò ad solem referri multiplici ratione Ægyptius cultus ostendit; vel quia apud Heliopolim taurum soli consecratum, quem Neton cognominant, maximè colunt; vel quia bos Apis in civitate Memphi solis instar excipitur; vel quia in oppido Hermunthi magnifico Apollinis templo consecratum soli colunt taurum, Pacin cognominantes, insignem miraculis convenientibus naturæ solis : nam et per singulas horas mutare colores affirmatur, et hirsutus setis dicitur in adversum nascentibus, contrà naturam omnium animalium, unde habetur veluti imago solis in diversam mundi partem nitentis.* Macrob. *Saturn.* lib. I, cap. xxi, pag. 249; *Lugd. Bat.*, 1597.

de bonnes raisons[1], est extrêmement conjectural. C'est ce qui arrivera aux savans, tant qu'ils négligeront les monumens et qu'ils s'en tiendront à commenter des passages obscurs. Strabon et Macrobe ont écrit, d'après des traditions ou des mémoires, qu'on adorait à Hermonthis Jupiter et Apollon; c'était traduire en langage grec les noms d'Osiris et d'Horus, dont nous avons vu les images dans le temple. Tous deux ajoutent qu'on y révérait le taureau; mais cette idée sera venue de la figure représentée sur le plafond du sanctuaire, et de celle de la génisse fréquemment répétée, comme je pense que cela est arrivé pour tous les animaux sculptés dans les temples d'Égypte. Toutefois le passage de Macrobe est très-précieux, en ce qu'il prouve que le taureau du plafond doit se rapporter au *taureau céleste*, et non pas à une image ordinaire de l'animal.

§. IV. *Du bassin d'Hermonthis.*

Au commencement de cette description, j'ai dit qu'il y a au midi du temple un bassin antique, revêtu en pierres. L'axe de ce bassin répond au milieu de la longueur totale de l'édifice[2]. On y descendait par des escaliers situés aux quatre angles. Quand on vient du temple, il faut descendre d'abord un premier escalier ou perron d'environ un mètre de haut; la plate-forme où le temple est bâti, est élevée d'autant au-dessus du bassin : ce perron a quatre mètres et demi de largeur.

---

[1] Onuphis était aussi le nom d'une ville de la basse Égypte.

[2] *Voyez* pl. 97, fig. 9.

OU HERMONTHIS.

La longueur du bassin est d'environ trente mètres[1], et sa largeur d'environ vingt-six mètres[2]; sa construction est visiblement de main égyptienne; mais son état actuel représente mal cet ancien nilomètre que l'on dit avoir existé à Hermonthis. La colonne qui en occupait le centre, et que des voyageurs modernes prétendent y avoir vue, n'a pas laissé de vestiges. Ainsi l'on ne peut y découvrir aucun indice des hauteurs successives auxquelles s'est élevée l'inondation du Nil depuis les temps antiques, résultat qui serait si précieux pour la connaissance de l'exhaussement de la vallée et du lit du fleuve.

Au milieu du bassin, il y a une mare assez profonde, où l'eau arrive encore aujourd'hui, sans doute par filtration. Les femmes y lavent leur linge, et les bestiaux s'y abreuvent. Les escaliers des angles sont fort dégradés et encombrés : à l'un d'eux, qui est mieux conservé que les autres, on a compté dix-sept marches; mais il est probable qu'il y en avait bien davantage, car ces dix-sept marches ne feraient au plus que six à huit pieds de profondeur. Il y a bien loin de là aux trente coudées dont le Nil s'élevait dans le nome d'Hermonthis, au rapport d'Aristide le rhéteur[3]. Je ne veux pas rechercher ici ce qu'il faut penser de cette assertion, qui est contredite par Aristide lui-même, lorsqu'il rapporte qu'à Coptos le fleuve s'élevait de vingt-une coudées, et à Éléphantine de vingt-huit; mais, quand on n'en compterait que vingt-deux au nilomètre d'Hermonthis, le fond du bassin aurait dû encore être à plus de dix

---

[1] Quatre-vingt-treize pieds.
[2] Quatre-vingts pieds.
[3] Aristid. *in Ægyptio.*

mètres[1] au-dessous du bord, sans même tenir compte de l'exhaussement du sol.

Ce bassin doit donc être encombré d'au moins vingt-trois pieds; mais je n'ai pas besoin d'avertir que cet encombrement est local et accidentel, et qu'il n'a rien de commun avec l'exhaussement que les dépôts du Nil ont opéré. Il suit de là que les escaliers ne devaient pas finir au milieu de chaque face du bassin[2]; et il paraît qu'ils occupaient toute la longueur des faces, car dix mètres de haut supposent environ quatre-vingts marches; et comme on ne peut guère supposer moins de trois décimètres ou un pied de largeur à chacune, il en résulte vingt-six mètres ou quatre-vingts pieds, qui font précisément la largeur du bassin.

La distance assez grande[3] qu'il y a entre le Nil et ce bassin pourrait d'abord faire douter qu'il ait vraiment servi de nilomètre; en second lieu, aucun auteur ancien ne dit positivement qu'il y en ait eu à Hermonthis : il n'existe de passage à ce sujet que celui d'Aristide que je viens de citer[4]; mais le fleuve pouvait arriver jadis par un canal jusqu'à cette ville. En outre, nous avons observé que le courant du Nil se porte de plus en plus vers la rive droite dans toute la haute Égypte; peut-être autrefois coulait-il plus près d'Hermonthis : d'ailleurs, Aristide aurait-il pu connaître l'élévation du Nil dans cette

---

[1] Trente-un pieds. *Voyez* le Mémoire *sur le système métrique des anciens Égyptiens*, où j'expose quelques résultats sur les mesures du nilomètre et du temple d'Hermonthis.

[2] La gravure représente l'état actuel des choses.

[3] Un kilomètre, ou cinq cents toises.

[4] *Voyez* les notes de M. Langlès sur le Voyage de Norden.

province sans une échelle nilométrique? Il faut se rappeler aussi que dans les villes de Memphis et d'Héliopolis, où le taureau était consacré, il existait des nilomètres. Jablonski a déjà montré le rapport qu'il y a entre le nom du bœuf Apis et celui des colonnes destinées à mesurer le Nil. Ainsi la tradition qui place un nilomètre à Hermonthis, où le bœuf était également consacré, reçoit de là une grande confirmation.

Je finirai cet article par une observation qui n'est pas sans importance. Les hautes eaux ne s'élèvent aujourd'hui qu'à environ sept ou huit pieds au-dessous du bord du bassin : si l'on y ajoute ce dont le sol s'est exhaussé depuis l'antiquité, et la hauteur d'environ trois pieds dont la plate-forme du temple est élevée au-dessus du bassin, on voit combien les architectes qui ont construit ce temple avaient pris soin de l'élever au-dessus du niveau de l'inondation.

§. V. *D'un édifice bâti avec les débris des antiquités d'Hermonthis.*

En allant du village d'Erment au temple que j'ai décrit, on aperçoit à droite une construction assez élevée. A ses distributions circulaires et à ses voûtes, on reconnaît bientôt qu'elle n'est pas de main égyptienne. Le plan est simple et assez beau ; il est formé d'une cour avec deux longues galeries de chaque côté, à deux rangs de colonnes, et, à chaque extrémité, de plusieurs pièces, dont une au centre, qui est demi-circulaire et percée de cinq niches : ces pièces représentent parfaitement des chapelles chrétiennes. On voit aussi des croix en fleurons sur les murailles, et des inscriptions qobtes. Il est donc impossible de douter que cet édifice ne soit le reste d'une église qobte, bâtie dans les temps florissans du christianisme.

La seule partie qui reste aujourd'hui debout, est celle du côté du levant (pl. 97, fig. 5) : le reste est rasé. Le sol est jonché de colonnes de l'ordre corinthien, toutes de granit; les unes en fragmens, les autres entières : ces colonnes ont deux pieds de diamètre. Les chapiteaux sont de pierre calcaire et de grès; les fûts sont mal dressés, et le poli peu soigné; le listel, l'astragale, et les différentes moulures de style grec, telles qu'une corniche en feuilles d'acanthe placée sur le bâtiment qui est debout, sont d'une exécution médiocre : il en est de même des bases et des chapiteaux.

On a employé, pour bâtir cette église, des matériaux provenant des antiquités égyptiennes. Des pierres couvertes de figures hiéroglyphiques ont été taillées de toutes façons, et ces figures s'y voient coupées en tout sens; c'est ce qu'on remarque de plus curieux dans ces ruines. On y voit aussi des parties enduites de stuc, sur lesquelles on avait peint des arabesques, dont les couleurs sont conservées.

Les parties voûtées dont j'ai parlé ont leurs joints tous verticaux et parallèles, et non dirigés au centre; leur courbure n'existe que dans le sens horizontal; elles n'ont donc que l'apparence de voûtes : on les a bâties comme des constructions ordinaires dans lesquelles on aurait creusé des niches.

L'existence de plus de cinquante colonnes de granit dans cet endroit est sans doute un fait digne d'attention. Faut-il croire que jamais les chrétiens qobtes aient eu assez de pouvoir pour faire tailler dans les carrières de Syène une si grande quantité de granit? ou bien n'est-il pas probable que les architectes qui ont bâti cette église ont pris ces colonnes et ces pilastres dans quelque édifice grec, ainsi qu'ils ont pris des pierres de taille dans un temple égyptien? Il est vrai qu'on n'a aucune connaissance de cet édifice antérieur : peut-être l'église lui a-t-elle succédé sur le même emplacement, et n'a-t-on fait qu'ajouter les constructions circulaires.

Je terminerai cette description par une réflexion qui peut-être a déjà frappé l'esprit du lecteur ; c'est qu'un édifice récent, bâti avec les débris du temple qui depuis long-temps est en ruine, est cependant bien plus ruiné que lui. Mais cette étonnante conservation des monumens égyptiens, fruit de l'habileté des constructeurs, autant que du choix et de l'emploi des masses, va se montrer d'une manière encore plus frappante dans les immenses et innombrables vestiges de la splendeur de Thèbes ; vestiges que l'œil aperçoit déjà du haut de la plate-forme du temple d'Hermonthis [1].

---

[1] *Voyez* pl. 97, fig. 8. Les rayons dirigés dans ce plan sur Louqsor et Karnak auraient, étant prolongés, une longueur d'un myriamètre ou deux lieues.

ENVIRONS D'ERMENT.

NOTE

Sur les restes de l'ancienne ville de Tuphium.

Nous nous embarquâmes le 22 septembre 1799 à Esné, qui fut autrefois *Latopolis*, pour descendre vers Thèbes : nous partîmes au coucher du soleil, et nous fîmes route pendant toute la nuit, en nous laissant dériver au cours du fleuve. Le 23 septembre au matin, nous nous trouvâmes à la hauteur de Toud ou Tôd, village situé du côté arabique, en face d'Erment, l'ancienne *Hermonthis*, qui se trouve sur la rive gauche. D'Anville, d'après le P. Sicard, indique Tôd comme ayant succédé à l'ancienne *Tuphium*. Nous voulûmes vérifier s'il y existait encore des traces d'une ancienne ville : nous descendîmes à terre à la pointe du jour, et nous nous dirigeâmes vers Tôd, malgré la répugnance des gens du pays. Ils imaginaient mille prétextes pour nous détourner d'y aller; ils protestaient que nous n'y trouverions rien, et nous conseillaient d'aller à Louqsor, l'un des villages bâtis sur les ruines de Thèbes. Des pierres chargées d'hiéroglyphes, que nous trouvâmes dès l'entrée de Tôd, nous prouvèrent qu'il n'y avait aucune sincérité dans ces protestations. Les habitans, qui n'avaient pas encore vu les Français chez eux, étaient alarmés de notre présence, et refusaient de répondre à nos questions. Nous parvînmes pourtant aux ruines d'un temple : elles sont si fort enfouies, que les huttes de terre qui composent le village en dérobent la vue; il n'y a plus au-dessus du sol que deux petites chambres [1]. Les paremens intérieurs et extérieurs des murs sont couverts de bas-reliefs égyptiens et de caractères hiéroglyphiques. J'y ai remarqué deux crocodiles, dont l'un est représenté avec une tête d'épervier. La figure du crocodile environné d'hommages est très-fréquente dans les monumens au-dessus de Thèbes; je ne l'ai pas vue au-dessous de Tuphium. Cette remarque confirme l'opinion historique qui place dans la Thébaïde le siége principal du culte rendu à ce lézard.

Cependant l'innocence de nos occupations, la douceur de nos procédés, et quelques libéralités, avaient ramené la confiance des habitans; ils nous offrirent un déjeuner de lait caillé, nous conduisirent eux-mêmes à leur mosquée, et nous invitèrent à y entrer : c'est un édifice extrêmement simple, dont l'intérieur, comme celui de la plupart des mosquées que nous avons vues en Égypte, ressemble beaucoup à un cloître. Les colonnes qui en forment le pourtour sont grêles et mal arrondies; les chapiteaux sont dans le style arabe et d'un travail grossier : quelques colonnes ont un chapiteau en place de piédestal. Cette barbarie contraste d'une manière frappante avec les restes égyptiens que nous venions d'examiner, et dont le travail est parfait. Les colonnes

[1] *Voyez*, pl. 97, le plan de ces ruines.

de la mosquée sont de grès tendre, à l'exception de huit qui sont en granit. Une de celles-ci attira notre attention d'une manière particulière; elle a été faite avec un fragment d'obélisque dont on a imparfaitement arrondi les angles pour lui donner une forme correspondante à sa nouvelle destination; mais son ancien état est facile à reconnaître; les hiéroglyphes dont l'obélisque était chargé subsistent encore sur toute la longueur de la colonne. Ce fragment témoigne que la ville de Tuphium a été autrefois ornée d'obélisques; ce qui semblerait annoncer qu'elle a eu quelque importance.

Après avoir satisfait notre curiosité sur les restes de Tuphium, nous nous remîmes en route pour Thèbes, où nous arrivâmes en deux heures de navigation. Dans le trajet, nous eûmes occasion de voir un crocodile vivant : il s'était placé sur le rivage dans une position abritée, comme pour se réchauffer aux rayons du soleil; il paraissait endormi. On lui tira un coup de fusil, au bruit duquel il se précipita dans l'eau avec une vivacité extraordinaire. Autant que nous en pûmes juger, il avait plus de trois mètres de long.

Tôd ou Tuphium est à quatre kilomètres au sud du Nil, qui, dans cet endroit, coule de l'ouest à l'est. On trouve sur la route le village de Sâlemyeh.

L. Costaz.

FIN DU TOME PREMIER.

TABLE

DES MATIÈRES DU TOME Ier.

	Pages.
CHAPITRE Ier...	1
Description de l'île de Philæ, par feu Michel-Ange Lancret....	Ibid.
§. Ier. De la route qui conduit de Syène à l'île de Philæ....	Ibid.
§. II. Aperçu général des monumens...................	12
§. III. De l'île, et de sa position au milieu du fleuve.........	29
§. IV. Des édifices qui servent d'avenue au grand temple.....	37
§. V. Du grand temple...............................	55
§. VI. Du temple de l'ouest...........................	71
§. VII. Des ruines de l'ouest, et de celles qui sont sur la rive opposée du fleuve............................	88
§. VIII. De l'édifice de l'est, et d'un petit temple enfoui......	93
§. IX. Des constructions grecques ou romaines qui sont dans l'île de Philæ.................................	109
§. X. Observations sur l'antiquité des principaux édifices de l'île de Philæ.................................	112
CHAPITRE II..	121
Description de Syène et des cataractes, par E. Jomard..........	Ibid.
SECTION PREMIÈRE. *De Syène et de ses environs*..............	Ibid.
§. Ier. De la position géographique de Syène.............	Ibid.
§. II. De la ville ancienne et de la ville moderne.........	128
§. III. Du temple égyptien et des autres antiquités de Syène.	133
§. IV. Des environs de Syène.........................	137
SECTION DEUXIÈME. *Des cataractes*........................	144
§. Ier. Observations générales........................	Ibid.
§. II. Description de la dernière cataracte et du chemin qui y conduit...................................	147
§. III. Relations des auteurs sur la dernière cataracte......	154
§. IV. Des cataractes supérieures......................	167

TABLE DES MATIÈRES.

	Pages.
CHAPITRE III.	175
Description de l'île d'Éléphantine, par E. Jomard.	*Ibid.*
§. Ier. Description générale de l'île.	*Ibid.*
§. II. Du temple du sud.	181
§. III. Du temple du nord.	195
§. IV. Du mur de quai d'Éléphantine.	197
§. V. Du culte attribué aux habitans d'Éléphantine.	203
§. VI. Recherches historiques et géographiques.	208
CHAPITRE IV.	215
Description d'Ombos et des environs.	*Ibid.*
SECTION PREMIÈRE, par MM. Chabrol et E. Jomard.	*Ibid.*
§. Ier. De la route de Syène à Ombos.	*Ibid.*
§. II. De la ville d'Ombos et de ses antiquités.	216
§. III. Du grand temple d'Ombos.	221
§. IV. Du petit temple d'Ombos.	233
§. V. De la route d'Ombos à Edfoû.	235
SECTION DEUXIÈME, par M. Rozière, ingénieur des mines.	239
Description de Gebel Selseleh et des carrières qui ont fourni les matériaux des principaux édifices de la Thébaïde.	*Ibid.*
§. Ier. Observations topographiques.	240
§. II. Observations sur les matériaux tirés des environs de Selseleh pour la construction des anciens édifices.	245
§. III. Méthode d'exploitation des anciens Égyptiens.	253
§. IV. Des exploitations souterraines et des grottes qui sont aux environs de Gebel Selseleh.	257
§. V. De l'aspect de la contrée.	261
CHAPITRE V.	265
Description des antiquités d'Edfoû, par E. Jomard.	*Ibid.*
§. Ier. Observations générales et historiques.	*Ibid.*
§. II. Description du grand temple. De son état actuel et de sa construction.	273
§. III. De la disposition du grand temple.	287
§. IV. De la décoration du grand temple.	299
§. V. Recherches sur l'objet du grand temple et sur l'époque de sa fondation, appuyées par l'examen des tableaux symboliques.	316

TABLE DES MATIÈRES.

Pages.

Suite du CHAPITRE V.

§. VI. De l'image du phénix trouvée parmi les sculptures du grand temple et dans d'autres monumens.......... 322
§. VII. Du petit temple................................. 327
§. VIII. Rapports des principales dimensions du grand temple.. 337

CHAPITRE VI. 341
Description des ruines d'El-Káb ou Elethyia, par M. Saint-Genis, ingénieur en chef des ponts et chaussées..................... Ibid.

CHAPITRE VII. 357
Description d'Esné et de ses environs, par MM. Jollois et Devilliers, ingénieurs des ponts et chaussées.................. Ibid.
    Grand temple d'Esné............................. 366
    Temple au nord d'Esné............................ 384
    Temple à l'est d'Esné, sur la rive droite du Nil............ 392
    Couvent qobte, au sud d'Esné........................ 397
    Géographie comparée............................... 398
    Antiquité relative des monumens...................... 406

CHAPITRE VIII. 409
Description d'Erment ou Hermonthis, par E. Jomard........... Ibid.
§. I.er. De la ville d'Hermonthis......................... Ibid.
§. II. Du temple d'Hermonthis........................... 412
§. III. Des sculptures du temple........................... 419
§. IV. Du bassin d'Hermonthis........................... 434
§. V. D'un édifice bâti avec les débris des antiquités d'Hermonthis... 437

ENVIRONS D'ERMENT 441
Note sur les restes de l'ancienne ville de Tuphium, par L. Costaz. Ibid.

FIN DE LA TABLE.

LE BARREAU FRANÇAIS

ou

COLLECTION
DES CHEFS-D'OEUVRE
DE L'ÉLOQUENCE JUDICIAIRE
EN FRANCE;

Par Bacquet, Beaumarchais, Cochin, d'Aguesseau, Dupaty, Elie de Beaumont, Erard, Ferrère, Gerbier, Lemaître, Lenormant, Linguet, Loyseau de Mauléon, Mirabeau, Montesquieu, Patru, Pélisson, Portalis, Target, etc., etc. (*Ancien Barreau*);

Et par Bellart, Berryer, Billecocq, Bonnet, Berville, Chauveau-Lagarde, Courvoisier, Delamalle, Dupin, Duvergier, Guichard, Hennequin, Lacretelle aîné, Lainé, Lally-Tolendal, Manuel, Marchangy, Mauguin, Raves, Romiguière, Siméon, Trinquellague, Tripier, Vatismenil, etc., etc., etc. (*Barreau moderne*).

RECUEILLIE PAR MM. CLAIR ET CLAPIER,
AVOCATS.

C. L. F. PANCKOUCKE, ÉDITEUR.

LE TOME PREMIER PARAIT.

Conditions de la souscription.

L'ouvrage paraîtra par souscription; un volume in-8°, sur très-beau papier, toutes les six semaines.

En souscrivant, on paiera un volume à l'avance : ce volume sera le dernier de l'ouvrage.

Le prix de chaque volume est de SIX FRANCS, et de NEUF FRANCS, franc de port par la poste.

La Collection formera seize volumes; il n'en sera pas publié un seul au-delà; huit volumes pour l'ancien barreau, et huit pour le barreau moderne. L'éditeur s'engage formellement à donner *gratis* le tome *dix-septième* et les suivans s'il les publiait.

Ce Recueil présentera cet avantage, que, pour une somme modique, on pourra se procurer des ouvrages qui, achetés séparément, coûtent des sommes considérables, et que souvent même on ne peut plus retrouver.

La souscription est ouverte chez l'éditeur C. L. F. Panckoucke, rue des Poitevins, n° 14, et chez tous les libraires de la France et de l'étranger.

La liste des souscripteurs sera imprimée à la fin de l'ouvrage, comme souscripteurs associés et fondateurs avec l'éditeur du monument typographique à la gloire de l'éloquence judiciaire en France.

Chaque volume sera de 450 à 600 pages, imprimé sur très-beau papier des Vosges, des fabriques de M. Desgranges.

Le prix des *élites* est doublé.

On s'inscrit dès à présent.

www.ingramcontent.com/pod-product-compliance
Lightning Source LLC
Chambersburg PA
CBHW071200230426
43668CB00009B/1027